Sascha Haghani

Subventionseffizienz staatlicher Finanzpolitik

Sascha Haghani

Subventionseffizienz staatlicher Finanzpolitik

Mit einem Geleitwort von Prof. Dr. Kurt Reding

Springer Fachmedien Wiesbaden GmbH

Die Deutsche Bibliothek – CIP-Einheitsaufnahme

Haghani, Sascha:
Subventionseffizienz staatlicher Finanzpolitik / Sascha Haghani. Mit einem Geleitw. von Kurt Reding. – Wiesbaden : DUV, Dt. Univ.-Verl., 1999
(DUV : Wirtschaftswissenschaft)
Zugl.: Kassel, Univ., Diss., 1999

ISBN 978-3-8244-0462-9 ISBN 978-3-663-09010-6 (eBook)
DOI 10.1007/978-3-663-09010-6

http://www.duv.de

Höchste inhaltliche und technische Qualität unserer Produkte ist unser Ziel. Bei der Produktion und Verbreitung unserer Bücher wollen wir die Umwelt schonen. Dieses Buch ist deshalb auf säurefreiem und chlorfrei gebleichtem Papier gedruckt. Die Einschweißfolie besteht aus Polyäthylen und damit aus organischen Grundstoffen, die weder bei der Herstellung noch bei der Verbrennung Schadstoffe freisetzen.

Geleitwort

Das Thema des Subventionsabbaus zieht sich wie ein roter Faden durch die Geschichte der Finanzpolitik Deutschlands seit den 50er Jahren. Ohne die grundlegende Berechtigung von Subventionen in Frage zu stellen, bleibt festzuhalten, daß rational nachvollziehbare Kriterien der Subventionsvergabe kaum zur Hand sind und daß damit eine effiziente Subventionskontrolle nahezu unmöglich ist. Die Finanzwissenschaft hat sich dieser Thematik bislang eher in einer Art und Weise angenommen, die der Notwendigkeit einer komplexitätsreduzierenden Zielzerlegung der Subventionspolitik nicht immer gerecht zu werden vermochte, was freilich auch der ungenauen und im Detail rational nicht nachvollziehbaren politischen Zielvorgabe zuzuschreiben ist. Was kurz gesagt fehlt, ist eine konsistente Verzahnung der Zielerreichung von Subventionen und der ihnen zugrunde liegenden Begründungen.

Das Desideratum einer Entwicklung fundierter Bewertungsmaßstäbe, die für die Subventionskontrolle herangezogen werden können, hat der Verfasser in der vorliegenden Arbeit auf Grundlage eines eigenen Kontrollmodells aufgegriffen und vertieft. Basis seiner Analyse bildet dabei eine branchenorientierte Kontrollperspektive, was insofern einen gewissen Perspektivenwechsel beinhaltet, als der gesamtwirtschaftliche Betrachtungs- und Bewertungsrahmen einer Detailfocussierung zugänglich gemacht wird. So gesehen leistet der Verfasser den allzeit wünschenswerten Brückenschlag von der Wirkungsanalyse hin zur politisch-praktischen Umsetzung einer effizienzorientierten Subventionspolitik. Gerade angesichts der Tatsache, daß der Fiskalstaat heute stärker denn je die Grenzen einer Ausweitung seiner Einnahmen zu spüren bekommt, verdienen alle Anstrengungen, Entlastungen über eine Bereinigung der Ausgabenseite zu bewirken, höchste Aufmerksamkeit. Die Arbeit reiht sich somit zwischen denjenigen Diskussionsbeiträgen ein, die das Manko einer oftmals sich nur in den Grenzen einer Differentialanalyse bewegenden Einnahmenbetrachtung zahlreicher Konsolidierungsvorschläge gezielt auf die Ausgabenseite ausweiten. Es bleibt zu hoffen, daß derartige Versuche nicht erst langfristig zum Erfolg führen, sondern daß Arbeiten wie die vorliegende das verdiente Echo in der politischen Diskussion mit der Konsequenz einer Steigerung der Rationalität der Subventionspolitik sowie der gesamten öffentlichen Finanzwirtschaft finden werden.

Prof. Dr. Kurt Reding

Vorwort

Die Erstellung einer Dissertation in der vorliegenden Form ist nicht ohne Unterstützung von vielen Seiten möglich. An dieser Stelle möchte ich mich mit dieser Arbeit bei all denjenigen bedanken, die als Wegbereiter und Weggefährten meine praktische und theoretische Beschäftigung mit der Subventionierung begleitet haben.

Die vorliegende Arbeit ist als Dissertation am Lehrstuhl für Finanzwissenschaften von Prof. Dr. Kurt Reding an der Universität GHK Kassel entstanden. Ihm sei hiermit besonders gedankt, so verdankt ihm der Autor die entscheidenden Impulse für die Beschäftigung mit der Effizienz sowie der Kontrolle von Subventionen. Gedankt sei ferner Prof. Dr. Rolf-Dieter Postlep für die Übernahme des zweiten Gutachtens.

Meinen persönlichen Dank möchte ich Dr.-Ing. Werner Zimni aussprechen. Ihm verdanke ich seit meinem Studienbeginn wertvolle akademische Impulse, die entscheidend mit zum Gelingen dieser Dissertation beigetragen haben. Besonderer Dank gilt meinem Freund und Mitsteiter Florian Kall. Mit ihm teilte ich nicht nur die „akademische Einsamkeit“ (u. a. im Spessart), sondern viele fruchtbare Diskussionen.

Meinem Mentor Herrn Michael Blatz gebührt mein spezieller Dank. Er hat neben der Befürwortung für die Aufnahme im Promotionsprogramm von Roland Berger & Partner mir auch die notwendigen Freiräume gegeben, die für den Erfolg der Arbeit bei einer externen Dissertation von großer Bedeutung sind.

Meinen Eltern danke ich für die familiäre Unterstützung. Der größte Dank gilt schließlich meiner Lebensgefährtin Claudia Knierim. Sie hat sich nicht nur in vielen kritischen Diskussionen mit der Arbeit auseinandergesetzt, sondern vielmehr mich in den kritischen und entscheiden Phasen mit Ihrer ganzen Kraft unterstützt. Zusammen mit meinem Bruder Schahin Haghani hat sie mir den notwendigen Rückhalt gegeben. Ihnen möchte ich diese Arbeit widmen.

Sascha Haghani

Inhaltsverzeichnis

Abbildungsverzeichnis

Abkürzungsverzeichnis

$	US-amerikanische(r) Dollar(s)
A	Wohlfahrtsverluste
a. o.	außerordentliche (Erträge/Aufwendungen)
Abb.	Abbildung
ABL	Alte Bundesländer
ABM	Arbeitsbeschaffungsmaßnahme
Abs.	Absatz
AC	Durchschnittskosten
ADV	Allgemeine Datenverarbeitung
AER	American Economic Review
AfA	Abschreibung für Anschaffungen
AG	Aktiengesellschaft
Anl.	Anlage
Aufl.	Auflage(n)
Art.	Artikel
BAnz.	Bundesanzeiger
Bd.	Band
bzgl.	bezüglich
BfA/BA	Bundesanstalt für Arbeit
BFuP	Betriebswirtschaftliche Forschung und Praxis
BGB	Bürgerliches Gesetzbuch
BGBl.	Bundesgesetzblatt
BHO	Bundeshaushaltsordnung
BIP	Bruttoinlandsprodukt
BMF	Bundesminsiterium der Finanzen
BMW	Bayerische Motoren Werke AG
BMWi	Bundesministerium für Wirtschaft
BRH	Bundesrechnungshof
BRHG	Bundesrechnungshofgesetz
BSP	Bruttosozialprodukt
BSP_M	Bruttosozialprodukt zu Marktpreisen
BT	Deutscher Bundestag
BVerfG.	Bundesverfassungsgericht
BVerfGE	Bundesverfassungsgerichtsentscheidung
BvS	Bundesanstalt für vereinigungsbedingtes Sondervermögen
C	Konsum
C_{1-N}	Kosten eines Subventionsprogramms
C. F.	Cash Flow
c. p.	ceteris paribus

ca.	circa
cm	Zentimeter
d. h.	das heißt
DB	Der Betrieb
DBB	Deutsche Bundesbank
DBW	Die Betriebswirtschaft
DDR	Deutsche Demorkratische Republik
DIW	Deutsches Institut für Wirtschaftsforschung
DM	Deutsche Mark
DtA	Deutsche Ausgleichsbank
E	Effizienzkriterium
ECU	European currency unit
Ed./ed.	Edition
EG	Europäische Gemeinschaft
ERP	European Recovery Program
erw.	erweitert(e)
et al.	und andere
etc.	et cetera
EU	Europäische Union
Ex	Export
F&E	Forschung und Entwicklung
f.	folgende (Seite)
FAZ	Frankfurter Allgemeine Zeitung
ff.	folgende (Seiten)
Fn.	Fußnote
g	Gramm
GA	Gemeinschaftsaufgabe
GATT	General Agreement on Tarifs and Trade
geg.	gegenüber
gem.	gemäß
GG	Grundgesetz
GuV	Gewinn- und Verlustrechnung
GWB	Gesetz gegen Wettbewerbsbeschränkungen
GwSt	Gewerbesteuer
h. M.	herrschende Meinung
HBS	Harvard Business School
HdF	Handwörterbuch der Finanzwissenschaft
HdWW	Handwörterbuch der Wirtschaftswissenschaften
HGB	Handelsgesetzbuch
HGrG	Haushaltsgrundsätzegesetz
Hj.	Halbjahr
Hrsg.	Herausgeber
HWÖ	Handwörterbuch der öffentlichen Betriebswirtschaft

HWWA	Institut für Wirtschaftsforschung, Hamburg
I	Investition(en)
i	Zins
i. d. R.	in der Regel
i. e. S.	im engeren Sinne
i. w. S.	im weiteren Sinne
IAB	Institut für Arbeitsmarkt- und Berufsforschung
ifo	Institut für Wirtschaftsforschung, München
IfW	Institut für Weltwirtschaft, Kiel
Imp	Import
insbes.	insbesondere
I_p	Input
IWH	Institut für Angewandte Wirtschaftsforschung, Halle
Jg.	Jahrgang
Jgg.	Jahrgänge
k. A.	keine Angabe(n)
KfW	Kreditanstalt für Wiederaufbau
KI-N	Kriterium/Kriterien
Km	Kilometer
KO	Konkursordnung
LFA	Lastenausgleichsfonds
lfd.	laufend(e)
LHO	Landeshaushaltsordnung
LRHG	Landesrechnungshofgesetz
m	Menge
Mass.	Massachusetts
m.a.W.	mit anderen Worten
MA./MA	Mitarbeiter
MBO	Management-By-Out
MC	Grenzkosten
MIDER	Mitteldeutsche Erdöl Raffinerie
Mio.	Millionen
Mrd.	Milliarden
N	Nachfrage(-kurve)
N. F.	Neue Folge
NBL	Neue Bundesländer
NF/n. F.	Neue Fassung
No.	Numero
Nr.	Nummer
NRW	Nordrhein-Westfalen
NZZ	Neue Züricher Zeitung
Ø	durchschnittlich
O	Output

O. o. E.	Organisationen ohne Erwerbscharakter
o.V.	ohne Verfasser
OECD	Organization for European Cooperation and Development
P	Preis(e)
p. a.	per anno
PPBS	Planungs-, Programmierungs- und Bugetierungssystem
R	Risiko
rb&p	Roland Berger und Partner
rd.	rund
resp.	respektive
ROI	Return on Investment
RPA	Rechnungsprüfungsausschuß
RWI	Rheinisch-Westfälisches Institut für Wirtschaftsforschung
S	Sparen
S.	Seite(n)
sec.	Sekunden
Sek.	Sektoren
sog.	sogenannt
Sp.	Spalte
StGB	Strafgesetzbuch
StWG	Stabilitäts- und Wachstumsgesetz
SVR	Sachverständigenrat zur Begutachtung der gesamtwirtschaftlichen Entwicklung
SZ	Süddeutsche Zeitung
Tab.	Tabelle
TDM	Tausend Deutsche Mark
THA	Treuhandanstalt
Tsd.	Tausend
Tz.	Textziffer
U	Unsicherheit
u.U.	unter Umständen
u. a.	und andere/unter anderem
UK	United Kingdom
VDK	Verein Deutscher Kohleimporteure
Verf.	Verfasser
vgl.	vergleiche
VGR	Volkswirtschaftliche Gesamtrechnung
Vj.	Vorjahr
Vol.	Volume
vs.	versus

VVDStRL	Veröffentlichungen der Vereinigung Deutscher Staatsrechtslehrer
VW	Volkswagen
WiSt	Wirtschaftswissenschaftliches Studium
WISU	Das Wirtschaftsstudium
WW	Wirtschaftswoche
Y	Menge, Volkseinkommen
Z	Zielfunktion(en)
z. B.	zum Beispiel
z. T.	zum Teil
ZFB	Zeitschrift für Betriebswirtschaft
ZfbF	Zeitschrift für betriebswirtschaftliche Forschung
ZRP	Zeitschrift für Rechtspolitik
$\sum$	Summe

Einleitung

In einem Vortrag vor der Herbert-Quandt-Stiftung widmete sich ***Buchanan***[1] den ***zerstörerischen Gefahren durch Subventionen*** für die politischen Wirtschaftssysteme. Durch diskriminierende Behandlung bei der Subventionierung und der Besteuerung würden immer neue Anreize geschaffen, in den Genuß der bevorzugten Behandlung zu kommen oder sich gegen Benachteiligungen zu schützen. Es bestehe ein direkter Zusammenhang zwischen dem Grad der wirtschaftlichen Freiheit und dem Wirtschaftswachstum einer Nation; doch sei es ökonomisch falsch, den wirtschaftlichen Wandel durch die Beschränkungen des Marktes aufhalten zu wollen.[2u.3u.4u.5] Dies zerstöre zunehmend die Effizienz des Staates[6], offenbare ein Staatsversagen und bringe das Gemeinwesen auf eine abschüssige Bahn.[7]

Die Meinungen zur Effizienz und wirtschaftspolitischen Verträglichkeit der Subventionen als eines finanzwissenschaftlichen Instruments gehen deutlich auseinander.[8] Während beispielsweise Ordoliberale sie als Sünde gegen den marktwirtschaftlichen Geist ächten, werden sie vom Subventionsempfänger in der Regel als gerechtfertigte und unabdingbare finanzielle Hilfe zur Sicherstellung des Wettbewerbs und der Beschäftigung erachtet.[9u.10] Ohne Zweifel ist die Subventionierung ein sehr umstrittener ökonomischer Vorgang, dessen Effizienz nicht an der Höhe der Inanspruchnahme der bereitgestellten Mittel gemessen werden darf. Einer Beurteilung geht vielmehr immer eine Bewertung der Wirkung voraus. Ihr hoher ***Stellenwert*** in der öffentlichen Debatte ist auf immer neue Subventionsskandale, Mittelverschwendungen, Diskriminierungen durch selektive Gewährung und auf die Dominanz von Sonder- bzw. Partikularinteressen zurückzuführen. Die Diskussion gleicht einer ideologiepolitischen Auseinander-

---

1 Vgl. D. Deckers (1997), S. 18.

2 Vgl. D. Deckers (1997), S. 18.

3 Eine internationale Studie: "Wirtschaftliche Freiheit in der Welt" des kanadischen Fraser-Institutes, kommt zu dem Schluß, daß Deutschland nach Rang 10 1980 und Rang 14 1990 nun international auf Rang 2 1995 zurückgefallen ist. Zu den insgesamt 17 Kriterien gehören Faktoren wie die Besteuerungs- und Subventionshöhe, der Staatsquotenanteil etc., die in den "Freiheitswert" mit einfließen. Vgl. o. V. (1997r), S. 17.

4 Ein Hauptergebnis des McKinsey Global Institute zeigt, daß Deutschland neben Frankreich im Vergleich zum Weltklasse-Standard deutlich zurückgefallen ist. Eine Ursache neben weiteren liegt in dem "hohen Maß sozial-politischer Interventionen" in den Wertschöpfungsprozessen sowie in einer zu hohen sektorenspezifischen Regulierung der Produktmärkte. Vgl. ausführlich: McKinsey (1997).

5 Vgl. hierzu ausführlich den aktuellen Report des Index of Econmic of Freedoom: B. T. Johnson, K. R. Holmes (1998), S. Xi- 11.

6 Zum Staat zählen im weiteren Sinne alle Gebietskörperschaften, suprantionale Organisationen, Parafisken sowie öffentliche Unternehmen in privatrechtlicher Form. Vgl. C. B. Blankart (1994), S. 7-8.

7 Vgl. A. Schmidt (1996), S. 13.

8 Vgl. A. Rosenschon (1991), S. 88-90.

9 G. Zeitel, K. P. Fox (1984), S. 865.

10 Vgl. C. Schäfer (1987), S. 150-152; übereinstimmend: H. Giersch (1977), 2. Bd., II. und III. Kapitel

setzung um die effizienteste öffentliche Finanzwirtschaft.[11u.12] Vor dem Hintergrund der derzeitigen öffentlichen Haushaltsengpässe, eines „Stillstands in der Finanzpolitik“[13] und des Ausmaßes des Subventionsvolumens[14] hat der Diskussionsgegenstand Subvention nichts von seiner ***Aktualität*** in Finanzwirtschaft und Wirtschaftspolitik eingebüßt.[15] „Er ist vielmehr zum ***'Dauerbrenner'*** politischer und theoretischer Auseinandersetzungen avanciert.“[16] Der Bundesrechnungshof beklagt beispielsweise bei seiner jüngsten stichprobenartigen Querschnittsprüfung, daß weder bei der Planung noch bei der Erfolgskontrolle die Wirkung der Subventionen auf Arbeitsplätze, Wachstum und Innovationen „nachvollziehbar“ ist.[17]

Die ***leeren Staatskassen***[18] bei Bund, Ländern und Gemeinden, die bevorstehende europäische Währungsunion[19] und die damit verbundene Erfüllung der Maastrichter Konvergenzkriterien werfen die berechtigte Frage auf, warum eine umfassende Kontrolle und Eindämmung der Subventionsvergabe auf der Ausgabenseite des Staates bislang noch nicht zustande gekommen ist. Von einzelnen Streichaktionen und Umschichtungen,[20u.21] die mehr politisch als ökonomisch motiviert sind, wurde bisher nur ein marginaler Anteil des Volumens der Subventionen beschnitten. Trotz einer massiven und breiten Subventionierung in den neuen und alten Bundesländern drängen die Kontrollprobleme und die Steuerbelastungen eine Effizienzdiskussion auf.[22]

---

11 Vgl. G. Werner (1995), S. 51-56; übereinstimmend: M. Weilepp (1993), S. 334.

12 Vgl. C. Schäfer (1987), S. 150.

13 Vgl. E. Wohlers (1998), S. 2-3.

14 Zur Bedeutung der Höhe des Subventionsvolumens in Deutschland, der EU und der OECD-Staaten siehe Kapitel A, Abschnitt 3.0 bis 3.3.

15 Vgl. H. J. Schürmann (1996), S. 22; übereinstimmend: o.V. (1996b), S. 133.

16 M. Nieder-Eichholz (1995), S. 17.

17 Der BRH moniert, daß die Mehrzahl der geprüften Subventionen vergeben worden sind, ohne "überprüfbare Ziele sowie Erfolgsmaßstäbe der Förderung" aufzustellen. Eine Begründung für die Art und die Höhe der Förderung durch den Bund fehle "überwiegend". Vgl. BT (1997b), S. 2.

18 Vgl. E. Wohlers (1998), S. 2.

19 Unter dem Aufruf "Der Euro kommt zu früh" sprechen sich 155 Professoren der Wirtschaftswissenschaften in einer gemeinsamen Erklärung gegen die Einführung einer europäischen Währung aus. Einer der Hauptgründe wird in der unzureichenden Konsolidierung der öffentlichen Haushalte gesehen. Dies wird u. a. an der durchschnittlichen Schuldenquote in der EU deutlich, die seit 1991 nicht gesunken, sondern trotz niedriger Zinsen um 15 % gestiegen ist. Vgl. hierzu ausführlich: R. Vaubel, M. J. M. Neumann, W. Kösters et al. (1998), S. 1-4.

20 Exemplarisch sei nur die aktuelle Diskussion um die Rückführung der Kohlefinanzierung erwähnt: u. a. H. J. Schürmann (1996), S. 22; übereinstimmend: o.V. (1996b), S. 133 oder beispielsweise die öffentlich umstrittenen Landeskredite an die Kirch-Mediengruppe, München im März 1997, die das Interesse der Öffentlichkeit und speziell des EU-Kommissars Karel Van Miert geweckt haben: u. a. o.V. (1997b), S. 1 und S. 12; weiterführend: C. Knust (1997), S. 17 über bayerische Industrie- und Subventionspolitik.

21 Besonders stark kritisiert wird der ("statistische") Subventionsabbau in den Jahren 1994 und 1995. Nach Weilepp handelt es sich hier nur um eine "Mogelpackung", da die Einsparungen durch zeitliche Verlagerung der Einführung neuer Subventionen bzw. durch den Versuch des "Einfrierens" der Haushalte von Forschung und Entwicklungshilfe als Kürzung darzustellen versucht worden. Letzteres bezeichnet Weilepp als "schlechten Witz". Weiterführende Kritik: M. Weilepp (1993), S. 334-335.

22 Vgl. A. Boss, A. Rosenschon (1997), S. 46.

Aus europäischer Wettbewerbssicht geraten nicht nur die bundesdeutschen Subventionen, sondern auch die der anderen EU-Mitgliedsstaaten ins Visier. [23u.24] Der Vergabewettbewerb von Subventionen globalisiert und internationalisiert sich zunehmend. Das Phänomen des „Beihilfe-Hoppings" offenbart subventions-maximierende Unternehmen, die durch permanente Standortverlagerung innerhalb der EU den ***internationalen Subventionswettbewerb*** bewußt ausnutzen.[25] Es stellt sich daher die Frage, ob es wirksame und anwendbare Kontrollkonzepte für eine Effizienzorientierung der Subventionierung gibt.[26]

Die derzeitige ***Ausgestaltung der Subventionskontrolle*** ist dieser Notwendigkeit nicht gewachsen. Sofern von einer Kontrolle gesprochen werden kann, ist diese nur auf einer hohen Aggregationsstufe, d. h. auf einer gesamt- und sektorenwirtschaftlichen Ebene erkennbar. Meßbare Ziele fehlen ebenso wie eine den ökonomischen Kräften einer Marktwirtschaft kompatible Kontrollkonzeption. Der hohe Abstraktionsgrad der Informationen wirft jedoch die Frage auf, ob hierdurch eine problemorientierte, d. h. den ökonomischen Aspekten angemessene, ordnungskonforme und effiziente Subventionierung durch eine entsprechende Informationsversorgung unterstützt werden kann. Die sechzehn Subventionsberichte des Bundes[27] geben neben standardisierten Dokumentationen nur von Zeit zu Zeit Informationen zur Kontrolle.[28] Basierend auf einer sehr engen und im Zeitablauf modifizierten Subventionsabgrenzung fällt es schwer, die Wirklichkeit der Subventionierung zu erfassen, zu kontrollieren und zu verbessern.[29]

Die Frage nach ***Effektivität und Effizienz*** der gewährten Subventionen wurde erstmals in 1975 im fünften Subventionsbericht gestellt.[30u.31] Hierzu ***Reding***: „Während noch im sechsten Subventionsbericht argumentiert wurde, daß [Wirkungsanalysen] für eine Analyse in der Regel geeignet seien, wird im siebten Subventionsbericht schon vorsichtiger formuliert, [...] im achten Subventionsbericht wird dann die Durchführung von Wirkungsanalysen völlig in Frage gestellt."[32] Seitdem wird immer wieder darauf hingewiesen, daß die Subventionseffizienz wegen der fehlenden allgemeingültigen gesamtwirtschaftlichen Kontrollmethoden und Wirkungsanalysen nicht bzw. nur eingeschränkt dargestellt werden kann. In diesem Zusammenhang wird auf zukünftige Erkenntnisse verwiesen.[33u.34] Der Subventionsgeber beläßt es in seiner Erklärungsnot

---

23 Vgl. o.V. (1996), S. 15 übereinstimmend: G. Nicolaysen, R. Hrbek et al. (1996), S. 503-512; übereinstimmend: R. W. Waniek (1996), S. 464-471, insbes. S. 465.

24 Vgl. hierzu ausführlich Kapitel A, Abschnitt 3.2.1.

25 Die deutsche Bekleidungsindustrie drohte offen damit, daß sie ihre gesamte Produktion aus Deutschland ins Ausland verlagern wolle, wenn sie nicht mehr staatliche Subventionen erhalten werde. Vgl. o.V. (1997a), S. 8. sowie o.V. (1996d), S. 22.

26 Vgl. K. Trojanus (1995b), S. 1-3; übereinstimmend: A. Boss (1991), S. 67 bzw. S. 72-74.

27 Vgl. hierzu die Ausführungen in Kapitel A, Abschnitt 1.2.3.

28 Der sechzehnte Subventionsbericht geht erneut auf das Problem einer fehlenden Kontrollkonzeption in seiner Berichtserstattung ein. Vgl. hierzu: BMF (1997), S. 33.

29 BT (1997b), S. 2.

30 Vgl. hierzu ausführlich BT (1975).

31 Vgl. H. Zimmermann (1985), S. 86.

32 K. Reding (1987), S. 14.

33 Vgl. hierzu BMF (1995), S. 32-33.

bei dem Hinweis auf erteilte Forschungsaufträge und -gutachten. Unermüdlich betont er die Notwendigkeit einer Kontrolle sowie einer effizienten und sparsamen Subventionsdosierung.[35]

Die Wirtschaftswissenschaften sprechen gegenwärtig von einem ***Theoriedefizit*** im Umgang mit dem Erkenntnisobjekt Subvention.[36] Es existiert keine holistische Theorie der Subventionspolitik und keine einheitliche theoretische Begriffsfassung.[37] Letzteres führt zu erheblichen Problemen der Quantifizierung der Subventionsvolumina und einem uneinheitlichen numerischen Subventionsverständnis. Trotz des offensichtlichen praktischen Politik- und Theoriedefizits einer (Effizienz-) Kontrolle der Subventionen verlangen die ökonomische Rationalität und eine ordnungskonforme Wirtschafts- und öffentliche Finanzpolitik nach konkreten operationalisierbaren Handlungsempfehlungen. Besonders in finanzpolitischen Krisenzeiten und einem „faktischen Stillstand in der Finanzpolitik“[38] müssen die gegenwärtigen Herausforderungen bewältigt werden. Die öffentliche Finanzwirtschaft steht bei der Subventionsvergabe unter einem ***permanenten Problemlösungszwang.*** Sie verlangt nach praktikablen Ansätzen, Konzepten und Methoden für eine systematische Effizienzkontrolle der Fördermittelvergabe.

Zielsetzung und Abgrenzung der Arbeit

Das Ziel dieser Arbeit ist die Entwicklung eines ***Kontrollmodells*** für eine effizienzorientierte Subventionsvergabe. Zentraler Ausgangspunkt der Zielstellung sind die ***Finanzwissenschaft*** als Teil der Wirtschaftspolitik[39] und eine zweckmäßige Gliederung und Fokussierung auf die öffentlichen Ausgaben. Da im folgenden ökonomische Fragestellungen im Vordergrund stehen, ist es für die Untersuchung zweckmäßig, in Anlehnung an ***Pigou*** eine Gliederung nach „ökonomischen Effekten“ in zwei Hauptströmen vorzunehmen.[40]

34 Vgl. hierzu die Ausführungen im Kapitel A, Abschnitt 1.2.3. sowie 2.1.

35 Vgl. hierzu BMF (1995), S. 32-33 sowie BT (1997b), S. 2.

36 Auf die theoretischen Defizite wird in Kapitel A, Abschnitt 2 ausführlich eingegangen.

37 Vgl. K. Trojanus (1995a), S. 5; übereinstimmend: M. Nieder-Eichholz (1995), S. 22.

38 Vgl. E. Wohlers (1998), S. 2-3.

39 Vgl. D. Brümmerhoff (1996), S. 4; übereinstimmend: K. Reding, R.-D. Postlep (1978a), S. 80-82.

40 Die Finanzwissenschaft bietet eine Fülle von Gliederungsmöglichkeiten. Ein Überblick der gängigsten Gliederungsmöglichkeiten ist bei K. Reding, R.-D. Postlep (1978a), S. 88 ff. zu finden.

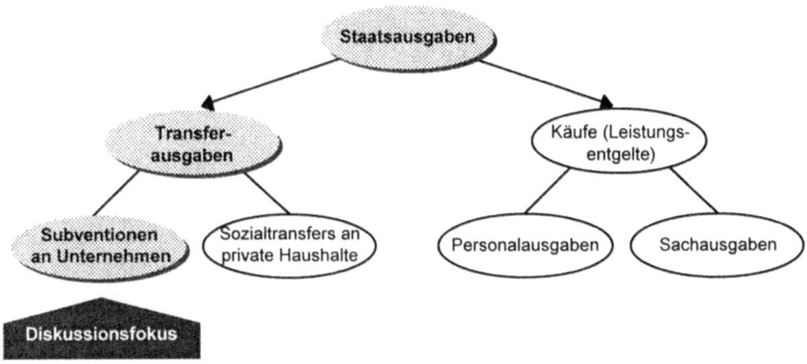

Quelle: K. Reding, R.-D. Postlep (1978a), S. 98

Abb. 1: Gliederung der Staatsausgaben nach Pigou

Die Ausgabenseite der öffentlichen Finanzwirtschaft läßt sich in Transferausgaben und Käufe bzw. Leistungsentgelte gliedern. Während letzteres einen Wertschöpfungseffekt bzw. zusätzliche Einkommenseffekte impliziert und nachfolgend nicht thematisiert werden soll, bilden Transferausgaben als Leistung ohne Gegenleistung den weiteren Diskussionsfokus dieser Arbeit. ***Pigou*** unterscheidet diese Transferausgaben dem Empfängercharakter nach in Subventionen an Unternehmen und Sozialtransfers an private Haushalte. Die Subventionierung an Unternehmen steht im Mittelpunkt der folgenden Ausführungen.Das Erkenntnisobjekt Subvention bietet ***unterschiedliche Betrachtungsperspektiven***. Sowohl die wissenschaftlich-theoretische als auch die praktisch orientierte Diskussion hat unterschiedliche Beiträge hervorgebracht, die je nach Sichtweise unterschiedliche Untersuchungsdimensionen hervorbringen.

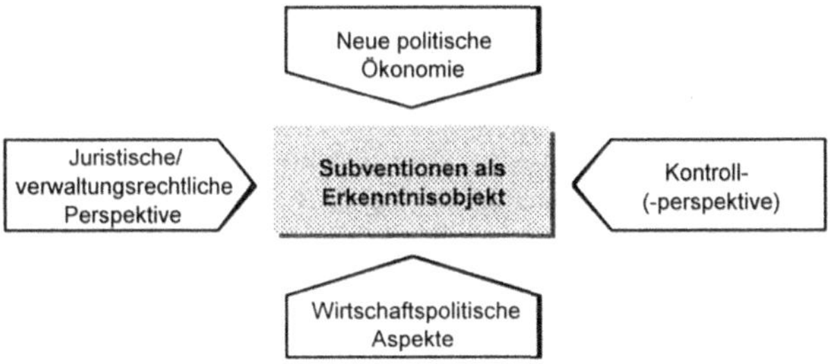

Quelle: Eigene Darstellung

Abb. 2: Betrachtungsperspektiven des Erkenntnisobjektes

Neben einer „volkswirtschaftlichen und ordnungspolitischen Perspektive"[41] sind

41 Vgl. hierzu stellvertretend: H.-L. Latz (1989), H. Blankmann (1987), B. F. Gröbner (1983), A. Kötzle (1980), D. Ewringmann, K.-H. Hansmeyer (1975), U. Berthold (1967), K. Alewell (1965).

Arbeiten zur neuen „politischen Ökonomie“[42] sowie vor allem „juristische Beiträge“[43] aus dem Blickwinkel des öffentlichen Rechts und der verwaltungsrechtlichen Vorschriften im Rahmen von Rechtskontrollen hervorgebracht worden. Diese Betrachtungsperspektiven sollen hier nicht vertieft werden, sondern es soll eine thematische Auseinandersetzung mit einer ***Sachkontrolle*** der Subventionierung verfolgt werden. Die ***Beurteilung der Effizienz*** der Subventionierung ist ein schwieriges Vorhaben, da in Deutschland eine notwendige informationsversorgende Zielfixierung der Subventionspolitik häufig strategisch-globalen oder politischen Absichten folgt und damit unscharf oder gar nicht formuliert ist.[44] Ziele bilden jedoch einen Hauptbestandteil von Kontrollen.[45] Folglich müssen Ziele nach ihrem Zielerreichungsgrad operationalisiert werden.

Der Subventionsgeber weist in seiner verfassungsgemäßen Subventionsberichterstattung[46] wiederholt auf die Probleme einer außerordentlich ***schwierigen Kontrolle der Subventionen*** und das Fehlen gültiger Methoden hin. Als Ursache wird immer wieder der Mangel an operationalisierbaren Kontrollkonzeptionen erwähnt.[47] Diese Operationalisierungsprobleme dürfen jedoch nicht dazu führen, daß die Notwendigkeit einer Effizienzbeurteilung staatlicher Subventionsaktivitäten nicht erfüllt wird.[48 u. 49] Die gängigen Abbildungs- und Steuerungssysteme leiden an einer mangelnden Handlungsorientierung und können eine effiziente Subventionsvergabe nicht sicherstellen. Die vorliegende Arbeit wird zur Lösung des gesamtwirtschaftlichen Komplexitätsproblems einen differenzierten, partialanalytischen Betrachtungsblickwinkel einnehmen und damit die Kontrolle der Subventionen auf unterschiedlichen Erfahrungsobjekt-Ebenen vorschlagen. Die Kontrolle als effizienzsichernde Funktion erfordert eine entsprechende formale und materielle Aufwertung innerhalb des Subventionsprozesses. Folglich wird hier der Gedanke einer klassischen Vollzugskontrolle zugunsten einer abbildenden, entscheidungsunterstüzenden Informationsfunktion der Kontrolle fallengelassen. Es wird damit versucht, erwerbswirtschaftliche Controllingaspekte in der öffentlichen Finanzwirtschaft zur Anwendung zu bringen. Dieses aufgewertete Kontrollverständnis soll eine informationsversorgende Effizienzfunktion im Subventionsprozeß einnehmen.

Vor diesem Hintergrund sollen die folgenden Erörterungen und Aussagen auf unterschiedliche Teilaspekte der volks- und betriebswirtschaftlichen Wissenschaften zurückgreifen. Das Erkenntnisobjekt Subvention ist zwar im Kern ein finanzwissenschaftlicher Vorgang, doch wird das Interesse dieser Arbeit zusätzlich darin liegen,

---

42 Vgl. hierzu stellvertretend: H.-L. Latz (1989), K. Harzem (1987).

43 Vgl. hierzu stellvertretend: H. Maurer (1995), B. Schaerer (1992), H.-D. Grosser (1983).

44 Vgl. S. Kuhlmann (1997), S. 111. Kuhlmann vertritt diese Ansicht im Zusammenhang mit der Beurteilung von technologischen Fördermaßnahmen, die sich aber nahtlos auch auf andere Arten der Wirtschaftsförderung bzw. -subventionierung übertragen lassen.

45 Vgl. K. Reding (1981), S. 218 ff.

46 Vgl. C. Satorius (1997), S. 720, § 12. Abs. 1, 2.

47 Vgl. BMF (1997), S. 33.

48 Einen detaillierten Gesamtüberblick über die Probleme der Effizienzmessung und -kontrolle staatlicher Aktivitäten ist bei K. Reding (1981) zu finden. Zum speziellen Aspekt der Subventionsvergabe: BT (1997b), S. 1-2.

49 Vgl. zur Kritik des BRH bei der Subventionsvergabe und -kontrolle: BT (1997b), S. 1-2.

den Prozeß der Erkenntnisgewinnung nicht durch eine scharfe analytische Trennung von Einzeldisziplinen isoliert voranzutreiben, sondern durch dren Zugriff verwandter Wissenschaften zu bereichern. Im ***Popperschen Sinne*** wird somit auf eine Abgrenzung der Disziplinen nur da zurückgegriffen, wo eine Problemabgrenzung aus organisatorischer Zweckmäßigkeit sinnvoll erscheint.[50u.51] Folglich wird ein wirtschaftswissenschaftliches ***interdisziplinäres Vorgehen*** angestrebt, wodurch die jeweiligen Querverbindungen zwischen den Disziplinen, wie ***Chmielewicz*** es formuliert, eine „Verödung der Grenzbereiche“ verhindern sollen.[52]

Problemstellung

Die vorliegende Arbeit gliedert sich in ***vier Hauptkapitel***. Im Anschluß an „Einleitung und Zielstellung und Abgrenzung der Arbeit“ werden in ***Kapitel A*** die theoretischen und praktischen Grundlagen der Subventionierung vor dem Hintergrund einer notwendigen Steigerung der Effizienz in der Subventionsvergabe erörtert. Hierzu gehört die Entwicklung eines weitgehend eigenständigen Subventionsbegriffs und der entsprechenden Subventionsdimensionen. Weiterhin wird der aktuelle Stand in der Subventionsforschung und der Stand der Forschung über die reale Bedeutung und Entwicklung der Subventionsvolumina in Deutschland sowie in den EU- und OECD-Staaten dokumentiert. Hierauf aufbauend wird der Frage nachgegangen, inwieweit eine Subventionierung systemkompatibel und verfassungsrechtlich zu vertreten ist. In einem letzten Schritt werden beobachtete Mängelursachen in der bestehenden Subventionspolitik aufgezeigt, um die Notwendigkeit der Steigerung der Subventionseffizienz durch Kontrolle verdeutlichen zu können. In ***Kapitel B*** wird ein Modell zur Subventionskontrolle entwickelt. Ausgangspunkt für dieses Vorhaben bildet der Subventionsprozeß mit seinen idealtypischen Phasen der Willensbildung und Willensdurchsetzung. Die Kontrolle als Element der Willensdurchsetzung wird den Kern der Effizienzorientierung bilden. Im Zentrum der Modellbildung stehen informationsversorgende Ziele. Um eine schrittweise Modellbildung zu erleichtern, werden zunächst formale Aspekte einer Subventionskontrolle durch Zielsysteme und

50 Popper zeigt in seiner grundsätzlichen Kritik an der üblichen Abgrenzung der Disziplinen drei Ursachen auf: 1. Historische Gründe. 2. Administrative bzw. organisatorische Zweckmäßigkeiten. 3. Die Richtung des Zusammenwachsens vorhandener zu geschlosseneren Theorien. Vgl. K. R. Popper (1965), S. 66 f.

51 Ein Großteil der h. M. stimmt einem Beharren auf traditionellen Grenzen zwischen den Disziplinen nicht zu. Vielmehr wird das Beharren auf traditionelle Grenzen zu einer "Verödung der Grenzgebiete, zu der Abkapselung von Nachbardisziplinen und tendenziell zu verringerten Wissensmehrung führen". Vgl. hierzu u. a. K. Chmielewicz (1994), S. 21-22; übereinstimmend: R. L. Ackhoff (1977), S. 285; übereinstimmend: P. Lorenzen (1974), S. 135 f.; übereinstimmend: W. F. Fischer-Winkelmann (1971), S. 153.

52 Chmielewicz weist auf den Irrtum hin, daß der Gedanke an eine überspannende Einheitswissenschaft ohne disziplinäre Teilung vor dem Hintergrund eines explosiv steigenden Wissensfortschritts als Illusion gesehen werden muß. "Fraglich kann nicht das Ob, sondern nur das Wie einer wissenschaftlichen Arbeitsteilung sein." Vgl. K. Chmielewicz (1994), S. 21-22.

-objekte erörtert. Anschließend werden diese durch materielle Aspekte auf der Basis einer Konvention wirtschaftspolitischer Zielinhalte ergänzt. Den Abschluß des Kapitels B bildet eine Zusammenfassung der einzelnen Bestandteile des Modells. Im Ergebnis wird ein Kontrollmodell zur Effizienzorientierung der Subventionen bereitgestellt. Vorläufige Hypothesen zur ihrer Kontrolle werden ebenso abgleitet.

In ***Kapitel C*** werden Validierung und Konkretisierung des Kontrollmodells durch die Bildung von Informationsfeldern und -kriterien anhand einer Branchen- und Fallstudienuntersuchung angestrebt. Die Branchen- und Fallstudienmethode dient einer Erweiterung der Hypothesen. Durch Induktion empirischer Informationen zu der Branche und den Fallunternehmen soll eine systematisierte Kontrolle der Subventionierung gebildet werden.

Kapitel D beschließt die Arbeit mit einer Zusammenfassung und weiteren Schlußfolgerungen für die Kontrolle der Subventionierung.

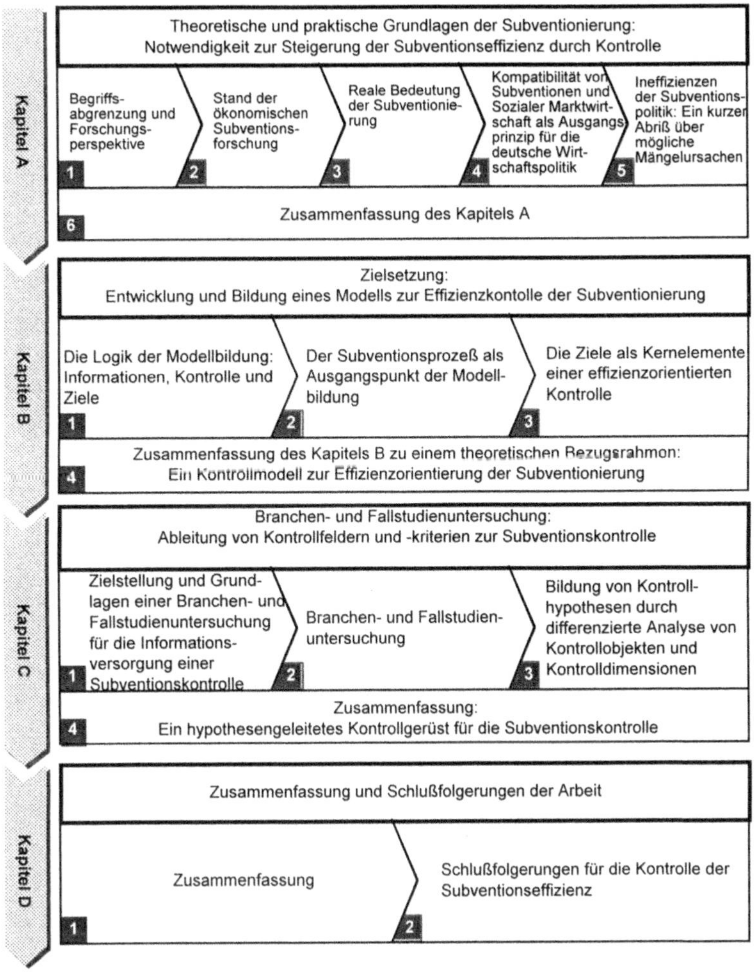

Abb. 3: Das Konzept der Problemstellung

Kapitel A: Theoretische und praktische Grundlagen der Subventionierung: Notwendigkeit der Steigerung der Subventionseffizienz durch Kontrolle

1. Begriffsabgrenzung und Forschungsperspektive

1.0. Einführende Bemerkungen

Eine Analyse der Effizienz von Subventionen in Rahmen der staatlichen Finanzpolitik setzt eine klare Abgrenzung der Begriffsinhalte voraus.[53] Es wurden hierzu in zahlreichen Arbeiten (besonders in den fünfziger/sechziger und in den neunziger Jahren) Subventionen begrifflich diskutiert und dabei ***erhebliche Unterschiede*** in den einzelnen Definitionen festgestellt.[54u.55] Dies mag einerseits daran liegen, daß der Subventionsbegriff schon lange in der Umgangssprache seine Verwendung fand, bevor eine wirtschaftswissenschaftliche Definition vorlag. Andererseits bedingt die Verwendung innerhalb der drei wissenschaftlichen Disziplinen naturgemäß differierende Begriffsabgrenzungen.[56u.57u.58] Nicht selten war und ist eine Subventionsdiskussion wissenschaftlich unfruchtbar oder, wie ***Andel*** anmerkt, „[tendiert] der Grenzertrag der Diskussion über den Subventionsbegriff [...] gegen Null, nicht selten ist er negativ."[59] Die Zweckmäßigkeit einer Vielzahl von Subventionsdefinitionen, die häufig nur den Dissens heftiger interessensmotivierter Auseinandersetzungen in Theorie und Praxis widerspiegeln, zeigt nur zu oft den Versuch, „unter allen Umständen originell zu sein, und politisch taktischen Erwägungen [in den Vordergrund zu stellen]."[60u.61] Eine „allgemein akzeptierte Definition gibt es [daher] nicht."[62u.63] Die Bildung von Subventionsbegriffen ist somit eine Frage der ***Zweckmäßigkeit,*** die sich aus der

---

53 Vgl. A. Kötzle (1980), S. 104.

54 Vgl. hierzu die nachfolgende Begriffsdiskussion, Kapitel A, Abschnitt 1.1.

55 Vgl. K.-H. Hansmeyer (1963), S. 12. Hansmeyer spricht sogar von einem "Begriffswirrwarr".

56 Eine erste akzeptable Begriffsdefinition und -diskussion wurde 1929 durch Zachau-Mengers vorgenommen. Vgl. hierzu ausführlich G. Zachau-Mengers (1930), S. 4 ff.

57 Vgl. H. H. v. Arnim (1986), S. 81; übereinstimmend: H.-D. Grosser (1983), S. 23.

58 Die unterschiedlichen Perspektiven im Erkenntnisobjekt sind: 1. Die Volkswirtschaft sowie Finanzwirtschaft; 2. Die Rechtswissenschaften; 3. Die Betriebswirtschaft.

59 N. Andel (1970), S. 4.

60 N. Andel (1970), S. 4; weiterhin: B. Fritzsche et al. (1988), S. 1-3; übereinstimmend: A. Kötzle (1980), S. 104-105.

61 Vgl. K. Trojanus (1995b), S. 3; übereinstimmend: B. Fritzsche et al. (1988), S. 1-3; übereinstimmend: F. Rosenthal (1993), S. 66; übereinstimmend: A. Kötzle (1980), S. 104-105.

62 K. Trojanus (1995b), S. 3.

63 Vgl. B. Schaerer (1992), S.33; übereinstimmend: H. Blankmann (1987), S. 263; übereinstimmend: K. Reding (1987), S. 5; übereinstimmend: J. Starbatty (1984), S. 1; übereinstimmend: W. Deininger (1975), S. 11; übereinstimmend: U. Berthold (1967), S. 11; übereinstimmend: K.-H. Hansmeyer (1963), S. 12.

Verschiedenheit der Untersuchungsperspektiven und Erkenntnisentwicklungen ergibt.[64] Mit Blick auf die hier angestrebte Forschungsperspektive geht es somit nicht darum, den Subventionsbegriff zu verifizieren oder zu falsifizieren.[65] Begriffe sind jedoch Bausteine von theoretischen Aussagesystemen. Bei der Begriffsbildung fungiert die Wahrheit nicht als Beurteilungskriterium.[66] Die Begriffsabgrenzung hat hier ***drei Funktionen***:

A. Eine umfassende Begriffsdefinition und -bewertung erreicht eine Eingrenzung des Erkenntnisobjektes für das weitere Vorgehen.[67]
B. Die Beurteilungsproblematik wird durch divergierende Begrifflichkeiten herausgehoben.[68]
C. Das Bezugsobjekt für die Kontrollkriterien muß eindeutig definiert sein.

1.1. Subventionsbegriffsabgrenzungen in der wirtschaftswissenschaftlichen Literatur

Das Substantiv „Subvention" basiert auf dem lateinischen Verb ***subvenire***, was mit „beistehen, zur Hilfe kommen" übersetzt wird.[69] Das Charakteristikum der „Hilfeleistung" ist der Ausgangspunkt aller in der Literatur entwickelten Begriffe. Der folgende Abschnitt beschäftigt sich mit dem Spektrum der Subventionsbegriffsbildung in der wirtschaftswissenschaftlichen Literatur.[70] Hierzu werden unterschiedliche Abgrenzungen der finanz- und betriebswirtschaftlichen Literatur in Abschnitt 1.1. erörtert. Daran anschließend werden die in der Praxis gebräuchlichen Abgrenzungen vorgestellt. Hierauf aufbauend soll im Abschnitt 1.3. ein weitgehend eigenständiger, für die Arbeit zweckmäßiger Subventionsbegriff gefunden werden.

---

64 N. Andel spricht von der "Zweckmäßigkeit, die im Hinblick auf das Untersuchungsziel beantwortet werden sollte". Vgl. N. Andel (1977), S. 491.

65 Vgl. hierzu M. Nieder-Eichholz (1995), S. 21; übereinstimmend: B. F. Gröbner (1983), S. 10-11.

66 Zur Kritik an einem essentialistischen Wissenschaftsziel. vgl. K. Chmielewicz (1994), S. 51.

67 Die Begriffsbildung ist nicht das Kernziel dieser wissenschaftlichen Arbeit, sondern dient der Zweckmäßigkeit der Effizienzmessung und ist daher eine notwendige Voraussetzung für eine weitere Erörterung.

68 Obwohl hier nicht die quantitative Analyse der Subventionen im Mittelpunkt der Betrachtung steht, sollte eine klare Begriffsfassung bestehende Unsicherheiten und Interpretationsspielräume in Theorie und Praxis eingrenzen helfen.

69 Vgl. J. M. Stowasser (1980), S. 440.

70 Andere Ausgaben im Rahmen der Finanzpolitik, wie Transferzahlungen etc., werden nicht behandelt.

1.1.1. Begriffsabgrenzungen in der finanzwissenschaftlichen Literatur

Grundsätzlich können in Anlehnung an ***Stobbe***[71] begünstigende Zuwendungen in zwei unterschiedliche Formen unterteilt werden:

A. Zuwendungen durch Einnahmeverzicht der öffentlichen Haushalte u. a. in Form von Steuerermäßigungen und Steuererlassungen.

B. Zuwendungen durch direkte oder indirekte Zahlungen an Unternehmen. Letztere sind als Zahlungen ohne ökonomische oder marktgerechte Gegenleistung (Zahlungen ohne Verwendungszweck) zu verstehen.[72]

Nach ***Andel,*** der in der wirtschaftswissenschaftlichen Literatur zwei in gewisser Weise extreme Definitionen unterscheidet, die beide von der öffentlichen Hand als dem Subventionsgeber ausgehen, ist zwischen einer ***engen und einer sehr weiten Definition*** zu differenzieren.[73u.74] Die enge, instrumentbezogene Definition stellt auf Geldzahlungen ab, die von der öffentlichen Hand ohne marktliche Gegenleistung gewährt werden und bestimmte Voraussetzungen erfüllen.[75] Diese Definition schließt wesentliche Subventionen, wie z. B. geldwerte Leistungen, aus.[76] Ein weiter Subventionsbegriff rückt den gezielt begünstigenden Eingriff des Staates in den marktwirtschaftlichen Bereich in den Vordergrund.[77] Diese weite, problembezogene Begriffsfassung definiert ***Shoup*** wie folgt:

> „[...] a subsidy is defined as the provision of federal economic assistance, at the expense of others in the economy, to the private sector producers or consumers of a particular good, service or factor of production. The government receives no equivalent compensation in return, but conditions the assistance on a particular performance by the recipient the price or costs of the particular good, service, or factor to the subsidy recipient, so as to

---

71 Eine ausführliche Darstellung der Einteilung von Transaktionen in der Finanzwissenschaft ist bei A. Stobbe (1984), S. 108 ff. zu finden. Nach Stobbe, der den Übergang eines Wirtschaftsobjekts auf ein anderes als Tausch mit Gegenleistung oder als Übertragung ohne Gegenleistung definiert, gibt es fünf ökonomische Transaktionsarten: 1. Realtausch, 2. Übertragung, 3. Güterkauf/-verkauf, 4. Forderungstransfer (Übertragung), 5. Forderungskauf/-verkauf. Im folgenden ist die Übertragung ohne (marktliche) Gegenleistung von Hauptinteresse.

72 Vgl. A. Stobbe (1984), S. 108; übereinstimmend: F. Geigant et al. (1983), S. 607; weiterführend zur ausführlichen Definition und Bedeutung einer Marktleistungsbeziehung siehe Kapitel A, Abschnitt 1.1.2.

73 Vgl. N. Andel (1977), S. 491.

74 In Abschnitt 1.0. wurde kurz auf die Unterschiede einer zwischen weiten und einer engen Definition mit dem Ziel eingegangen, einen möglichst weiten Subventionsbegriff zu definieren, um interessante Erscheinungen nicht von Anfang an von der Betrachtung auszuschließen.

75 Vgl. N. Andel (1977), S. 491.

76 Andel betrachtet einen engen Subventionsbegriff für eine finanzwissenschaftliche Untersuchung als am vorteilhaftesten: vgl. N. Andel (1970), S. 5.

77 Vgl. N. Andel (1977), S. 491.

encourage or discourage the output, supply, or use of these items and the related economic behavior."[78]

Shoup unterscheidet bei seiner Subventionsabgrenzung nicht zwischen privaten Haushalten, Unternehmen und Organisationen. Vielmehr betrachtet er alle Vorgänge, die zu Änderungen der relativen Güter- und Faktorpreise führen und die u. a., wie ***Andel*** meint, eher im Rahmen der Sozialpolitik behandelt werden sollten.[79] „Bei der Abgrenzung der Institute kommt [dieser weiten Definition] von Shoup [...] eine zentrale Rolle zu."[80]u.[81] Für den finanzwissenschaftlichen Fokus ist eine interdisziplinäre Sichtweise durch Verknüpfung von eng substitutiven Aspekten zweckmäßiger, da bei einer zu engen, instrumentbezogenen Abgrenzung wichtige Subventionsphänomene ausgeklammert werden. ***Andel*** weist ***Shoup***s Abgrenzung darauf hin, daß die weite, problembezogene Abgrenzung zu Schwierigkeiten im Umgang mit der „Homogenität der zu behandelnden Themenstellung sowie der vorherrschenden wirtschaftswissenschaftlichen Sprachregelung" führen kann.

Ewringmann und Hansmeyer[82] bezeichnen Subventionen als Geldzahlungen oder geldwerte Leistungen der öffentlichen Hand an Unternehmen, „von denen an Stelle einer marktwirtschaftlichen Gegenleistung bestimmte Verhaltensweisen gefordert oder erwartet werden, die dazu führen sollen, die marktwirtschaftlichen Allokations- und/oder Distributionsergebnisse nach politischen Zielen zu korrigieren oder - in nicht-ökonomischer Terminologie - staatliche, politische Verwaltungs- oder Regierungsinteressen zu befriedigen."[83] Dieser Begriffsabgrenzung, die verhaltens- und verwendungsbestimmende (Auflagen-)Ziele verfolgt, liegt eine instrumentenbezogene und enge, zum Teil politische Interpretation zugrunde. ***Ewringmann***s ***und Hansmeyer***s sprachliche Abgrenzung definiert Subventionen als Transferzahlung des Staates an „Unternehmen" (als Zahlungsempfänger) und beschränkt sich auf „Geldbeträge", die der Staat oder ein anderes öffentliches Organ dem Unternehmen zuleitet.[84]

Für ***Zimmermann***, der Subventionen als ein finanzpolitisches Instrument - neben Steuererleichterungen (einschließlich Zollvergünstigungen) und Kreditverbilligungen - der sektoralen und regionalen Strukturpolitik charakterisiert, sind Subventionen Geldleistungen der öffentlichen Hand an private Unternehmen ohne marktliche Gegenleistung.[85] Ähnlich wie bei ***Ewringmann und Hansmeyer*** stehen hier instrumentelle begünstigende Gesichtspunkte im Vordergrund. ***Zimmermann***s Definition umfaßt neben direkten finanziellen Zuwendungen auch Zuwendungen durch Zins- und Kreditsubventionen.

---

78 C. S. Shoup (1972), S. 18.
79 N. Andel (1977), S. 492.
80 B. Fritzsche et al. (1988), S. 5.
81 Zur Begriffsabgrenzung der Wirtschaftsforschungsinstitute siehe ausführlich: Kapitel A, Abschnitt 1.2.2.
82 Vgl. D. Ewringmann, K.-H. Hansmeyer (1975), S. 13-17.
83 K.-H. Hansmeyer, D. Ewringmann (1975), S. 17.
84 Vgl. K.-H. Hansmeyer, D. Ewringmann (1975), S. 15.
85 Vgl. H. Zimmermann, K.-D. Henke (1987), S. 391-399, insbes. S. 431.

Neben den obenerwähnten Definitionen hat sich in der finanzwissenschaftlichen Literatur die Abgrenzung von ***Schmölders*** exponiert. Er sieht in Subventionen „Geldleistungen oder geldwerte Leistungen der öffentlichen Hand an Unternehmen, von denen an Stelle einer marktwirtschaftlichen Gegenleistung in der Regel bestimmte Verhaltensweisen gefordert oder doch erwartet werden.“[86] Hier stehen klar der Transfer an Unternehmen und die Abgrenzung von sozialpolitisch motivierten Zahlungen an Haushalte im Vordergrund. Die weite Begriffsfassung umgeht die Frage nach dem Subventionsdestinatar, »wenn Leistungen des Staates den Unternehmen zukommen, letztlich aber auf die Begünstigung privater Haushalte abstellen“.[87] ***Schmölders*** definiert ähnlich wie ***Ewringmann und Hansmeyer*** Subventionen als verhaltensbeeinflussende Leistung, die jedoch nicht unbedingt mit einer Auflage verbunden sein müssen. [88]

Zusammenfassend läßt sich festhalten, daß in der Finanzwissenschaft die präferierte individuelle Forschungsrichtung die jeweilige Abgrenzung bestimmt.[89] Hinter den unterschiedlichen Subventionsdefinitionen verbergen sich daher nicht immer die identischen Erkenntnisobjekte, so daß die obengenannten Abgrenzungen nicht komparativ betrachtet werden können.[90] Die Uneinheitlichkeit schränkt die Brauchbarkeit des Subventionsbegriffs ein, so daß es nicht verwundert, wenn einige Autoren angesichts der Problematik der Abgrenzung versuchen, andere, „neutralere Termini“ synonym zu benutzen.[91u.92u.93] Diese Synonyme sind jedoch nicht weniger problematisch und für eine wissenschaftliche Auseinandersetzung mit dem Begriff der Subvention nicht förderlich. Weiterhin ist zu konstatieren, „daß es kaum eine klare Entwicklungstendenz auf dem Gebiet der Forschung und damit der Definitionen gibt.“[94u.95] ***Blankmann*** spricht zu Recht von einem Mißstand, wenn er feststellt, daß die Beschäftigung mit dem Subventionsthema in der Regel durch einmalige Forschungsaufträge und Dissertationen gekennzeichnet ist und weniger einer fortlaufenden, auf bestehenden

---

86 G. Schmölders (1970), S. 232.

87 K. Trojanius (1995), S. 40.

88 Vgl. K. Reding (1987), S. 3.

89 Vgl. K. Reding (1987), S. 3.

90 Vgl. K. Bienert (1967), S. 102.

91 Zur Diskussion und zur Brauchbarkeit der unterschiedlichen Definitionen vgl. D. Ewringmann, K. H Hansmeyer (1975), S. 15-26 übereinstimmend: K.-H Hansmeyer (1963), S. 28.

92 Vgl. H. Blankmann (1987), S. 265.

93 Eine Auswahl synonym verwandter Begriffe in Theorie und Praxis sei vollständigkeitshalber an dieser Stelle erwähnt: Subventionen = Anpassungshilfen, Ausgleichszahlungen, Beihilfen, Betriebshilfen, Dotationen, einseitige Marktleistungsbeziehung, Erleichterungen, Ertragssteigerungshilfen, Finanzhilfen, Förderung, Hilfen, Investitionszulagen, Präferenzbeiträge, Prämien, Rückvergütungen, Strukturbeihilfen, Subsidien, Transferzahlungen, Unterstützungen, Vergütungen, Zuschüsse und Zweckzuweisungen.

94 H. Blankmann (1987), S. 271.

95 Auch in der juristischen Lehre besteht keine Einigkeit über den Subventionsbegriff. Eine enge Begriffsbestimmung sieht in Subventionen nur die von Hoheitsträgern unmittelbar den Unternehmern zu Produktionszwecken gewährten finanziellen Leistungen, die in die marktwirtschaftliche Wettbewerbslage eingreifen und eine Änderung des freien Zustandekommens vom Sozialprodukt und Einkommen bewirken. Andere Meinungen ergänzen den Subventionsbegriff um mehr als dem Produktionszweck dienende Hilfen. Eine ausführliche juristische Erörterung des Subventionsbegriffs ist bei A. Bleckmann (1978b), S. 21-28, insbes. S. 21-22, zu finden.

Kenntnissen aufbauenden Subventionsforschung folgt.[96]u.[97] Trotz der problembeladenen Vielfalt der Abgrenzungen lassen sich jedoch ***zwei grundsätzliche Strömungen*** der Begriffsfassungen in der nachfolgenden Abbildung festhalten: einerseits ***die enge, instrumentenbezogene*** Begriffsfassung und andererseits die ***weite, problembezogene*** Abgrenzung. Zwischen diesen extremen Fassungen liegt ein breites Feld von weiteren Definitionen, die sich aus den o. g. Gründen häufig nur in Nuancen voneinander unterscheiden.[98]

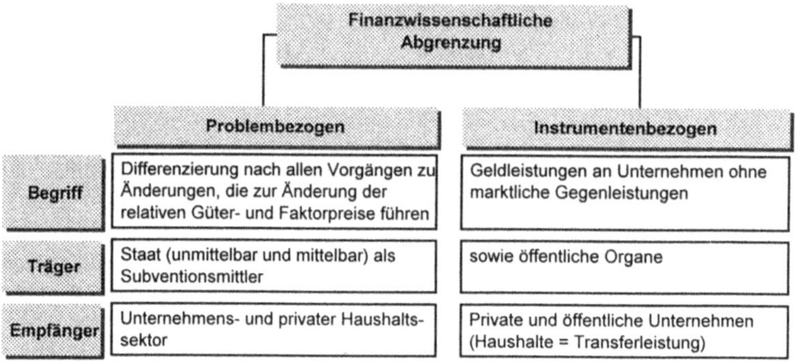

Quelle: In Anlehnung an N. Andel (1977)

Abb. 4: Abgrenzung des Subventionsbegriffs in der Finanzwissenschaft

Es wurde deutlich, daß der Subventionsbegriff unterschiedliche Dimensionen umfaßt, die jeweils verschieden gefüllt werden. Dies führt zu einer heterogenen Begriffsvielfalt. Ursächlich hierfür ist die Vielzahl kombinierbarer Begriffsdimensionen, die wie bei einem „morphologischen Kasten" verschiedene Begriffsinhalte ermöglichen. Nachfolgend sollen daher die wichtigsten Begriffsdimensionen der Subventionierung näher erläutert werden, damit die Bandbreite dessen, was als Subvention begrifflich zu fassen ist, deutlich wird.

1.1.1.1. Begriffsdimensionen der Subventionierung

Begriffliche Dimensionen grenzen oder erweitern den Subventionsbegriff in seiner Bedeutung. Es stellt sich daher die Frage, welche Dimensionen in der Literatur die Subventionierung bestimmen.

96 Vgl. H. Blankmann (1987), S. 271.

97 Zur ausführlicheren Kritik am Stand der ökonomischen Subventionsbegriffsforschung siehe Kapitel A, Abschnitt 2.0.

98 Vgl. hierzu einen weiterführenden und bewertenden Überblick in der finanzwissenschaftlichen Literatur zur Problematik der Subventionsabgrenzung bei H. Blankmann (1987), S. 269-276 insbes. auch den Quellenhinweis in den Fn. auf S. 271.

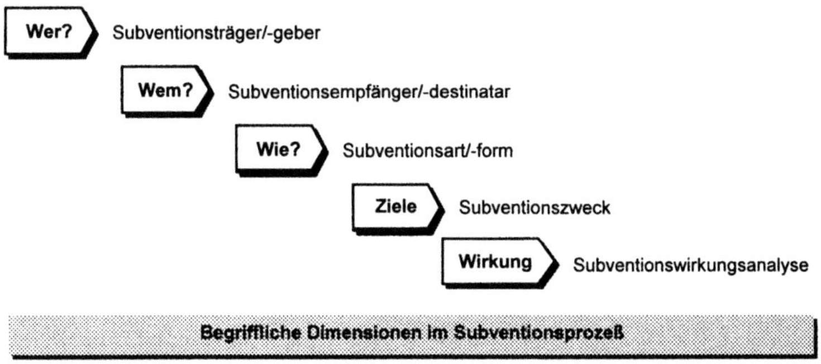

Quelle: Eigene Darstellung

Abb. 5: Begriffliche Dimensionen der Subventionen

Wie oben schon erwähnt, herrscht in der Literatur überwiegend Einigkeit darüber, daß mit dem ***Subventionsgeber*** in erster Linie der Staat oder andere öffentliche Organe gemeint sind.[99] ***Die Institute*** ergänzen hierzu, daß Subventionen unmittelbar durch eine öffentliche Institution oder mittelbar, d. h. auf staatliches Wirken von öffentlichen oder privaten Institutionen gewährt werden.[100] ***Freudenberg*** grenzte schon früh neben dem Staat, den Ländern, den Gemeinden und den Kreisen u. a. auch staatliche Anstalten, öffentliche Kreditinstitute und Erwerbsbetriebe, die Marktleistungen unentgeltlich oder verbilligt zur Verfügung stellen, als Subventionsgeber ab.[101] Folglich können private Institute Subventionsträger oder -geber sein, wenn der Staat die Möglichkeit hat, via Zwangsausübung diese als Geber vorzuschieben und dabei selbst nicht in Erscheinung tritt.[102] Bei ***Andel*** ist das entscheidende Kriterium, daß die öffentlichen Körperschaften durch Bereitstellung eigener Mittel oder durch Mitwirkung bei der Festlegung anderer die Finanzierung der Subventionszahlung sichern.[103] ***Alewell*** geht noch einen Schritt weiter, indem er selbst Leistungen öffentlicher Unternehmen, die rechtlich und faktisch gegenüber den öffentlich-rechtlichen Körperschaften verselbständigt sind, als Subventionen charakterisiert.[104] Er begründet dies damit, daß sobald die Marktleistungsbeziehung gestört ist, nicht entscheidend sei, woher die Mittel kommen, sondern deren Interventionsbedingtheit den Ausschlag gebe. Hier wird nachfolgend auf den Interventionsgrad, wie ***Alewell*** ihn definiert, Bezug genommen; er wird um Aspekte der ***Institute*** ergänzt:

---

99 Vgl. hierzu ausführlich: B. Fritzsche et al. (1988), S. 5-6; übereinstimmend: A. Kötzle (1980), S. 104-105; übereinstimmend: Th. Wessels (1960), Sp. 5321-5329; in der rechtswissenschaftlichen Literatur: A. Bleckmann (1978b), S. 13; übereinstimmend: G. Schetting (1975), S. 66; übereinstimmend: W. T. v. Kalm (1975), S. 80 ff.

100 Vgl. B. Fritzsche et al. (1988), S. 5-6.

101 Vgl. H. E. Freudenberg (1934), S. 26.

102 Zum Abgrenzungsaspekt des "privaten Unternehmens" als Subventionsmittler siehe die Ausführungen in Kapitel A, Abschnitt 1.2.2.

103 Vgl. N. Andel (1970), S. 7.

104 Vgl. hierzu ausführlich: K. Alewell (1965), S. 97.

> ***Subventionsgeber*** ist der Staat, ein anderes öffentliches Organ oder ein privater Subventionsmittler, der die Subventionen entweder unmittelbar oder mittelbar, d. h. durch hoheitlichen Akt gewährt und die Marktleistungsbeziehung dadurch stört.

Nach der Abgrenzung des Subventionsgebers wird der Frage, ***wem,*** d. h. welchem ***Subventionsempfänger,*** eine Subvention zuteil wird, nachgegangen. Als Subventionsempfänger oder -nehmer ist die Institution zu charakterisieren, die die finanziellen Zuwendungen oder geldwerten Vorteile empfängt. In der engeren Abgrenzung werden somit in erster Linie private Unternehmen als Empfänger bezeichnet.[105] Für ***Andel*** ist entscheidend, ob die Subventionszahlung dem Unternehmen „effektiv" zufließt.[106] Eine ähnliche Position wird auch von ***Ewringmann und Hansmeyer*** vertreten. Für ihr Verständnis ist es entscheidend, daß der Unternehmensbereich als ***Zahlungsempfänger*** den Ausschlag gibt.[107] Die ***Institute***[108] sehen in der „erwerbswirtschaftlichen Orientierung" das entscheidende Abgrenzungskriterium für den Subventionsempfänger.[109] „Hilfen an private Haushalte und private Organisationen [ohne Erwerbscharakter] werden [...] explizit ausgeschlossen und unter der Bezeichnung Transfer zusammengefaßt."[110] Ebenso verfährt auch ***Kötzle***[111]. Für ihn sind erwerbswirtschaftlich orientierte öffentliche wie private Unternehmen als Subventionsempfänger relevant. ***Shoup*** erweitert die Abgrenzung, indem er teilweise private Haushalte als Empfänger charakterisiert.[112]

Die Finanzwissenschaftler zu Beginn des Jahrhunderts subsumierten auch Zuweisungen übergeordneter Körperschaften (Subventionsgeber) an die empfangenden Gemeinden unter die Subventionen.[113] Dieser Sachverhalt wird heute mehrheitlich unter dem Schlagwort „Finanzausgleich" von den Subventionen formal abgegrenzt, da diese Leistungsbeziehungen innerhalb des Staatsbereichs liegen.[114] Die unterschiedlichen Abgrenzungen des Empfängerkreises spiegeln den jeweiligen Zweck der Untersuchung und damit auch die problematische, noch anstehende Quantifizierung der Subventionsvolumina wider. Die h. M. sieht als Empfängerkreis nur erwerbswirtschaftliche Unternehmen. Eine weitere Unterscheidung betrifft die Begriffsdimensionen „Subventionsempfänger", „Subventionsdestinatar" und „Subventionsbegünstigte". Vom Empfängerkreis einer Subvention ist der ***Destinatar*** zu unterscheiden. Letzterer soll nach dem Willen des Gesetzgebers aufgrund von allokations-, distributions- und stabilisierungspolitischen Zielsetzungen der angestrebte Begünstigte der Subvention sein. Dies kann auch via Leistungsweitergabe an ein anderes Unternehmen erreicht werden.

---

105 Vgl. A. Kötzle (1980), S. 104-105.
106 Vgl. N. Andel (1970), S. 7.
107 Vgl. D. Ewringmann, K.-H. Hansmeyer (1975), S. 15.
108 Zur Abgrenzung der Institute vgl. Kapitel A, Abschnitt 1.2.3.
109 Vgl. B. Fritzsche et al. (1988), S. 6.
110 B. Fritzsche et al. (1988), S. 6.
111 Vgl. A. Kötzle (1980), S. 104-105.
112 Vgl. C. S. Shoup (1970), S. 149.
113 Diese Ansicht wurde erstmals im Jahre 1922 von K. T. Eheberg (1922), S. 710 und J. Popitz (1927), S. 340 vertreten.
114 Vgl. K. Alewell (1965), S. 99.

Hansmeyer geht bei der Abgrenzung des Subventionsdestinars weiter, indem er auch private Haushalte als Destinatare der Subventionen betrachtet, was für die vorliegende Untersuchung nicht zweckmäßig ist.[115] Problematisch ist letztlich eine Trennung des Subventionsdestinatars vom tatsächlichen Subventionsbegünstigten. Es ist mit Effizienzverlusten zu rechnen, wenn Destinatar und Begünstigter nicht identisch sind. Dies ist dann der Fall, wenn sich die wirtschaftliche Situation des Begünstigten tatsächlich durch die Subvention verbessert hat. Mit Blick auf das Untersuchungsziel soll hier in Anlehnung an die ***Institute*** der erwerbswirtschaftliche Charakter den Kreis der Empfänger abgrenzen werden, so daß folgende Definition für diese Arbeit zum Tragen kommt:

> ***Subventionsnehmer/-empfänger*** sind erwerbswirtschaftlich orientierte private wie öffentliche Unternehmen. Davon abzugrenzen sind Transferleistungen an private Haushalte und private Organisationen ohne Erwerbsorientierung sowie Leistungsbeziehungen innerhalb des Staatsbereiches (Länderfinanzausgleich).

Nachdem die potentiellen Träger und die potentiellen Empfänger von Subventionen erörtert wurden, gilt es im nachfolgenden Abschnitt, eine Auswahl von unterschiedlichen Subventionsarten zu erörtern. Im folgenden soll nicht der Versuch unternommen werden, alle in der Praxis auftretenden Subventionsarten umfassend darzustellen und jeweils zu diskutieren. Vielmehr sollen sinnvolle Klassifizierungen verschiedener und eine nähere Erörterung untersuchungsrelevanter Subventionsarten vorgenommen werden. Grundsätzlich lassen sich hierzu ***zwei Varianten*** der Subventionierung unterscheiden: Finanzielle Begünstigungen können entweder

- durch die Gewährung einer geldwerten Leistung (Leistungssubventionen[116]) oder
- durch Verzicht auf eine öffentlich-rechtliche Zahlungsverpflichtung des Subventionsempfängers (Verschonungssubventionen[117]) geleistet werden.[118]

Während Leistungssubventionen die Ausgabenseite des Subventionsgebers durch (rückzahlbare oder verlorene) Zuschüsse, Schuldendienste oder Darlehen belasten, wird durch die Verschonungssubventionen die Einnahmenseite durch Mindereinnahmen belastet. Wirtschaftlich betrachtet, ist es nahezu gleichgültig[119], ob dem Subventionsempfänger ein bestimmter Geldbetrag ausgezahlt oder eine Steuervergünstigung

115 Vgl. K.-H. Hansmeyer (1963), S. 13.

116 Leistungssubventionen = positive Subventionsarten.

117 Als Synonyme für eine Verschonungssubvention werden u. a. verwandt: "negative Steuer", "Steuervergünstigung" und "Steuerererlaß".

118 Vgl. A. Kötzle (1980), S. 106.

119 Aus verwaltungsrechtlicher Sicht wird ein Unterschied zwischen Leistungssubventionen und Verschonungssubventionen, d. h. den Steuersubventionen, gemacht, da verschiedene Regelungen jeweils greifen, die eine entsprechende Differenzierung in verwaltungsrechtlicher Hinsicht notwendig machen. Vgl. H. Maurer (1995), S. 419 ff.

in entsprechender Höhe bewilligt wird.[120] In beiden Fällen hat der Empfänger mehr als er haben würde, wenn er die begünstigende Subvention nicht erhielte.[121] Positive wie negative Subventionsarten haben daher einen selektiven Charakter für den Empfänger, da der relevante Wettbewerb dabei nicht bedacht wird. ***Andel*** unterscheidet diese gewollten finanziellen Begünstigungen in verschiedenen Ausprägungen.[122]

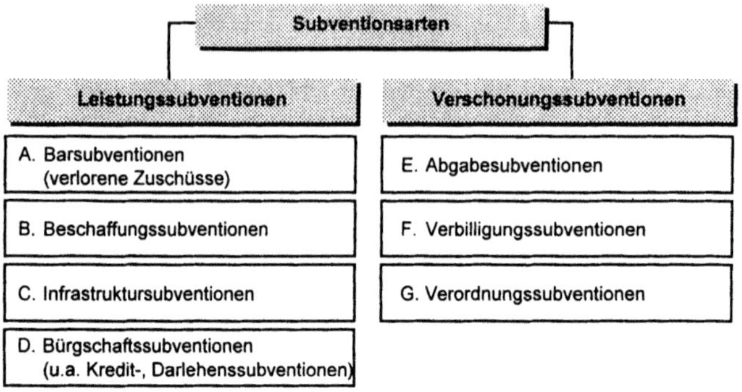

Quelle: Eigene Darstellung

Abb. 6: Die Subventionsarten im Überblick

A. Barsubventionen:
Der Subventionsempfänger erhält monetäre Mittel. Die Hauptanknüpfungspunkte hierfür sind die Kostenfaktoren, die Produktionsleistungen und das Betriebsergebnis des erwerbswirtschaftlichen Subventionsnehmers.

B. Beschaffungssubventionen:
Der Subventionsgeber, d. h. der Staat und seine Organe, beschaffen eine höhere, nicht bedarfsorientierte Menge zu höheren Preisen, als nach der Marktlage erforderlich wäre. Letztlich bewirkt diese Subvention bei den Begünstigten einen positiven Kapazitäts- und Deckungsbeitragseffekt.[123]

C. Infrastruktursubventionen:
Sie bezwecken, daß die Kosten für Standortnachteile für den Subventionsempfänger beeinflußt werden. Sie bewirkt i. d. R. eine Begünstigung im Rahmen von Infrastrukturmaßnahmen. ***Andel*** weist darauf hin, daß erhebliche Zurechnungsprobleme wegen des Öffentlichen-Gut-Charakters dieser Leistung bestehen und daher nicht alle Leistungen im Sinne

120 Voraussetzung ist ein zeitgleicher wirtschaftlicher Effekt.

121 Vgl. H. Maurer (1995), S. 420.

122 Vgl. N. Andel (1977), S. 492-493.

123 Andel spricht in diesem Zusammenhang von dem weitverbreiteten Beschaffungsprotektionismus durch Differenzierung nationaler und internationaler Anbieter aus regional- oder mittelstandspolitischen Gründen. Ein (internationales) Beispiel hierfür zeigt sich in den "patriotischen Postulaten wie Buy-American-Act oder Buy British". Vgl. u. a. N. Andel (1977), S. 492.

einer gewollt differenzierenden Begünstigung als Subventionen zu zählen sind.[124]

D. Bürgschaftssubventionen, sonstige Gewährleistungen für Darlehen und reduzierte Kreditanforderungen:
Der Subventionsgeber erklärt sich durch Verwaltungsakt bereit, für die Verpflichtungen als Bürge einzustehen und schließt i. d. R. einen entsprechenden Bürgschaftsvertrag mit dem Gläubiger.[125] Gläubiger ist in der Regel eine Bank.[126] Hierbei handelt es sich um ein Dreiecksgeschäft, wodurch - abweichend vom Standardfall einer direkten Subvention - ein Darlehen via Subventionsmittler ausgezahlt wird. Die entsprechenden Kreditkosten und Konditionen werden dabei von der Bank festgelegt, wobei der Subventionsgeber Einfluß auf die Bonitätsanforderungen und damit auf das zinsgestaltende Kreditrisiko nehmen kann. Der wirtschaftliche Subventionseffekt spiegelt sich in einer Reduzierung der Fremdkapitalkosten und in den verminderten (unzureichend vorhandenen) Bonitätsanforderungen des Empfängers gegenüber vergleichbaren Fällen wider.

E. Abgabesubventionen:
Charakteristisch für Abgabesubventionen ist der Einnahmeverzicht des Subventionsgebers, d. h. des Staates und seiner Organe. Die bedeutendste Abgabesubvention ist die Steuersubvention. Sie entspricht einem Verzicht des Subventionsgebers auf zu leistende Zwangsabgaben nach Maßgabe der allgemeinen Abgabenorm. Sie ist damit wirtschaftlich gesehen ein Kostennettoentlastungseffekt für den Empfänger.

F. Verbilligungssubventionen:
Hierbei verlangt der Subventionsgeber niedrigere, unter dem Marktpreis liegende Preise für seine Leistung (niedrigere Zinsen, Grundstückspreise, nicht marktkonforme Kreditbedingungen etc.).

G. Verordnungssubventionen:
Diese nicht auf der Haben- oder Sollseite der öffentlichen Haushalte budgetierbare Subventionsform tangiert nur unmittelbar die monetäre Haushaltsbasis. Verordnungssubventionen treten dann auf, wenn durch Geoder Verbote begünstigende Effekte auf die Nachfrage eines Unternehmens entstehen. Beispielsweise wäre die Nachfrage des Subventionsdestinatars tangiert, wenn die Konkurrenz durch Lizenzierung sowie Verordnungsgebote und -verbote gravierende Nachteile in ihren Kostenpositionen erlitte.

Auf die Operationalisierungs- und Abgrenzungsprobleme der Beschaffungs-, Infrastruktur- und Verbilligungssubventionen wird in dieser Arbeit nicht explizit eingegangen. Andere Subventionsarten werden, sofern sie in der empirischen Untersuchung relevant sind, fallweise erörtert. Eine Bestimmung der „exakten Höhe“ dieser

124 Vgl. N. Andel (1977), S. 492.

125 Vgl. H. Maurer (1995), S. 430-432.

126 Kürzlich wurde das Bürgschaftsprogramm der Bundesregierung für die NBL und Berlin bis 2001 verlängert. Träger des Programms ist die DtA mit einem Volumen von über 1 Mrd. DM. Vgl. o. V. (1998a), S. 18.

indirekten Subventionen würde beispielsweise bei den Infrastruktursubventionen eine - nicht existente - allgemeine Norm der Infrastrukturausstattung erfordern.[127] Bei den Beschaffungs- und Verbilligungssubventionen hingegen wäre es notwendig, den relevanten Marktpreis als Meßlatte zu kennen, der ohne die selektive Förderung den koordinierenden Marktpreis bilden würde.[128]

Der Subventionstatbestand kann - je nach dem betrachteten Merkmal - zugleich in unterschiedlichen Klassifizierungen und Einteilungen erscheinen. Zusätzlich zu der oben dargestellten Abgrenzung von Subventionsformen werden in der Finanzwissenschaft weitere Subventionsarten unterschieden, die für diese Arbeit eine Relevanz haben. Hierzu zählen ***Direkte und indirekte Subventionen.*** Sie bilden für den Empfänger ein Korrelat zu der Ausgabenmehrung oder -minderung des Subventionsgebers. Direkte Subventionen bilden für den Empfänger eine Einnahme; bei indirekten Hilfen reduzieren sich die Abgaben, Zahlungsverpflichtungen und Steuern. Beispielsweise stellte der Verzicht auf die Erhebung der Gewerbekapitalsteuer in Ostdeutschland bis Ende 1996 eine indirekte Form der Subventionierung dar.[129] Entscheidend aus der Sicht des Empfängers ist, ob er seinen Subventionsanspruch unmittelbar auf eine staatliche Zusage stützen kann oder Dauer und Höhe der Subventionen von den Reaktionen anderer struktureller, situationsbedingter oder einzelfallbezogener Gegebenheiten mittelbar ableiten muß. Letzteres spielt bei der Erfassung sogenannter offener und verdeckter Subventionen eine besondere Rolle, da verdeckte Subventionen i. d. R. mittelbar vergeben werden.[130] Einzelwirtschaftliche Subventionen nehmen eine besondere Rolle der Vergünstigung ein, da sie üblicherweise ohne Verwendungsauflagen als pauschale Beihilfen (verlorene Zuschüsse, direkte Liquiditätshilfen) an die

127 Vgl. zum Problem der Erfassung von Infrastruktursubventionen: N. Andel (1977), S. 492; weiterführend: BMF (1991), S. 263. Zum Problem der Erfassung von Beschaffungs- und Verbilligungssubventionen: B. Fritzsche et al. (1988), S. 9-11. Die Autoren sprechen von dem Erfassungsproblem bei den o. g. Subventionsfällen, die bei einem Vergleich der vom Staat geforderten "Markt"-preise und "Normal"-gebühren/-beiträge zu einem subventionierten Korrelat auftreten. Bei einem Leistungsaustausch, der erst durch die spezielle Förderung des Staates zustande kommt, ist die Wahl eines meßbaren Referenzpreises mehr oder weniger willkürlich. Die staatliche Kreditverbilligung bildet trotz prinzipieller Vergleichbarkeit zu einem öffentlichen Kredit bei der Fixierung der Subventionshöhe ein erhebliches Operationalisierungsproblem. Insbes. die "weichen Bedingungen", wie z. B. geringere Bonitätsanforderungen an den Kreditnehmer, die Elemente einer Verbilligungssubvention enthalten, erschweren die Erfassung der Subventionshöhe erheblich. Vgl. hierzu ausführlich: B. Fritzsche et al. (1988), S. 9-10.

128 Auf diese Subventionsformen kann nur sehr bedingt im Rahmen der Fallstudien eingegangen werden, da, sofern hier eine verdeckte Subventionierung stattfand, diese nur im Einzelfall erläutert und abgeschätzt werden kann.

129 Anders Alewell; er definiert im Gegensatz zu staatswissenschaftlichen Gesichtspunkten indirekte und direkte Subventionen aus dem Blickwinkel des Verhältnisses zwischen dem intervenierenden Staat und dem begünstigten Betrieb. Eine direkte Subventionierung liegt somit vor, "wenn der die Begünstigung auslösende Willensakt des Staates bzw. einer öffentlichen Stelle unmittelbar dem Begünstigten gegenüber erfolgt, wenn also eine unmittelbare Interventionsbeziehung Staat-Begünstigter entsteht." Eine indirekte Subventionierung liegt vor, wenn beispielsweise ein über dem Marktpreis liegender Fest- oder Mindestpreis im Absatzmarkt des zu begünstigenden Betriebes vom Staat festgelegt wird. Vgl. K. Alewell (1965), S. 100-103.

130 Eine ausführliche Darstellung der "offenen und versteckten Subventionen" ist bei E. Alexander-Katz (1959), S. 235-249 zu finden.

Unternehmen fließen.[131] Eine besondere Schwierigkeit dieser hoch selektiven Hilfen besteht in ihrer operablen Erfassung und Kontrolle.[132] Es handelt sich dabei um ***zwei direkte Formen*** der Subventionierung:

A. Liquiditätshilfen als faktorneutraler Mittelzufluß
Diese direkte Art der Finanzhilfe wird i. d. R. durch den Subventionsgeber unmittelbar (Bund, BvS, Landesregierung etc.) oder mittelbar durch private oder öffentliche Geschäftsbanken (KfW, Aufbaubank etc.) zugeteilt. Letzteres geschieht zumeist durch öffentliche Global- oder Einzelbürgschaften, die als „fresh money"[133] dem Unternehmen zugeführt werden. Diese Mittel sind überwiegend verwendungsungebunden und dienen der Abwendung einer akuten Liquiditätskrise und folglich der Unternehmenssicherung.

B. Zuschüsse (verlorene)
Zuschüsse werden direkt an Branchen, einen Branchenzweig oder einzelne Unternehmen vergeben. Bestimmte Branchen profitieren im besonderen Maße von Zuschüssen. Für den Subventionsgeber bedeutet diese Form der Subventionen einen „verlorengegangenen Zuschuß".[134] Der Subventionsempfänger erfährt hierdurch finanzwirtschaftlich außerordentlichen Ertrag und Cash-Flow-Zufluß bzw. -Schonung. Die Werftenbranche beispielsweise profitiert im wesentlichen von ***zwei Zuschußarten:***

- Finanzierungshilfen
Sie dienen der Sicherung des Absatzes bereits fertiggestellter oder noch im Bau befindlicher Schiffe und der Auftragsakquisition. Im Ergebnis handelt es sich um einen staatlichen Zuschuß, der die auf der Unternehmensleistung basierende Fehldeckung der Kosten abdeckt.
- Wettbewerbshilfen
Hierbei handelt es sich um nicht rückzahlbare Zuschüsse, die einen bestimmten Prozentsatz des Vertragspreises erreichen. Sie dienen der Sicherung des Auftragsbestandes und -eingangs des Subventionsempfängers.

Die Bedeutung der direkten Subventionen in der Praxis ist in der Vergangenheit gestiegen.[135] Sie wirken sehr selektiv, da über ihre Vergabe im Einzelfall entschieden wird und weil sie zu Wettbewerbsverzerrung führen. Der Subventionsgeber[136] gliedert die Subventionen gemäß (§ 12 Abs. 2 StWG)[137] in Erhaltungs-, Anpassungs- und

131 Hierbei handelt es sich mehrheitlich nicht um verwendungsgebundene Zuschüsse und -darlehen.
132 Stellvertretend in der Literatur: F. Stille et al. (1992), S. 214 ff.
133 Vgl. F. Stille et al. (1992), S. 223.
134 Vgl. H. Maurer (1995), S. 421.
135 Vgl. hierzu die Aktivitäten der bayerischen Industriepolitik bei C. Knust (1997), S. 17; übereinstimmend: o.V. (1997y), S. 17.
136 Der Subventionsbericht unterscheidet in seiner Berichtserstattung insgesamt vier Hauptpositionen. Neben den hier erwähnten Gestaltungs-, Anpassungs- und Erhaltungssubventionen werden die sonstigen Hilfen ergänzt. Vgl. hierzu Kapitel A, Abschnitt 1.2.2.
137 Vgl. C. Satorius (1997), 720, § 12 Abs. 1, 2.

Gestaltungssubventionen[138]. Erhaltungssubventionen dienen der aktiven Sicherung eines Unternehmens oder ganzer Branchenzweige in ihrer jetzigen Struktur. Anpassungshilfen sollen dem Begünstigten die Chance geben, sich dem veränderten Umfeld anzupassen und die dadurch entstehenden Härten für die Belegschaft abzufedern. Gestaltungssubventionen dienen der interessensmotivierten Umwandlung der Wirtschaft, wie z. B. durch die Hilfen für die NBL zur Etablierung eines mittelständischen Unternehmertums.[139] Ansatzpunkt für die Maßnahmen bildet hier der gesamtwirtschaftliche Fokus.[140] Anpassungssubventionen dienen der schnellen und nachhaltigen Heranführung an ein neues, politisch gewünschtes Marktgleichgewicht. Dabei sollen soziale Härten gemildert werden.[141] Die Erhaltungssubventionen verhindern ein neues, politisch nicht gewolltes Marktgleichgewicht. Solche Hilfen sollen den Status quo der bisherigen Produktion, des bisherigen Betriebes und Berufes zu Lasten Umstellungswilliger konservieren.[142] Letztlich lassen sich alle Subventionsvergaben in der Praxis begrifflich auf ein zu nennendes Ziel zurückverfolgen. I. d. R. geschieht dies durch eine nachträgliche Namensgebung und eine entsprechende Zweckmäßigkeitsbestimmung.[143] Es verwundert daher nicht, daß eine Vielzahl von Subventionszielen sich letztlich nur durch die politische Begriffsphantasie seiner Erfinder (des Staates) erklären läßt.[144] Die Einteilung des Bundes ist daher kritisch zu interpretieren, weil eine exakte Zuordnung und Abgrenzung nach der Subventionsart nur schwer möglich ist.[145] ***Schmölders*** weist zu Recht darauf hin, daß sich erst im nachhinein feststellen läßt, welchen Subventionsformen sich die Hilfen inhaltlich zuordnen läßt.[146] Diese Gliederung folgt daher weniger objektiven Gesichtspunkten als vielmehr auf Hypothesen basierendem Wunschdenken. In vielen Fällen entscheiden unterschiedliche Implikationen der konjunkturellen Lage, ob ein und dieselbe Subventionsart eher der Anpassung oder der Erhaltung zuzuordnen ist. Der Informationswert für eine Kontrolle ist folglich sehr gering.

1.1.1.2. Kontrolle der Subventionierung: Die Subventionswirkungsanalyse

Dieser Abschnitt dient der Darlegung methodischer Eckpunkte einer weitgefaßten Subventionswirkungsanalyse.[147] Je nach dem Stadium ihres Einsatzpunktes werden

138 Gestaltungssubventionen werden auch als Produktivitätshilfen bezeichnet.

139 Vgl. K. Trojanus (1995a), S. 45.

140 Vgl. K. Reding (1987), S. 12.

141 Die Anpassungssubventionen werden häufig auch als Transferkosten bezeichnet. Sie können sowohl dem Empfänger als auch dem Destinatar zugute kommen.

142 Vgl. K. Trojanus (1995a), S. 44.

143 Das Prüfergebnis des BRH zur Subventionsplanung zeigt, daß "erst im zweiten Schritt überlegt (wird), wofür das bewilligte Geld eigendlich ausgegeben werden sollte". BT (1997c), S. 1.

144 Der Umfrage des Meinungsforschungsinstitutes Forsa zufolge erreichten 65 % der Bundesbürger Subventionen als gut für existenzbedrohte Unternehmen. Nur jeder vierte lehnt Subventionen ab. Hieraus läßt sich ableiten, daß die Furcht vor Arbeitsplatzverlusten Subventionen für alle politischen Parteien sowie die Wählerschaften aller Richtungen und Altersgruppen als probates Mittel dienlich erscheinen läßt. O. V. (1996m), S. 12.

145 Vgl. hierzu ausführlich die Kritik der h. M. in Kapitel A, Abschnitt 1.2.2.

146 Vgl. G. Schmölders (1970), S. 227-228.

147 In diesem Abschnitt soll nur die weit gefaßte Form der Subventionswirkungsanalyse diskutiert werden. Im Kapitel B wird im Rahmen der Ausführungen zum staatlichen Subventionsprozeß

Ex-ante- oder Ex-post-Wirkungsanalysen unterschieden. Der Fokus einer Subventionskontrolle liegt auf einer empirischen Ex-post-Analyse, damit Rückschlüsse aus dem Grad der Zielerreichung gezogen werden können und es möglich ist, daraus induktive Folgerungen für den weiteren Mitteleinsatz herzuleiten. Dieses Vorgehen soll hier untersucht werden; wobei es vordergründig nicht darum geht, welche gesamtwirtschaftlichen Ziele im einzelnen durch Subventionen positiv wie negativ beeinflußt werden können.[148] Vielmehr wird ein prinzipielles Vorgehen einer finanzwissenschaftlichen Kontrolle angestrebt. Eine Analyse der Subventionswirkungen beinhaltet eine Vielzahl von Anknüpfungspunkten. Hier soll zunächst eine branchenbezogene und einzelwirtschaftliche Perspektive eingenommen werden, die nach folgenden Anforderungen ausgerichtet werden soll:

A. Untersuchungszeitpunkt,
B. Empfänger/Zielgrößen,
C. Gewährungsform.

Entscheidend für den Erkenntnisgewinn ist zunächst der ***Untersuchungszeitpunkt***. Eine Analyse vor der Subventionsgewährung (***Ex-ante-***Wirkungsanalyse) versucht, Entscheidungs- und Bemessungsgrundlagen des Subventionseinsatzes zu erheben. Sie hat überwiegend Modellcharakter. Eine - i. d. R. empirische - ***Ex-post-***Wirkungsanalyse dient der Messung der Zielerreichung und der Modellkorrektur. Sie hat eine Kontrollfunktion. Da Subventionen das modelltheoretische Pendant zu den Steuern darstellen, geht das Modell von einer umgekehrten Steuerwirkung der Subventionen aus.[149u.150] Wie bei den Steuerwirkungsanalysen ist eine vollständige Erfassung aller subventionsinduzierten Veränderungen nicht möglich. Die interdependente Wirkungsweise der Subventionsinstrumente: exogene Schocks, zeitliche Verzögerungen in der Auswirkung und irrationale Verhaltensweisen der am Subventionsprozeß beteiligten Personen, erzeugen eine Komplexität und eine Dynamik in den Modellvariabeln, die nur unter Zuhilfenahme der ***„Ceteris-paribus-Conditio"*** umgangen werden können.[151] Der gesamtwirtschaftliche Anspruch der Subventionskontrolle scheitert an einer vollständigen Erfassung aller realen subventionsrelevanten Variablen.

Zu Recht kann behauptet werden, daß die angestrebte Änderung der Zielgröße im positiven Fall nicht auf den Einsatz der Subventionen zurückzuführen ist.[152] Letztlich können gesamtwirtschaftliche Wirkungsanalysen nur eine Aussage über den richtungsmäßigen Kurs der Subventionswirkung ermöglichen und zur Beurteilung der Rationalität der gewählten Subventionspolitik beitragen.[153u.154] Eine Beurteilung ihrer

---

eine weiterführende Betrachtung verschiedener Instrumente der Wirkungskontrolle für Subventionen zur Diskussion kommen. Zur Trennung zwischen einer engen und weiten Form der Wirkungsanalyse siehe H. Zimmermann (1985), S. 87-105.

148 Eine ausführliche Darstellung hierzu ist bei N. Andel (1970) sowie bei U. Berthold (1967) zu finden.

149 Weiterführend und ergänzend: Kapitel A, Abschnitt 2.2.

150 Vgl. hierzu die Ausführungen zu den methodischen Problemen in Kapitel A, Abschnitt 2.2.

151 Vgl. E. Alexander-Katz (1959), S. 246.

152 Vgl. H. Zimmermann (1985), S. 92.

153 Insbes. die "Ceteris-paribus-Klausel" spiegelt das Komplexitätsproblem bei der Modellbildung wider und zeigt, wie eingeschränkt die Aussagen einer Wirkungsanalyse sind.

Effizienz ist problematisch. Trotz aller berechtigten Kritik soll anhand der nachfolgenden Abbildung der richtungsmäßige Hauptwirkungsverlauf einer Subvention idealtypisch erläutert werden:

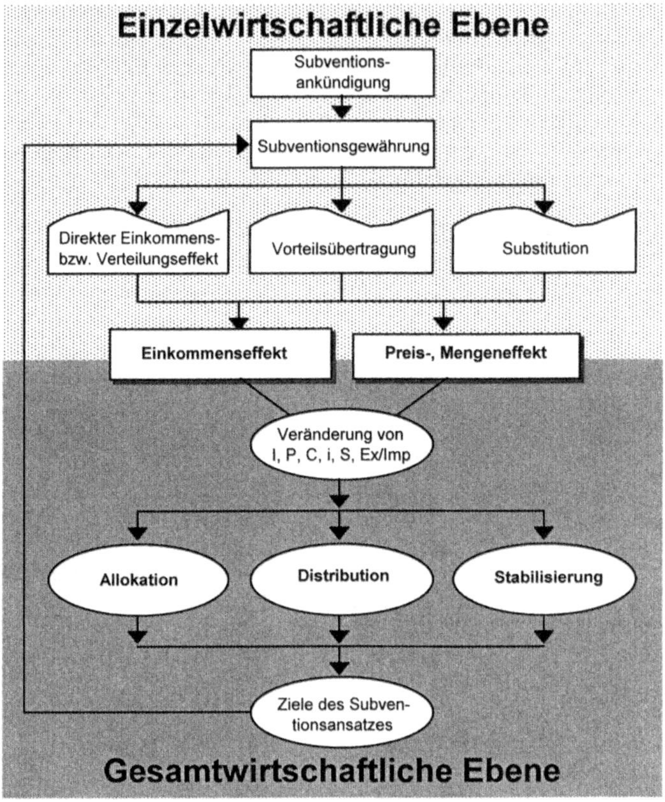

Legende: I = Investitionen, P = Preis, C = Konsum, i = Zins, S = Sparen, Ex/Imp = Exporte/Importe

Quelle: In Anlehnung an H. C. Recktenwald (1966), S. 40

Abb. 7: Der Wirkungsverlauf einer Subventionsankündigung

Zu relevanten Subventionswirkungen auf der einzelwirtschaftlichen und – zeitverzögert - der gesamtwirtschaftlichen Ebene kommt es typischerweise nicht erst bei der Subventionsinanspruchnahme, sondern schon zum Zeitpunkt des Bekanntwerdens einer geplanten Subventionsmaßnahme.[155] Hierzu ***Andel***: „In dem Maße, wie sich die Ausgestaltung der Subvention konkret abzeichnet und die Wahrscheinlichkeit wächst, können sich die potentiell betroffenen Wirtschaftssubjekte veranlaßt fühlen, schon vor

154 Vgl. H. Zimmermann (1985), S. 92.
155 Vgl. A. Kötzle (1980), S. 109.

Inkrafttreten eines Subventionsprogramms ihre Disposition zu ändern."[156] Letztlich kann die bloße Ankündigung Reaktionen herbeiführen, die zu einer Ausweitung der Bemessungsgrundlage führen oder subventionsbedingte zukünftige Preisänderungen vorwegnehmen.[157] Die anschließende Phase der Subventionsgewährung ist dadurch gekennzeichnet, daß sich beim potentiellen Nutznießer, der die entsprechenden Voraussetzungen erfüllt, eine temporäre Verbesserung seiner finanziellen Lage einstellt. In Abhängigkeit von der jeweiligen Form der Subventionsgewährung kann dies mittelbar oder unmittelbar erfolgen, da eintreten kann:

- ***erstens*** ein unmittelbarer Einkommens- bzw. Vermögenseffekt (Subventionsempfänger, -begünstigter und -destinatar bilden eine personelle Einheit[158]),
- ***zweitens*** ein Vorteilsübertragungseffekt analog zum Steuerüberwälzungseffekt (dieser tritt ein, wenn der Vorteil aus der Subvention dem Empfänger weitergegeben wird) und
- ***drittens*** ein Subventionspotenzierungseffekt. Dieser zeigt sich durch ein zeitliches, sachliches oder räumliches Vorziehen bzw. Umlagern geplanter Investitionen und subventionierbarer Transaktionen.

Häufig überschätzt der Subventionsempfänger die Subventionsleistung. Er handelt im Bewußtsein, vom Staat etwas geschenkt zu bekommen, und übersieht die erforderlichen Gegenleistungen, die er i. d. R. zu gering einschätzt (Subventionsillusion[159]) oder durch illegale Transaktionen (Subventionserschleichung[160]) zu umgehen versucht.[161] Ein weiterer Bestandteil der Wirkungsweise von Subventionen ist der kooperative Verhaltenscharakter zwischen Subventionsgeber und Subventionsempfänger. Die mit der Subventionsvergabe verbundenen Auflagen und Abgaben basieren nicht auf einer Androhung und Sanktionierung, sondern auf dem Angebot einer Gegenleistung.[162] Der einzelwirtschaftliche Wirkungsverlauf differiert deutlich von dem gesamtwirtschaftlichen. Eine direkte Verknüpfung einzelwirtschaftlicher Wirkungsprozesse mit dem Erreichungsgrad gesamtwirtschaftlicher Ziele ist äußerst komplex und schwierig. Letztlich führen die auf einzelwirtschaftlicher Ebene erzielten Einkommens-, Preis- und Mengeneffekte zu mengenmäßigen Veränderungen des Konsums, der Investitionen, der Ersparnisse sowie der Importe und Exporte. Sie setzen wiederum auf der gesamtwirtschaftlichen Ebene Wirkungsprozesse frei, die zu einer allokativen, distributiven und stabilitätspolitischen Änderung führen und schließlich Aussagen über die tendenzielle Wirkung auf die angestrebten Ziele des Subventionseinsatzes erlauben sollen.

---

156 N. Andel (1970), S. 16.

157 Andel nimmt hier eine umfassende Analyse der Subventionwirkungsverläufe vor. Vgl. N. Andel (1970), S. 16 ff.

158 Vgl. N. Andel (1970), S. 127.

159 Vgl. hierzu die Ausführungen in Kapitel A, Abschnitt 5.5.

160 Vgl. hierzu die Ausführungen in Kapitel A, Abschnitt 5.3.

161 Vgl. A. Kötzle (1980), S. 109-110.

162 Vgl. A. Kötzle (1980), S. 110.

Diese Wirkungsketten auf einzel- und gesamtwirtschaftlicher Ebene zeigen, daß die Erörterungen mehr ***theoretischen Modellcharakter*** haben, als daß sie operationalisierbare und handlungsorientierte Kontrollaussagen zuließen. Insbesondere auf gesamtwirtschaftlicher Ebene können am Ende nur Erkenntnisse hinsichtlich einer möglichen Eignung der Subventionsform gewonnen werden.[163]u.[164] Die Wirkung der Subventionen auf der „Geberseite" ist dagegen einfacher festzuhalten. Hier führen Subventionen zu operationalisierbaren finanziellen Mehrausgaben der staatlichen Haushalte. Problematischer ist dagegen die Erfassung von indirekten Steuervergünstigungen, die sich in Mindereinnahmen des Bundes, der Länder und der Gemeinden widerspiegeln, da hierfür eine Referenzsituation notwendig wäre. Nachdem bisher sowohl eine Erörterung des Subventionsbegriffs und der gängigen finanzwissenschaftlichen Begleitdimensionen vorgenommen worden ist als auch die modelltheoretische Wirkungsweise von Subventionen vereinfacht dargelegt wurde, soll nun eine begriffliche Abgrenzung in der betriebswirtschaftlichen Literatur vorgenommen werden.

1.1.2. Begriffsabgrenzungen in der betriebswirtschaftlichen Literatur

Das Wesen der Subventionen aus betriebswirtschaftlicher Sicht unterscheidet sich von der oben dargestellten finanzwissenschaftlichen Abgrenzung durch den einzelbetrieblichen und unternehmensbezogenen Ausgangspunkt der Überlegungen. Beide Abgrenzungen - das hat der modelltheoretische Wirkungsverlauf gezeigt - sind stark interdependent und setzen am identischen Erkenntnisobjekt an. Dem einzelbetrieblichen Ausgangspunkt der Betrachtung liegt im Regelfall als Referenzmaßstab eine ***Marktleistungsbeziehung*** zugrunde. Diese ist nach ***Alewell*** durch folgende additive Anforderungen[165] definiert:

- Die Leistungsbeziehung ist zweiseitig.
- Sie ist eine Tauschbeziehung: Leistung und Gegenleistung sind konditional verknüpft.
- Die beiderseitigen Leistungen werden freiwillig erbracht.
- Die Bestimmung der Tauschrelationen erfolgt typischerweise anhand „objektivierter" Wertvorstellungen, d. h., eine stärkere Entsubjektivierung der Wertschätzung wird durch häufige Tauschakte ermöglicht.
- Leistung und Gegenleistungen unterliegen keinen Bewertungsdivergenzen und werden als gleichwertig erachtet.
- Die Marktleistungsbeziehung kann unmittelbar als wirtschaftliche Größe erfaßt werden.[166]

---

163 Die hier dagestellte Wirkungskette erhebt keinen Anspruch auf Vollständigkeit und hat nur exemplarischen Charakter, da in Abhängigkeit der jeweiligen Hypothesen unterschiedliche und weitere Veränderungsprozesse (= Wirkungsketten) entstehen können. Weiterführend: R. H. Varian (1995).

164 In Kapitel B dieser Arbeit wird auf die Bedeutung operationalisierbarer Schwellenwerte für eine effiziente Subventionswirkung Bezug genommen.

165 Vgl. hierzu ausführlich: K. Alewell (1965), S. 82-86.

166 Je häufiger derartige Tauschakte vorgenommen werden, desto eher können sie als Richtschnur herangezogen werden und münden letztlich in einen "objektivierten Marktpreis", der als Maß-

Auf dieser Basis sind zu den Subventionsbeziehungen alle einseitigen Leistungsbeziehungen zwischen Staat und Unternehmen zu zählen, bei denen ein Unternehmen Leistungen empfängt, die der Staat erbringt oder abgibt. Zwischen der Finanzwissenschaft und der Betriebswirtschaft gibt es keinen Dissens darüber, daß der Staat und seine staatlichen Organe[167] als Subventionsgeber auftreten. In der wirtschaftswissenschaftlichen Literatur herrscht dagegen Uneinigkeit darüber, ob Leistungen von Privatbetrieben[168], wenn sie auf staatliche Anordnung erfolgen, als Subventionen charakterisiert werden.[169] Die Divergenzen zur gesamt- und staatswirtschaftlichen Betrachtung bestehen darin, daß in der betriebswirtschaftlichen Subventionsbetrachtung auch solche Subventionsfälle von Interesse sind, in denen die Privatwirtschaft aufgrund staatlicher Ge- oder Verbote anderen privaten Unternehmen direkte Leistungen gewährt.[170] Die Folge sind i. d. R. Wettbewerbsverzerrungen im relevanten Branchenumfeld. Kein Zweifel besteht darüber, daß jeglicher Verzicht des Staates oder seiner Organe auf eine ihm oder ihnen zustehende Leistung eine Verletzung der Marktleistungsbeziehung bedeutet und als Subvention im betriebswirtschaftlichen Sinne zu charakterisieren ist. Hierunter sind direkte Geldleistungen, Steuerstundungen und -erlasse, Käufe bzw. Verkäufe unter Marktpreis sowie sonstige Leistungen, die eine der o. g. sechs Charakteristika verletzen, zu subsumieren. Folgende Merkmale geben das Wesen der Subvention aus betriebswirtschaftlicher Sicht in Anlehnung an ***Alewell*** wieder:[171]

- Die Subventionen sind in erster Linie eine ***einseitig*** gewährte Leistung.
- Von einer einseitigen ***Marktleistungsbeziehung*** ist auch dann zu sprechen, wenn der Leistungsaustausch zwischen Staat und Betrieb ***nicht konditional an einen Tausch*** geknüpft ist.
- Die Subventionen beruhen auf dem ***interventionsbedingten*** Tätigwerden des Staates bzw. der staatlichen Organe.
- Die Subventionen basieren auf ***staatlichen*** Zuwendungen oder auf staatlichen Anordnungen an selbständige Unternehmen.
- Subventionsempfänger sind ***selbständige Betriebe.***
- Von Subventionen wird auch dann gesprochen, wenn der zugrundeliegende ***Subventionswert*** größer ist als der ***Leistungswert.***
- Subventionsbeziehungen werden häufig ***nicht sichtbar*** vom Subventionsempfänger oder vom ***Rechnungswesen*** des Empfängers erfaßt.

---

stab für die Gleichwertigkeit und die Überwindung von Bewertungsdivergenzen von Leistung und Gegenleistung dienen kann.

167 Vgl. hierzu die Ausführungen in Kapitel A, Abschnitt 1.1.1.

168 „Privatbetrieb" wird synonym mit „Unternehmen" und „Betrieb" verwendet.

169 Einige Autoren diskutieren nur einen engen Begriff, bei dem das Hauptmerkmal eine vom Staat direkt erbrachte Leistung ist. I. d. R. nimmt die Bereitschaft für eine "weite Abgrenzung" bei betriebswirtschaftlichen Arbeiten zu und bei finanzwissenschaftlichen Arbeiten, je nach wirtschaftspolitischer Richtung, eher ab. Letztere lehnen die erw. Definition mit dem Hinweis ab, daß diese nicht mit dem "finanzpolitischen Tatbestand der Subvention" übereinstimme und eine zusätzliche Begriffsverwirrung bei der Umformung entstehen könne. Vgl. hierzu Kapitel A, Abschnitt 1.1.1.

170 Vgl. K. Alewell (1965), S. 87-88.

171 Vgl. K. Alewell (1965), S. 91-92.

Vor diesem Hintergrund lassen sich folgende Leistungsbeziehungen eines Unternehmens als Subventionsbeziehungen charakterisieren:

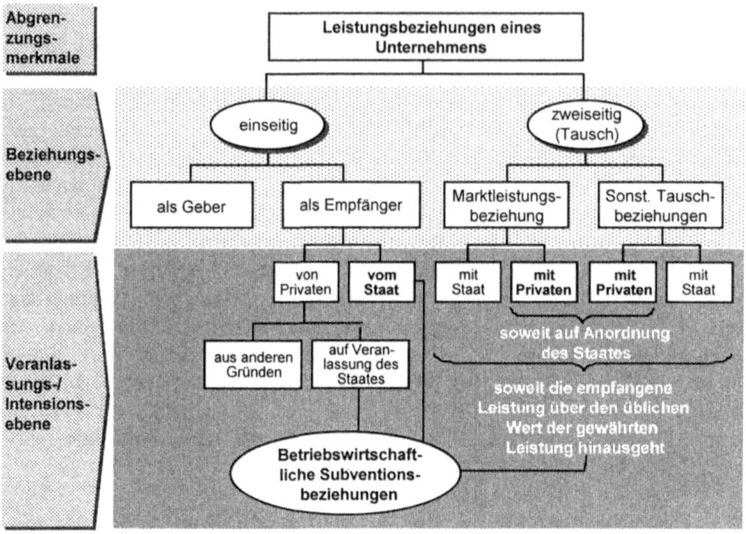

Quelle: In Anlehnung an K. Alewell (1965), S. 91.

Abb. 8: Die Abgrenzung von Subventionsbeziehungen in der Betriebswirtschaft

Eine Subventionierung im betriebswirtschaftlichen Sinne basiert in erster Linie auf einer einseitigen Leistungsbeziehung. Auf der Beziehungsebene ist das Unternehmen Empfänger einer staatlichen Leistung, die entwender unmittelbar oder mittelbar durch Private veranlaßt werden kann (Veranlassungs- und Intentionsebene). Andererseits sind die zweiseitigen Leistungsbeziehungen hinzuzurechnen, sofern diese über den üblichen Wert der gewährten Leistung hinausgehen. Es läßt sich konstatieren, daß die betriebswirtschaftliche Abgrenzung eine wesentlich weitere, auf die Störung einzelwirtschaftlicher Leistungsbeziehungen abgestellte Definition vornimmt. Letztlich subsumiert dieser Blickwinkel alle nicht zweiseitigen und interventionsbedingten Marktleistungsbeziehungen. Es wird auch dann von einer Subvention gesprochen, sobald der Subventionswert höher ist als der staatliche Leistungswert.

1.1.3. Fazit

Die erörterten finanz- und betriebswirtschaftlichen Abgrenzungen[172] haben gezeigt, daß sie wegen ihrer individuellen Zweckmäßigkeit nur beschränkt brauchbar sind. Die Kontrolle benötigt Subventionsbegriffe, die eine Operationalisierung sicherstellen können. Folglich wird der begriffliche Informationswert für die Effizienz der Subventionierung mitentscheidend sein. Die logische Konsequenz ist die Suche der Praxis nach einer anwendbaren Begriffsabgrenzung für die Kontrolle.

1.2. Subventionsabgrenzungen in der Praxis

In der Praxis haben sich besonders die Abgrenzungen der VGR, der Wirtschaftsforschungsinstitute und der Bundessubventionsbericht durchgesetzt. Sie sollen nachfolgend jeweils erörtert werden, da sie maßgeblich für die statistische Aufbereitung sind.

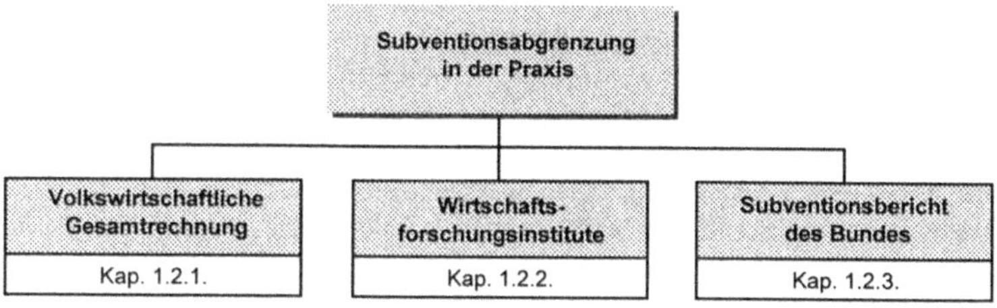

Abb. 9: Subventionsabgrenzungen in der Praxis

1.2.1. Subventionsdefinition in der Volkswirtschaftlichen Gesamtrechnung

Die Volkswirtschaftliche Gesamtrechnung (VGR) soll eine umfassende, übersichtliche, in Kontenform erfaßte und gegliederte quantitative Abbildung des wirtschaftlichen Geschehens in einer Volkswirtschaft ermöglichen.[173] Sie basiert im Kern auf dem Kreislaufgedanken. In der VGR werden Subventionen als „Zuschüsse" abgebildet, die der Staat im Rahmen der Wirtschafts- und Sozialpolitik an Unternehmen für laufende Produktionszwecke gewährt; sei es zur Beeinflussung der Marktpreise, sei es zur Stützung von Produktion und Einkommen.[174] Die relativ enge Begriffsabgrenzung soll ermöglichen, daß zur Subventionsbedeutung zwischen den OECD-Staaten internationale Vergleiche durchgeführt werden. Schließlich werden nur Zuschüsse in Form von Geldzahlungen an Unternehmen für die laufende Produktion unter dem Subventionsbegriff subsumiert. Investitionszuschüsse und sonstige Vermögensübertragungen (z. B. Abwrack- und Stillegungsprämien) werden auf dem Konto „Vermö-

172 Eine ausführliche verfassungsrechtliche Prüfung der Subventionierung wird in Kapitel A, Abschnitt 4.2. vorgenommen.

173 Vgl. G. Blümle, W. Patzig (1988), S. 45.

174 Vgl. Statistisches Bundesamt (1988), S. 110 ff.

gensübertragungen" erfaßt.[175] Bei der Abgrenzung der subventionsbezogenen Begriffsdimensionen hingegen werden nur Unternehmen sowie alle waren- und dienstleistungsproduzierende Institutionen zu den Subventionsempfängern gezählt, die gegen ein Entgelt Leistungen veräußern oder mit einem Überschuß bzw. zumindest annähernd kostendeckend arbeiten.[176] Hierzu werden auch Landwirte, freie Berufe, die Deutsche Bahn AG, die Deutsche Bundespost und sonstige im Staatsbesitz befindlichen Unternehmen gezählt. Zusätzlich werden als Empfänger die nichtgewerbliche Wohnungsvermietung sowie Handels- und Landwirtschaftskammern erfaßt.[177] Per definitionem erhalten Haushalte, private Haushalte, der Staat selbst und Organisationen ohne Erwerbscharakter, die nicht für andere Unternehmen tätig sind (z. B. Kirchen, freie Berufe, Organisationen o. E., die Leistungen an Unternehmen erbringen und durch diese finanziert werden), keine Subventionen.[178] Die Kategorie „Subventionsgeber" umfaßt alle Gebietskörperschaften, d. h. Bund, Länder und Gemeinden, das ERP-Sondervermögen und den Lastenausgleichsfond (LAF), die Einrichtungen der EU, die Bundesanstalt für Arbeit sowie den Ausgleichsfonds zur Sicherung des Steinkohleeinsatzes (Kohlepfennig[179]). Im Ergebnis werden öffentliche Unternehmen als Subventionsempfänger definiert und somit dem Unternehmenssektor zugerechnet.[180] Dabei fällt auf, daß die Abbildungssystematik der VGR in erster Linie eine Informationserhebung und -aufbereitung nach sektorenspezifischen Kriterien vornimmt. Bedeutende Subventionsarten werden nicht erfaßt, so daß der Informationswert für eine Kontrolle insgesamt gering ist.

Zusammenfassend kann festgehalten werden, daß die VGR eindeutige Merkmale zur Abgrenzung bereitstellt und internationale Vergleiche anstrebt. Es werden jedoch bedeutende Subventionsleistungen des Staates nicht berücksichtigt, wodurch ein nur unscharfes Bild der Subventionswirklichkeit wiedergegeben wird. Folglich handelt es sich bei der VGR-Abgrenzung um einen gemeinsamen Abbildungsnenner, der nur internationalen Vergleichserfordernissen gerecht wird.[181]

175 Vgl. Statistisches Bundesamt (1988), S. 123.

176 Vgl. A. Stobbe (1984), S. 382 ff.; übereinstimmend: B. Fritzsche et al. (1988), S. 13.

177 Vgl. B. Fritzsche et al. (1988), S. 13.

178 Vgl. B. Fritzsche et al. (1988), S. 13; übereinstimmend: M. Nieder-Eichholz (1995), S. 31.

179 Seit dem Bundesverfassungsgerichtsurteil vom 11.10.1994 besteht eine rechtliche Verpflichtung des Staates, die Kohlehilfen (Verstromungshilfen) im Subventionsbericht des Bundes ab 1996 auszuweisen. Vgl. BMF (1995), S. 5 sowie BVerfG, DB (1994), S. 2619.

180 Vgl. A. Stobbe (1984), S. 374.

181 Vgl. D. Bös (1973), S. 54.

1.2.2. Subventionsdefinition des Subventionsberichtes des Bundes

„Mit der Verabschiedung des Gesetzes zur Förderung der Stabilität und des Wachstums der Wirtschaft (StWG) vom 8. Juni 1967 (BGBl. S. 582) wurde in § 12 eine gesetzliche Verpflichtung der Bundesregierung[182] fixiert, in einem zweijährigen Turnus einen Bericht über die Finanzhilfen, die an Stellen außerhalb der Bundesverwaltung gegeben werden, und über Steuervergünstigungen aufzustellen.“[183u.184] Diese Informationen gliedern sich gemäß § 12 StWG in - nicht näher beschriebene - Erhaltungs-, Anpassungs- und Produktivitätshilfen sowie „Verbilligung sonstiger Güter und Dienste an private Haushalte, die mittelbar Unternehmen oder Branchen zugute kommen.“[185u.186u.187] Durch diese Einteilung wird auch die eigentliche Funktion von Subventionen hervorgehoben, nämlich die relativen Preise zu verändern, um Anreize für eine Änderung der Produktions- oder Einkommensverwendungsstruktur in Richtung auf das Subventionsobjekt zu setzen.[188] Begrifflich ist der Subventionsbericht keiner bekannten Definition zuzuordnen: Er hat einen eigenen Abgrenzungsversuch unternommen.[189] Die zugrundegelegten Kriteriendefinitionen sind jedoch objektiv nicht nachvollziehbar und orientieren sich jeweils an der wirtschaftspolitischen Zielsetzung des Subventionsgebers.[190] Diese ist Ausdruck der parteipolitischen Interpretation. Daher ist diese Einteilung eher als subjektiv zu wertende Norm zu interpretieren, die mit der vorherrschenden Auffassung der Regierung darüber, was zu den allgemeinen Staatsaufgaben zu zählen ist, stark variiert.[191]

Ähnlich willkürlich ist die Abgrenzung des Subventionsempfängers. Bestimmte Leistungen an private Haushalte, wie Wohngeld, die allgemeinen F&E-Förderungen an private Unternehmen, die Hilfen für Bundesbahn und -post sowie öffentliche Unternehmen mit hoher staatlicher Beteiligung, werden ausgeschlossen.[192] Die Ausblendung von Leistungen des Bundes unter der Rubrik „allgemeine Staatsausgaben“ ist

---

182 Neben der Berichterstattung des Bundes sind vereinzelt und in unregelmäßigen Abständen auf Länderebene "Subventionsberichte" erstellt worden. Im folgenden soll nur der Subventionsbericht des Bundes näher erörtert werden.

183 K. Reding (1987), S. 1; übereinstimmend: BMF (1995), S. 21.

184 Eine einheitliche, vergleichbare und in gleichen Zeitabständen vorgenommene Berichterstattung auf Länderebene ist nur rudimentär vorhanden. Der Grund hierfür ist, daß bei gegebener Haushaltsautonomie und unterschiedlichen Zielen der jeweils zuständigen Finanzministerien die Länderberichte heterogen angelegt sind und es eine anzuwendende Verpflichtung für eine vergleichende Länderberichterstattung bisher noch nicht gibt. Vgl. K. D. Diller (1996), S. 1.

185 K. Trojanus (1995a), S. 47.

186 Vgl. hierzu ausführlich BMF (1995), S. 9.

187 Seit dem zweiten Subventionsbericht wird auf die Schwierigkeiten dieser Gliederung hingewiesen. Vgl. K. Reding (1987), S. 11.

188 Vgl. B. Fritzsche et al. (1988), S. 15.

189 Vgl. K. Reding (1987), S. 3.

190 Vgl. K. Reding (1987), S. 5; übereinstimmend: D. Dickertmann (1980), S. 143 ff.; übereinstimmend: W. Kitterer (1976), S. 25; übereinstimmend: H. Zimmermann (1976a), S. 454 ff.; übereinstimmend: K.-H. Hansmeyer (1971), S. 106 f.

191 Vgl. K. Reding (1987), S. 5. Zum Problem der Vergleichbarkeit und wechselnder Abgrenzung siehe: H. Zimmermann (1979), S. 459 ff. sowie D. Albrecht, K. Wesselkock (1971), S. 16.

192 Vgl. K. Trojanus (1995a), S. 49; übereinstimmend: M. Nieder-Eichholz (1995), S. 33.

problematisch.[193] Aufgrund der Nichtberücksichtigung von großen Teilen der allgemeinen Forschungs- und Entwicklungsförderung, des Gesundheits- und Bildungsbereichs sowie der Förderung der Verkehrs- und Kommunikationsinfrastruktur wird implizit unterstellt, daß diese Subventionen keine Rückwirkungen auf die Wirtschaftsstruktur haben.[194] Der Subventionsbericht, der selbst von subventionsähnlichen Zuwendungen spricht, verweist hierzu auf verschiedene andere Berichte der Bundesregierung.[195] Ebenso problematisch ist die Beschränkung des Empfängerkreises auf „Stellen außerhalb der Bundesverwaltung“, da hierdurch ein bedeutendes Volumen ausgeblendet wird. Mit Blick auf die Arbeit der Treuhandanstalt (THA) und ihrer Nachfolgeorganisationen, u. a. der Bundesanstalt für vereinigungsbedingtes Sondervermögen (BvS), erscheint es sinnvoller, die erheblichen direkten Hilfen und Vergünstigungen nicht wie im 13. Subventionsbericht dem Erblastenfonds zuzuordnen, sondern in die bisherige Subventionsberichterstattung einzugliedern.[196] Der Bund lehnt dies ab und beschränkt sich in seiner Berichterstattung auf die obenerwähnte Grobgliederung der Bundessubventionen in vier Hauptpositionen. Diese werden wiederum in „Finanzhilfen“ und „Steuervergünstigungen“ unterteilt.

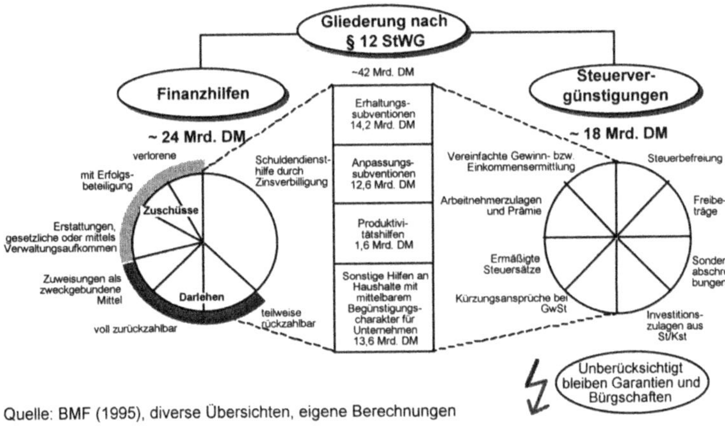

Quelle: BMF (1995), diverse Übersichten, eigene Berechnungen

Abb. 10: Abgrenzung der Bundessubventionen gemäß Subventionsbericht

193 Vgl. K. Trojanus (1995a), S. 48-49; übereinstimmend: B. Fritzsche et al. (1988), S. 15; übereinstimmend: K. Reding (1987), S. 3-4.

194 Vgl. B. Fritzsche et al. (1988), S. 15; übereinstimmend: K. Reding (1987), S. 3-4.

195 Vgl. BMF (1995), S. 9.

196 Der 15. Subventionsbericht spricht von einer beispiellosen Umstrukturierung der ehemaligen planwirtschaftlich ausgerichteten Betriebe auf die Bedingungen der sozialen Marktwirtschaft durch die THA/BvS. "Eine Einordnung der Aufwendungen der THA und Nachfolgeorganisationen würde den bisherigen Rahmen der Subventionberichterstattung sprengen und wegen der fehlenden Einordnung und Abgrenzung im Einzelfall nicht zugeordnet werden können". Vgl. hierzu BMF (1995), S. 10.

Es fällt auf, daß diese Grobgliederung einen rein gesamtwirtschaftlichen Globalfokus der Subventionen präsentiert. ***Zimmermann und Henke*** weisen auf den Willkürcharakter der Einteilung gemäß § 12 StWG hin, da dort keine objektiven Kriterien für die Einteilung und folglich auch für eine zielbewußte Kontrolle zu finden sind.[197] Die Informationsversorgung beschränkt sich somit auf eine bloße Abbildung gesamtwirtschaftlicher Aspekte. ***Reding*** ist darin zuzustimmen, daß diese Dreiteilung (bzw. Vierteilung) gemäß § 12 StWG wegen des geringen Informationswertes, der Desinformation und der politisch willkürlichen Grenzziehung aufgegeben werden sollte.[198] Der Subventionsvergabekreis im Bundesbericht ist durch das Verfassungsgerichtsurteil[199] vom 11. Oktober 1994 ausgeweitet worden. Die Verstromungshilfen („Kohlepfennig“) werden ab 1996 vom Bundeshaushalt gewährt und werden im Subventionsbericht mit ca. 7,5 Mrd. DM die größte einzeln auszuweisende Finanzhilfe darstellen.[200] Die Abbildung liefert wegen der vorgenommenen Gliederungssystematik nur lückenhafte und abstrakte Informationen.

1.2.3. Subventionsabgrenzung der Wirtschaftsforschungsinstitute

Erst 1988 wurde in einer Gemeinschaftspublikation der fünf deutschen Wirtschaftsforschungsinstitute[201] eine Tradition unterschiedlicher Abgrenzungen gebrochen.[202] Ziel einer gemeinsamen Abgrenzung ist es, die sektorale Einflußnahme des Staates möglichst präzise abzubilden und die haushaltswirksamen staatlichen Eingriffe in möglichst tiefer sektoraler Differenzierung zu erfassen.[203] Vor diesem Hintergrund entstand ein neuer Subventionsbegriff, der sich z. T. auf Erläuterungen der diskutierten Begriffsabgrenzungen bezieht und sie ergänzt. Ausgehend von dem Subventionsgeber und -nehmer, werden verschiedene subventionsrelevante Tatbestände abgegrenzt. Begrifflich hat man sich nicht auf eine „kurze“ Definition geeinigt, sondern eine Beschreibung der wichtigsten Begriffsbestandteile vorgenommen.

Als Subventionsgeber wird der Staat in Anlehnung an die VGR definiert.[204] Ebenso besteht der Subventionsempfänger aus allen Wirtschaftsbereichen, die Teil des Unternehmenssektors sind. Als „Subventionskern“ bezeichnen die Institute die staatlichen Hilfen.[205] Daneben grenzen die Institute den Empfängerkreis weiter ab, indem sie

---

197 Zimmermann/Henke sprechen in diesem Zusammenhang von drei Gliederungskategorien, was sich aber problemlos auf die vier Kategorien in der o. g. Graphik transferieren läßt. Vgl. H. Zimmermann, K.-D. Henke (1994), S. 430.

198 Vgl. K. Reding (1987), S. 12.

199 Vgl. DB (1994), S. 2619 ff.

200 Vgl. BMF (1995), S. 5.

201 An der Publikation sind die folgenden Institute beteiligt: Deutsches Institut für Wirtschaftsforschung in Berlin (DIW); HWWA-Institut für Wirtschaftsforschung, Hamburg; das ifo-Institut für Wirtschaftsforschung, München; das Institut für Weltwirtschaft in Kiel (IfW) und das Rheinisch-Westfälische Institut für Wirtschaftsforschung in Essen (RWI).

202 Zur ausführlichen Erörterung der unterschiedlichen Abgrenzungen der Institute vor 1988 siehe K. Harzem (1987), S. 50-59.

203 Vgl. B. Fritzsche et al. (1988), S. 16-17.

204 Vgl. hierzu die Abgrenzung in Kapitel A, Abschnitt 1.2.1.

205 Vgl. B. Fritzsche et al. (1988), S. 17.

staatliche Leistungen (Transferzahlungen und Einnahmenverzichte) an Haushalte und Organisationen ohne Erwerbscharakter hinzuzählen, sobald diese einen selektiven Charakter haben und marktliche Wettbewerbsprozesse einschränken.[206] Die Subventionsformen werden - wie beim Subventionsbericht - in Finanzhilfen und Steuervergünstigungen unterteilt. Subventionen durch Bürgschaftsbereitstellungen oder Beschaffungskäufe werden nicht erfaßt. Ähnliches gilt auch für Darlehen. Trotz ihrer unumstrittenen Subventionsrelevanz werden diese wegen der besonders schweren Erfassungsprobleme nur bei der Neuvergabe erwähnt.[207] Letztlich stellt die Abgrenzung der Institute eine deutliche Verbesserung der Abbildung des Subventionsvolumens gegenüber den vorangegangenen praktischen Definitionen dar. Nachfolgend werden die Unterschiede der drei praktischen Subventionsabgrenzungen übersichtsartig festgehalten, die z.T. die Basis für die Darstellung der Subventionsvolumina in Deutschland bilden.

206 Die Institute bezeichnen deratige staatliche Hilfen als "Transfers mit Subventionscharakter". Hierzu zählen z. B. Lohnkostenzuschüsse, Sonderausgabenabzug von Beiträgen zur Lebensversicherung etc. Vgl. B. Fritzsche et. al. (1988), S 17.

207 Vgl. K. Torjanus (1995), S. 50 übereinstimmend: B. Fritzsche (1988), S. 19.

		Institute	Statistisches Bundesamt	Subventionsberichte
Erfaßte Subventionsgeber	• Bund (inkl. ERP-Sondervermögen, Lastenausgleichsfonds)	X	X	X
	• Länder	X	X	X [1]
	• Gemeinden	X	X	X [1]
	• Ausgleichsfonds zur Sicherung des Steinkohleeinsatzes	X	X	X [10]
	• Europäische Gemeinschaften			
	– EAGFL [1, 2]	X	X	X [1]
	– sonstige Fonds der EG	X	X	
Finanzhilfen [3]	• Laufende Zuschüsse an Unternehmen außerhalb der Bundesverwaltung			
	– zur Erfüllung spezieller Aufgaben	X	X	X
	– zur Erfüllung allgemeiner Aufgaben [4]	X	X	
	• Laufende Zuschüsse an Unternehmen der Bundesverwaltung [5]	X	X	
	• Vermögensübertragungen an Unternehmen außerhalb der Bundesverwaltung			
	– zur Erfüllung spezieller Aufgaben	X		X
	– zur Erfüllung allgemeiner Aufgaben [4]	X		
	• Vermögensübertragungen an Unternehmen der Bundesverwaltung [5]	X		
	• Darlehensvergabe an Unternehmen außerhalb der Bundesverwaltung			
	– zur Erfüllung spezieller Aufgaben	X		X
	– zur Erfüllung allgemeiner Aufgaben [4]	X		
	• Übertragungen an private Haushalte und private Org. o. E. [6, 7]			
	– zur allgemeinen Sparförderung			X
	– für spezielle Sparförderung	X		X
	• Sonstige Übertragungen an private Haushalte und private Org. o. E. mit sektorspezifischen Auswirkungen im Unternehmenssektor	X		X [8]
Steuervergünstigungen	• Einbehaltene Umsatzsteuer	X	X	X
	• Sonstige Steuervergünstigungen für Unternehmen außerhalb der Bundesverwaltung			
	– zur Erfüllung spezieller Aufgaben	X		X
	– zur Erfüllung allgemeiner Aufgaben [4]	X		
	• Sonstige Steuervergünstigungen für Unternehmen der Bundesverwaltung [5]	X		
	• Steuervergünstigungen für private Haushalte			
	– zur allgemeinen Sparförderung			X [8]
	– für spezielle Sparförderung	X		X
	• Sonstige Steuervergünstigungen für private Haushalte und private Org. o. E.: mit sektorspezifischen Auswirkungen im Unternehmenssektor	X		X [9]

1) Vgl. insbesondere Übersicht BMF (1991, 1993), diverse Übersichten
2) EAGFL: Europäischer Ausrichtungs- und Garantiefonds für die Landwirtschaft
3) Nicht erfaßt werden Bürgschaften, überhöhte Preise bei Beschaffungskäufen sowie die verbilligte Vergabe von Gütern
4) Infrastruktur, Gesundheitswesen, Forschungsförderung (ohne marktnahe Förderung)
5) z. B. Bundesbahn, Bundespost
6) Org. o. E. = Organisation ohne Erwerbscharakter
7) Übertragungen für den Reiseverkehr mit der DDR (bisher in den Subventionsberichten berücksichtigt) entfallen seit 1990
8) Teilweise enthalten (Wohngeld nicht mehr enthalten ab 12. Subventionsbericht)
9) Allgemeiner Sparerfreibetrag nicht mehr enthalten ab 14. Subventionsbericht (BMF 1993)
10) Seit dem 15. Subventionsbericht enthalten

Quelle: Fritzsche, B. et al. (1988) (z. T. aktualisiert und erweitert), BMF (1997), div. Übersichten

Abb. 11: Abgrenzungsunterschiede praxisbezogener Subventionsabbildungen

1.2.4. Fazit

Alle praxisrelevanten Subventionsabgrenzungen zeigen, daß die jeweilige Zweckmäßigkeit die Breite des Abbildungssystems und damit mögliche Subventionsphänomene bestimmt. Es kann daher von einer ***interessensmotivierten und praktikablen Informationsabgrenzung*** der Subventionierung gesprochen werden. Die gemeinsame Definition der Institute stellt eine Abgrenzung des Subventionsbegriffs dar, die wesentliche im Subventionsbericht nicht berücksichtigte Finanz- und Steuerhilfen mitaufnimmt, den Grad der Selektivität als Orientierungsgröße hervorhebt und daher eine weite Abgrenzung impliziert.[208]

Eine Haupterkenntnis der Gegenüberstellung ist, daß eine umfassende, auf alle Ziele zugleich bezogene Erfassung aller Subventionsleistungen aufgrund einer Vielzahl von aufgezeigten Defiziten weder von einem Subventionsbericht noch von den Instituten oder gar von den VGR-Daten geleistet werden kann. Dies liegt im wesentlichen daran, daß die gewählte Abgrenzungsperspektive einer Gesamt- oder Sektorenwirtschaft gezielte kontrollrelevante Informationen und Ziele zur Subventionierung aufgrund der zugrundegelegten Komplexität nicht zuläßt. Gesamtwirtschaftliche Abbildungen vermögen es nicht, problemlos die Brücke zu einzelwirtschaftlichen (Ziel-)Aspekten zu schlagen. Hierzu wäre eine veränderte statistische Erfassung und Aufbereitung der informationsversorgenden Praxisberichte notwendig, was jedoch zur Zeit nicht geleistet wird. Eine branchenbezogene Zusammenfassung, die wesentliche Informationen für eine Kontrolle aufbereitet, ist ebensowenig verfügbar.[209]

Bevor auf die Entwicklung der Subventionsvolumina, der Effizienzprobleme und eine Lösungsmöglichkeit näher eingegangen wird, erscheint es für die weitere thematische Explikation der Subventionskontrolle zweckmäßig, einen für diesen Untersuchungszweck geeigneten Subventionsbegriff herzuleiten. Dies ermöglicht die spätere Prüfung, ob die betreffenden „staatlichen Zuwendungen" überhaupt einer Subventionskontrolle unterliegen können.

1.3. Anwendungsbezogener Subventionsbegriff für eine branchenorientierte Kontrolle

Für eine Informationsaufbereitung zur Kontrolle der Subventionen ist zunächst eine geeignete, dem Untersuchungsfokus dienende Begriffsabgrenzung vorzunehmen. Die bisherigen Eröterungen zeigen, daß die gängigen Abgrenzungen das Untersuchungsziel nur unzureichend begrifflich unterstützen können. Da die bisherigen Abgrenzungen keine „Plattform" für eine praktikable Kontrolle bereitstellen, soll an dieser Stelle ein Begriff definiert werden, der als erste Stufe auf dem Weg zur Eingrenzung der Subventionskomplexität dient. Ziel der Begriffsfassung ist folglich, praktische

208 Vgl. G. Werner (1995), S. 27-29.

209 Das Statistische Bundesamt sieht sich nicht in der Lage, ein entsprechendes Abbildungssystem für eine branchenbezogene Darstellung der Subvention zu liefern. Eine in 1991 vorgenommene branchenbezogene Gliederung von Rosenschon wurde nur einmalig vorgenommen und mit dem Hinweis auf enorme Zuordnungsprobleme als einmaliger Abbildungsversuch charakterisiert.

Operationalität und Zuverlässigkeit für die spätere Modellbildung sowie ihre entsprechenden Informationsversorgung zu gewährleisten. Es wird sich zeigen, daß erhebliche Unterschiede in der branchenspezifischen Höhe der Subventionierung festzustellen sind. Diese Zuteilungsdiskrepanzen werden mittels einer branchenorientierten Sichtweise deutlich, da die stark ***selektive Wirkung*** der Subventionen für einzelne Branchen innerhalb einer Gesamtwirtschaft auf diese Weise deutlicher wird.

1.3.1. Definition einer branchenbezogenen Gliederung der Gesamtwirtschaft

Ausgangspunkt einer praktikablen Subventionskontrolle sind zunächst eine operable Begriffsabgrenzung und eine damit verbundene Abgrenzung von Branchen. Zahlreiche Autoren führen einen Meinungsstreit über eine „korrekte“ Abgrenzung und Grenzziehung der Branche mit dem Ergebnis, daß mit jeder Branchendefinition eine individuelle Grundsatzentscheidung für den Untersuchungsrahmen gefällt wird.[210] Diese Grundsatzentscheidung ist eine Festlegung der Branchengrenzen und zeigt somit, welche Abgrenzungen zwischen herkömmlichen Konkurrenten, etablierten Unternehmen, neuen, potentiellen Konkurrenten und nicht zuletzt den relevanten Wettbewerbern innerhalb der Branche sowie den Lieferanten und Abnehmern vorgenommen werden sollen. Diese Definitionsgrenzen zu setzen ist folglich ein graduelles und zweckbezogenes Verfahren. Es verwundert daher nicht, daß bei der Definition der relevanten Branchengrenzen einige Autoren ***Funktionen statt Produkte, nationale statt globale Differenzierungsaspekte*** heranziehen und sogar potentielle Konkurrenten in eine dynamische Branchenbetrachtung mit einfließen lassen.[211u.212] Vor diesem Hintergrund ist es für diese Arbeit zielführender, sich der umfassenden, anerkannten und detaillierten ***Gliederung*** der Gesamtwirtschaft durch das Statistische Bundesamt zu bedienen, da hier eine vollständige Systematik zur Erfassung und Abgrenzung der Wirtschaftszweige[213] geliefert wird, welche eine Basis für die kommenden empirischen Branchenerhebungen bilden kann. Dieser Abgrenzungssystematik der Wirtschaftszweige liegen ***vier Gliederungsmerkmale*** zugrunde:[214]

A. Gliederung nach der Stellung des Wirtschaftssubjektes im Wirtschaftsablauf (Produzent, Konsument etc.);

B. Gliederung der produzierenden Wirtschaftssubjekte nach dem Erwerbwirtschaftsprinzip, d. h. danach, ob die angebotenen Waren kostendekkend bzw. gegen Entgelt verkauft werden;

---

210 Vgl. M. Porter (1992), S. 60.

211 Vgl. M. Porter (1992), S. 60.

212 Die Diskrepanz in der Schwerpunktlegung und Abgrenzung einer Branche spiegelt die Notwendigkeit einer Modifikation der Grundversionen verschiedener Statistiken wider. Die fehlende Kompatibilität führt zu umfangreichen Umschlüsselungen, wenn brachenbezogene Daten aus verschiedenen Statistiken oder unterschiedlichen Jahren zusammengeführt werden.

213 Theoretische Arbeiten zu branchenspezifischen Themen orientieren sich vielfach an der Gliederungssystematik der Gesamtwirtschaft. Vgl. W. Müller (1995), S. 41 ff.

214 Vgl. hierzu ausführlich: Statistisches Bundesamt (1980), S. 7 ff. Dort findet sich eine ausführliche methodische Erörterung.

C. das Kriterium, ob überwiegend Waren produziert, gehandelt oder Dienstleistungen erbracht werden;
D. der schwerpunktmäßige Fokus der Produktion oder der Handelsware.

Die Berücksichtigung dieser Selektionskriterien führt zu einer Gliederung der Gesamtwirtschaft in 10 Abteilungen und 3 übergeordneten Sektoren (Abt. 0 bis 7: Unternehmen, Abt. 8: Organisationen ohne Erwerbscharakter, Abt. 9: Gebietskörperschaften und Sozialversicherungen). Diese Arbeit widmet sich der Abteilung 0 bis 7, welche jeweils in Unterabteilungen, Wirtschaftsgruppen und Klassen untergliedert wird. Da es bei einer Vielzahl von Unternehmen u. a. durch konglomerate Angebotsstrukturen zu einem Zuordnungsproblem führen könnte, muß eine Branche nach dem ***Schwerpunktprinzip*** definiert werden. Der Schwerpunkt wird durch den maximalen Wertschöpfungsanteil an den Gesamtaktivitäten der Unternehmung gebildet. Die Definition des Statistischen Bundesamtes wird, wie oben erwähnt, eine zentrale Rolle in der weiteren Branchenbetrachtung einnehmen.[215]

1.3.2. Definition eines branchenorientierten Subventionsbegriffs für diese Arbeit

Im Mittelpunkt dieser Arbeit steht die Konzeption einer Effizienzkontrolle der Subventionsvergabe. Basis für eine weitere theoretische und später praxeologisch-empirische Auseinandersetzung ist eine branchen- und einzelwirtschaftliche Analyse. Die Grundlagen hierzu wurden gelegt:

A. Auf der ***Subventionsgeberseite*** sind alle diejenigen Subventionen untersuchungsrelevant, die mittelbar oder unmittelbar auf Veranlassung eines „öffentlich rechtlichen Organs", d. h. durch „hoheitlichen Akt", gewährt wurden und die Marktleistungsbeziehung stören. Hierzu zählen somit alle Subventionen, die „qua Subventionsmittler" ein Erscheinen des Staates als Subventionsgeber zu umgehen versuchen.
B. Der ***Subventionsnehmer bzw. -empfänger*** soll mit Blick auf die finanzwissenschaftlichen Abgrenzungen im Kern alle erwerbswirtschaftlich privaten und öffentlichen Unternehmen umfassen. Hierzu sind alle Förderleistungen an private Haushalte und Organisationen hinzuzuaddieren, die mittelbar (auch) Unternehmen begünstigen sollen und damit die branchenspezifischen Marktleistungsbeziehungen stören.
C. Die ***Subventionsmerkmale*** sollen durch jeglichen Verzicht des Staates oder seiner Organe auf eine ihm oder ihnen zustehende Leistung, d. h. durch eine Verletzung der Marktleistungsbeziehung, gekennzeichnet

215 Der Autor ist sich dessen bewußt, daß die Abgrenzung unter Hinzunahme der Schwerpunktbildung des Statistischen Bundesamtes problematisch hinsichtlich der Abbildung der tatsächlichen Wirtschaftsstruktur einer Branche ist. Letztlich entspricht der Schwerpunkt nur einem relativen, nicht aber einem absoluten Schwerpunkt der wirtschaftlichen Tätigkeit des Unternehmens. Dieses Problem spielt aber für diese Arbeit eine untergeordnete Rolle, da die wirtschaftliche Tätigkeit der betrachteten Unternehmensbranche überwiegend als homogen angesehen werden kann.

werden.[216] Dabei handelt es sich um eine partielle Hilfeleistung, die durch das Charakteristikum der Selektivität geprägt ist. Hierunter sind direkte Geldleistungen, Steuerstundungen und -erlasse, Käufe bzw. Verkäufe unter Marktpreisen und sonstige Leistungen zu subsumieren. Davon abzugrenzen sind im ***piguoschen*** Sinne alle staatlichen Käufe, die zum Zeitpunkt der Durchführung zu normalen Marktkonditionen ebenso erhältlich gewesen wären. Dies wäre beispielsweise der Fall bei einem verbilligten/verteuerten Grundstücksverkauf/-ankauf, der Gewährung von Bürgschaften und Krediten zu nicht marktkonformen bzw. an die Bonität gebundenen Konditionen. Andererseits fallen alle Transferausgaben an private Haushalte, sofern sie keinen extremen Selektionscharakter haben, aus der Definition heraus.

D. Die ***Wirkungen der Subventionen*** [217] werden auf der Branchenebene aus wettbewerbspolitischer Sicht unmittelbar deutlich. Der Grund hierfür liegt in dem hochselektiven Charakter der Hilfen, die dadurch das Branchengleichgewicht nachhaltig stören.[218] Subventionen verändern somit nicht nur die Wettbewerbskräfte in einer Branche, sondern auch die Stellung der Branche in der Gesamtwirtschaft.

Vor diesem Hintergrund impliziert ein ***branchenorientierter*** Subventionsbegriff folgende Kerndefinition:

> Eine Subvention im Sinne dieser Arbeit ist eine partiell protegierende Hilfeleistung, die mittelbar, d. h. via Hoheitsakt, oder unmittelbar an erwerbswirtschaftliche private und öffentliche Unternehmen sowie via Transferleistung an Haushalte mit mittelbaren Auswirkungen auf den Unternehmenssektor vergeben wird. Sie bedeutet eine Störung der Marktleistungs- und Branchenbeziehung und beeinflußt durch den Grad ihrer Selektivität mittelbar oder unmittelbar die Stellung des Unternehmens in der Branche.

Im Kern kommt diese Abgrenzung der Definition der Institute am nächsten, enthält aber Formen der Subventionierung (Bürgschaften, Verbilligungs- und Beschaffungssubventionen), die hier weiter gefaßt sind. Gerade diese Subventionsformen spielen in der Praxis bei partiellen Begünstigungen einzelner Unternehmen und Branchen eine bedeutende Rolle. Dieser weite Subventionsbegriff soll alle Subventionstatbestände in

---

216 Vgl. hierzu N. Andel (1970, 1977, 1990) sowie K. Alewell (1965).

217 Da eine beabsichtigte Wirkung i. d. R. mit einer Zielvorgabe positiv verknüpft ist, sollten die Subventionsarten genau über die angestrebten Ziele Auskunft geben. Es wurde bewußt bisher auf eine Definition und Erörterung von öffentlichen bzw. staatlichen Subventionszielen verzichtet, da die bisherigen und noch kommenden Untersuchungen zeigen werden, daß der tatsächliche Zweck und das namentlich erklärte Ziel in der Praxis weit auseinander liegen. Der Grund hierfür liegt in einem partikularen und gruppenegoistischen politischen Verhalten der am Subventionsprozeß beteiligten Personen, das - auch das wird noch zu zeigen sein - die wahren Ziele im Nebel läßt.

218 Vgl. hierzu ausführlich Kapitel A, Abschnitt 5.

den Fallstudien und der Branchenuntersuchung erfassen können. Was theoretisch durch Begriffsabgrenzungen als vollständig möglich erscheint, läßt sich bei der empirischen Auseinandersetzung im Sinne der Operationalisierung nicht vollständig sicherstellen, da sich nicht alle Tatbestände eindeutig abgrenzen lassen. Dennoch ist eine Definitionsabgrenzung des Anwednungsbereichs notwendig, da hierdurch ein gemeinsames Problemverständnis für das weitere Vorgehen geschaffen wird.

2. Stand der ökonomischen Subventionsforschung

2.0. Einführende Bemerkungen

Trotz einer intensiven Subventionsdiskussion ist ein praktisches und theoretisches Problemlösungsdefizit festzustellen. Bei der Sichtung der entsprechenden wirtschaftswissenschaftlichen Literatur fällt auf, daß es kaum eindeutige und kontinuierliche Entwicklungstendenzen auf dem Gebiet der Subventionsforschung und folglich auch keine einheitliche evolutorische Begriffsentwicklung gibt.[219] Daher werden vorhandene Ergebnisse kaum weiterentwickelt und häufig bereits vorhandene, sich nur in Nuancen unterscheidende, als „neue Ergebnisse" präsentiert.[220] Dieser Mißstand, so ***Blankmann***, »mag damit zusammenhängen, daß die Beschäftigung mit dem Subventionsthema für viele Autoren nur eine einmalige Angelegenheit im Rahmen einer Dissertation oder eines Forschungsauftrages bleibt [...]."[221] Andererseits muß zugegeben werden, daß sich „wenig Sicheres über die Gesamtwirkung einer Subvention [auf die Gesamtwirtschaft] aussagen läßt".[222] Komplexität und Dynamik für Abbildung, Kontrolle und Steuerung der gesamtwirtschaftlichen Wirkungsweise von Subventionen überfordert die ökonomischen Modelle, so daß noch keine geschlossene und allgemeingültige Theorie der Subventionen bereitgestellt werden kann.[223] Im folgenden wird daher ein kurzer Überblick über den Stand der Subventionsforschung gegeben, der auch auf das Forschungsdefizit in der Definition des Erkenntnisobjektes, die fehlende Theorie der Subventionswirkung und -kontrolle und den Mangel an Subventionsregelungen eingehen wird.

2.1. Forschungsdefizite in der Definition des Erkenntnisobjektes

Frühe finanzwissenschaftliche Arbeiten stellten fest, daß die „wissenschaftliche Brauchbarkeit" des Terminus „Subvention" stark eingeschränkt ist, zumal der Begriff zusätzlich emotional negativ besetzt ist.[224] Die Begriffsfassung ist von Kompromissen gekennzeichnet, da es aussichtslos erscheint, eine gleichermaßen theoretisch befriedigende wie praktisch handhabbare Begriffsabgrenzung herzuleiten.[225] Symptomatisch erscheint die im Laufe der Berichterstattung angewandte, geradezu willkürliche Subventionsabgrenzung des Subventionsberichtes, die eine konsistente Zahlenreihe und eine systematische Darstellung verhindert.[226] Schließlich ist die

---

219 Vgl. K. Trojanus (1995a), S. 4-5; übereinstimmend: H. Blankmann (1987), S. 271.

220 Eine Ausnahme bilden die Ansätze von N. Andel (1970), K.-H. Hansmeyer (1963), D. Ewringmann, K.-H. Hansmeyer (1975) sowie H. Zimmermann (1985).

221 H. Blankmann (1987), S. 271.

222 E. Alexander-Katz (1959), S. 246.

223 Vgl. K. Trojanus (1995a), S. 5.

224 Vgl. D. Ewringmann, K.-H. Hansmeyer (1975), S. 16.

225 Vgl. K.-P. Fox, G. Zeitel (1984), S. 886.

226 Vgl. M. Nieder-Eichholz (1995), S. 40.

eindeutig formale, inhaltliche, sprachliche und allgemein akzeptierte Abgrenzung des Erkenntnisobjektes eine zwingende Voraussetzung, dafür, in einem ersten Schritt ein statistisch vergleichbares Abbildungssystem der Subventionierung und ihrer Kontrollen zu erarbeiten. Unterschiedliche Begriffe führen zu einer Abbildungslücke, die kaum überzeugend zu schließen ist und gleichwohl in den meisten Untersuchungen einen weitgehend eigenständigen Subventionsbegriff erfordert.[227]

Die nachfolgende Abbildung zeigt, daß nach unterschiedlichen Abgrenzungen die quantitative Bedeutung der Subventionen zu- oder abnehmen kann. Entsprechend wächst oder reduziert sich das Problembewußtsein und damit die Einsicht in die Notwendigkeit einer Subventionskontrolle. Die Breite der Abgrenzung hat einen bedeutenden Einfluß auf die Diskussionsqualität und -quantitat, wodurch einige Interessensgruppen eine Kontrolle der Subventionierung für unnötig halten und dies auch entsprechend quantitativ belegen.

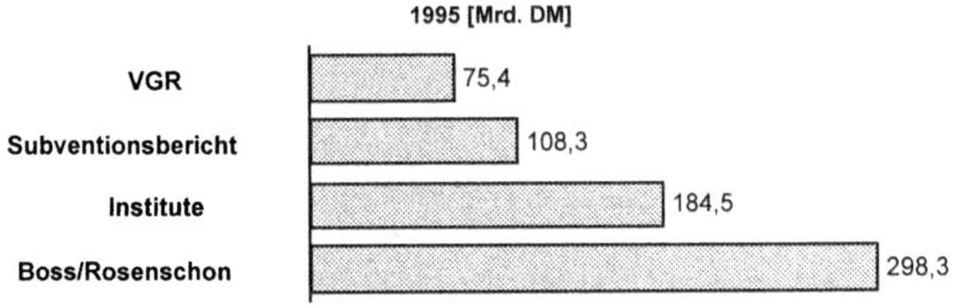

Quelle: BMF (1995), S. 21; A. Boss/ A. Rosenschon (1997), S. 7, 41

Abb. 12: Quantitative Differenzen in den Abbildungssystemen als Ausdruck des definitorischen Forschungsdefizites

Es verwundert daher nicht, daß unter Bezugnahme des „kleinsten gemeinsamen Begriffs- und Abbildungsnenners" internationale Subventionsvergleiche zwar möglich sind, jedoch lediglich Konturen und Tendenzen der Subventionsbedeutung erfassen und für eine umfassende Informationsbereitstellung und Kontrolle nicht geeignet sind.[228]

2.2. Forschungsdefizite in der Theorie der Subventionswirkung und –kontrolle

Eine unabdingbare Voraussetzung für Eingriffe in die Wirtschaftssphäre ist die Kenntnis über die Auswirkungen des wirtschaftspolitischen Instrumentariums. Ist diese Voraussetzung nicht erfüllt, können keine operationalisierbaren Ziele über eine optimale Dosierung und damit eine Überprüfung der Ziel-, Konzeptions- und

227 Exemplarisch sei in diesem Zusammenhang auf die Quantifizierungsprobleme und -unterschiede zwischen dem 5.EU-Beihilfen-Weissbuch und dem 16.Subventionsbericht verwiesen. Die Bundesregierung beklagt die Heterogenität der Abbildungssysteme und begrifflichen Grundlagen, die einen internationalen Vergleich stark beeinträchtigen. Vgl. BMF (1997), S. 44-47.

228 Vgl. hierzu ausführlich den Kommentar im 16. Subventionsbericht. BMF (1997), S. 44-47.

Systemkonformität fixiert werden.[229] Eine ***Operationalisierung*** ist aus ***drei Gründen*** von Bedeutung:[230]

A. Sie ermöglicht ***eindeutige*** Zielfestlegung und Strukturierung.
B. Sie führt zu einem ***zielgerichteten*** (ressourcenoptimalen) Instrumenteneinsatz.
C. Sie bildet die Basis für ***Erfolgskontrollen*** der politischen Tätigkeit.

Die Ansprüche, die damit an eine Subventionswirkungslehre und -theorie gestellt werden, sind sehr komplex und dynamisch, da eine Operationalisierung der Ausbringungs-, Faktorverbrauchs-, Faktorausstattungs-, Preis-, Einkommens-, Vermögens-, und Zahlungsbilanzwirkungen für sie bedeutsam ist. Neben diesen quantitativen und komplexen Meßaspekten erfordert eine zielgerechte Kontrolle die Einbeziehung von dynamischen, d. h. zeitlichen Aspekten des Mitteleinsatzes. Schließlich müssen potentielle Auswirkungen durch Verhaltensänderungen der beteiligten Wirtschaftssubjekte mitberücksichtigt werden. Dies gilt für die Subventionsankündigung, -gewährung und -abschaffung.[231] Problemverschärfend wirkt die fehlende Zweckbindung der Einnahmen und Ausgaben in der Praxis, da die Verwendung nicht mehr der Quelle zugeordnet werden kann.[232]

Die bisherigen Ansatzmöglichkeiten einer Subventionswirkungsanalyse und damit der Subventionskontrolle sind global. Die öffentliche Finanzwirtschaft behandelt i. d. R. die Subventionswirkung wie negative Steuern.[233] Unabhängig von der Tatsache, daß nach Abschluß der Überwälzungsvorgänge nicht eindeutig geklärt werden kann, wer schließlich Begünstigter oder Belasteter der Subventionierung ist, ist die Steuerwirkungslehre selbst noch von vielfältigen und weitreichenden Methodenproblemen geprägt.[234] Eine genauere Wirkungsanalyse läßt sich eher bei verwendungskonditionierten Subventionen erfassen, da hier die Mittel an ihrem gebundenen Zweck unmittelbar operationalisiert und damit kontrolliert werden können. Grundvoraussetzung hierfür ist eine eindeutige formale und materielle Zielfixierung der Subventionen, die als Referenzmaßstab für einen Vergleich zwischen dem „Soll“ und dem „Ist“ fungiert. Empirisch orientierte Wirtschaftswissenschaftler hegen zu Recht Zweifel an einer verfügbaren, geschlossenen gesamtwirtschaftlichen Wirkungskontrolle.[235] Aus methodischen Gründen müßten nicht nur die direkten Wirkungen der Förderung holisistisch determiniert, quantifiziert und kontrolliert werden, sondern ergänzend die Einnahmeseite des Staates und damit die Auswirkungen auf die Finanzierung mitberücksichtigt werden. Letzteres berührt nämlich auch wirtschaftlich diejenigen, die keine Subventionen erhalten. Zusammenfassend kann festgehalten werden, daß keine universelle und umfassende finanzwissenschaftliche (Wirkungs- und Kontroll-)Theorie vorhanden ist, die allen komplexen und dynamischen Anforderungen auf

229 Vgl. M. E. Streit (1979), S. 160 ff.
230 Vgl. K. Reding, R.-D. Postlep (1978a), S. 39-40.
231 Vgl. N. Andel (1970), S. 16-31.
232 Vgl. N. Andel (1970), S. 13.
233 Vgl. D. Pohmer (1977), S. 252.
234 Vgl. K. Reding, R.-D. Postlep (1979), S. 116.
235 Vgl. E. Gerken et al. (1985), S. 26-27.

einer gesamtwirtschaftlichen Ebene gerecht wird. Das subventionspolitische Abbildungs- und Kontrolldilemma sowie die Bewahrung der unternehmerischen Freiheit der Entscheidung über den Verwendungszweck der Hilfen können aus finanztheoretischer Sicht nicht zufriedenstellend gelöst werden. Ziele, sofern sie überhaupt explizit genannt werden, haben keinen Erkenntnischarakter. Sie leiden unter der globalen Intention und entziehen sich auf dieser Ebene jedem Operationalisierungsversuch.

Um alle direkten und indirekten Auswirkungen auf Wachstum und Beschäftigung holistisch in den subventionierten und nicht subventionierten Bereichen zu quantifizieren, wäre es für die Wissenschaft notwendig, den exakten Ablauf aller Wirkungsketten (Einnahmen- und Ausgabenseite) zu erfassen, damit auf die entsprechenden quantitativen und qualitativen Kontrollinformationen zurückgegriffen werden kann. Es ist leicht einsehbar, daß ein solcher theoretischer Anspruch bisher auf dieser Aggregationsstufe nicht erfüllt werden konnte. Hieraus läßt sich folgern, daß eine andere Ebene der Auseinandersetzung mit Wirkung und Kontrolle der Subventionen gesucht werden muß.

2.3. Mangel an Subventionsregelungen

Im Vergleich zu Steuern sind Subventionen ein eher junges finanzpolitisches Instrument, da sie kein permanentes, sondern nur ein gelegentliches Interventionsinstrument sein sollen. Dies und die Tatsache, daß es in Deutschland nur eine Abgaben- und keine Subventionsordnung gibt, führen dazu, daß bisher noch keine allgemeingültigen Subventionsgrundsätze aufgestellt wurden.[236] Während auf dem Gebiet der Besteuerung[237] im deutschen Haushaltsrecht Grundsätze in Form von Budgetgrundsätzen[238] fixiert wurden, sind vergleichbare Subventionsgrundsätze in der Gestalt rechtlich und verbindlicher Anforderungen - wenn überhaupt - nur vage ausgeprägt.[239]

Im bundesdeutschen Haushaltsrecht werden Subventionsgrundsätze bisher nur diskutiert. Spezielle Grundsätze in Form von rechtlich bindenden Anforderungen an die ökonomische Effizienz sind jedoch allenfalls rudimentär vorhanden.[240] Dieses regulative Defizit wird als eine wesentliche Ursache für subventionspolitische Ineffizienzen angesehen.[241] Die Verankerung von subventionspolitischen Grundsätzen wurde ansatzweise vor dem Hintergrund der konjunkturellen Entwicklung in den achtziger Jahren betrieben. Herauszuheben ist der ***Subventionskodex der Länder.***[242] In acht

236 Vgl. M. Nieder-Eichholz (1995), S. 18; übereinstimmend: N. Andel (1990), S. 257-258.

237 Vgl. zum Aspekt der Besteuerungsgrundsätze F. Neumark (1970).

238 Vgl. zum Aspekt der Budgetgrundsätze P. Senf (1977), S. 371 ff.

239 Vgl. M. Nieder-Eichholz (1995), S. 18.

240 Vgl. M. Nieder-Eichholz (1995), S. 18.

241 Vgl. M. Nieder-Eichholz (1995), S. 18.

242 Der am 7. Juli 1982 beschlossene Subventionskodex der Länder sieht vor, daß Hilfen an Unternehmen nur in Ausnahmefällen unter Beachtung des Primats des "Öffentlichen Interesses" vergeben werden dürfen. Erhaltungssubventionen dürfen nur mit dem Hinweis auf die Sicherung der nationalen Versorgungssicherheit gewährt werden. Anpassungs- und Produktivitätssubventionen dagegen dürfen z. B. zur Milderung von Standortnachteilen erteilt werden. Alle Hilfen

Artikeln und Leitlinien faßt er die Grundsätze für die Finanzhilfegewährung und die Steuervergünstigung für den Unternehmenssektor zusammen. Dieser Subventionskodex der Länder wird durch einen ***Subventionskodex der Einzelunternehmen***[243] ergänzt. Er soll durch gewisse Grundanforderungen die Fördergewährung für existenzbedrohte, sanierungsfähige und -würdige Unternehmen regeln.

In der Praxis hat sich die Funktionsfähigkeit dieser beiden Kodizes nicht bewährt, da es der Politik nicht schwerfällt, mit dem Hinweis auf ein übergeordnetes öffentliches Interesse oder die Sicherung der nationalen Versorgungssicherheit eine entsprechende Rechtfertigung der jeweiligen Hilfen in der Höhe und Dauer aufrechtzuerhalten. Die Entwürfe wurden partiell umgesetzt und hatten keine ausreichende Wirkung.[244] Andererseits räumt die Ausformulierung des Kodex durch den Gebrauch von Potentialformulierungen („möglichst", „in der Regel") einen breiten politischen Handlungsspielraum ein.[245] Schließlich wird in den wenigsten Fällen eine Prüfung vollzogen, der Subventionsumfang wettbewerbsneutral gestaltet und an die Erreichung bestimmter Ziel-Erfolgsfaktoren nachvollziehbar konditioniert. Insbesondere die Tatsache, daß es sich hier nur um eine nicht bindende Selbstverpflichtungserklärung der Wirtschaftsminister der Länder handelt, die nicht einklagbar ist und daher sanktionsfrei unterlaufen werden kann, führt zwangsläufig zu einem Scheitern der Kodizes in der Praxis. Verschiedene Versuche, ein rechtliches und damit einklagbares Fundament zu schaffen, haben sich als politisch nicht opportun erwiesen.[246] ***Reding*** äußert sich skeptisch: „Ob eine brauchbare Lösung [...] durch eine unabhängige Instanz, sei es Subventionsgeber oder Expertengruppe[247] gefunden werden kann, ist [...] fraglich."[248] Schließlich muß der Bundestag bzw. die politische Vertretung über den Abbau von Subventionen entscheiden, was angesichts der Mechanik der politischen Willensbildung einem Abbau i. d. R. entgegensteht.[249]

---

müssen degressiv und zeitlich befristet sein sowie bei Erfolglosigkeit umgestaltet oder abgeschafft werden. Vgl. hierzu BMF (1983), S. 310 ff.

243 Der Subventionskodex "Einzelunternehmen" vom 30. Mai 1983 sieht eine Förderung nur bei sanierungsfähigen bzw. -würdigen Unternehmen vor, die sich in einer exisistenzbedrohenden Situation befinden und deren regionale und arbeitspolitische Bedeutung eine subsidiäre, zeitlich begrenzte und wettbewerbsneutrale Hilfe zur Selbsthilfe rechtfertigen. Vgl. hierzu: BT (1983), S. 312.

244 Vgl. G. Werner (1995), S. 58-59.

245 Vgl. M. Nieder-Eichholz (1995), S. 183-184.

246 Ein Vorstoß der damaligen niedersächsischen Wirtschaftsminsterin B. Breuel sah die rechtliche Fixierung durch die Vorgabe gesetzlicher Grundsätze vor. Im Vorfeld der Konsultationen wurde schon deutlich, daß dieser an den politischen Interessen scheitern würde. Vgl. B. Breuel (1983), S. 37 (1988), S. 44 sowie C. Folkers (1986), S. 212.

247 Vgl. zum Aspekt einer Expertengruppe zur Kontrolle der Subventionen: G. Werner (1995), S. 137-163.

248 K. Reding (1987), S. 17.

249 Vgl. K. Reding (1987), S. 17; übereinstimmend: G. Werner (1995), S. 138.

2.4. Fazit

Vor diesem Hintergrund kann von einem ***Defizit*** im Umgang mit den Subventionen gesprochen werden, da es keine allgemein akzeptierte Systematik gibt. Die Defizite bezüglich einer einheitlichen und operablen ***Begriffsfassung*** führen zu Problemen im wirtschaftswissenschaftlichen Umgang mit dem Erkenntnisobjekt. Die Folge sind stark abweichende, zum überwiegenden Teil gesamtwirtschaftlich oder teils sektoral geprägte Abbildungsformen der Subventionen. Die Existenz unterschiedlicher Abgrenzungen und Abbildungen der Subventionsvolumina verhindern eine gemeinsame Problemsicht, die Basis für ein weiteres koordiniertes Forschungsvorgehen wäre. Eine eindeutige, quantitative und kontinuierliche Subventionsabbildung ist derzeit nicht möglich, woduch die Erfassung der Informationsbasis für eine ursachen- und problemgerechte Entscheidung und Steuerung der Subventionen erschwert wird.

Fehlende ordnungspolitische Subventionsregelungen (Subventionsordnung) verschärfen die ***Kontrolldefizite***. Ein allgemein akzeptiertes und anwendbares Konzept einer standardisierten Informationsaufbereitung und einer Kontrolle sind nicht gesetzlich verankert. Eine parlamentarische Kontrolle ist wegen der Mechanik der politischen Willensbildung nicht praktikabel.

3. Reale Bedeutung der Subventionierung

3.0. Einführende Bemerkungen

Die bisher gewonnene Erkenntnis, daß in der Erfassung der Subventionsvolumina erhebliche Abweichungen und Brüche festzustellen sind, bedeutet jedoch nicht, daß noch kein Versuch unternommen worden wäre, diesen Zustand aus praktischer Sicht zu beheben. Das Erstellen der hierfür notwendigen konsistenten Datenbasis scheitert jedoch an dem Willkürcharakter der Einteilung der Subventionen nach § 12 StWG.[250] Das Fehlen von objektiven Kriterien für Erfassung und Abrenzung der Hilfen erschwert eine praktische Auseinandersetzung mit quantitativen Abbildungssystemen.[251] Trotz der genannten Defizite bedarf es an dieser Stelle - quasi als eines praktischen Belegs für die reale Bedeutung und Begründung einer weiteren Auseinandersetzung mit dem Subventionsobjekt und einer Kontrollnotwendigkeit (Kapitel B und C)[252] - einer Skizzierung des quantitativen Stellenwertes der Subventionen in Deutschland und ausgewählten internationalen Staaten.

Zunächst ist festzuhalten, daß eine lückenlose Subventionschronologie und eine systematische Erfassung erst mit der Verabschiedung des ersten Subventionsberichtes im Jahre 1967[253] ermöglicht wurde. Die statistische Situation nach 1945 ließ eine genaue Entwicklungsdarstellung nicht zu.[254] Selbst diese gesetzlich verankerte periodische Berichterstattung darf nicht darüber hinwegtäuschen, daß es wegen der permanenten Variation der Abgrenzung und fehlender Anpassungen der Vergangenheitswerte an die neuen Definitionen nicht möglich ist, eine konsistente Zahlenreihe der Subventionsentwicklung darzustellen. Lediglich die Darstellung nach der VGR-Abgrenzung läßt eine konsistente Darstellung der Subventionsentwicklung zu, die jedoch wegen ihrer engen Subventionsabgrenzung bedeutende Hilfen ausklammert und die reale Bedeutung erheblich reduziert.[255] Ohne auf Ursachen und Gründe einer unzureichend konsistenten Dokumentation näher eingehen zu wollen, soll im folgenden die aktuelle Entwicklung der Subventionierung ab 1990 im Vordergrund stehen. Für die Entwicklung vor 1991 wird eine verkürzte Darstellung gewählt. Auf die entsprechende Spezialliteratur[256] wird deshalb schon an dieser Stelle verwiesen.[257]

---

250 Vgl. hierzu ausführlich: Kapitel A, Abschnitt 1.2.2.

251 Vgl. H. Zimmermann, K.-D. Henke (1994), S. 430.

252 Vgl. insbes. Kapitel B, Abschnitt 2.

253 Der erste Subventionsbericht des Bundes erschien am 21. Dezember 1967.

254 Vgl. Z. Jäkli (1990), S. 33 f.

255 Vgl. hierzu die Ausführungen in Kapitel A, Abschnitt 1.2.2. sowie die Darstellung der branchenbezogenen Subventionen in Kapitel C, Abschnitt 1.3.1.3.

256 Ausführlich hierzu: D. Zavlaris (1970).

257 Hierzu ist anzumerken, daß das Subventionsvolumen in dem Betrachtungszeitraum nach 1945 stark anwuchs und die relative Bedeutung gemessen am BSP_M stark anstieg. Während das BSP_M zwischen 1951 und 1967 beispielswiese um durchschnittlich 8,6 % wuchs, erhöhten sich die

3.1. Subventionsentwicklung in Deutschland

Die Entwicklung der Subventionen in Deutschland vor 1990 in der jeweiligen Abgrenzung zeigt, daß ein besonders hoher Anstieg des Volumens in den Jahren 1975 bis einschließlich 1979 sowie später in den Jahren 1982 bis 1984 zu beobachten war. Der dazwischenliegende Zeitraum war von einer Stagnation geprägt. Hintergrund dieses Rückgangs war ein im Jahre 1981 nach der Bundestagswahl 1980 erlassenes Subventionsabbaugesetz, das ein Abbauvolumen von ca. 2,2 Mrd. DM für 1982 vorsah (graue Schattierung in Abb. 13).[258] Die Einsparsumme[259] kompensierte ungefähr die neu beschlossenen Subventionsprogramme,[260] wodurch sich eine statistische „Verschnaufpause“ einstellte.

Subventionen zeitgleich um ca. 11,9 %. Vgl. ausführlich hierzu: D. Zavlaris (1970), S. 91 Tab.1 und S. 111 Tab. 21. sowie Statistisches Bundesamt (1992), S. 655.

258 Vgl. hierzu ausführlich: Z. Jäkli (1990), S. 245 ff.

259 Die Einsparsumme setzte sich im wesentlichen aus der Rückführung der Baussparförderung, der Gasölbeihilfen und anderer Hilfen zusammen. Vgl. hierzu ausführlich: Z. Jäkli (1990).

260 Die neu gebilligten Subventionen umfaßten u. a. verbesserte Abschreibungsmöglichkeiten der verbesserten Wohnungsbauförderung sowie weitere Hilfen für die Landwirtschaft.

Jahr	Abgrenzung der Subventionen					
	VGR		Subventionsberichte 1)		Forschungsinstitute 2)	
	Volumen [Mrd. DM]	**in % des BIP_M**	**Volumen [Mrd. DM]**	**in % des BIP_M**	**Volumen [Mrd. DM]**	**in % des BIP_M**
1970	11,78	1,74	31,4	4,65	k.A.	k.A.
1971	12,61	1,68	k.A.	k.A.	k.A.	k.A.
1972	15,78	1,89	k.A.	k.A.	k.A.	k.A.
1973	18,65	2,03	k.A.	k.A.	k.A.	k.A.
1974	18,86	1,92	k.A.	k.A.	k.A.	k.A.
1975	20,39	1,98	43,3	4,21	67,0	6,52
1976	22,13	1,97	k.A.	k.A.	77,2	6,87
1977	24,63	2,06	k.A.	k.A.	82,6	6,91
1978	29,70	2,30	k.A.	k.A.	89,7	6,96
1979	31,16	2,24	k.A.	k.A.	95,5	6,85
1980	30,65	2,07	60,8	4,12	98,5	6,67
1981	29,12	1,89	k.A.	k.A.	97,5	6,33
1982	29,25	1,84	k.A.	k.A.	98,2	6,17
1983	31,72	1,89	k.A.	k.A.	106,3	6,34
1984	36,33	2,06	70,5	4,00	117,5	6,66
1985	37,94	2,07	70,0	3,82	118,1	6,44
1986	41,31	2,13	71,0	3,67	121,3	6,27
1987	44,80	2,24	71,3	3,56	122,2	6,10
1988	47,74	2,26	76,1	3,61	k.A.	k.A.
1989	46,78	2,08	76,6	3,41	k.A.	k.A.
1990	48,74 3)	2,00 3)	80,1 3)	3,28 3)	k.A.	k.A.

1) Subventionsabgrenzung nach BMF (1991). Dort wird das Subventionsvolumen für die Zukunft nur in Fünf-Jahres-Abständen ausgewiesen. Die Daten für 1984 wurden aus dem 11. Bericht ermittelt, indem – gemäß der neuen Definition seit dem 12. Bericht – das Wohngeld herausgerechnet wurde. Für weitere Jahre war keine Ermittlung des Subventionsvolumens möglich, weil keine getrennten Daten für die Länder und Gemeinden zur Verfügung stehen. Nach dem 14. Subventionsbericht betrug das Subventionsvolumen 1991: 102,3 und 1992: 108,5 Mrd. DM. Diese Zahlen sind nicht unmittelbar mit den o. a. vergleichbar, da der Sparerfreibetrag seit dem 14. Bericht nicht mehr als Subvention angeführt wird

2) Gemeinsame Abgrenzung der Institute. Die Daten wurden der Strukturberichterstattung 1987 und 1990 entnommen

3) Daten für die ABL.

Quellen: Sachverständigenrat zur Begutachtung der gesamtwirtschaftlichen Entwicklung (1992), Tab. 38, S. 324 und Tab. 26, S. 304; BT (1991), Übersicht 14, S. 27; BT (1989), Übersicht 2 S. 9 und Anlage 8, S. 236; BT (1987), Übersicht 2, S. 9; Übersicht 4, Gerstenberger, W. et al. (1990), S. 65; Härtel, H.-H. et al. (1988), Tab. 34, S. 207; BT (1993), S. 18; M. Nieder-Eichholz (1995), S. 47, Tab. 3, eigene Berechnungen

Abb. 13: Die Entwicklung der Subventionen in Deutschland von 1970 bis 1990 nach unterschiedlichen Abgrenzungen

Betrachtet man die quantitative Zeitreihendarstellung nach der Wiedervereinigung in Deutschland im sechzehnten Subventionsbericht, so ist ein deutlicher Anstieg in den und durch die NBL zu verzeichnen.

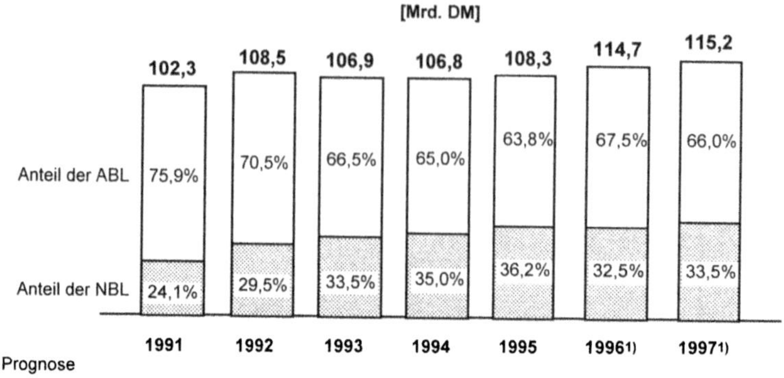

1) Prognose

Quelle: BMF (1995), S. 21, Übersicht 7, BMF (1997), S. 21. Übersicht 7.

Abb. 14: Subventionsentwicklung in Deutschland nach NBL und ABL von 1991 bis 1997

Mit der „Wende“ stiegen die Subventionen in der Statistik deutlich an. Von 80,1 Mrd. DM 1990 wurde gemäß Subventionsbericht ein Sprung auf 102,3 Mrd. 1991 verzeichnet. Im Rahmen der Vorstellung des sechzehnten Subventionsberichtes,[261] wurde ein Nachkriegshöchststand von 115,2 Mrd. DM gesamtdeutsch für 1997 gemeldet. Zwar zeigt die Abbildung deutlich den Rückgang der Subventionen in den ABL von 75,9 % (1991) auf 66 % (1997), jedoch ist dieser überwiegend auf den Wegfall teilungsbedingter Subventionslasten im Rahmen der Wiedervereinigung zurückzuführen.[262] Der Rückgang wurde in erster Linie durch zusätzliche Streichungen bei den Kohlehilfen und den Hilfen für die Landwirtschaft in den ABL erreicht.[263] Zeitgleich mit den wiedervereinigungsbedingten Einsparungseffekten expandierte der Anteil des Subventionsvolumens[264] der NBL an den gesamtdeutschen Subventionen. Zwar spielten Subventionen systembedingt in der „ehemaligen DDR“ eine maßgebliche Rolle - ca. 160 Mrd. DM im Jahr 1989 machten 60 % des „DDR-Haushaltsanteils aus“ - doch wurde in einem ersten Schritt infolge der Wiedervereinigung (3. Oktober 1990) ein Großteil der Subventionen abgebaut. Zur wirtschaftlichen Integration der NBL wurde eine Vielzahl von Subventionen (Steuervergünstigungen[265] und Finanzhilfen[266]) neu bereitgestellt, deren vollständige Dokumentierung

---

261 Vgl. die Zahlenangaben in der Übersicht 7 im 16. Subventionsbericht. BMF (1997), S. 21.

262 Im wesentlichen handelt es sich um die Berlin- und Zonenrandförderung sowie die Förderung des Berlinverkehrs von insgesamt ca. 12 Mrd. DM (1989), die ihrerseits zu Steuermehreinnahmen führten. Vgl. M. Nieder-Eichholz (1995), S. 53 sowie die Angaben des dreizehnten und vierzehnten Subventionsberichtes des Bundes (BMF) (1991), (1993).

263 Vgl. hierzu BMF (1991), S. 11.

264 Gemäß Abgrenzung der Bundessubventionsberichte. Vgl. auch Kapitel A, Abschnitt 1.2.2.

265 An dieser Stelle seien nur die wichtigsten herausgehoben. Bei den Steuervergünstigungen sind es u. a. die bis 1996 befristeten Investitionszulagen für die Anschaffung und Herstellung von Wirtschaftsgütern, die Sonderabschreibungen für betriebliche Investitionen und Immobilien sowie der Wegfall der Vermögens- und Gewerbekapitalsteuer in Ostdeutschland. In der Summe wurde für 1993 eine Mindereinnahme von ca. 7,83 Mrd. DM allein für diese drei Steuervergünstigungen geschätzt. Vgl. hierzu BMF (1993), S. 22.

266 Eine Auswahl der bedeutensten Finanzhilfen beinhaltet u. a. Hilfen für den "Aufbau Ost", die Kreditprogramme mit Sondervergünstigungen (ERP-Darlehen etc.), Bürgschaftsprogramme, Zu-

wegen der permanenten Änderungen hier zu weit führen würde. Fest steht, daß sowohl direkte Finanzhilfen als auch die Steuervergünstigungen des Bundes, der Länder und der Gemeinden seit 1991 stetig anstiegen und nach einem kurzfristigen Rückgang 1996 wieder in Begriff sind, weiter zu expandieren. Die Abbildung 15 zeigt, daß das Subventionsvolumen einen bedeutenden Anteil des BSP einnimmt. Je nach Abgrenzungsdefinition zwischen 1993 und 1995, resp. 1997 macht dies einen BIP-Anteil von mindestens 2 % und in der Spitze von ca. 8,5 % bis 9,6 % aus.

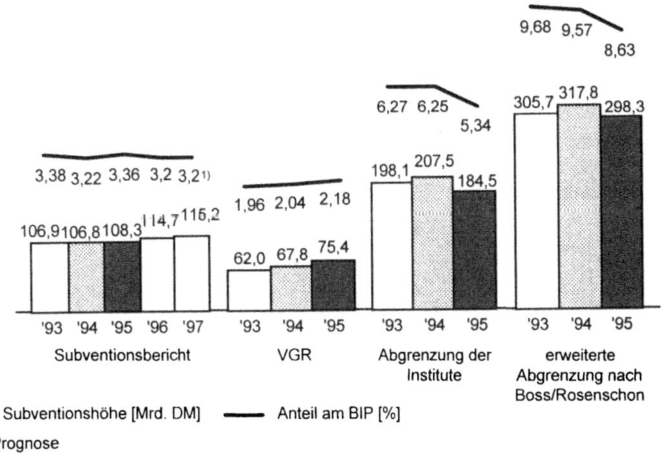

Quelle: BMF (1997), S. 21, Übersicht 7; A. Boss/A. Rosenschon (1997), S. 7, S. 41; eigene Berechnungen

Abb. 15: Subventionshöhe und BIP-Anteil nach verschiedenen Abgrenzungen von 1993 bis 1997

Während die offizielle Subventionsstatistik des Bundes in 1995 von einem Gesamtvolumen[267] von 108,3 Mrd. DM (=3,36 % des BIP) ausging und damit einen Anstieg von 2 Mrd. DM nominal gegenüber 1995 verzeichnete, weist die zeitgleiche Abgrenzung der Institute[268] ein Volumen von 184,5 Mrd. DM (=5,34 % des BIP) aus. ***Boss und Rosenschon*** summieren in ihrer weiten, problembezogenen Subventionsabgrenzung die Hilfen für 1995 auf ein besorgniserregendes Volumen von 298,3 Mrd. DM (=8,63 % des BIP).[269] u.[270] Diese Abgrenzung umfaßt Zahlungen an Institutionen, „die private Güter bzw. Dienstleistungen im Sinne der Wirtschafts-

schüsse zur Deutschen Reichsbahn, der Wohnungsbauförderung, der Gemeinschaftsaufgabe "Verbeserung der regionalen Wirtschaftsstruktur" und weitere umfangreiche Hilfen. Vgl. BMF (1995).

267 Die Gesamtsumme beinhalten nicht die Verstromungshilfen von ca. 7,5 Mrd. DM, die erst seit dem Bundesverfassungsgerichtsurteil vom 11.10.1994 ab 1996 im Subventionsbericht des Bundes ausgewiesen werden müssen.

268 Vgl. hierzu die Abgrenzung in Kapitel A, Abschnitt 1.2.3.

269 Vgl. die erw. Abgrenzung der Subventionen bei A. Boss, A. Rosenschon (1997), S. 39 ff. und die dortigen Kommentierungen.

270 Vgl. hierzu die Ausführungen in Kapitel A, Abschnitt 4.

theorie erzeugen, in der VGR aber zu den Sektoren Staat oder Organisation ohne Erwerbszweck gehören".[271] Sie geht damit weiter als der Konsensbegriff der Institute und die Abgrenzung der VGR und des Subventionsberichtes, die sämtlich an der Selektivität und damit der Beeinträchtigung der Marktwirtschaft ansetzen.[272] Ein Vergleich der drei Gebietskörperschaften als Subventionsgeber offenbart, daß der Bund bei den Finanzmitteln seit 1996 mit 24,3 Mrd. DM absolut wieder Spitzenreiter auf der Geberseite ist. Von 1991 bis 1995 lagen die Länder und Gemeinden nominal deutlich über dem Bund. Bei den Steuervergünstigungen konnte der Bund sich auf dem Geber-Niveau von 1995 absolut stabilisieren. Die Länder und Gemeinden verfolgen seit 1995 eine deutliche Ausweitung ihrer Steuervergünstigungen, was auf die deutliche Zunahme in den NBL zurückzuführen ist. Gerade das Instrument der Steuerbegünstigungen läßt wenig Raum für eindeutige Quantifizierungen.

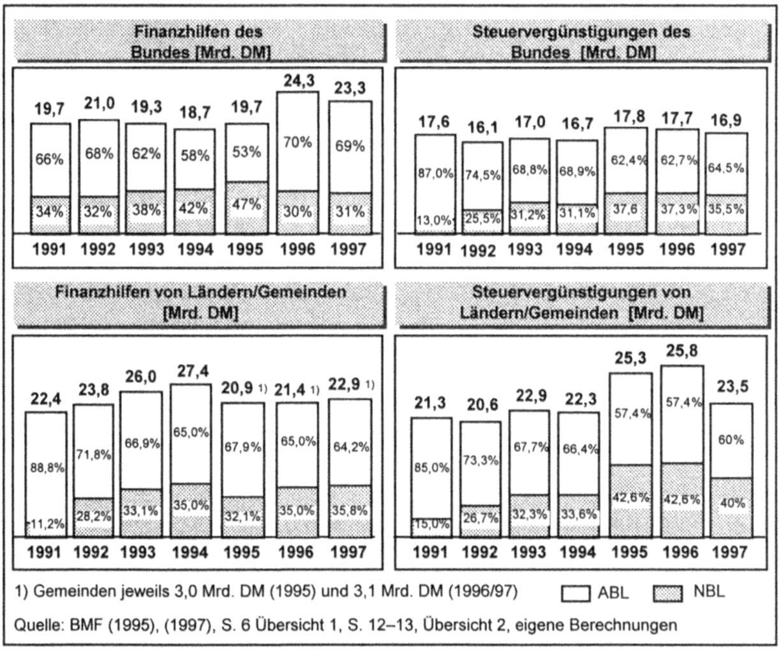

Abb. 16: Entwicklung der Finanzhilfen und Steuervergünstigungen des Bundes, der Länder und der Gemeinden von 1991 bis 1997

Diese numerisch hochaggregierte Ebene der Informationsaufbereitung läßt nur bedingt Informationen zu Subventionsintensität und -selektivität bestimmter Branchen zu. Die Mehrzahl der Hilfen sind branchenmäßig nicht aufschlüsselbar und können nur

271 A. Boss, A. Rosenschon (1997), S. 15.

272 Vgl. ausführlich hierzu die Abgrenzung und zugrundegelegten Definitionen bei A. Boss, A. Rosenschon (1997), S. 10 ff.

global und - näherungsweise - gesamtwirtschaftliche statistische Daten liefern.[273] Aus wettbewerbspolitischer Sicht werden selektive Subventionswirkungen in den Branchen deutlicher als in einer globalen und breiten Gliederung von sektorenübergreifenden Informationen. Der Grund hierfür liegt in der direkten Beeinflussung der Branchenrivalität. Sieht man einmal von der Darstellung bei ***Rosenschon***[274] ab, die eine branchenbezogene Subventionsentwicklung nur von 1980 bis 1990 aufzeigt, so erhält man den Eindruck, daß Subventionen nur eine volkswirtschaftliche, d. h. gesamtwirtschaftliche Dimension[275] haben. Einzelwirtschaftliche bzw. branchenwettbewerbsbezogene Aspekte stehen zumindest bei der statistischen Aufbereitung im Hintergrund. So wird deutlich, daß erstens die Subventionsentscheidung durch das Potential der Abbildungen der Subventionsvolumina maßgeblich bestimmt wird und daß zweitens die Abgrenzung des Informationsbedarfs eine Kontrolle erfordert. Der nachfolgende Abschnitt beschäftigt sich mit der internationalen Subventionsentwicklung, wobei zunächst auf die Entwicklung in den EU-Staaten und dann auf ausgewählte OECD-Staaten eingegangen wird.

3.2. Internationale Subventionsentwicklung

3.2.1. Entwicklung in den EU-Staaten

Mit der Vorlage des fünften Beihilfe-Weißbuches,[276] welches die nationalen Beihilfen der zwölf der EU angehörigen Länder im Zeitraum von 1902-1994 repräsentiert, wurde eine - wenn auch umstrittene - Vergleichsdatenbasis auf europäischer Ebene ermöglicht.[277] Im Mittelpunkt dieser Erhebungen stehen die Subventionen für das verarbeitende Gewerbe. Nachdem bis Anfang der neunziger Jahre international ein Rückgang zu verzeichnen war, hat das Subventionsvolumen seit 1990 sowohl in absoluter ECU-Größe als auch in Prozent der Wertschöpfung und pro Beschäftigten wieder zugenommen.

---

273 Vgl. hierzu auch die Einschätzung von H. Klodt, J. Stehn et al. (1994), S. 187.

274 Vgl. A. Rosenschon (1991), S. 76-90.

275 In den folgenden Kapiteln werden die Begriffe "volkswirtschaftlich" und "gesamtwirtschaftlich" synonym verwandt.

276 Vgl. ausführlich hierzu: EU (1996b).

277 Der sechzehnte Subventionsbericht des Bundes bemängelt, daß wegen "teilweise fehlenden bzw. unvollständigen Angaben einzelner Länder" die Aussagequalität des Weißbuches zum Gesamtumfang der nationalen Subventionen beeinträchtigt wird. Vgl. BMF (1997), S. 63.

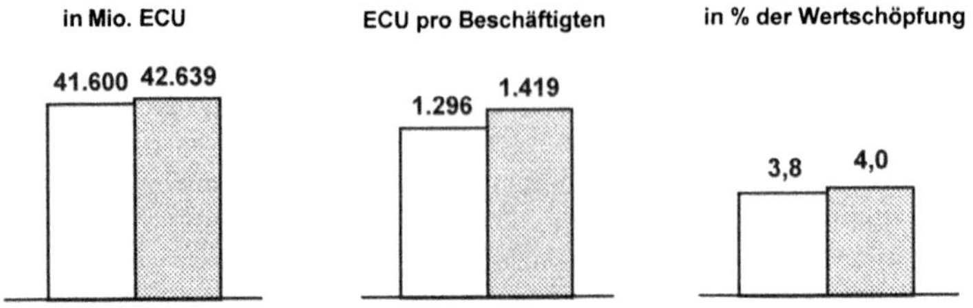

1990 bis 1992 1) 1992 bis 1994 1)

1) Durchschnitte in Preisen von 1993

Quelle: Fünfter Bericht über staatliche Beihilfen in der EU (1996b), BMF (1997), S. 45, Übersicht 11

Abb. 17: Entwicklung der Subventionshöhe in den EU-Staaten im Zeitraum von 1990 bis 1994

Eine detaillierte Analyse der EU-Mitgliedsländer zeigt, daß insbesondere Ostdeutschland zwischen 1990 und 1994 den höchsten Zuwachs mit ca. 200 % verzeichnete, während zeitgleich die Hilfen in anderen Ländern, wie Portugal, Griechenland und Dänemark konstant sowie in Grobritannien, Belgien und Spanien rückläufig waren. Nur Frankreich hat neben Deutschland eine deutliche Ausweitung seiner Hilfen betrieben, was in Summa für den EU-Durchschnitt eine Erhöhung von 2,5 % bedeutete.

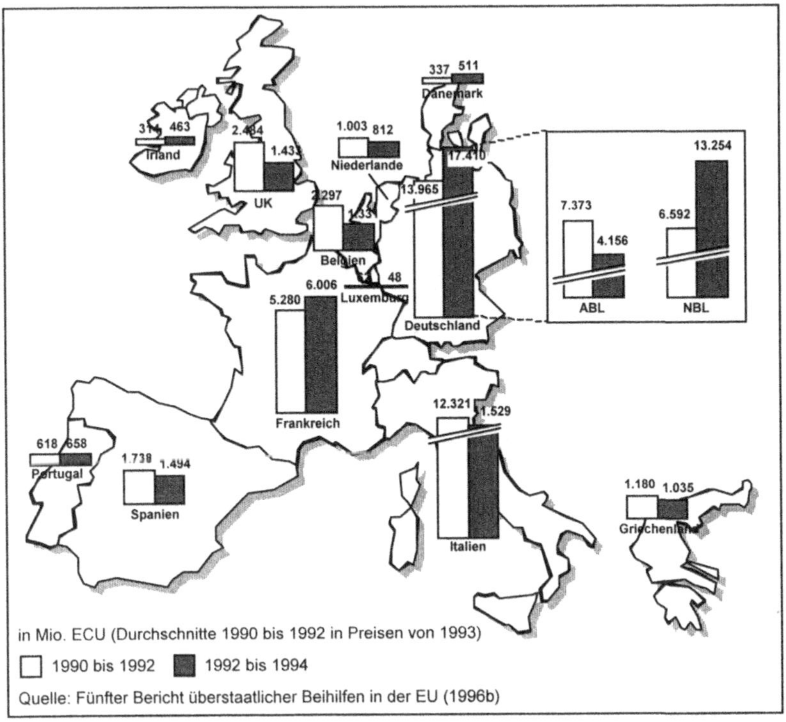

Abb. 18: Nationale Beihilfen der EU-Länder an die Industrie von 1990-1994

Ohne den starken Anstieg in den neuen Ländern (1992-1994: 13,254 Mrd. ECU), der rund ein Drittel der gesamten EU-Hilfen von 42,639 Mrd. ECU[278] im Jahr 1994 ausmacht, würde das Beihilfenniveau der EU-Länder eher stagnieren. Zwar werden wegen der wiedervereinigungsbedingten Lasten die regionalen Belange der strukturschwachen NBL mit 80 % im Durchschnitt der Jahre 1992-1994 berücksichtigt, aber der Anteil der sektorenspezifischen Beihilfen in Deutschland ist mit nur 5 % im Vergleich zu den EU-Ländern (17 %) deutlich geringer. Um so erstaunlicher ist der zeitgleiche Subventionsabbau in Portugal im gewerblichen Bereich. Hier wurden die Hilfen pro Beschäftigten um ca. 6,7 % (1990-1994) und gleichzeitig das Gesamtvolumen der nationalen Hilfen (Abb. 18) um 0,7 % des BIP reduziert. Dieser Rückgang ist um so bemerkenswerter, als Portugal als strukturschwaches Gebiet nur 20 % der Hilfen für regionale Zwecke verteilt (Abb. 19). Zudem zeigt die nachfolgende Abbildung, daß die horizontalen Subventionen nur in Deutschland mit 15 % niedrig sind, während sie in allen anderen Staaten mit 30 % und mehr einen erheblichen Stellenwert einnehmen. Die hohe regionale Zweckbestimmung der Subventionen in Deutschland ist vor dem Hintergrund der regionalen Disparitäten in den NBL zu sehen, obwohl dieser Anteil mit 80 % gegenüber Ländern mit ähnlichen Problemstellungen wie beispielsweise

278 Vgl. hierzu Abbildung 17.

Portugal (20 %), Griechenland (21 %) und Italien (50 %) beispielsweise deutlich höher ist. Sektorale Zweckbestimmungen dagegen, die zur Milderung wettbewerbsinkonformer Wirtschaftszweige eingesetzt werden, nehmen in Deutschland (5 %) und Belgien (3 %) einen geringeren Stellenwert ein als in den anderen EU-Staaten.

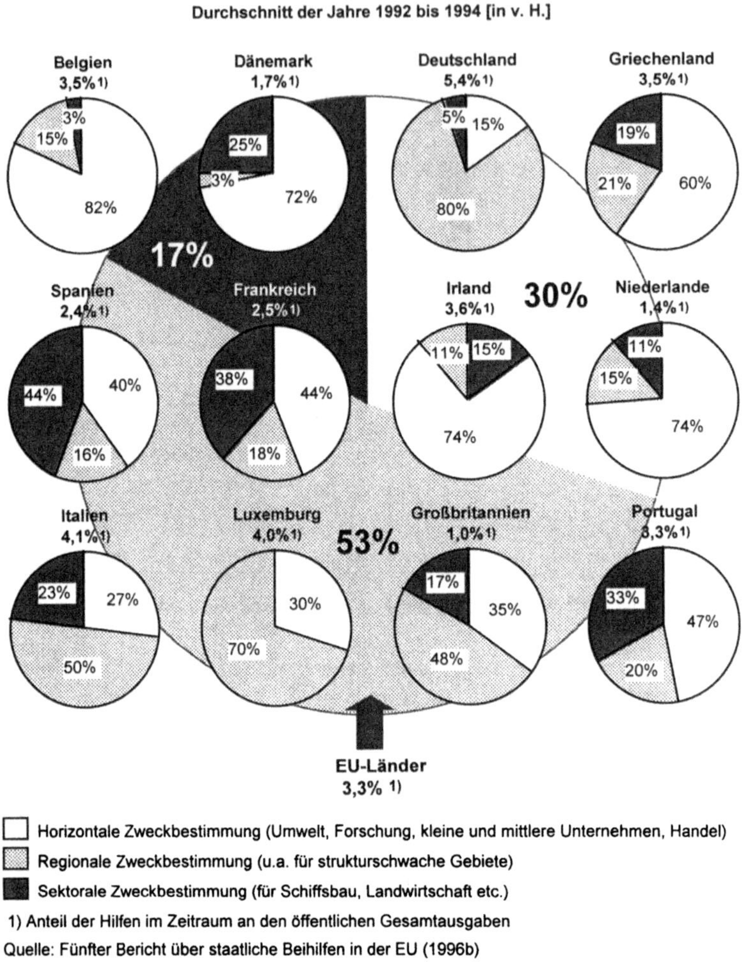

Abb. 19: Die Verteilung der nationalen Beihilfen der EU-Länder nach horizontalen, regionalen und sektoralen Zielen

Obwohl der EU-Vergleich mit absoluten Zahlen wegen der problematischen Datenaufbereitung und -weitergabe der EU-Staaten mit Vorsicht zu betrachten ist, sind eindeutige Tendenzen und Richtungsentwicklungen auszumachen.[279] Deutschland ist, bedingt durch die Wiedervereinigung, der größte EU-Subventionsgeber, was auch mit Blick auf ausgewählte OECD-Staaten deutlich wird.

3.2.2. Entwicklung in ausgewählten OECD-Staaten

Die OECD führt in regelmäßigen Abständen Erhebungen durch, die als Information zur Sicherstellung eines freien internationalen Handels dienen sollen. Hierzu bedient sich die OECD der einheitlichen internationalen VGR-Definition, die jedoch wesentliche Subventionstatbestände nicht berücksichtigt.[280] Einen Schwerpunkt des Ländervergleichs bilden die Industriesubventionen, die in einem gesonderten Bericht vom Mai 1996 zeigten, daß sich der beobachtete Rückgang der nominalen Subventionen in den Jahren 1986 bis 1989 nachfolgend bis 1993 nicht fortsetzte, sondern daß sie sich sogar um 27 % erhöht hatten.[281]

Die jüngste OECD-Entwicklung zeigt, daß Deutschland neben Frankreich und Italien der größte Subventionsgeber ist. Die nachfolgende Abbildung offenbart für den Zeitraum von 1991 bis 1995, daß die Europäer mit Ausnahme von Großbritannien im Durchschnitt über 2 % des BIP an Subventionen vergeben. Ein Vergleich der nationalen Subventionsvolumina in DM- oder $-Werten wurde bewußt nicht vorgenommen, da für diesen Zeitraum die Berechnung zu konstanten Wechselkursen nicht sinnvoll ist und die Schwankungen der Wechselkurse zu einer Ergebnisverfälschung führen würden.

279 Vgl. hierzu die Kritik an der Datenerhebung und -weitergabe im sechzehnten Subventionsbericht: BMF (1997), S. 62-63.

280 Vgl. hierzu die VGR-Abgrenzung in Kapitel B, Abschnitt 1.2.1.

281 BMF (1997), S. 64.

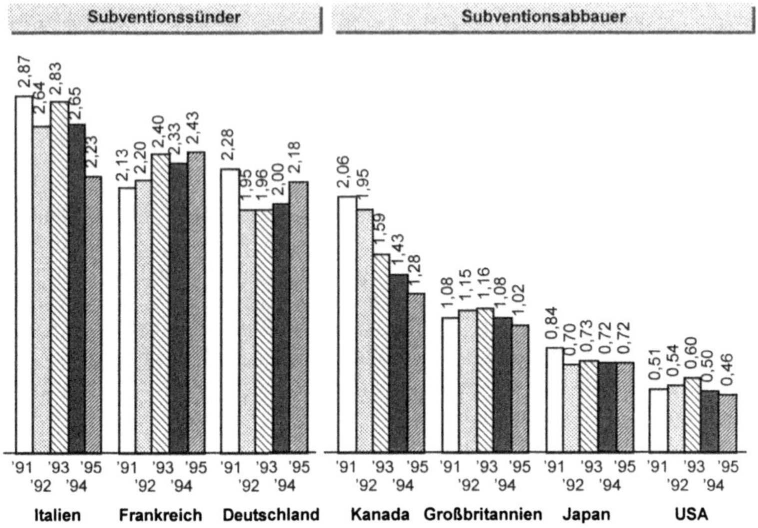

Anteil Subventionen (gemäß VGR1)) am nominalen BIP
in ausgewählten OECD-Ländern [%]

1) Definition: Alle laufenden Übertragungen der Regierung an private und öffentliche Unternehmen sowie Transfers an öffentliche Unternehmen zur Kompensation von Verlusten, wenn diese aufgrund einer Preisfestsetzung unterhalb der Produktionskosten resultieren.

Quelle: In Anlehnung an OECD (1997a), S. 21–83

Abb. 20: Die OECD-„Subventionssünder und -abbauer" im Vergleich

Der Vergleich der Relationen von Subventions- und Bruttoinlandsproduktanteil auf Basis der engen VGR-Abgrenzung verrät dennoch, daß die außereuropäischen Staaten und Großbritannien in den letzten Jahren einen kontinuierlichen Subventionsabbau erreicht haben. Mit Blick auf die volkswirtschaftlichen Rahmendaten der vier Subventionsabbauer fällt auf, daß sich diese Staaten im selben Zeitraum wirtschaftlich besser entwickelt haben als Italien, Frankreich und Deutschland (u. a. höheres Wachstums- und Beschäftigungsniveau bezogen auf die erwerbsfähigen Personen).[282u.283]

3.3. Fazit

Ziel aller Statistiken ist die Darstellung der Subventionsentwicklung und die Abbildung von Subventionsarten wie Finanz-, Steuer- und sonstigen Hilfen. Die verfügbaren Daten hierzu zeigen, daß Subventionen in allen betrachteten Nationen

282 Vgl. D. Deckers (1997), S. 18; übereinstimmend: McKinsey (1997).

283 Der Index of Econmic Freedom geht davon aus, daß ein Zusammenhang zwischen einer interventionsfreien Marktwirtschaft und der "economic prosperity" besteht. Ein internationaler Vergleich offenbart, daß die USA auf Platz 5, Frankreich auf Platz 35, GB auf Platz 7, Japan auf Platz 12, Italien auf Platz 35, Kanada auf Platz 14 sowie Deutschland nur auf Platz 24 von 154 bewerteten Ländern kommt. Vgl. B. T. Johnson, K. R. Holmes et al. (1998), S. XIII ff.

eine bedeutende Rolle spielen. Die deutschen Subventionen bewegen eine gewaltige Finanzmasse. Je nach gewählter Begriffsabgrenzung summierten sie sich in 1995 auf 8,5 % des BSP oder 37 % des Steueraufkommens, was auf unterschiedliche Begriffsabgrenzungen zurückzuführen ist. Als ordnungspolitisch bedenkliches Volumen wurde die weite Abgrenzung von ***Boss und Rosenschon*** bewertet.[284]

Die Subventionen in der EU - Großbritannien ausgenommen - spielen eine wichtigere Rolle in der nationalen Wirtschaftspolitik als in anderen OECD-Staaten. Die Unterschiede sind signifikant hoch, und beim Hinzuziehen weiterer volkswirtschaftlicher Rahmendaten (Branchenstruktur, Wachstumsraten, Arbeitslosigkeit, Index of Economic Freedom) zeigt sich, daß sie nicht als wettbewerbsneutral einzustufen sind. Vielmehr kann vermutet werden, daß sie das marktwirtschaftliche System in seiner Funktionsweise behindern und die wirtschaftliche Entwicklung lähmen. Dieser Vermutung wird in den folgenden Abschnitten nachgegangen.

284 Die Zahlenangaben beziehen sich auf die Abgrenzung von A. Boss, A. Rosenschon (1997), S. 39.

4. Kompatibilität von Subventionen und sozialer Marktwirtschaft als Ausgangsprinzip für die deutsche Wirtschaftspolitik

4.0. Einführende Bemerkungen

Ewringmann und Hansmeyer stellten für die deutsche Subventionspraxis fest, daß es keinen Bereich in der Politik gebe, der die Unternehmenssphäre tangiert, „in dem nicht zu irgendeiner Zeit Subventionen nachweisbar wären".[285] Während einige Autoren die Anwendung der Subventionen mit Verweis auf die Unvollkommenheit des Marktes aus wohlfahrtsökonomischer Sicht rechtfertigen, lehnen ordoliberale Vertreter dieses Instrument mit dem Hinweis ab, daß es sich interventionistisch und vor allem kontraproduktiv auf marktwirtschaftliche Grundprinzipien auswirke.

Es gibt offensichtlich kein anderes Instrument, mit dem so vielfältige und auch extreme Bewertungen und Ansprüche, Vorurteile und Irritationen verbunden sind, so daß, abgesehen von extremen Positionen, auch die Identifizierung von argumentativen Positionen schwerfällt. Der bedeutende Kreis von „Pragmatikern", die in der Subventionierung einen finanzwissenschaftlichen Vorgang wie jeden anderen sehen, legitimieren Subventionen zum Zweck der fallweisen oder systematischen Lösung defizitärer Marktprozesse. Andererseits kommt das Kieler Wirtschaftsinstitut für das Jahr 1995 zu dem Ergebnis, daß die Subventionen derzeit ein Ausmaß erreicht haben, das die Frage nach der Kompatibilität mit einem marktwirtschaftlichen Ordnungssystem zu Recht aufwirft.[286]

Vor diesem Hintergrund soll im folgenden Abschnitt gezeigt werden, welche konkreten Zielstellungen mit dem Einsatz von Subventionen in Deutschland verfolgt werden. Hierzu soll zunächst die Subventionierung in einer sozialen Marktwirtschaft dahingehend diskutiert werden, inwieweit eine Systemkompatibilität zum bestehenden wirtschaftspolitischen Ordnungsrahmen besteht und wenn ja, welche potentiellen Einsatzmöglichkeiten dann in diesem Handlungsspielraum offen bleiben.[287] Hiernach schließt sich eine Prüfung der verfassungsrechtlichen Legitimation und der daraus resultierenden Schranken des Einsatzes von Subventionen „qua jure" an. Unterschiedliche Einsatzfelder, die aus verschiedenen ökonomischen Perspektiven eine durchaus plausible Begründung annehmen können, werden gesondert diskutiert. Diese Diskussion um die Subventionseinsatzfelder wird sich an ***Musgrave***s Systematisierung[288] traditioneller Einteilung der Staatsausgaben orientieren. Der wirtschaftliche

285 D. Ewringmann, K.-H. Hansmeyer (1975), S. 27; übereinstimmend: o. V. (1997s), S. 13.

286 Vgl. o. V. (1997c), S. 29.

287 Der Autor verzichtet an dieser Stelle auf eine detaillierte ordnungspolitische Legitimationsdiskussion und -überprüfung der Subventionen anhand von Beurteilungskriterien, da dies nicht das Ziel der Arbeit ist. Hierzu wird auf die entsprechende Spezialliteratur verwiesen: u. a. H. Grossekettler (1991), M. E. Streit (1979).

288 Musgrave gliedert die Staatsausgaben in die Bereiche Allokation, Distribution und Stabilisierung. Vgl. hierzu R. A. Musgrave (1969), S. 5.

Anpassungsprozeß in den NBL (=Aufbau Ost) wird als herausragendes deutsches Subventionsereignis abschließend gesondert erörtert. Eine Zusammenfassung der wesentlichen Ergebnisse folgt in Abschnitt 4.5.

4.1. Die soziale Marktwirtschaft als Wirtschaftsrahmen für Subventionierung

Bevor die Kompatibilität zwischen dem Wirtschaftssystem soziale Marktwirtschaft und dem finanzwissenschaftlichen Instrument Subvention befragt wird, muß zunächst der Grundgedanke der sozialen Marktwirtschaft erörtert werden. ***Streit***[289] hat hierzu eine Typologie von Wirtschaftsordnungen gebildet, die an zwei Dimensionen den Ordnungscharakter der Wirtschaftsverfassung bestimmt. Diese beiden Dimensionen stehen für den Anteil marktlicher Koordinationsmethoden (Markt vs. Anweisung) und den Anteil der Interventionsinstrumente des Staates.

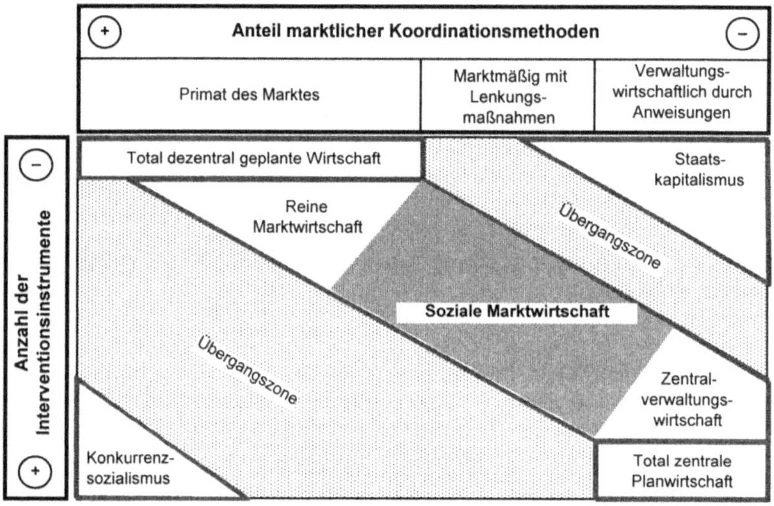

Quelle: In Anlehnung an M. E. Streit (1991), S. 47 sowie N. Kloten (1955), S. 135 ff.

Abb. 21: Typologien von Wirtschaftsordnungen

Die soziale Marktwirtschaft ist einerseits eingebettet in die Idee der reinen Marktwirtschaft, die über einen geringen Anteil von Interventionsinstrumenten verfügt und ausschließlich durch marktliche Koordinationsverfahren, d. h. primär durch das Zusammenspiel von Angebot und Nachfrage und die entsprechende Preisbildung, determiniert ist. Andererseits enthält sie Elemente einer zentralen Verwaltungswirtschaft, die durch Anweisungen und eine Reihe von Inerventionsinstrumenten ähnlich dem Funktionsprinzips der DDR charakterisiert sind. Hierzu ***Streit***: »Auch ohne eine

289 Vgl. M. E. Streit (1991a), S. 47.

intensivere Analyse läßt sich die empirische Bedeutungslosigkeit [der Extremvarianten Konkurrenzsozialismus, total zentrale Planwirtschaft, reine Marktwirtschaft und Staatskapitalismus feststellen]."[290] Die Soziale Marktwirtschaft als eine realitätsnahe und für die bundesdeutsche Wirtschaftsverfassung ausschlaggebende Mischform soll im Zentrum der Untersuchung stehen. Hauptdifferenzierungspunkte zwischen der sozialen und reinen Marktwirtschaft sind Anzahl und Art der Interventionsinstrumente. Erstere kombiniert das Koordinationsverfahren Markt mit einer subsidiären staatlichen Sozialpolitik.[291] Ordnungspolitisch dem marktwirtschaftlichen Konzept als Leitbild verpflichtet, versucht man, „das Prinzip der Freiheit auf dem Markt mit dem des sozialen Ausgleichs zu verbinden".[292]

Die soziale Marktwirtschaft als beabsichtigte wirtschaftspolitische Synthese impliziert einerseits das bewußte Überschreiten der reinen Ordnungsidee „Markwirtschaft", andererseits die angemessene Berücksichtigung des Prinzips der sozial gesteuerten Marktwirtschaft.[293] Unter Beachtung der Marktkonformität sind folglich sozial motivierte Interventionen wirtschaftspolitisch legitimiert. Träger der Wirtschaftspolitik ist der ***aktive Staat***, der sich im Rahmen seiner Wirtschaftspolitik, ohne störend in die Marktapparatur einzugreifen, den Grundfreiheiten[294] verpflichtet fühlt und eine zusätzliche Steuerung nach sozialen und gesellschaftspolitischen Zielen vornimmt.[295] Anders als in reinen marktwirtschaftlichen Ordnungstypen[296] strebt die Wirtschaftspolitik der sozialen Marktwirtschaft durch gezielte staatliche Lenkungsmaßnahmen ein ***wohlfahrtsökonomisches Optimum*** an. Hierzu übernimmt die öffentliche Finanzpolitik als Teil der Wirtschaftspolitik eine Hauptaufgabe. Versteht man das interdependente System der Marktpreise als einen Sanktionsmechanismus, der systemgerechtes Verhalten belohnt und systemwidriges bestraft, und bejaht dieses System, so sind Subventionen, die überwiegend nach politischen Zielen vergeben werden, andere Normen, die sich nicht mit marktwirtschaftlichen Prinzipien vertragen und folglich ordnungspolitisch abzulehnen sind. ***Harzem***[297] zufolge beeinträchtigen Subventionen folgende marktwirtschaftliche Prinzipien:

- Die ***Lenkungsfunktion der Preise*** wird durch Manipulation der Güter- und Faktorpreise außer Kraft gesetzt. Der so manipulierte Allokationsmechanismus führt zu Fehlsteuerungen des Angebots und der Nachfrage und damit der realen Knappheitsindikatoren.[298]

---

290 M. E. Streit (1991a), S. 48.

291 Vgl. D. Ewringmann, K.-H. Hansmeyer (1975), S. 35; übereinstimmend: A. Müller-Armack (1956), S. 390 ff. sowie (1966), S. 243.

292 A. Müller-Armack (1956), S. 390; übereinstimmend: M. E. Streit (1995), S. 96.

293 Vgl. R. Blum (1980), S. 154.

294 Die Grundfreiheiten beinhalten das Recht auf freie Entfaltung der Persönlichkeit, die Koalitionsfreiheit, die freie Berufs- und Arbeitswahl sowie die Garantie des Privateigentums. Siehe hierzu R. Blum (1980), S. 157.

295 Vgl. A. Müller-Armack (1976), S. 246.

296 Vgl. hierzu die Abbildung "Typen von Wirtschaftsordnungen" in Kapitel A, Abschnitt 4.1. sowie weiterführend: M. E. Streit (1991a), S. 42 ff.

297 Vgl. K. Harzem (1987), S. 39-41.

298 Vgl. B. Molitor (1984), S. 118.

- Die ***Auslese- und Sanktionsfunktion des Wettbewerbs*** wird durch unterschiedliche Subventionsformen[299] unterlaufen. Nicht subventionierte Unternehmen verfügen bei gleicher Produktivität und Kostenfunktion über höhere Grenzkosten. Verluste werden sozialisiert und umverteilt.
- Die permanente Subventionierung führt letztlich zu einer ***Zersetzung der unternehmerischen Risikobereitschaft,*** da nicht die Gewinn- sondern die Subventionsmaximierung treibende Kraft im Markt wird.[300] Standorte, Angebote und Produktionsweisen der Unternehmen werden so gewählt, daß ein Höchstmaß an Subventionen dauerhaft gesichert werden kann.[301]
- Subventionen führen zu ***nachhaltigen Wettbewerbsverzerrungen***.[302] Beispielhaft hierfür ist die jüngste Diskussion um die Werften- und Kohlehilfen, da nach jahrzehntelanger Erhaltungssubventionierung der notwendige Strukturwandel nur verzögert, nicht aber das Problem gelöst wurde.

Im Rahmen der markttheoretischen Konzeptionen gibt es dennoch Raum zur Subventionierung, wie ***Hansmeyer***[303] ***und Blum***[304] aufzeigen. Bei marktmachtsbedingten Güterpreisen und Faktorpreisverzerrungen sowie zur Außenhandelsoptimierung sind in Einzelfällen eine Ausnahme von der Regel kurzfristig denkbar.[305] Beispielsweise sind Subventionen zur Deckung von Preiskalkulationen aus wohlfahrtsökonomischer Sicht denkbar, da das betreffende privatwirtschaftliche Unternehmen die paretoschen Optimalbedingungen u. U. auch bei sinkenden Kosten nicht herstellen kann.[306] Das kann der Fall sein, wenn die Produktion im Optimalniveau zu Verlusten führt, die eine Einstellung der Produktion zur Konsequenz haben, weil die Grenzkosten unter den Durchschnittskosten liegen.[307] Dieses Beispiel mag zwar, wie ***Hansmeyer*** es ausdrückt, „die ambivalente Haltung der marktwirtschaftlichen Theorie" verdeutlichen, darf aber nicht darüber hinwegtäuschen, daß Subventionen grundsätzlich abgelehnt und nur in Ausnahmefällen zugelassen werden sollen.[308]

Vor diesem Hintergrund wird deutlich, daß Subventionen auch in marktwirtschaftlichen Konzepten die Marktunvollkommenheiten sowie Fehlallokationen von Produktionsfaktoren und Stabilisierungszielen überwinden helfen können.

---

299 Vgl. hierzu Kapitel A, Abschnitt 1.1.1.2.

300 Vgl. B. F. Gröbner (1983), S. 118-121.

301 Das "Beihilfe-Hopping" sieht die Europäische Gemeinschaft als ernsthaftes Problem an, weil die Unternehmen Standorte permanent subventionsmaximierend innerhalb der EU-Länder verlegen. o.V. (1997a), S. 8.

302 Vgl. hierzu ausführlich: G. Werner (1995), S. 45-51.

303 Vgl. K.-H. Hansmeyer (1977), S. 976 ff.

304 Vgl. R. Blum (1980), S. 153 ff.

305 Vgl. K.-H. Hansmeyer (1977), S. 980.

306 Vgl. N. Andel (1970), S. 80-92, insbes. S. 80-82.

307 Dieses Argument wird nur auf gesamtwirtschaftlicher Ebene angeführt, wodurch der Subventionseinsatz immer dann vertretbar wäre, wenn die Grenzkosten unter den Druchschnittskosten liegen. Letztlich berücksichtigt man nicht, ob und wie stark einzelne Branchen bzw. einzelne Unternehmen in der Branche, d. h. einzelwirtschaftich, davon betroffen wären.

308 Vgl. K.-H. Hansmeyer (1977), S. 980 sowie D. Erwingmann, K.-H. Hansmeyer (1975), S. 41.

Seitens der Wirtschaftspolitik wird hierzu in der sozialen Marktwirtschaft der nicht operable Begriff „sozial" aufgegriffen.[309] Darüber hinaus weist die „Theorie des Marktversagens"[310] auf die permanente Verletzung des Konkurrenzmodells in der Realität hin und leitet hieraus eine stetige Rechtfertigung des Subventionseinsatzes ab. Das sozial-marktwirtschaftliche Modell läßt im Gegensatz zu rein marktwirtschaftlichen Modellen einen sozialökonomischen Subventionseinsatz als „Hilfe zur Selbsthilfe" zu.[311] Dem liegt zugrunde, daß der freie Markt allein wegen der fehlenden vollständigen Konkurrenzmaxime und seiner immanenten Dynamik nicht immer und überall zur optimalen Effizienz und zu gerechten Ergebnissen bei der Verteilung des Volkseinkommens führt. Die subsidiäre Sozialpolitik versucht diese Ergebnisse durch Transferzahlungen an Haushalte zu korrigieren. Subventionen sind aus diesem Blickwinkel in Betracht zu ziehen, da sie u. U. theoretisch das tatsächliche wirtschaftliche Ergebnis näher an das sozialökonomische Optimum heranführen und in der Wohlfahrtsökonomie einen unbestreitbaren Platz im Rahmen einer rationalen Wirtschaftspolitik einnehmen.[312] Unter bestimmten Voraussetzungen werden Subventionen sogar als systemförderndes und erhaltendes Instrument[313] charakterisiert, da es der öffentlichen Finanzpolitik am schnellsten wirksame Einkommensumverteilungen gestattet.[314]

Als Resümee kann festgehalten werden, daß die wirtschaftspolitische Meinung bezüglich der Komformität zwischen Subventionen und der sozialen Marktwirtschaft aus divergierenden ordnungspolitischen Perspektiven gesehen werden kann. Es lassen sich zahlreiche Argumente für und gegen den Subventionseinsatz finden. Die soziale Marktwirtschaft läßt dort Raum für Interventionsinstrumente, wo der Markt nicht in jedem Fall von sich selbst aus für die Erreichung eines sozialökonomischen Optimums sorgen kann (Marktversagen). Subventionen weisen dabei gegenüber anderen finanzwissenschaftlichen Instrumenten Vorteile auf, anders als bei Geboten und Verboten, wo die Entscheidung der Subventionsempfänger auf Freiwilligkeit beruht. Darüber hinaus kann der Einsatz im Bedarfsfall schnell und gezielt entschieden werden. Andererseits stellen Subventionen, wie oben erwähnt, einen gravierenden Eingriff in die konstituierenden Merkmale der Marktwirtschaft dar und neigen langfristig zu Ineffizienzen. Die Beurteilung der Kriterien eines solchen ineffizienten Zustandes, d. h. die Bewertung dessen, wann ein gewünschter effizienter Idealzustand erreicht ist und wann nicht, hängt von der wirtschaftspolitischen Perspektive ab, die durch eine ***werturteilsbehaftete Normierung*** geprägt ist.[315]u.[316]

---

309 Vgl. A. Woll (1992), S. 207-210.

310 Vgl. ausführlich zum Aspekt des Marktversagens: D. Brümmerhoff (1996), S. 37 ff.; weiterführend: C. B. Blankart (1994), S. 54 ff.; weiterführend: R. A. Musgrave et. al. (1994), S. 4 ff.; weiterführend: W. Henrichsmeyer, O. Gans, I. Evers (1991), S. 293-294; weiterführend: N. Andel (1990), S. 18 f.

311 BMF (1995), S. 9.

312 Vgl. O. Issing (1984), S. 5-6; übereinstimmend: N. Andel (1970), S. 70 ff.

313 Vor diesem Hintergrund, d. h., Subventionen werden als positives und systemkonformes Element der direkten Finanzpolitik einer sozialen Marktwirtschaft charakterisiert, erscheint andererseits die Kritik als unverständlich.

314 Besonders die Finanzhilfen sind in diesem Zusammenhang zu nennen. Vgl. auch Kapitel A, Abschnitt 1.1.1.2.

315 Vgl. O. Issing (1984), S. 10-11; übereinstimmend: K.-H. Hansmeyer (1977), S. 985.

Subventionen sind folglich als Instrument der Wirtschaftspolitik in einer sozialen Marktwirtschaft an und für sich weder gut noch schlecht, entscheidend sind vielmehr ihre Einsatzhöhe und -dauer der Einzelfall. Sie verhalten sich dann systeminkonform, wenn das Volumen anschwillt, die existierenden Verfahrensanforderungen keine genauen Kontrollen zulassen und die Wirkung nicht beachtet wird.

4.2. Verfassungsrechtliche Legitimation und Schranken der Subventionen

Die Bundesrepublik Deutschland ist nach ***Art. 20 Abs. 1 GG*** ein sozialer Rechtsstaat. ***Bleckmann*** führt aus: „So umstritten der Sozialstaatsbegriff im einzelnen auch sein mag, enthält er doch im Kern eine umfassende Ermächtigung für den Staat, Wirtschaft und Gesellschaft im Rahmen der Grundrechte und der rechtsstaatlichen Prinzipien nach vom Staat in freier Entscheidung gewählten öffentlichen Zwecken zu lenken, also eine ***Ermächtigung zur freien Wirtschafts- und Sozialgestaltung***."[317] Das Grundgesetz enthält zwar keine positive Ermächtigungsgrundlage, die staatliche Maßnahmen der Wirtschaftslenkung in Form von Subventionen erlauben würden, doch hat der Verfassungsgeber mit seinem Bekenntnis zur Sozialstaatlichkeit, die er in ***Art. 20 Abs. 1 GG und Art. 28 Abs. 1 Satz 1 GG*** als einen Fundamentalsatz der Verfassung definiert hat, eine unmittelbare Zulässigkeit staatlicher Subventionen für die Legislative eingeräumt.[318]u.[319] Anders ausgedrückt: Eine Wirtschaftsordnung, die nur auf dem Prinzip des freien Kräftespiels basiert, würde nicht dem Geist der Verfassung entsprechen.[320] Die Legislative ist jedoch nicht qua Verfassung zur Förderung ausgewählter Branchen oder Unternehmen verpflichtet, da es einen Anspruch auf einen Transfer an Unternehmen im Gegensatz zum Transfer von Sozialhilfe nicht gibt. Dies zeigt, daß die Verfassung im Rahmen einer nicht näher konkretisierten ***Globalermächtigung*** die Zulässigkeit der Subventionierung durch den Staat bejaht, jedoch beschränkt das Grundgesetz die Subventionstätigkeiten des Staates durch Qualitätsmerkmale.[321] Dies heißt, daß der Staat zur Realisierung sozialer Gerechtigkeit

---

316 Ergänzend sei an dieser Stelle darauf hingewiesen, daß Subventionsentscheidungen nicht immer ordnungspolitischen Grundsatzüberlegungen folgen, sondern im Streben nach Macht und Wahlerfolg häufig zur Maximierung von Wählerstimmen mißbraucht werden. Es verwundert daher nicht, daß Subventionen zeitlich mit politischen Wahlzyklen korrespondieren ("budgeting by voting") Vgl. K.-H. Hansmeyer (1977), S. 985-986. Vgl. hierzu: Kapitel A, Abschnitt 5.7.

317 A. Bleckmann (1978b), S. 21. Hervorhebung durch den Verfasser.

318 Vgl. H.-D. Grosser (1983), S. 46-47. Diese Ansicht entspricht der h. M. Anders: E. Forsthoff (1953), S. 8 ff. Er vertritt die Meinung, daß das Sozialstaatsbekenntnis der Verfassung allein eine an das Ermessen gerichtete und für die Gesetzesauslegung verbindliche Staatszielbestimmung beinhalte.

319 Eine ausführliche Darstellung des "vielfarbigen Bildes im juristischen Schriftentum" ist bei H. D. Jarass (1984), S. 473-475 zu finden.

320 Vgl. H.-E. Folz (1994), S. 75.

321 Das Grundgesetz sieht beispielsweise eine Beschränkung der Subventionierung für den Fall vor, daß Aktivitäten, die den institutionellen Garantien des Grundgesetzes zuwiderlaufen, gefördert werden, für private Aktivtäten, die gegen die im Grundgesetz verankerten öffentlichen Interessen verstoßen, für Unternehmen, die die Grundrechte Dritter einschränken, die freie wirtschaftliche Entfaltung eines Konkurrenten beeinträchtigt wird und kein Begründungszwang vorliegt, d. h. keine Kontrollmöglichkeit gegeben sind. Die letzten zwei Punkte zeigen, daß Subventionen besonders bedenklich im Zusammenhang der Verletzung eines funktionierenden Wettbewerbs sind

ordnende und lenkende Eingriffe in den Marktmechanismus vornehmen kann und dabei einen weiten Gestaltungsspielraum genießt.[322] Ein Ermächtigungsanspruch seitens des Staates und ein Anspruch auf (gleichbehandelnde) Förderung seitens der Unternehmen läßt sich indirekt aus einer Reihe von weiteren Artikeln ableiten: ***Art. 109 Abs. 2 GG*** in Verbindung mit ***§§ 1, 12 StWG*** sieht die Ermächtigung des Bundes sowie der Länder und der Gemeinden als Träger der Wirtschaftspolitik zur Einnahmen- und Ausgabentätigkeit in der Konjunkturpolitik zur Erreichung bzw. Wahrung konkreter wirtschaftspolitischer Ziele vor. Der Staat ist ermächtigt, durch Subventionen in den Wirtschaftskreislauf einzugreifen, um die gesamtwirtschaftlichen Ziele (Preisniveaustabilität, hohe Beschäftigung, gleichmäßiges und stetiges Wirtschaftswachstum und außenwirtschaftliches Gleichgewicht) zu sichern.[323] Eine Pflicht des Staates zur Subventionierung besteht hingegen nur in Extremfällen, da die Träger der Wirtschaftspolitik grundsätzlich in der Wahl ihrer Mittel zur Zielerreichung frei sind. Andererseits bieten diese beiden Artikel viele Ansatzpunkte für einen Subventionseinsatz, da wegen fehlenden Operationalität des qualitativen Ziels „gesamtwirtschaftliches Gleichgewicht" keine finanzwirtschaftlichen Interventionen unzulässig erscheinen.

Art. 3 Abs. 1 GG kann einen weiteren grundgesetzlichen Anspruch auf Subventionen für den Fall bilden, wenn der Staat bereits Subventionen gewährt hat. Unternehmen, die nicht begünstigt worden sind, könnten auf Unterlassung oder Teilhabe an den Subventionen klagen.[324]u.[325] Umgekehrt könnte angesichts von Art. 3 Abs. 1 GG der Eindruck entstehen, daß staatliche Maßnahmen, die auf den ersten Blick den ***Gleichheitsgrundsatz*** verletzen, rechtlich unzulässig wären. Die h. M. interpretiert jedoch Art. 3 Abs. 1 GG lediglich als ein allgemeines Willkürverbot für staatliche Subventionsvergaben.[326] Subventionen dürfen in diesem Sinne nicht den Charakter von Geschenken annehmen, d. h., sie müssen sachlich gut begründet sein und dem allgemeinen öffentlichen Interesse nutzen. Dieses „Verstoßkriterium" scheint real vielfach verletzt, da die Ausgestaltung der Subventionsprogramme und das stark angestiegene Subventionsvolumen im Widerspruch zum Postulat der Gleichbehandlung aller Unternehmen steht. Die Existenz von deutlichen Wettbewerbsverzerrungen innerhalb und zwischen den Branchen ist offensichtlich, so daß eine enge Auslegung des Art. 3 Abs. 1 GG entweder eine gleichbehandelnde, also flächendeckende Subventionierung oder aber ein gänzliches Entfallen der Subventionierung seitens des Staates erfordere.[327]u.[328] Die Problematik dieses Widerspruchs wird in der Praxis durch die

---

und die Dauersubventionen quasi als staatliche Schenkung angesehen werden. Vgl. K. Harzem (1987), S. 169-170 sowie V. Götz (1966), S. 259.

322 Vgl. A. Bleckmann (1978b), S. 29; übereinstimmend: V. Götz (1966), S. 262-263.

323 Vgl. A. Bleckmann (1978b), S. 32.

324 Vgl. K. Harzem (1987), S. 167.

325 Das Bundesverfassungsgericht hat im Falle eines Theaters einen regelmäßigen Rechtsanspruch für die Gewährung von Subventionen zurückgewiesen. Vgl. K. Redeker, H.-J. v. Oertzen et al. (1997), S. 240.

326 Vgl. H. H. v. Arnim (1986), S. 92; übereinstimmend: V. Götz (1966), S. 266; übereinstimmend: BVerfG. (1965), S. 216.

327 Vgl. K. Harzem (1987), S. 167-168.

328 Das Bundesverwaltungsgericht hat entschieden, daß ein Dritter eine Subventionierungsgewährung an einen Konkurrenten anfechten kann, wenn durch die Subvention seine schutzwürdigen

Dominanz des Sozialstaatsprinzips sowie die wirtschaftspolitische Gestaltungsfreiheit des Staates gelöst. Der Vorrang sozialer Ausgleichsprinzipien vor dem Gleichheitsgrundsatz ist wegen fehlender normativer Grenzen eine unscharfe Größe. Unter dem sozialen Deckmantel läßt sich eine Vielzahl von „ungleichbehandelnden Subventionierungen" verdecken. Dennoch ist die Legislative bei der Subventionsvergabe qua jure an ein rechtliches Übermaßgebot gebunden. Subventionen, so ***Bleckmann***, sind rechtlich nur zulässig, wenn sie mit Blick auf ihr Ziel geeignet und verhältnismäßig zu den erwarteten Kosten und Nutzen sind.[329]

Der Umkehrschluß läßt die Behauptung zu, daß Subventionen verfassungswidrig sind, wenn sie diesen Vorgaben nicht entsprechen. Die Verfassung sieht vor, daß eine ***rechtliche Kontrolle der Subventionen*** zu ermöglichen ist (Art. 19 Abs. 4 GG), um dem Begründungszwang, d. h. dem das Subventionsverhältnis begründenden Akt, nachkommen zu können (Rechtskontrolle). Die Anwendung dieses Grundsatzes ist in der Praxis kaum gewährleistet, da die Anwendung dieses Prinzips dem Subventionsgeber effiziente Kontrolle und Überwachung abverlangen würde, wozu dieser sich sachlich nicht in der Lage sieht.[330]

Als Fazit kann festgehalten werden, daß die h. M. dem gegenwärtigen Verfassungsrahmen der Legislative einen weiten Handlungsspielraum für die Subventionspolitik einräumt. Die Subventionsgewährung ist durch das Grundgesetz nicht limitiert, solange das Qualitätskriterium „öffentliches Interesse" gewahrt bleibt. Dies zeigt, daß der Einsatz von Subventionen aus verfassungsrechtlicher Sicht gerechtfertigt werden kann und dennoch aus ökonomischer Sicht schwer haltbar ist. Es fällt auf, daß der Gesetzgeber eine mangelhafte Begründung nicht bestätigt und insofern klare Ziele zur Kontrolle verlangt. Die inhaltliche Ausgestaltung dieses verfassungsmäßigen Handlungsspielraumes, also der Modus, wie er von der Legislative in der Praxis genutzt wird, soll nachfolgend erörtert werden.

4.3. Subventionen zur Überwindung des Marktversagens

Die Diskussion um die Systemkompatibilität von Subventionen und sozialer Marktwirtschaft sowie um die verfassungsrechtliche Legitimation hat gezeigt, daß Subventionen nicht per se negativ zu beurteilen sind, sondern aus theoretischer und praktischer Sicht einen Spielraum zur Überwindung des Marktversagens offenlassen. Ein Systematisierungsvorschlag hierzu ist von ***Musgrave*** entwickelt worden.[331] Diese Gliederung ermöglicht es, beim Subventionseinsatz zwischen Allokations-,

Interessen willkürlich verletzt worden sind. Vgl. K. Redeker, H.-J. v. Oertzen et al. (1997), S. 242; übereinstimmend: P. Badura et al. (1992), S. 203; weiterführend: Vgl. BVerwG (1969), S. 809.

329 Vgl. A. Bleckmann (1978b), S. 37.

330 Die Bundesregierung spricht selbst davon, daß eine Wirkungskontrolle für sie außerordentlich schwierig durchzuführen ist. Vgl. BMF (1995), S. 8.

331 Vgl. R. A. Musgrave (1959), S. 206-207. Musgrave hat die Gliederungsaspekte nicht als umfassende und vollständige Liste betrachtet, sondern selbst gemeint: "Other [aspects] could be added."

Verteilungs- und Stabilisierungszielen zu differenzieren. Die Einteilung wird um regionale Disparitäten vor dem Hintergrund der Subventionierung in den NBL als separaten Aspekt ergänzt.

4.3.1. Allokatives Marktversagen

Grundsätzlich kann der Markt oder der Staat den optimalen Einsatz und die Verwendung knapper Ressourcen (Produktionsfaktoren und Güter) auf die Produktions- und Verbrauchsprozesse besorgen.[332] Die Befürworter eines „Nachtwächterstaates" gehen von dem Verständnis aus, daß die dezentrale Koordination des Marktes zur größtmöglichen Wohlfahrt aller Individuen entsprechend ihren Präferenzen führt.[333] Die Ausführungen haben gezeigt, daß die optimale Allokation der volkswirtschaftlichen Ressourcen durch Marktunvollkommenheit behindert wird.[334] Folglich kann es zu defizitären, nicht optimalen Produktions- und Konsumtionsprozessen kommen. Dieses allokative Marktversagen führt in der sozialen Marktwirtschaft dazu, daß der Staat eine aktive Rolle übernimmt, um die gesellschaftlichen Vor- und Nachteile, die u. a. durch individuelles wirtschaftliches Handeln entstehen, zu internalisieren. Der Staat versucht, die praktischen Allokationsprobleme durch Subventionierung zu lösen, da

- für bestimmte Güter Märkte nicht entstehen können,
- es zwischen Wirtschaftssubjekten bedeutsame ökonomische Beziehungen gibt, die nicht durch Marktleistungsbeziehungen abgedeckt werden können,
- das individuelle Entscheidungsverhalten nicht zum wirtschaftlichen Optimum führt und
- die Modellmechanik der vollkommenen Konkurrenz trotz Marktfähigkeit von Faktoren und Gütern gestört sein kann.

Nachfolgend soll der Subventionseinsatz zur Bereitstellung kollektiver Güter, die Überwindung externer Effekte, die meritorischen Güter und die Reduzierung von Marktmacht näher hierzu erörtert werden.

4.3.1.1. Bereitstellung von kollektiven Gütern

In Anlehnung an ***Samuelson und Musgrave*** hat sich eine Unterscheidung von Gütern anhand der „Rivalität des Konsums" als konstitutives Klassifizierungsmerkmal durchgesetzt.[335] Kollektive Güter sind hiernach Güter mit nicht rivalisierendem

332 Vgl. D. Brümmerhoff (1996), S. 37.

333 Vgl. G. Blümle, W. Patzig (1988), S. 129.

334 Vgl. M. Nieder-Eichholz (1995), S. 75; übereinstimmend: G. Blümle, W. Patzig (1988), S. 129; übereinstimmend: N. Andel (1990), S. 15.

335 Die neue Theorie der öffentlichen Güter geht im wesentlichen auf zwei grundlegende Werke zurück. Vgl. hierzu P. Samuelson (1954), S. 387-389 sowie derselbe (1955), S. 350-356. Vergleiche hierzu auch die finanzwissenschaftliche Literatur: H. Zimmermann, K.-D. Henke (1987), S. 43.

Konsum (non-rival consumption) im Unterschied zu privaten Gütern, bei denen strenge Rivalität der einzelnen Konsumenten und konkurrierende Verwendung unterstellt wird. M. a. W., das „Kollektivgut“ oder „öffentliche Gut“[336] steht unbeschränkt vielen Individuen zur Verfügung, ohne daß diese für die Nutzung eine Gegenleistung zum Tausch anbieten müssen. Aus der fehlenden Tauschnotwendigkeit ergeben sich mangelnde ökonomische Anreize, diese Güter anzubieten. Ein kurzes Beispiel mag die Charakteristik eines Kollektivgutes illustrieren:[337] Die Einrichtung der Landesverteidigung, die zum Schutz aller Bewohner eines Landes in gleicher Weise zur Verfügung steht, steht allen Bürgern - ob sie es wünschen oder nicht - in gleichem Umfang zur Verfügung. Wenn diese Kollektivgüter mit Blick auf wohlfahrtsökonomische Zielsetzungen gefordert werden, der Preis aber den Grenzkosten entsprechen soll, müßte eine solche Leistung kostenlos abgegeben werden, auch wenn eine Anwendung des Ausschlußprinzips[338] technisch möglich wäre. Da der einzelne als rational handelndes Individuum nicht freiwillig bereit ist, einen Beitrag für die Nutzung am Kollektiveigentum zu entrichten oder die Leistung selbst anzubieten, muß das gewünschte Angebot in einer anderen Form finanziert werden. Die Bereitstellung „kollektiver Güter“ durch private Organisationen ist problematisch bzw. nur durch Ausgleichszahlungen denkbar. Letzteres bedeutet, daß der Staat einzelne Unternehmen für die fehlende private Bereitschaft zu einem Angebot von „öffentlichen Gütern“ durch die Deckung ihrer Finanzierungslücke in Höhe der Differenz des nicht gedeckten Preises zu den Grenzkosten subventioniert.

Die theoretische Subventionsnotwendigkeit ist relativ einfach nachvollziehbar. ***Andel***[339] weist zu Recht darauf hin, daß es in der Praxis schwerfällt, ein auf ein bestimmtes Allokationsziel gerichtetes Subventionsprogramm operabel auszurichten. Eine isolierte Legitimation von Subventionen zur Bereitstellung von Kollektivgütern läßt sich somit nicht direkt ableiten und nur in Verbindung mit den folgenden Marktunvollkommenheiten gemeinsam rechtfertigen.[340] Weiterhin wird deutlich, daß reine öffentliche Güter - sieht man einmal von Lehrbuchexempeln wie der Landesverteidigung und dem Leuchtturm-Beispiel ab - in der Realität so gut wie nie vorkommen und daher von untergeordnetem Rang sind.[341] Folglich ist eine Legitimierung von Subventionen in diesem Zusammenhang nicht schlüssig möglich.

---

336 Der Begriff "Kollektivgut" wird vielfach synonym mit dem Begriff des öffentlichen Gutes verwendet. Vgl. J. Weimann (1996), S. 124.

337 Das Beispiel ist in Anlehung an E. Sohmen (1992), S. 285-286 gewählt worden.

338 Das Ausschlußprinzip besagt, "daß jeder vom Konsum eines Gutes ausgeschlossen werden kann, der nicht bereit oder fähig ist, dessen Preis zu zahlen. [...]. Versagt das Ausschlußprinizip, so findet eine Bereitstellung der technischen Vorkehrung durch einem privaten Entscheidungsträger nur dann statt, wenn die Gesamtkosten kleiner sind als seine internen Nutzen. Ist dies nicht der Fall, [so muß der Staat diese Aufgabe durch Bereitstellung von Kollektivgütern sicherstellen]." Vgl. hierzu K. Reding, R.-D. Postlep (1978a), S. 63.

339 Vgl. ausführlich zum Problem der Verwirklichung von effizienzsteigernden Subventionsprogrammen N. Andel (1970), S. 86 ff.

340 Vgl. M. Nieder-Eichholz (1995), S. 85.

341 Vgl. hierzu ausführlich: J. Weinmann (1996), S. 124. Weinmann spricht davon, daß es erheblich leichter sei, "eingängige Beispiele für (fast) reine öffentliche Güter zu finden." Er führt in diesem Zusammenhang das Beispiel des Umweltschutzes an.

4.3.1.2. Überwindung externer Effekte

In der Wohlfahrtsökonomie kommt den externen Effekten große Bedeutung zu. Der Begriff „externer Effekt“ wurde in der nationalökonomischen Literatur unterschiedlich benutzt. Zwei völlig unterschiedliche Sachverhalte, die begrifflich durch einen technischen und einen pekuniären externen Effekt unterschieden werden, haben sich in der Literatur durchgesetzt.[342u.343] Zur Erörterung der vorliegenden Zusammenhänge wird im folgenden nur auf die „technischen externen Effekte“ eingegangen, die dann auftreten, wenn „[...] die Erfüllung der Bedingungen für ein Pareto-Optimum sogar im vollen [nur theoretisch vorstellbaren] Gleichgewicht einer Volkswirtschaft mit vollkommener Konkurrenz auf allen Märkten verhindert würde.“[344u.345]

Pigou[346] erkannte als einer der ersten die wirtschafts- und finanzpolitische Bedeutung einer „divergence between marginal social net product and marginal private net product“. Diese Differenz spiegelt die Tatsache wider, daß es negative und positive externe (technologische) Wirkungen von privaten, öffentlichen und ausländischen Konsumenten sowie Produzenten gibt, die nicht durch den Preismechanismus internalisiert werden. Im Ergebnis führt dies zu einem Mißverhältnis zwischen einzel- und gesamtwirtschaftlichen Nutzen und Kosten, da individuelle Entscheidungen der Verursacher gesamtwirtschaftlich nicht optimal getroffen werden. In der Realität zeigt sich dies, wenn beispielsweise die Verschmutzung eines Fischfanggewässers durch die Einleitung von Industrieabwässern zu einer Beeinträchtigung des Fangertrages führt. Das entscheidende Differenzierungsmerkmal der externen Effekte besteht darin, daß es Güter gibt, deren Eigenschaften eng mit anderen Individuen verbunden sind, die aber durch keinen Marktmechanismus als Koordinator aufgefangen und letztlich auch nicht internalisiert werden. Die Aussagekraft der Preise und damit die Orientierungsmöglichkeit für die Volkswirtschaft wird durch falsche Signale verzerrt. Subventionen als interventionistisches Finanzinstrument können helfen, einzelwirtschaftliche Entscheidungen der Individuen gesamtwirtschaftlich zu korrigieren. ***Pigous*** „extraordinary encouragements“ sind im positiven Falle von Externalitäten ein durchaus probates Mittel zur Erreichung des angestrebten Ziels. Dagegen ist der Einsatz von Subventionen zur Korrektur negativer Externalitäten abzulehnen.[347] Eine solche Subvention würde ein wesentliches Element der Marktwirtschaft aushebeln, da der Schadensverursacher für seine feindliche Gemeinwohlhaltung faktisch belohnt würde und für die von ihm selbst verursachten Schäden finanzielle Bestätigung bekäme.[348]

342 Vgl. E. Sohmen (1992), S. 221.

343 Erstmals wurde von A. Marshall eine Unterscheidung zwischen "externen und internen Erträgen" in einem Unternehmen vorgenommen. Hierbei wurden mit "externen Erträgen" zunehmende Skalenerträge verbunden. Vgl. A. Marshall (1920), S. 266.

344 E. Sohmen (1992), S. 222.

345 Eine rein sprachliche Trennung wird zwischen der angelsächsischen und deutschsprachigen Literatur vorgenommen. Im deutschsprachigen Raum werden Ausdrücke wie "negative" und "positive externe Effekte" sowie "externe Kosten" und "benefits" verwendet. Im Englischen spricht man "external costs (diseconomies) und benefits (economies)". Vgl. K. Reding, R.-D. Postlep (1978a), S. 61.

346 Vgl. A.C. Pigou (1962), S. 172.

347 Vgl. M. Nieder-Eichholz (1995), S. 77.

348 Vgl. M. Nieder-Eichholz (1995), S. 77.

Subventionen sind daher als Mittel zur Abgeltung von negativen Externalitäten nicht geeignet. Wie die grundsätzliche Bewertung von Subventionen zur Korrektur externer Effekte problematisch ist, ist es ebenfalls schwierig, die externen Effekte quantitativ und objektiv zu erfassen. Da es für externe Effekte keine Märkte gibt und daher kein Marktpreis abgeleitet werden kann, können Höhe und Zurechnung nur geschätzt werden.[349] In der Praxis tritt selten ein Verursacher auf, weshalb es schwierig ist, einzelne Effekte anteilmäßig zuzuordnen. Aufgrund der beschränkten Informationstransparenz ist nicht davon auszugehen, daß der Staat und seine Organe die wahren Beweggründe des Subventionsbegünstigenden erfahren. Deswegen werden zusätzliche Entscheidungskosten und Informationsbeschaffungskosten für den Subventionseinsatz notwendig, was zu zusätzlichen Transaktionskosten der Subvention führt.

4.3.1.3. Bereitstellung von meritorischen Gütern

Neben den rein „öffentlichen Gütern", die Private nicht bereit sind herzustellen bzw. anzubieten, führt ***Musgrave*** den Begriff der „meritorischen Bedürfnisse" ein. ***Musgrave***[350] spricht dann von meritorischen Gütern, wenn kollektiv eine intensivere Inanspruchnahme der „technical devices" gewährleistet wird, als sie marktlich gewährleistet werden könnte.[351] Meritorische Bedürfnisse spiegeln damit ein Gemeinschaftsbedürfnis und -interesse wider, das über das Interesse der Individuen hinausgeht.[352] Ein Individuum, so die Vorstellung, kann kraft eigener Präferenzen den Verpflichtungen, die sich aus einer Gemeinschaft ergeben, nicht durch seine Nachfrage nachkommen.

Mit der Bereitstellung von „meritorischen Gütern" wird die Tradition der individuellen Budgettheorie, die auf der Konsumentensouveränität basiert, verlassen und der politischen und bürokratischen Entscheidung ein großer Entscheidungsspielraum eingeräumt. Das durch Unwissenheit (z. B. Verschleierung durch Werbung) oder Irrationalität (z. B. suchtgetriebener Konsum) verzerrte Nachfrageniveau und die damit verbundenen falschen Preissignale erzeugen marktliche Fehlallokationen, die durch die „Meritokraten" (Politiker) korrigiert werden sollen.[353] Meritorische Güter sind keine eigene Güterkategorie, vielmehr verbinden sie Elemente von öffentlichen und privaten Gütern. Einerseits unterliegen sie dem Ausschlußprinzip, das sich aber nur auf Teile des Nutzens, nicht aber auf den Gesamtnutzen bezieht, andererseits werden sie durch öffentliche Eingriffe politisch korrigiert.

349 Vgl. B. F. Gröbner (1983), S. 39.
350 Vgl. R. A. Musgrave (1969a), S. 14 ff.
351 Vgl. K. Reding, R.-D. Postlep (1978a), S. 65.
352 Vgl. R. A. Musgrave et. al. (1994), S. 88-90.
353 Vgl. J. G. Head (1966), S. 1 ff.; übereinstimmend: M. Koch (1992), S. 71.

Letzteres hat zu heftigen Diskussionen[354u.355] um die „merit wants" geführt, da die individualistische Basis gezielt verlassen und eine organische Staatsauffassung verdrängt wurde. ***Heads*** Interpretation stand im Mittelpunkt dieser wissenschaftlichen Diskussion. Er unterscheidet drei Aspekte der „merit wants":[356]

A. Den Gesichtspunkt verzerrter Präferenzen aufgrund von Unkenntnis oder fehlerhaften Informationen. Differenzen in der Informationsausstattung rechtfertigen „helfende Eingriffe" in die Konsumentensouveränität der weniger Informierten.

B. Die Dispositionsmöglichkeiten durch Umverteilung (z. B. durch progressive Steuersysteme zugunsten der unteren Einkommensschichten).

C. „Merit wants" als unlösbare Verbindung von privaten und öffentlichen Gütereigenschaften.

Diese Aspekte führen zu einer politischen Rechtfertigung des Subventionseinsatzes. ***Hansmeyer*** macht in diesem Zusammenhang deutlich, daß der politisch festgelegte Subventionseinsatz zur Kohleförderung gleich mehrfach gerechtfertigt wäre, weil aus gesamtwirtschaftlicher Sicht die Versorgungssicherheit, die Sicherung der Vollbeschäftigung und die private Vorsorge mit Brennstoff gesichert würden. Hieraus wird klar, daß der Subventionseinsatz zur Bereitstellung „meritorischer Güter" nicht nur „Allokationsziele" verfolgt, sondern sich i. d. R. auch auf Stabilitätserwägungen ausweitet. Wie bei der Rechtfertigung des Subventionseinsatzes zur Überwindung „externer Effekte" geht es um die Korrektur individueller Bedürfnisse. Der entscheidende Unterschied bildet die Rechtfertigung für einen staatlichen Eingriff, da sie der Interessenstruktur der Meritokraten und deren politisch fixierten Ziele folgt. Die Subvention wirkt sich über die Preisreduzierung des privaten Gutes oder Faktors auf die Nachfrage aus, wodurch der gewünschte Mehrkonsum oder der vermehrte Faktoreinsatz erreicht wird. Diesen Vorgang soll die folgende Abbildung 22 illustrieren.[357]

---

354 Vgl. B. F. Gröbner (1983), S. 82.

355 Eine detaillierte Diskussion zu Musgraves Begriff der von "merit wants" findet sich bei K. Reding, R.-D. Postlep (1978a), S. 66-70.

356 Vgl. J. G. Head (1966), S. 1 ff.

357 Die Abbildung lehnt sich an B. F. Gröbner (1982), S. 84 und die dort angegebenen Quellen in der Fußnote an.

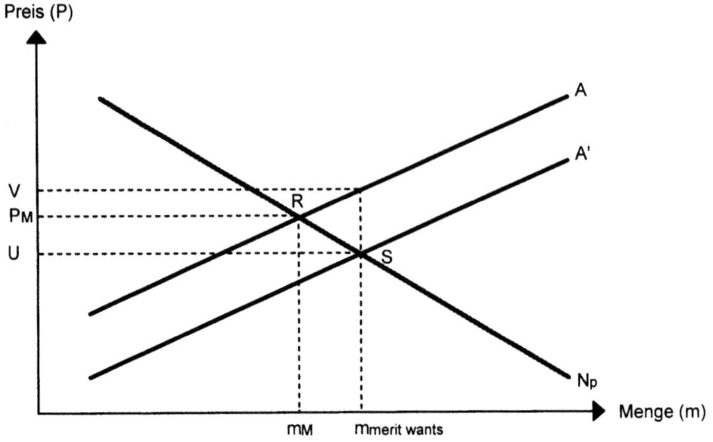

V = Oberer Preis; U = Unterer Preis; R, S = Gleichgewichtspunkte
A = Marktangebot, N = Marktnachfrage
m = Menge, P = Preis

Quelle: B. T. Gröbner (1983), S. 84

Abb. 22: Bereitstellung von „merit wants“ durch eine Subvention

Ausgangspunkt ist eine Übereinstimmung von Marktangebot A und Marktnachfrage N_p (Punkt R). Subventionen helfen durch Verschiebung der Angebotskurve[358] und einer Preissenkung, das Ziel eines Mehrkonsums ($M_{merit\ wants}$) zu erreichen. Die Parallelverschiebung ist durch eine Stücksubvention motiviert worden. Im Ergebnis zeigt dies, daß Subventionen theoretisch dazu beitragen, meritorisches Gut zu erhalten, indem sie Einfluß auf die Produktion und den privaten Güterkonsum ausüben.

Problematisch hingegen ist der Einsatz nicht nur aus liberaler Sicht. Subventionen können aus interessensmotivierten und egoistischen Beweggründen die Gefahr des gewollten Mißbrauchs eröffnen, weil Meritokraten ineffiziente Ziele verfolgen können. Meritorische Subventionsbegründungen sind folglich mit äußerster Vorsicht zu betrachten, da nur in einigen Ausnahmefällen (z. B. Erhaltung von historischen Denkmälern) eine Rechtfertigung aufrechterhalten werden kann.

4.3.1.4. Reduzierung von Marktmacht

Marktmachtsbedingte Verzerrungen durch Konzentration auf einer Marktseite führen zu Fehlallokationen, die aus wohlfahrtsökonomischer Sicht zu unerwünschten sozialen Konsequenzen führen. Monopole - als Ausdruck existierender Marktmacht - haben in einem System freier Marktwirtschaft den Hang zur Verstärkung. Die Freiheit,

358 Die Parallelverschiebung (A nach A') stellt eine Stücksubvention dar. Eine Wertsubvention würde zu ähnlichen Effekten bei einer anderen Steigung führen.

so ***Eucken***[359], werde u. a. dazu genutzt, sich zusammenzuschließen und die Konkurrenz durch Monopole zu beseitigen. „Anbieter und Nachfrager versuchen stets - wo immer es möglich ist - Konkurrenz zu vermeiden und monopolistische Stellungen zu erwerben oder zu behaupten."[360]

Besteht Marktmacht, so entspricht das Grenzprodukt der Produktionsfaktoren nicht den vorgegebenen Faktorendpreisen. M. a. W., die Verbraucher müssen durch ein erhöhtes Preisniveau oder ein niedrigeres Angebotsvolumen[361] die Lasten einer derartigen Machtkonstellation tragen.[362] Gewinnmaximierendes Verhalten führt dazu, daß gemäß Optimalbedingung des Monopolisten die Grenzkosten den Grenzerlösen entsprechen müssen, was letztlich dazu führt, daß die relevante absolute Preiselastizität der Nachfrage um so niedriger ist, je mehr der Preis über den Grenzkosten liegt.[363]u.[364] In der wohlsfahrtsökonomischen Literatur findet man verschiedene Ansätze[365] zu der Frage, wie man mit finanzpolitischen Maßnahmen monopolmotivierte Abweichungen von einem Pareto-Optimum korrigieren kann.

Einige wesentliche Ansätze sollen hier exemplarisch erwähnt werden. Zum einem schlug ***Robinson***[366] vor, die Differenz zwischen den Grenzkosten und dem Preis (als bekannt angenommen!) durch Zahlung einer Stücksubvention - eventuell in Verbindung mit einer verteilungspolitisch motivierten Gewinnsteuer - zu beseitigen. Der Staat kann dem Monopolisten eine konstante Stückkostensubvention, eine Produktwertsubvention, die grenzerlössteigenden Charakter vorweist sowie eine Globalsubvention, deren Zuteilung eine Produktionsmengenerhöhung auf ein volkswirtschaftliches Optimum mit konditionierter Gewinnreduktion impliziert, zukommen lassen.[367] Diese Subventionsform zugunsten des Monopolisten erscheint verteilungspolitisch nur schwer denkbar, weil hierdurch der natürliche Hang zur Monopolbildung verstärkt und die mißbräuchliche Ausnutzung der Marktmacht durch Subventionen honoriert würde.[368] Subventionen können aber auch dazu dienen, die Marktmacht bestehender Monopole durch Gegenmachtbildung einem zunehmenden Wettbewerb auszusetzen. Im Zentrum dieser Unterstützung stehen dann Zuwendungen für potentielle Monopolkonkurrenten, die durch Modifikation der technischen und wirtschaftlichen

---

359 Vgl. W. Eucken (1975), S. 30-31.

360 W. Eucken (1975), S. 31; übereinstimmend: B. Rürup (1996), S. 15.

361 Eucken zeigt anhand eines einfachen Beispiels, daß es für eine Monopolverwaltung, die über Vorräte von 2 Mio. Sack Kaffee verfügt; gewinnmaximierender ist, nur 1,9 Mio. Sack Kaffee bis zur nächsten Ernte anzubieten. D. h., 0,1 Mio. Sack Kaffee werden vernichtet. Vgl. W. Eucken (1975), S. 31-32.

362 Vgl. M. Nieder-Eichholz (1995), S. 79.

363 Ein kurzen mikroökonomischen Überblick zum Problem der Monopolbildung liefert H. R. Varian (1989), S. 394-421.

364 Für das Monopson gilt dieser Zusammenhang zwischen Einkaufspreis und Grenzausgaben in ähnlicher Art.

365 Vgl. hierzu u. a. das "Konzept der Gegenspekulation" von A. P. Lerner (1955) sowie den "Einsatz spezieller Vorschriften" bei F. A. Hayek (1954).

366 Vgl. E. A. G. Robinson (1941), S. 168 f.

367 Vgl. N. Andel (1970), S. 82.

368 Der Hang anderer ökonomisch rational handelnder Unternehmen, sich dem Monopol mit dem höchsten Subventionen hinzuwenden, zeigt, daß diese Form der Subvention weniger an den Ursachen als vielmehr an den Syptomen ansetzt.

Unternehmensstruktur in der Lage sind, in den relevanten Markt[369] des Monopolisten einzutreten.[370] Letztlich führt die erhöhte Branchenrivalität zu einer verbesserten Allokationswirkung. Subventionen durch eine antimonopolistisch geprägte Wettbewerbspolitik sind so in der Lage, die Wettbewerbseffizienz zu erhöhen und Markteintrittsbarrieren zu beseitigen.[371] Die Beseitigung von „natürlichen Monopolen"[372] führt dazu, daß der Staat durch Kostenanalysen versucht, die „echten Durchschnittskosten" zu ermitteln, um so einen wohlfahrtsorientierten, niedrigeren Preis festzusetzen. Eine Pareto-effiziente Lösung durch Preis- oder Mengenregulierung kann beim Monopolisten negative Gewinne erzeugen. Der hohe Fixkostenanteil und der vergleichsweise geringe Grenzkostenanteil für die Bereitstellung zusätzlicher Mengen führt dazu, daß der Monopolist nur durch Subventionen ein optimales Output bereitstellen kann.[373] Die Abbildung 23 zeigt diesen Zusammenhang.

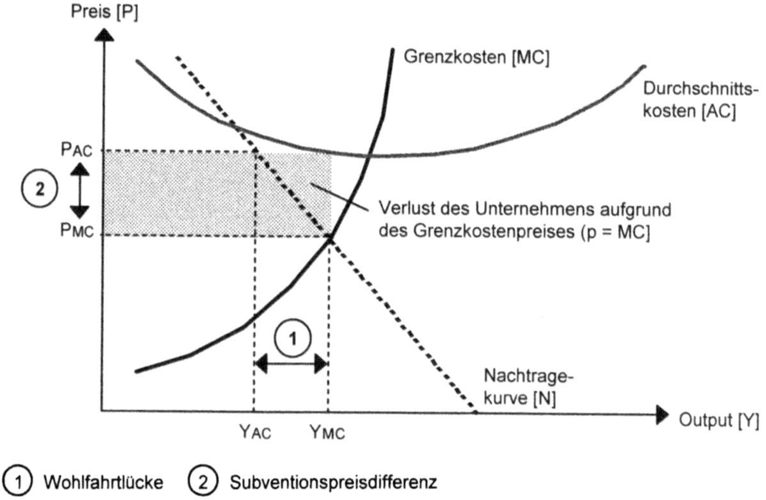

Quelle: In Anlehnung an: H. R. Varian (1989), S. 406

Abb. 23: Subventionen im natürlichen Monopol

Wenn ein natürliches Monopol dort produziert, wo das wohlfahrtsökonomische Optimum $P_{mc}=Y_{Mc}$ liegt, wird es zwar ein effizientes Output erzeugen, aber nicht

369 Der relevante Markt charakterisiert die Wettbewerbsintensität einer Branche. Der Rivalitätsgrad bestimmt die Monopolpreismöglichkeiten des/der Anbieter(s) und damit die Branchenrentabilität. M. Porter unterscheidet fünf Wettbewerbskräfte, die den relavanten Markt bestimmen. 1. Lieferantenstärke, 2. Potentielle neue Konkurrenten, 3. Abnehmerstärke, 4. Ersatzprodukte und 5. die Rivalität unter den vorhandenen Wettbewerbern. Letztlich können Subventionen alle fünf Wettbewerbskräfte verschieben. Vgl. hierzu weiterführend: M. E. Porter (1992b), S. 22-30.

370 Vgl. M. E. Porter (1992b), S. 24-26; übereinstimmend: B. F. Gröbner (1983), S. 48-49.

371 Vgl. F. A. Hayek (1954), S. 12.

372 Natürliche Monopole = z. B. die Versorgungswirtschaft.

373 Vgl. H. R. Varian (1989), S. 405-407.

seine langfristigen Durchschnittskosten decken können. Andererseits werden, wenn der Preis gleich den Durchschnittskosten ist, die Kosten zwar gedeckt, aber das Outputvolumen ist dann mit Y_{ac} geringer. Die Konsequenz ist, daß Subventionen in Höhe der Differenz zwischen den P_{mac} und den P_{ac} gezahlt werden müssen.

Zusammenfassend läßt sich festhalten, daß es aus wohlfahrtsökonomischer Sicht sinnvoll sein kann, Subventionen zur Reduzierung von Marktmacht zu rechtfertigen. Insbesondere der Einsatz zum Zwecke der Beseitigung von Markteintrittshemmnissen und der Hilfe zur Gegenmachtsbildung und somit zur Marktöffnung legitimieren den Subventionseinsatz. Hingegen führt die Unterstützung von „natürlichen Monopolen" durch Subventionen zu Ineffizienzen.

4.3.2. Stabilitätspolitisches Marktversagen

Im Depressionsjahr 1967 wurden ein relativ geringes Wirtschaftswachstum und eine relativ hohe Arbeitslosigkeit sowie eine geringere Preisniveausteigerung gegenüber den vorherigen Nachkriegsjahren verzeichnet.[374] Die achtziger Jahre änderten nichts an dem Trend; vielmehr war und ist die „wirtschaftliche Entwicklung von einer Auf- und Abbewegung"[375] gekennzeichnet, welche die Frage aufwirft, wie die ursächliche und dauerhafte Diskrepanz zwischen Angebot und Nachfrage in der Wirtschaftsentwicklung verstetigt werden kann.[376] Unbestritten sind mit einer instabilien Wirtschaft erhebliche soziale Probleme verbunden, die dem Staat mit Blick auf seinen verfassungsrechtlichen Auftrag ein legitimes finanzpolitisches Handel ermöglichen.

Das Ziel der Stabilitätspolitik ist es, den schillernden Begriff „gesamtwirtschaftliches Gleichgewicht" inhaltlich zu füllen.[377] Allgemein wird dieses Ziel mit einem auf Bund und Länder abgestimmten wirtschafts- und finanzpolitischen Instrumenteneinsatz angestrebt, damit das im Stabilitätsgesetz von 1967 (§ 1 StWG) kodifizierte „Magische Vieleck" gesamtwirtschaftlich optimal ausbalanciert wird. Die Maßnahmen sind dabei so zu gestalten, daß im Rahmen der marktwirtschaftlichen Ordnung bei einem stetigen und angemessenen Wirtschaftswachstum gleichzeitig zur Stabilität des Preisniveaus, zu einem hohen Beschäftigungsvolumen, zu einem außenwirtschaftlichen Gleichgewicht und zu einer gerechten Einkommens- sowie Vermögensverteilung beigetragen wird.[378] Es gilt nun zu klären, ob Subventionen ein

374 Eine ausführliche Darstellung der Entwicklung von wesentlichen volkswirtschaftlichen Kernzahlen des Jahres ist bei H. Siebert (1992a), S. 24-40 zu finden.

375 Ein detaillierte Darstellung der Veränderung der Wachstumsraten, der Arbeitslosigkeit und der Preissteigerungsraten in Westdeutschland und den Vereinigten Staaten für den Zeitraum von 1960 bis 1990 ist bei H. Siebert (1992a), S. 30-31 zu finden. Es fällt auf, daß in den Jahren sehr hoher realer Wachstumsraten mit einer Phasenverschiebung um ein oder zwei Jahre das Ziel der Preisniveaustabilität (im Vergleich zu den benachbarten Jahren!) relativ stark verletzt wurde. Ebenso scheint starkes Wachstum mit einer niedrigeren Arbeitslosigkeit einherzugehen (et vice versa).

376 Vgl. H. Siebert (1992a), S. 31 ff.

377 Vgl. G. Blümle, W. Patzig (1988), S. 109-113, insbes. S. 112.

378 Vgl. G. Blümle, W. Patzig (1988), S. 112.

geeignetes finanzwirtschaftliches Instrument dafür sind, diese Ziele des „Magischen Vielecks“ zu erreichen und ob Subventionen zur Verstetigung der wirtschaftlichen Entwicklung unter Beachtung marktwirtschaftlicher Ordnungsprinzipien beitragen können.

Eine gewisse Subventionsvergabe ist stabilitätspolitisch denkbar, wenn man in der Rezession gezielt mehr unmittelbar wirkende Subventionen wählt und in der Boomphase solche einsetzt, die in der Zukunft zu effektiven Zahlungen bzw. Steuerrückgängen führen.[379] Subventionen sind in der Lage, Akzelerator- und Multiplikatoreffekte zu initiieren.[380] Die Korrektur eines zu hohen stabilitätsgefährdenden Preisniveaus durch Subventionen setzt eine restriktive Fiskal- und kontraaktive Geldpolitik im Rahmen der staatlichen Globalsteuerung voraus. Letztlich scheiden Subventionen, die einen eher expansiven Nachfragecharakter haben, für eine Verringerung der nachfrageinduzierten Inflation aus. Auf der Angebotseite können Subventionen eine Reduzierung inflationsbedingter Faktorkostenerhöhungen ermöglichen (z. B. Faktorsubventionen beim Flugbenzin), obgleich die stabilitätspolitischen Erfolge mit verteilungspolitischen Problemen verbunden wären. Der Subventionseinsatz zur Korrektur von Inflationsentwicklungen ist daher nur bedingt und unter Inkaufnahme von allokativen Nachteilen möglich. Subventionen zur Korrektur eines außenwirtschaftlichen Ungleichgewichts bewirken ein Dumping inländischer Produkte durch Subventionierung der heimischen Faktorkosten. Diese künstlichen, nicht marktgerechten Produkt- bzw. Faktorkosten führen langfristig zu einem internationalen Subventionswettlauf oder zu protektionistischen Vergeltungsmaßnahmen des Auslandes. Letztendlich kann ein langfristig angestrebtes Außenhandelsgleichgewicht nicht durch Subventionen garantiert werden, da Vergeltungssubventionen das Gleichgewicht destabilisieren.

Die Sicherung eines hohen, stabilitätsfördernden Beschäftigungsniveaus durch Erhaltungssubventionen hat mit der wirtschaftlichen Integration der NBL zusätzliche Bedeutung[381] erlangt. Die stabilitätspolitische Zielsetzung für Ostdeutschland, die sich von der für einige Problemregionen in Westdeutschland (Küstenregion, Ruhrgebiet etc.) in der wirtschaftspolitischen Intension kaum unterscheidet, versucht das Problem flächendeckender Arbeitsplatzverluste zu verlangsamen bzw. zu verhindern. Theoretisch kann eine Subventionierung, sofern sie mit Investitionsauflagen gekoppelt ist, durch Steigerung der gesamtwirtschaftlichen Nachfrage einen Angebotseffekt initiieren. Im günstigsten führt dies zu einer Ausweitung des Produktionsvolumens, das schließlich einer Konjunkturbelebung dient. Andererseits kann die Subventionierung durch ihren Erhaltungscharakter zu einem blockierten Strukturwandel mit erheblichen Wettbewerbsverzerrungen führen und langfristig eine Region destabilisieren.

Insgesamt läßt sich festhalten, daß Subventionen zur Korrektur von stabilitätspolitischen Problemen einsetzbar sind. Die praktischen wie theoretischen Bedenken

379 Vgl. N. Andel (1970), S. 112.

380 Vgl. hierzu ausführlich: H. Zimmermann, K.-D. Henke (1987), S. 267-348, insbes. S. 315.

381 Zur besonderen Problematik der Integration der neuen Bundesländer siehe ausführlich: Kapitel A, Abschnitt 4.4.

grenzen jedoch das Einsatzspektrum für bestimmte Stabilitätsziele ein, so daß Subventionen lediglich zur Konjunkturbelebung aus ökonomischer Sicht gerechtfertigt werden können.[382] Die Gefahr von „Mitnahmeeffekten", wie ***Zimmermann und Henke***[383] es nennen, schränken Subventionen als Instrument der Finanzpolitik in Boom- und Rezessionsphasen jedoch ein und erfordern eine funktionsfähige Kontrolle. Aus ökonomischer Sicht müssen die (stabilitätsorientierten) Ziele jeweils geprüft werden.

4.3.3. Distributive Marktmängel

Neben der allokations- und stabilitätspolitischen Begründung werden distributiv- bzw. verteilungspolitische Ziele zur Rechtfertigung finanzwirtschaftlicher Aktivitäten herangezogen.[384] Letztere spielen in der Bundesrepublik vor dem Hintergrund theoretisch denkbarer, praktisch aber nicht widergespiegelter vollkommener Markt- und Preismechanismen eine bedeutende Rolle. Die umfangreichen (um)verteilungspolitischen Maßnahmen des bundesdeutschen Staates lassen den Schluß zu, daß die realen Distributionen als korrekturbedürftig erachtet werden.[385] Letztlich steht im Zentrum der staatlichen Umverteilungspolitik die Frage, ob die vorhandenen Güter, Einkommen, Vermögen, Dienstleistungen etc. in der Volkswirtschaft „gerecht" verteilt worden sind. Während es früher vor allem der Aspekt der Ungerechtigkeit der Verteilung war, der die sozialpolitischen Eingriffe des Gesetzgebers legitimierte, rückt heute der neue Aspekt der Unsicherheit in Form der lang andauernden Massenarbeitslosigkeit in den Vordergrund.[386] Mit Verweis auf „soziale Gerechtigkeit und Frieden" wird denjenigen Wirtschaftssubjekten staatliche (Um-)Verteilungshilfe zuteil, die wie z. B. Kranke, Behinderte, Rentner oder Kinder keinen „leistungsgerechten" Verteilungsbeitrag erhalten.[387]

In erster Linie geht es wirtschaftspolitisch darum, in die primäre, sich im Marktprozeß vollziehende Einkommensverteilung mit dem Ziel einzugreifen, aus „sozialen Gründen" eine sekundäre Einkommensverteilung bzw. -umverteilung mit wirtschaftspolitischen Mitteln vorzunehmen.[388] Was der Staat als „sozial gerecht" interpretiert, zeigen - in Abhängigkeit von der herrschenden politischen Grundauffassung - die Leitlinien für die aktuelle Umverteilungspolitik. Werden die „staatlich fixierten Gerechtigkeitsnormen" durch das marktwirtschaftliche System verletzt, so spricht man von „distributivem Marktversagen", d. h. von einer Verfehlung sozial normierter und wünschenswerter Marktergebnisse.[389] Ohne hier auf das Problem der Objektivierung von Gerechtigkeit bzw. sozialer Ungerechtigkeit eingehen zu wollen, zeigt eine derartige Argumentation die verteilungspolitisch motivierten Eingriffe der Wohl-

---

382 Vgl. M. Nieder-Eichholz (1995), S. 94.
383 Vgl. H. Zimmermann, K.-D. Henke (1987), S. 315-316.
384 Vgl. H. Zimmermann, K.-D. Henke (1987), S. 3 ff.
385 Vgl. D. Brümmerhoff (1996), S. 435.
386 Vgl. hierzu ausführlich: W. Eucken (1975), S. 185-193, insbes. S. 186.
387 Vgl. M. Nieder-Eichholz (1995), S. 88.
388 Vgl. H.-R. Peters (1995), S. 300.
389 Vgl. D. Brümmerhoff (1996), S. 435; übereinstimmend: M. Nieder-Eichholz (1995), S. 88.

fahrtsökonomie. ***Streit*** betont, daß „am wenigsten ertragreich [...] die wohlfahrtsökonomische Analyse hinsichtlich der Verteilungsfrage [war].“[390] Zwar mag dem Staat auch hier ein gewisser vorübergehender und grundsätzlich eng begrenzter finanzpolitischer (Subventions-)Handlungsspielraum zugebilligt werden, doch ist dies im Rahmen der Sozialpolitik effizienter zu erreichen.

Subventionen spielen eine bedeutende Rolle bei verteilungsmotivierten Maßnahmen zur Beseitigung von sog. Marktfehlentwicklungen bzw. -korrekturen. Selten werden die wahren Verteilungsziele offengelegt, wie es durch die Steinkohlesubventionspolitik in der jüngsten Vergangenheit wieder bestätigt wurde. Das in den fünfziger und sechziger Jahren in den Vordergrund gestellte Subventionsziel der Sicherung der Versorgungssicherheit entpuppte sich mehr und mehr als verteilungspolitisch motiviert. Offensichtlich ist im Bergbau das primäre Ziel eine Einkommenssicherung der Beschäftigten, wobei dem ursprünglichen Primärziel: der kapazitätsmäßigen und personellen Strukturanpassung vor dem Hintergrund zunehmender internationaler Effizienznachteile der deutschen Stein- und Braunkohle, weniger Beachtung zuteil wird.[391u.392] Ordnungspolitisch können nur in Ausnahmefällen und vorübergehend solche Subventionen als „Hilfe zur Selbsthilfe“ akzeptiert werden, die den Charakter einer kurzfristigen Anpassungshilfe[393] und nicht den einer jahrzehntelangen Dauersubvention haben.[394u.395] Im Gegensatz zur - theoretischen - h. M. kennt die politische Praxis einen gewissen engen und zeitlich begrenzten Spielraum für Subventionen zur distributiven Marktkorrektur. Die ökonomische Entwicklung in den NBL zeigt jedoch, daß Subventionen zur Hilfe der in Not geratenen Unternehmen sich eher verfestigen und zu einem ordnungspolitischen Subventionsproblem herangewachsen sind.[396u.397]

---

390 M. E. Streit (1991a), S. 22.

391 Vgl. H.- R. Peters (1995), S. 302.

392 Gemäß einer Marktstudie des Bundesverbandes der Textilwirtschaft erhält die Steinkohle-Branche ca. 120 TDM (p. a.) pro Mitarbeiter Subventionen, wohingegen die Textilbranche als strukturell ebenso bedrohte Branche 1995 nur 300 TDM in summa erhalten habe. Aus: o.V. (1996d), S. 22. Anders: BMF (1995), S. 17. Der 15. Subventionsbericht des Bundes spricht in diesem Zusammenhang - gemäß seiner engen Abgrenzung - von 43,3 TDM Subventionen je Erwerbstätigen im Steinkohlebergbau.

393 Der fünfzehnte Subventionsbericht des Bundes sieht den gesetzlichen Auftrag durch § 12 StWG autorisiert, wodurch ausdrücklich Hilfen an Unternehmen zur Anpassung, Erhaltung und Produktivitätssteigerung gewährt werden dürfen. Weiter heißt es dort, daß grundsätzlich nur Subventionen als "Hilfe zur Selbsthilfe" zu gewähren sind. "Zeitlich befristet und degressiv ausgestaltete Hilfen dienen dem erleichterten Strukturwandel", Vgl. hierzu ausführlich: BMF (1995), S. 9 ff.

394 Vgl. M. Nieder-Eichholz (1995), S. 90.

395 Peters spricht in diesem Zusammenhang von "fadenscheinigen Verbrämungen mit dem Argument der unbestimmten "Allgemeinwohlthese" oder eines angeblichen "gesamtwirtschaftlichen Nutzens", der sich beim näheren Untersuchen als handfeste, politisch motivierte Einkommensverbesserung für bestimmte Wirtschaftszweige oder Berufsgruppen entpuppe. Vgl. H.-R. Peters (1995), S. 302.

396 Vgl. hierzu ausführlich: Kapitel A, Abschnitt 4.4.

397 Die parteipolitischen und international wetteifernden Auseinandersetzungen unterstreichen den Eindruck, daß verteilungsmotiverte Subventionen nicht von Gerechtigkeits- und Effizienzüberlegungen geprägt sind. Vgl. hierzu ausführlich das Problem der Ost-Subventionen: o.V. (1997e), S. 17 sowie H. J. Schürmann (1996), S. 22 sowie o. V. (1997d), S. 13 sowie o.V. (1996e), S. 13

Zusammenfassend ist festzuhalten, daß Subventionen zur Überwindung distributiver Marktmängel nur stark eingeschränkt geeignet sind und nur in ***Ausnahmefällen*** und für kurze Zeit als „Hilfe zur Selbsthilfe“ ordnungspolitisch akzeptabel erscheinen. Die Instrumente der Sozialpolitik sind hierfür zielsicherer; denn sie haben geringere Nebenwirkungen auf die Branchen- und Wettbewerbsstruktur als eine distributive, subjektive Subventionspolitik.

4.3.4. Überwindung regionaler Disparitäten

Erfahrungsgemäß entwickeln sich Regionen in einer dezentral organisierten Ökonomie wirtschaftlich nicht gleichmäßig. Die wirtschaftliche Entwicklung der Bundesrepublik offenbart, daß regional erhebliche Unterschiede festzustellen sind. Die Bedeutung der regionalen Disparitäten zeigt sich beispielhaft in der disparitätischen Entwicklung in den NBL.[398] Die wirtschaftliche Lage in Ostdeutschland offenbart eine Diskrepanz regionaler Strukturentwicklungen. Einerseits zeigen die allgemein ökonomisch zurückgebliebenen Regionen in den NBL gegenüber den ABL das Disparitätenproblem zwischen Ost und West, andererseits erfordern die altindustriellen Kerngebiete in Gesamtdeutschland umfangreiche Umstrukturierungsmaßnahmen und strukturelle Hilfen.[399]

Die Bundesregierung hat ihm Rahmenplan der Gemeinschaftsaufgabe ***„Verbesserung der regionalen Wirtschaftsstruktur“*** nach dem Beitritt der DDR die gesetzlichen Grundlagen für die Umstrukturierung durch regionalpolitische Maßnahmen geschaffen. Hauptanliegen der regionalen Strukturmaßnahmen - sie unterscheiden sich nur in der Subventionshöhe und -vielfalt von denen in Westdeutschland - sind Ausgleichs-, Wachstums- und Stabilisierungsziele.[400]u.[401] Regionalpolitische Hilfen sollen die Voraussetzungen dafür schaffen, daß Arbeitskräfte weiterhin regional beschäftigt werden können, obwohl die hier erwirtschafteten operativen Erträge die Kosten der Entlohnung nicht bzw. nur zum Teil decken. Will man verhindern, daß die Beschäftigung regional abnimmt, erscheint eine „Verbilligungssubvention geeignet, [um] die Lohnkosten dem durch den Arbeitseinsatz erwirtschafteten Wert

---

sowie o. V. (1996r), S. 18 sowie o.V. (1996g), S. 13 sowie o.V. (1996h), S. 13 sowie o.V. (1996i), S. 11.

398 Zur Entwicklung in den neuen Bundesländern und der Zielsetzung der Bundesregierung im Rahmen des "Aufbau Ost" siehe ausführlich: Kapitel A, Abschnitt 4.4.

399 Vgl. K. Trojanus (1995a), S. 137.

400 Vgl. K. Trojanus (1995a), S. 137; übereinstimmend: BT (1992), S. 6.

401 Zur Erreichung dieses regionalpolitischen Ziels sind bisher erhebliche Subventionen notwendig gewesen. Nach Berechnungen der Europäischen Union hat die ostdeutsche Industrie die mit Abstand höchsten Subventionen in der Gemeinschaft erhalten. Deutschland hat 1993/94 jährlich ca. 32 Mrd. DM nationale und regionale Beihilfen für seine Industrie gezahlt, wovon ca. 8,4 Mrd. DM nur auf Westdeutschland entfallen. Wenngleich sich die Förderung in Westdeutschland von 1,68 TDM in 1993 pro Erwerbstätigen auf 1,1 TDM 1994 reduzierte, liegt die Förderung in Ostdeutschland im Jahresdurchschnitt bei hohen 20 TDM je Arbeitsplatz. In keiner Region in der EU war an die Förderungen so hoch, wobei Italien und Frankreich als klassische subventionsfreundliche Länder "nur" ein Fünftel der ostdeutschen Hilfen im gleichen Zeitraum verteilten. Vgl. o.V. (1997f), S. 13.

anzugleichen."[402] Zwar wäre eine Faktorwanderung gesamtwirtschaftlich wünschenswert, doch wird aus regionalpolitischen Gründen (Gefahr der Verwaisung von bestimmten Räumen) durch die Subventionierung ein Anreiz geschaffen, die Produktion in diesen Gebieten aufzunehmen oder beizubehalten.[403]u.[404] Direkte lokale Lohnsubventionen oder steuerliche Begünstigungen helfen, solche regionalen Disparitäten in den Faktorproduktivitäten und Einkommensunterschieden[405] auszugleichen, die u. a. durch einheitliche Tarifverträge oder staatliche Mindestlohnvorschriften als wesentliche Kostenkomponente verursacht werden.[406]

Auf der Ebene der EU sind die Disparitäten noch gravierender als auf einzelstaatlicher Ebene.[407] Die EU nutzt das Subventionsinstrument des Struktur- und Kohäsionsfonds zum Abbau der binnenwirtschaftlichen Disparitäten verschiedener Regionen innerhalb der EU, um das Gefälle zwischen den wirtschaftlich schwachen Regionen wie Kalabrien und Thüringen und den stärken Regionen wie Hamburg und Brüssel anzugleichen. Dieses Instrument dient einer ausgewogenen europäischen Integration.[408] Die nachfolgende Abbildung zeigt ausgewählte regionale Disparitäten auf der Basis des BIP je Einwohner und je EU-Mitgliedsstaat.

402 B. F. Gröbner (1983), S. 57.

403 Ein eindrucksvolles Beispiel bieten die hohen Subventionen an die Werftenindustrie in den deutschen Küstenländern, die nicht den Zusammenbruch des Bremer Vulkan-Verbundes verhindern konnten. Mit 23,9 TDM 1995 waren die Subventionen für die Küstenwerften nach der Steinkohlesubvention von ca. 120 TDM je Beschäftigten der zweithöchste regionalmotivierte Beihilfebetrag. Vgl. o.V. (1997c), S. 29.

404 Der Subventionskompromiß zwischen der Bundesregierung und der Europäischen Gemeinschaft zur regionalen Wirtschaftsförderung zeigt deutlich die Bedeutung von regionalen Subventionen. Der Bund und die Länder geben jährlich zu gleichen Teilen ca. 7,2 Mrd. DM für die Regionalförderung aus, wobei der Löwenanteil auf Ostdeutschland entfällt. Ziel der EU ist es, das regionale Subventionsvolumen auf 18 % der Gesamtbevölkerung je EU-Land zu begrenzen, wobei Westdeutschland mit 20,8 % weit darüber liegt. Vgl. o.V. (1996j), S. 21.

405 Ein detaillierter Überblick über die finanziellen Aufwendungen des Struktur- und Kohäsionsfonds gibt die Europäische Union in ihrer EU-Publikationsreihe "Europa fördert die regionale Entwicklung". Vgl. EU (1996a), S. 2-18.

406 Zur Fördereffizienz der beschäftigungspolitischen Hilfen in den NBL vgl. ifo, IHW (1994), S. 189-204.

407 Vgl. EU (1996a), S. 2.

408 Vgl. EU (1996a), S. 3.

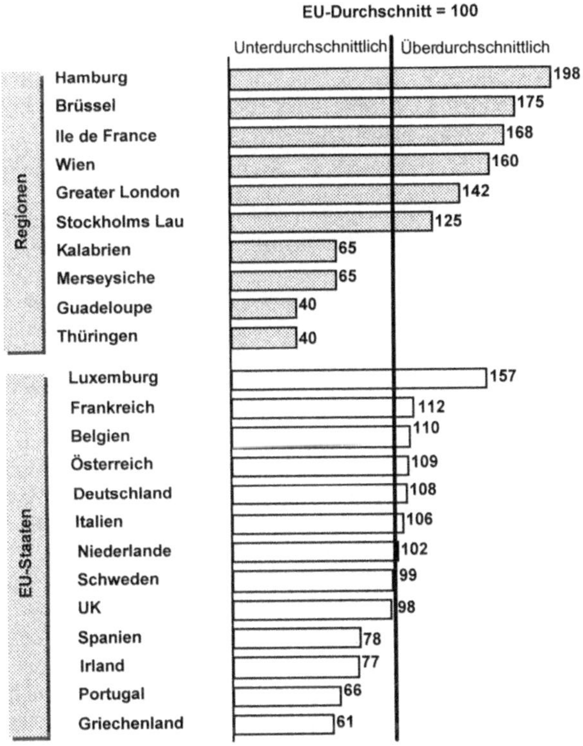

Quelle: In Anlehnung an EU (1996a), S. 3

Abb. 24: Ausgewählte BIP-Disparitäten je Einwohner in der EU

Die Gefahr der Dauersubventionierung von regionalen Problemregionen zeigt, daß der Grad zwischen dem ordnungspolitisch vertretbaren Subventionsziel einer kurzfristigen „Anpassungshilfe als Selbsthilfe" und einer permanenten Erhaltungssubvention denkbar schmal ist. Anders formuliert: Es geht nicht darum, die Arbeitsplätze oder Unternehmen, sondern die vom Strukturwandel betroffenen Menschen zu schützen.[409] Dauersubventionen zur Überwindung von regionalen Disparitäten sind dann ordnungspolitisch bedenklich, wenn sie als Erhaltungssubventionen ineffiziente Arbeitsplätze erhalten und zur Konservierung von Besitzständen beitragen.

Im Ergebnis kann festgehalten werden, daß Subventionen zur Überwindung von regionalen Disparitäten nur in Form einer zeitlich eng begrenzten „Hilfe zur Selbsthilfe" vertragstheoretisch mit der Konzeption einer sozialen Marktwirtschaft vereinbar sind. Letztlich können regionale Hilfen nur als einmalige Starthilfen oder Überbrückungshilfen eingesetzt werden, da über die langfristige Wirtschaftlichkeit der

409 Vgl. Sachverständigenrat zur Begutachtung der gesamtwirtschaftlichen Entwicklung (1991) übereinstimmend: A. Boss (1991), S. 74.

Markt entscheidet und regionale Disparitäten nicht nur auf materielle und objektive Unterschiede zurückzuführen sind, sondern ebenso von immateriellen Standortbedingungen, wie z. B. dem Ausbildungsstand des Humankapitals oder der Bereitschaft und dem Willen der Arbeitnehmer sowie der Unternehmen in der Region, auf die marktlichen Herausforderungen zu reagieren.

4.4. Exkurs: Subventionen zur Beschleunigung des wirtschaftlichen Anpassungsprozesses in den neuen Bundesländern: Der „Aufbau Ost“

Die vorangegangen Ausführungen zur Überwindung von Marktversagen haben gezeigt, daß Subventionen in einer sozialen Marktwirtschaft nicht pauschal als schädlich oder systeminkonform zu verurteilen sind. Aus wohlfahrtsökonomischem Blickwinkel mag ein gewisser, wenn auch ordnungspolitisch sehr enger, Handlungsspielraum für einen begrenzten Zeitraum und in meßbarer Höhe eingeräumt werden.

Im Zuge der Wiedervereinigung nahm die Bedeutung der Subventionen für eine Beschleunigung des wirtschaftlichen Anpassungsprozesses deutlich zu. Ausgangspunkt für diesen wirtschaftlichen Integrationsprozeß der ehemaligen DDR in das bundesdeutsche Wirtschaftssystem war die am 1. Juli 1990 vollzogene Wirtschafts-, Währungs- und Sozialunion, die zunächst eine günstige Voraussetzung für einen zügigen „Aufbau Ost“ bildete. Das marktwirtschaftliche System, in dessen Ordnungsrahmen Westdeutschland zu Wohlstand gekommen ist, würde, so die Erwartung, nun auch in den NBL die Rahmenbedingungen der Wirtschaftsentwicklung positiv prägen und beflügeln. In der Anfangseuphorie schien der wirtschaftliche Aufholprozeß nach einer hochsubventionierten Anschubphase nur eine Angelegenheit von wenigen Jahren zu sein.[410] Nach einer kurzen Phase des wirtschaftlich rasanten Aufschwungs folgte dann aber tatsächlich die ökonomische Ernüchterung.

Die Situation im Jahr 1997 ist durch eine schleppende Phase des Aufbauprozesses gekennzeichnet, die einen Rückgang des Aufschwungs nur durch massive und permanente finanzielle Unterstützungen verhindert.[411] Die folgende Abbildung gibt hierzu einen Überblick über ausgewählte Eckdaten der wirtschaftlichen Entwicklung seit der „Wende“ in den NBL.[412]u.[413]

---

410 Vgl. R. Pohl (1995), S. 11.

411 Vgl. DIW (1997a), S. 45; übereinstimmend: ifo, IWH (1994), S. 2.

412 Eine detaillierte Darstellung der wirtschaftlichen Entwicklung seit der "Wende" in den NBL ist u. a. bei folgenden Autoren zu finden: BMWi (1996), Bericht der Bundesregierung sowie H. Belitz et al. (1995), Aufbau des industriellen Mittelstandes sowie K. Toepel (1996), Zwischenbilanz der Strukturfondsinterventionen und anderer EU-Programme in den Neuen Bundesländern sowie R. Pohl (1995), Herausforderung Ostdeutschland sowie R. Schmidt, B. Lutz (1995), Chancen und Risiken der industriellen Restrukturierung in Ostdeutschland sowie K.-H. Hansmeyer (1993), Finanzierungsproblem der deutschen Einheit II sowie H. Siebert (1992b), Das Wagnis der Einheit sowie F. Stille et al. (1992), Strukturwandel im Prozeß der Deutschen Vereinigung.

413 Das ifo- und IWH-Institut sprechen von einem Systemwechsel von der sozialistischen Planwirtschaft zur Marktwirtschaft. Vgl. ifo, IWH (1994), S. 1.

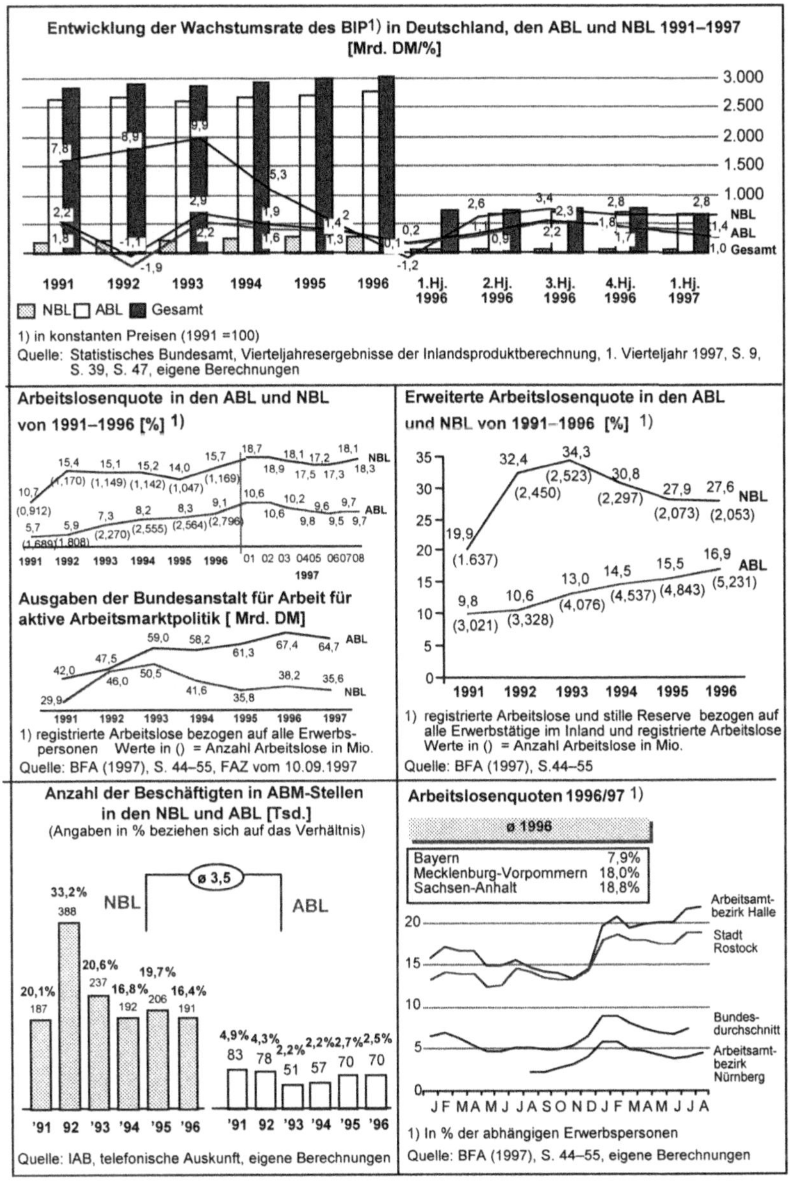

Abb. 25: Kerndaten der wirtschaftlichen Entwicklung in den neuen Bundesländern

Diese Auswahl wesentlicher wirtschaftlicher Kerndaten zeigt, daß der „Aufbau Ost" ohne eine massive staatliche Unterstützung umzukippen droht. Das BIP in konstanten Preisen von 1991 war in den ersten drei Quartalen 1996 nur noch um ca. 2 % höher als im gleichen Vorjahreszeitraum. Der Wachstumsvorsprung gegenüber den NBL betrug 1996 nur noch 0,5 % (1995: 3,5 %).

Die erweiterte Arbeitslosenstatistik der BfA offenbart für 1996 gesamtdeutsch sogar ca. 7,283 Mio. Erwerbslose, wovon allein die NBL eine Quote von 27,6 % oder 2,05 Mio. Arbeitslose auf sich vereinen. Der Stellenabbau in der ostdeutschen Industrie setzt sich trotz hohem Förderungsniveau 1997 mit voraussichtlich weiteren 20.000 Arbeitsplatzverlusten fort.[414] Lokal sind die Unterschiede noch gravierender (etwa Halle an der Saale gegenüber Nürnberg). Folglich haben sich die Aufwendungen der BfA 1997 gegenüber 1991 nahezu verdoppelt und stagnieren auf einem hohem Niveau. Das Problem regionaler Disparitäten ist trotz hoher Subventionen nicht bedeutend gemildert worden. Es verwundert daher nicht, wenn allgemein kein Zweifel daran besteht, daß die NBL weitere Unterstützungen benötigen, obgleich die Meinungen über den Umfang und die instrumentelle und temporäre Ausprägung weit auseinandergehen.[415]

Die Gründe des massiven Einbruchs des „Aufbaus Ost" sind gemäß der drei Forschungsinstitute DIW, IWH und IfW in der Abschwächung der Bauwirtschaft als Folge der subventionsbedingten Überkapazitäten, in der Reduzierung steuerlicher Abschreibungsmöglichkeiten, in der immer noch schwachen Binnenkonjunktur (der Exportanteil des Ostens an den gesamtdeutschen Exporten lag 1996 nur bei 4,48 %[416]) und in den abgeschwächten Reallohnsteigerungen zu sehen. Trotz massiver Transferzahlungen gelingt es nicht, einen sich selbst tragenden Aufschwung nachhaltig in Gang zu bringen.[417] Die Vorstellung eines kurzen staatlichen Anschubs mit anschließender Reduzierung des Fördervolumens wird angesichts der drängenden Probleme heute nicht mehr zur Diskussion gestellt.[418] Die Bundesregierung will erst für die Jahre 2002 bzw. 2004 eine Reduzierung der Steuerhilfen anstreben.[419]

Die ***Kosten der Einheit***[420] sind mit jährlich fast 200 Mrd. DM doppelt so hoch ausgefallen, wie 1991 noch geschätzt, so daß die Einheit von 1991 bis 1995 fast eine Billion DM an Transferleistungen[421] gekostet hat. Damit haben die Hilfen für die

414 Nach einer Umfrage des ifo-Institutes sind im Jahresdurchschnitt 1997 nur noch 0,57 Mio. gegenüber 2,8 Mio. Industriebeschäftigte in 1990 in Ostdeutschland vorhanden. Weiterführend: o. V. (1997h), S. 19.

415 Vgl. DIW (1997a), S. 45.

416 Incl. West und Ost Berlin. Ohne West- und Ost-Berlin: 2,86 %.

417 Vgl. DIW (1997a), S. 47.

418 Vgl. H.-H. Härtel (1996), S. 270.

419 Kernpunkt der "neuen Ostförderung" soll bis 2004 die Streichung der Sonderabschreibung zugunsten einer Erhöhung der Investitionszulagen sein. Vgl. o.V. (1997n), S. 4 sowie o. V. (1997o), S. 17.

420 Die statistischen Angaben sind dem Bericht des Rheinisch-Westfälischen Instituts für Wirtschaftsforschung (RWI) entnommen. Vgl. o.V. (1996k), S. 18.

421 Das RWI subsumiert hierunter alle finanzwirtschaftlichen Kosten seitens des Bundes, der westdeutschen Länder und Gemeinden, der westdeutschen Sozialversicherungssysteme sowie der

NBL im Durchschnitt der Jahre 1991 bis 1995 fast 7,3 % des westdeutschen Bruttoinlandsprodukts betragen. Der Staat „mußte, um es bildhaft auszudrücken, Feuerwehr spielen", um den ostdeutschen Unternehmen, die vor dem Aus standen und stehen, zu helfen, „bevor es zum Löschen zu spät ist."[422u.423]

Vor diesem Hintergrund verwundert es nicht, daß ein Anstieg der Insolvenzen und damit einhergehende Arbeitsplatzverluste überwiegend für negative Externalitäten sorgen.[424] Abgesehen von der These des Marktversagens, besteht die Gefahr, daß die Ad-hoc-Orientierung der Wirtschafts- und Finanzpolitik eine Verzettelung der Förderung mit sich bringt.[425] Die heutige Fördersituation stellt vor die Frage der Systemkompatibilität der Subventionen mit der marktwirtschaftlichen Ordnung, da diese massive Förderung letztlich einer Einkommensalimentierung durch Umverteilung gleichkommt.[426] Der durch Subventionen verzerrte Marktmechanismus wird zunehmend aussageloser, insofern die subventionierten Betriebe mit niedrigeren Grenzkosten arbeiten und nicht begünstigte Betriebe im gesamtdeutschen Wettbewerb unterbieten. Zudem ist die Subventionspolitik durch ein hohes Maß an Selektivität gekennzeichnet, da der „Löwenanteil des Subventionskuchens" wenigen Begünstigten aus der Masse der Produzenten zukommt. Anders ausgedrückt: Dem Eindruck, Subventionen würden mit der Gießkanne verteilt, kann nicht zugestimmt werden.[427] Subventionen dienen, so die allgemein akzeptierte Auffassung in den Finanzwissenschaften, der kurzfristigen und subsidiären Korrektur von Marktprozessen.[428] Ihre problematische Wirkung ist wegen der fehlenden Zielgenauigkeit und der

---

Treuhandanstalt von 1991 bis 1995, vermindert um die ostdeutschen Beiträge zu den Einnahmen des Bundes für den West-Ost-Transfer. Vgl. o.V. (1996K), S. 18.

422 DIW (1997a), S. 48.

423 Beispielhaft hierfür ist der ratenweise Zerfall der "industriellen Kerne", die ohne oder trotz massive(r) Hilfe die operative Gewinnzone (bisher) nicht erreichen konnten. Fast durchweg handelt es sich hier um alte Industriezweige mit zweifelhaften Zukunftsperspektiven. Gleiche Erfahrungen wurden schon in den 60er und 70er Jahren in Westdeutschland mit der Zunahme des globalen Standortwettbewerbs in schmerzlicher Weise gemacht. Der Spiegel meint dazu, "daß der ostdeutschen Wirtschaft der Absturz droht, da vielen der wenigen Betriebe, die den Weg scheinbar in die Marktwirtschaft schon geschafft hatten, die Pleite droht". Vgl. hierzu o.V. (1996l), S. 94-117.

424 Insbes. die Lohnentwicklung, die nach der Vereinigung mit zweistelligen Zuwachsraten rasante Niveaus erreichte, konnte nicht mit der Investitionsentwicklung Schritt halten. Schon 1991 resumierten Sinn und Sinn, daß darauf "die Weichen zu einer fast vollständigen Beseitigung der Lohndifferenz innerhalb der nächsten vier Jahre [...] gestellt [sind]". Vgl. G. Sinn, H.-W. Sinn (1991), S. 145.

425 Der Fördereifer der Brandenburgischen Landesregierung weist trotz einer "Straffung des Förderangebotes" über 108 eigene Programme aus. Dazu kommen weitere Bundes- und EU-Programme, die die Gefahr der Parallelförderung in den NBL verstärken. Vgl. hierzu auch: DIW (1997a), S. 50.

426 Vgl. o. V. (1997c), S. 28; übereinstimmend: DIW (1997a), S. 49; übereinstimmend: H.- H. Härtel (1996), S. 270-272; übereinstimmend: E. Wohlers (1996), S. 218-220.

427 Vgl. A. Rosenschon (1997), S. 12-13. Ein Schwerpunkt der Subventionen dürfte wohl auch im Erhalt der sog. Altindustrien liegen. Eine kritische Auseinandersetzung hierzu ist bei H. Klodt (1996) zu finden.

428 Vgl. ifo, IWH (1994), S. 3.

unerwünschten Nebeneffekte (Mitnahmeeffekte, Folgesubventionen, Rent seeking[429], Gewöhnungseffekte etc.) ein zunehmendes Problem für die ordnungspolitische Integration der NBL in ein gesamtdeutsches marktwirtschaftliches System. Angesichts der problematischen Haushaltslage bei Bund, Ländern und Gemeinden und der systemgefährdenden Wirkung sind Neugestaltung und Kontrolle der Förderung für die NBL und die ABL dringend notwendig.[430]

Das Gesagte verdeutlicht, daß die o. g. Institute politisch motivierten Verteilungszielen eine deutliche Absage mit dem Hinweis erteilen, daß diese Ziele eine Ressourcenfehlallokation in Ostdeutschland nicht ausschließen könnten. Das ***DIW*** kommentiert 1997: „So läßlich derartige Sünden kurzfristig erscheinen mögen - langfristig können gerade sie sich als ernsthaftes Wachstumshemmnis herausstellen, denn es ist nicht gewährleistet, daß sich die Sektoral- und Regionalstrukturen, die sich auch unter dem Einfluß der Förderung im Laufe der letzten Jahre herausgebildet haben, unter Marktbedingungen aufrechterhalten lassen."[431] Diese Ausführungen zeigen, daß für die Subventionierung in den NBL die gleichen Effizienzüberlegungen wie in den ABL angestellt werden müssen. Eine Entkoppelung der Förderung der Neuen von den Alten Bundesländern ist in einem interdependenten Wirtschaftsraum bedenklich. Eine Subventionspolitik auf hohem Niveau und ohne schlüssige marktkonforme Ziele führt zwangsläufig zu Problemen in der Wirtschafts- und Finanzpolitik. Der Grund hierfür liegt in den zu vielen ungenauen Zielen, die auf einmal und zu lange verfolgt werden. Diese Ziele sind zwar manchmal komplementär, aber häufig konträr zueinander und führen nicht zu den gewünschten gesamtwirtschaftlichen Änderungen.[432] Massive Subventionsvergaben in Ostdeutschland sind daher mittelfristig bei fehlenden konsistenten marktkonformen Zielen abzulehnen. Es ist fraglich, ob bei einer Reduzierung des Förderniveaus die bestehenden Strukturen der Wirtschaft aufrechterhalten bleiben oder nur durch weitere massive Hilfen erhalten werden können. Die deutsche Vereinigung bestätigt die These, daß Subventionen das Resultat politischer Prozesse sind, die den Marktgesetzen naturgemäß entgegenstehen. Kontrollen für eine marktkonforme Subventionierungen fehlen.

---

429 Speziell zu den volkswirtschaftlichen Problemen des "rent seeking" siehe K. Harzem (1987), S. 41.

430 Die ostdeutschen Länder haben ein neues Ost-Förderkozept im Bundesrat als Gesetzentwurf vorgelegt, das die steuerliche Förderung nach dem Auslaufen der bisherigen Regelungen Ende 1998 regeln soll. Mit 13,5 Mrd. DM soll die Förderungen auf dem "bisherigen hohen Niveau" und "ohne Befristung" weitergeführt werden. Die Neuregelung sieht auch eine "zielgenauere" Förderpraxis" als bisher vor. "Das weitere hohe Niveau der Förderung zeigt, daß [...] kein Zweifel in der Politik für ein weiteres hohes Förderungsvolumen besteht". Aus: o.V. (1997g), S. 19.

431 DIW (1997a), S. 59.

432 Der Ruf nach einer zielgerichteten Förderpolitik wird vor dem Hintergrund der angespannten Haushaltslage in Theorie und Praxis immer lauter. Die Forschungsinstitute haben schon früh auf die wirtschaftlichen Probleme einer verfehlten Zielorientierung hingewiesen, wobei nicht politische, sondern ökonomische Ziele verfolgt werden sollten. Vgl. o. V. (1997g), S. 19 sowie DIW (1997a), S. 52 ff.

Wirtschaftliche Kriterien werden in den Hintergrund gedrängt, so daß die Eigendynamik der politischen Willensbildung und -durchsetzung an Bedeutung gewinnt.[433] Die wirklichen Ansatzpunkte müssen aber ursächliche Probleme und systemkonforme operable Ziele für ihre Behebung bilden. Diese Ziele dürfen nicht den Marktkräften grundlegend entgegenstehen.

4.5. Fazit

Seit Subventionen in der öffentlichen Finanzwirtschaft eine Rolle spielen, besteht ein berechtigter Zweifel an ihrer Effizienz und ihrer ordnungspolitischen Kompatibilität mit den Grundprinzipien und -funktionsweisen der sozialen Marktwirtschaft. Die Erörterungen haben gezeigt, daß Subventionseingriffe in die Marktprozesse, zumal wenn ihre Volumina und Fristen nicht begrenzt und kontrolliert werden, aus ordnungspolitischen Gründen kaum zu vertreten sind. Die Gründe hierfür sind die, daß die subventionspolitischen Maßnahmen, zumal wenn sie langlebig sind, zugleich interdependente (Neben-)Wirkungen auf unterschiedliche finanzpolitische verteilungs-, allokations- und stabilitätspolitische Ziele haben und daher nicht von einer instrumentellen Neutralität gegenüber marktwirtschaftlichen Prinzipien gesprochen werden kann.[434] Darüber hinaus wird der Einsatz von Subventionen von den jeweils vorherrschenden wettbewerbspolitischen Leitbildern subjektiv geprägt und dementsprechend politisch verwertet.[435]

Die deutsche Verfassung bejaht die Zulässigkeit der Subventionierung und räumt der Legislative auf der Basis einer nicht näher konkretisierten Globalermächtigung einen breiten Gestaltungsspielraum ein. Hieraus folgt die Notwendigkeit, daß die Legislative unter dem Deckmantel der Wohlfahrtsoptimierung und mit Hinweis auf Marktversagen Eingriffe in die Lenkungsfunktion der Preise und die Risikoaversität der Unternehmen vornimmt, die jedoch bei Überdosierung zu einer Zerstörung der konstitutiven Merkmale der sozialen Marktwirtschaft führen.

Die aktuelle Entwicklung in den NBL zeigt, daß Subventionen zwar weiterhin eine bedeutende Rolle bei wirtschaftlicher Integration und Angleichung einnehmen werden, daß aber die Probleme der Fehlentwicklung (Allokationsverzerrungen, Folgesubventionen, Mitnahme- und Gewöhnungseffekte) eine dringende Neuorientierung der Förderungen notwendig machen.[436] Subventionierungen mit Hinweis auf Marktversagen und solche zur Überwindung von Disparitäten aus ordnungspolitischer Sicht sind kritisch zu beurteilen. Derartige Subventionsvergaben müssen im Einzelfall genau geprüft und kontrolliert werden. Um so kritischer müssen die Interventionsanlässe die

433 Vgl. H. Siebert (1992b), S. 113.

434 Vgl. H.-R. Peters (1995), S. 300.

435 Sehr häufig fehlen operable Ziele überhaupt für eine Subventionsbegründung. Fast immer wird in der Subventionsbenennung die Zielstellung bereits als gerechtfertigt und begründet angesehen. Vgl. hierzu ausführlich die Kritik des Rechnungshofes des Landes Sachsen-Anhalt zur Gewährung von Zuwendungen sowie den achten Subventionsbericht des Landes Hessen. Landesrechnungshof Sachsen-Anhalt (1994), S. 8 sowie K. D. Diller (1996).

436 Vgl. DIW (1997a), S. 51-64.

verdeckten und vorgeschobenen Subventionsanlässe anhand von operationalen Zielwerten kontrollieren, da mit klaren Zielen eher ein gesellschaftlicher Konsens erreicht wird als explizit mit Verteilungsmaßnahmen.

Trotz aller Kritik dürfen Subventionen nicht in abstrakter Weise als schädlich abgelehnt werden; vielmehr bilden sie einen Ansatzpunkt zur Internalisierung von externen Effekten, zur Bereitstellung meritorischer Güter, geben wirtschaftliche Starthilfen und dienen der Beseitigung von wettbewerbsschädlicher Übermacht. Inwieweit diese Aspekte in der Praxis von Bedeutung sind und als Ziel für Subventionierungen dienen können, kann nicht pauschal mit der gesamtwirtschaftlichen Notwendigkeit begründet werden und bedarf einer Überprüfung im Einzelfall.

Insgesamt wurden in der bisherigen Diskussion die Wirkungsweisen überwiegend auf gesamtwirtschaftlicher Ebene diskutiert. Mit Blick auf die Abbildungs- und Abgrenzungsprobleme[437] ist es um so wichtiger, daß entscheidungs- und kontrollrelevante Informationen eine Subventionsevaluierung ermöglichen. Aus der Reflexion praktischer Ineffizienzen lassen sich weitere Ansatzpunkte für eine Behebung der Mängel isolieren und identifizieren. Hiermit wird sich der nachfolgende Abschnitt vertiefend befassen.

---

437 Vgl. zum Problem der Abgrenzung des Subventionsbegriffes; Kapitel A, Abschnitt 3.1.1.

5. Ineffizienzen der Subventionspolitik: Ein Abriß möglicher Mängelursachen

5.0. Einführende Bemerkungen

Eine Beurteilung ökonomischer Effizienz und Ineffizienz ist generell in der Wirtschaftswissenschaft ein schwieriges Unterfangen.[438] Der Erfolgseintritt als Zielerreichung entscheidet klassischerweise über die Effizienz einer gewählten finanzwirtschaftlichen Maßnahme. Die Fixierung von Zielen als Erfolgsmaßstab für die Subventionsgewährung sollte daher, wie bei anderen wirtschafts- und finanzpolitischen Instrumenten auch im Zentrum einer Kontrolle stehen. Verantwortliche Träger der Subventionspolitik ist in Deutschland - entsprechend der föderalen Struktur - eine Vielzahl von unterschiedlichen Gebietskörperschaften. Diese wiederum repräsentieren eine kaum überschaubare Anzahl von eigenen Subventionsprogrammen und -einzelmaßnahmen, die keiner normierten Darstellungsform und keiner zielorientierten Legitimationsprüfung unterzogen werden.[439]

Issing ist daher zuzustimmen, wenn er sagt, daß die einzige Restriktion für die Subventionsgewährung, die der Forderung nach Kompatibilität mit den Zielen des § 1 StWG im eigentlichen Sinne keine Restriktion ist. Die Entscheidung dafür, ob eine Maßnahme beibehalten, ausgebaut oder zurückgeführt wird, ist weniger von ökonomischen und zielunterstützenden Aspekten abhängig als vielmehr von außerökonomischen und politischen Zielen bestimmt.[440] Die grundsätzliche Orientierung an allgemein systemkonformen Zielen ist sicherlich unerläßlich für mehr Effizienz in der Subventionierung. Nachfolgend verdeutlicht das Aufzeigen praktischer Subventionsprobleme die Notwendigkeit zur Kontrolle der Subventionierung.

5.1. Defizite bei der Zielformulierung: Die fehlende Basis für eine Zielkontrolle

Im Zentrum der Diskussion um eine effiziente Kontrolle der Subventionen stehen meßbare Zielsetzung und Zielformulierung. Sie bilden die Basis für eine Wirkungskontrolle, wenn die Subventionsvergabe nicht nur „throwing money at things" bedeuten soll.[441] Die ***fehlende Operationalität*** der finanzwissenschaftlichen Subventionsziele ist ein Kardinalproblem aller praktischen und theoretischen Kontrollvorhaben in der Subventionierung. ***Streit*** spricht zu Recht davon, daß die Identifikation der wirtschaftspolitischen Fragestellungen ebenso wie die Lösungsversuche und die

438 Zur ausführlichen Darstellung der Operationalisierungsmöglichkeiten von "Effizienz und Effektivität" siehe Kapitel B, Abschnitt 3.

439 Vgl. hierzu das jüngste Beispiel der Überprüfung der Förderprogramme in Nordrhein-Westfalen. Die Studie spricht von "gravierendem Handlungsbedarf". Vgl. o. V. (1997zb), S. 6.

440 Vgl. O. Issing (1984), S. 8.

441 Vgl. H. Zimmermann (1985), S. 93.

Erfolgskontrolle eine Bestimmtheit (Operationalisierbarkeit) der Ziele voraussetzt.[442] Es fällt auf, daß gerade die verantwortliche Politik diese bewußt im dunkeln läßt. Die Aufzählung von Subventionszielen führt zu keiner Erkenntnis, die als Maßstab für die Effizienz der Ressourcenverwendung herangezogen werden könnte.[443]

Subventionsziele werden nicht allein durch die Finanz- und Wirtschaftspolitik angestrebt, sondern auch durch andere Bereiche der Politik, wie Wettbewerbs-, Sozial- oder Außenhandelspolitik, vorgegeben. Sie alle sollen dem einen Zielbündel dienen, welches in § 12 StWG im Rahmen der verfassungsmäßigen Ausgestaltung der sozialen Marktwirtschaft zugrunde gelegt worden ist. Die im Subventionsbericht des Bundes vorgenommene Klassifizierung der Subventionen in Erhaltungs-, Anpassungs- und Produktivitätshilfen kann wegen der fehlenden Zieloperationalität keine brauchbare Einteilung für eine Kontrolle darstellen. Da beispielsweise eine Werftenhilfe[444] allen drei Klassifizierungen inhaltlich zugeordnet werden kann, hängt es davon ab, wie die Klassifizierung der Hilfen als systemkonforme Anpassungshilfe angepaßt wird.[445]u.[446]

Mit Bezug auf eine allgemeine Klassifizierung finanzwissenschaftlicher Staatstätigkeit kann zwischen ***vorgegebenen***. (der Zielkorridor ist durch eine politische Vorentscheidung qua gewählter Wirtschaftsordnung determiniert) und ***abgeleiteten Zielen*** (solchen mit überwiegend originärem Zielcharakter) unterschieden werden.[447] Abgeleitete Ziele spiegeln in einem föderalen System das Zusammenspiel der dezentralen Kräfte und deren Innenverhältnis zu einem übergeordneten Ganzen wider. Folgende Zielebenen sind in der öffentlichen Finanzpolitik bedeutsam:

442 Vgl. M. E. Streit (1991a), S. 237.

443 Vgl. K.-H. Hansmeyer (1977), S. 979.

444 Die Freigabe der letzten Beihilfen für den in Konkurs gegangenen Bremer Vulkan durch die Europäische Union von über 518 Mio. DM betrachtet die EU beispielsweise als "Schließungshilfe". Vgl. o.V. (1997p), S. 25.

445 Vgl. K.-H. Hansmeyer (1971), S. 111 und S. 117. Hansmeyer schlägt eine Änderung des § 12 StwG vor. Die Gliederung solle zugunsten einer nach Techniken, Fristen und Auswertung erfolgenden Informationsversorgung ausgerichtet werden.

446 Vgl. H. Zimmermann, K.-D. Henke (1994), S. 430 sowie H. Zimmermann (1985), S. 99.

447 Vgl. H. Zimmermann, K.-D. Henke (1994), S. 2-6.

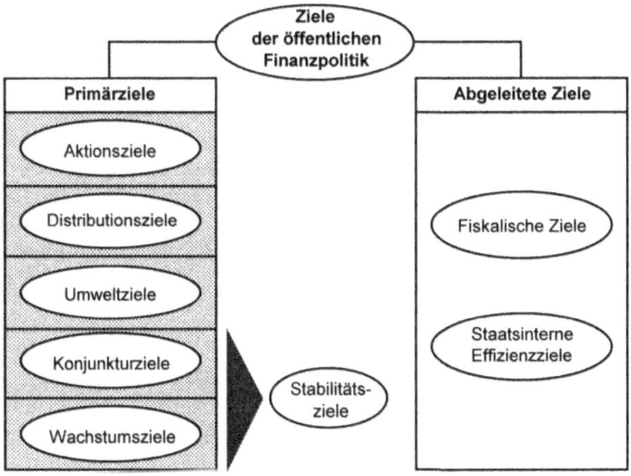

Quelle: In Anlehnung an H. Zimmermann, K.-D. Henke (1994), S. 3.

Abb. 26: Die Ziele der öffentlichen Finanzpolitik

Wenn das verfassungsmäßige Zielbündel zu einem im öffentlichen Interesse liegenden Endzweck determiniert ist, müssen alle Maßnahmen auf allen Gestaltungs- und Ausführungsebenen mit diesem theoretisch harmonisiert werden. Folglich dürfen Subventionen nur dann gewährt werden, wenn sie diesem Erfordernis entsprechen. Die Realität zeigt aber, daß diese notwendige Bedingung einer zielorientierten Subventionspolitik aller Gebietskörperschaften nicht verhindert, daß bei einigen Subventionierungen überhaupt keine Ziele expresis verbis genannt werden und bei Zielpluralität sich mitunter konfliktär zueinander verhalten.[448] Weiterführende Vorschläge, die aus diesem Grunde einen speziell auf den Zweck staatlicher Hilfen bezogenen Gesetzesvorbehalt postulieren, konnten sich bisher nicht entscheidend durchsetzen.[449] Die „weiche" Verfassungsformulierung und die globale Zielklassifizierung führen in der Praxis zu einer breiten, politisch ausgerichteten Zielauslegung, die z. T. keinen Rückschluß auf ein operationalisierbares Ziel zuläßt und somit eher vage, unklar und realitätsfern bleiben kann.[450] Einer Kontrolle wird folglich a priori jeder Bezugspunkt genommen. ***Hansmeyer*** spricht in diesem Zusammenhang von politisch gewollten unklaren Formulierungen, „da man [...] - zumindest am Anfang - keine exakte Zieldefinition geben kann oder will, die jenseits des zu überdeckenden Konflikts eine klare Entscheidung erkennen läßt."[451] Wird beispielsweise von der Förderung des Weinbaus gesprochen, so kann dies einerseits die Erhaltung der Gesamtanbaufläche aus ökologischen Gründen implizieren, andererseits der Förderung von genossenschaftlichen Anbauformen, der

448 Vgl. G. Werner (1995), S. 110; übereinstimmend: Der Autor spricht von "unklaren Formulierung". Vgl. M. Weilepp (1993), S. 335. Reding spricht von einer i. d. R. allgemein und für weitere Analysen relativ unbrauchbaren Formulierung. Vgl. K. Reding (1987), S. 14.

449 Vgl. hierzu den Vorschlag von G. Haverkate (1983), S. 196 ff. und S. 290 ff.

450 Vgl. K. Reding (1987), S. 13-14.

451 K.-H. Hansmeyer (1977), S. 993; übereinstimmend: H. Zimmermann (1985), S. 99.

Exportförderung deutschen Weins oder der Unterstützung bestimmter Produktionsmethoden dienen. Dieses Defizit einer Zielkonkretisierung erweckt den Anschein einer gewollten Verschleierung, weil die praktische Zielformulierung inhaltslos ist und keinen Ansatzpunkt für die Kontrolle bietet.[452] Erschwerend kommt hinzu, daß die Politik das Subventionsziel aus der Subventionsbenennung ableitet und somit der Gegenstand der Förderung zum bestimmenden Subventionskriterium wird.[453] Die bewußte Zielunschärfe strebt schon mit der Ziel- und Namensgebung eine Beschwichtigung der Öffentlichkeit an, um gleichzeitig eine vorbeugende Immunisierung gegen jegliche Kritik durch eine neutrale, aber irreführende Namensgebung der Ziele herzustellen. Der Informationswert der Ziele ist daher gering.[454]

Zusammenfassend kann also festgestellt werden, daß es bedeutende Defizite bei der Zielformulierung und -klassifizierung gibt. Die Subventionsziele sind zumeist vage, realitätsfern, unklar, unbrauchbar und inhaltslos. Sofern sie dennoch fixiert sind, verhalten sie sich oft widersprüchlich und konkurrierend zueinander. Die Folge sind politische Metazielaussagen, die eine wissenstheoretische und praktische Kontrolle eher behindern.[455] Eine Abstimmung der Ziele ist realiter wegen der Vielzahl der Subventionsträger nicht gewährleistet. Die Anzahl der praktischen Zielkonflikte dokumentiert die Konfusion der Zielformulierung. In der Folge entstehen Konflikte zwischen gesamtwirtschaftlichen Zielvorstellungen und einzelwirtschaftlichen (Mitnahme-)Effekten.[456] Eine gesetzliche Offenlegungspflicht der Ziele für alle Gebietskörperschaften gibt es nicht. Alleiniger Ansatzpunkt ist die Qualitätsüberprüfung des Zieles mit dem globalen Postulat des Stabilitätsgesetzes.

5.2. Blockierung des Strukturwandels: Der Anpassungsstau

Die Gefahr einer ***Fehlleitung*** volkswirtschaftlicher Ressourcen zur Konservierung von nicht mehr wettbewerbsfähigen Branchenstrukturen (=Anpassungsstau) ist ein Resultat der Subventionspraxis in Deutschland. Krisenbranchen und -unternehmen, die aus eigener Kraft nicht mehr wettbewerbsfähig sind, werden künstlich am Leben erhalten. Das DIW stellt hierzu fest, daß 1997 weiterhin die Erhaltungssubventionen mit einem Drittel den höchsten Anteil einnehmen.[457] I. d. R. wird so nur ein schleichender Prozeß des ***Niedergangs*** erreicht, der einen schnellen und notwendigen Strukturwandel blockiert. Die Gesamtauswirkungen sind durchweg negativ, weil "[...] durch die deutsche Subventionspraxis im Ganzen gesehen, mehr Realeinkommen und Arbeitsplätze in den nicht begünstigten Produktionen verloren gehen, als in den geschützten Unternehmen erhalten werden."[458] Das Modellbeispiel der Kieler Wirtschaftsforscher

452 Vgl. H. Zimmermann (1985), S. 90.
453 Vgl. Landesrechnungshof Sachsen-Anhalt (1994), S. 8.
454 Vgl. K. Reding (1987), S. 14; übereinstimmend: H. Zimmermann (1985), S. 90.
455 Vgl. K. Chmielewicz (1994), S. 81.
456 Vgl. H. Zimmermann (1985), S. 94-95 sowie Kapitel A, Abschnitt 5.3. in dieser Arbeit.
457 Vgl. F. Stille, D. Teichmann (1997), S. 6.
458 Sachverständigenrat zur Begutachtung der gesamtwirtschaftlichen Entwicklung (1990/91), S. 362.

hat gezeigt, daß eine sofortige Halbierung der Subventionen mittelfristig zu einem Anstieg von rund einer Millionen neuer Arbeitsplätze führen würde, wenn erstens die Steuern im gleichen Ausmaß wie die Subventionen gekürzt würden und zweitens die Tarifvertragsparteien die Steuersenkungen bei den Unternehmen zu Kostenentlastungen im gleichen Ausmaß der Subventionskürzung zuließen.[459] Der Selektionsgrad von direkten Subventionen verursacht eine stärkere Allokationsverzerrung als eine Steuervergünstigung, da sie, wie der Begriff sagt, direkt einem Krisenunternehmen zugeführt werden können.[460] Eine solche Hilfe führt im Endeffekt zur Strukturkonservierung und zu einer wettbewerbsverzerrenden Benachteiligung aller nicht geförderten Unternehmen in der strategisch relevanten Branchengruppe. Eine Datenauswertung des Institutes für Weltwirtschaft in Kiel kam zu dem Ergebnis, daß die Subventionspolitik vorrangig sektorale Förderziele verfolgt.[461] Innerhalb der Gruppe der sektorenspezifischen Subventionen ist eine ausgeprägte Konzentration auf einzelne Branchen mit strukturkonservierender Tendenz festzustellen.[462] Der politisch motivierte Hang zur Strukturkonservierung spiegelt u. a. das hohe Niveau der Erhaltungssubventionen wider. Besonders deutlich wird dieses gravierende Mißverhältnis, wenn man den Subventions- und den Wertschöpfungsanteil der in der nachfolgenden Tabelle aufgeführten Krisenbranchen miteinander vergleicht.

459 Eine ausführliche Darstellung der Modellrechnung ist bei E. Gerken et al. (1985) zu finden.

460 Vgl. H. Klodt, J. Stehn et al. (1994), S. 184.

461 1993 wurden ca. 75 % des gesamten Subventionsvolumens (Basis: 163 Mrd. DM) für die gezielte Förderung einzelner Branchen aufgewendet. Dabei war der Grad der Selektivität (=Relation zwischen jenen Subventionen, die ausschließlich einen Sektor begünstigen, und jenen, die mindestens auf zwei staatlich bevorzugte Sektoren abzielen) bei den Subventionen mit 79 % deutlich höher als bei den Steuervergünstigungen. Aus: H. Klodt, J. Stehn et al (1994).

462 Vgl. H. Klodt, J. Stehn et al. (1994), S. 188.

Branche/ Sektor	Subventionsanteil [%] 1)	Wertschöpfungs-antei 2) [%]
Land- und Forst-wirtschaft	17,8	1,5
Wohnungs-vermietung4)	17,7	8,3
Verkehr3)	15,5	3,9
Bergbau	6,7	0,6
Schiffsbau	0,4	0,1
	58,2	**14,4**

1) In % von H. der gesamten Subventionen zuzüglich der Subventionen der THA, BvS und Gemeinden.
2) Ohne Nachrichtenübermittlung
3) In % von H. der Wertschöpfung des Unternehmenssektors
4) Inkl. des selbstgenutzten Wohnungseigentums

Quelle: BMWi (1993); Statistisches Bundesamt (1993), BMF (1993, 1994, 1994a), Treuhandanstalt (1994), H. Klodt, J. Stehn et al. (1994), S. 185, S. 19, insbesondere S. 190

Abb. 27: Die Subventions- und Wertschöpfungsanteile im Vergleich

Während die traditionellen Krisenbranchen: Bergbau, Schiffsbau und Landwirtschaft, einen Subventionsanteil von ca. 24,9 % auf sich vereinen (unter der Annahme, daß diese Branchen an anderen branchenübergreifenden Subventionsprogrammen nicht teilnehmen) bilden sie nur 2,2 % der Wertschöpfung.[463] Das eklatante Mißverhältnis offenbart, wie ernstzunehmend das Ausmaß der finanzwirtschaftlichen Diskriminierung dynamischer, wachstums- und wertschöpfungsstarker Branchen ist.[464] Der Preis als marktwirtschaftlicher Knappheitskoordinator verliert so seinen

463 Recht deutlich zu diesem Thema hat Lothar Späth anläßlich des 8. Leipziger Juristentages auf das Problem der Erhaltungssubventionen hingewiesen. Er vertritt die Meinung, daß trotz Förderung "keine gesunde industrielle Struktur" in den neuen Ländern entstanden sei, da immer noch der Anteil der industriellen Wertschöpfung zu gering sei. Die Treuhandhilfen seien fehlgeleitet worden, da sie nur die Unternehmen vor dem völligen Zusammenbruch bewahren, aber keine Forschung und Entwickung fördern würden. Aus: o.V. (1997i), S. 16. Der DIW kommt in seinem Gutachten zu dem Schluß, daß bei Subventionen für Altindustrien aus industriepolitischen Gründen der Mißerfolg schon vorprogrammiert sei. Häufig würden aber neue Hilfen gewährt um das Scheitern zu kaschieren, wodurch die Wirtschaftsförderung zu einem "Faß ohne Boden" werde. Aus: DIW (1997a), S. 51. Vgl. hierzu auch die Ausführungen im folgenden Kapitel A, Abschnitt 5.4. Ergänzend: Eine IWH-Ost-West-Vergleich empfiehlt, die Wirtschaftsförderung verstärkt auf die Produktion technologisch anspruchsvoller Güter auszurichten. Das Ost-West-Technologie-Gefälle, welches sich auf alle Ost-Branchen bezieht, sei eine Ursache für die gravierenden Standortnachteile. Vgl. o. V. (1997q), S. 12.

464 Auffällig ist, daß nur Zahlenangaben zu den "traditionellen Krisenbranchen Kohle, Stahl, Werften" auf Branchenbasis aufbereitet werden. Andere subventionsempfangende Branchen werden nicht aufbereitet.

Selektions- und Lenkungscharakter mit der Folge, daß volkswirtschaftliche Ressourcen wachstumshemmend fehlgeleitet werden. Die Ausführungen zeigen, daß die Subventionspolitik gerade diejenigen Wirtschaftszweige diskriminiert, deren Produktivitätszuwächse überdurchschnittlich hoch sind und eigentlich zu einer höheren Wohlfahrt führen würden.

5.3. Mitnahmeeffekte und Subventionsdschungel: Das Problem der Mehrfachsubventionierung

Eine gravierende subventionspolitische Ineffizienz sind ***Mitnahmeeffekte***.[465] Dieses Phänomen tritt dann auf, wenn Unternehmen Förderungen erhalten, welche sie gar nicht wirtschaftlich benötigen. Fördermittel sind für diese Unternehmen kein Ausgleich für Standortdefizite, sondern führen zu einer gezielten Renditeverbesserung.[466] Der gewinnmaximierende Unternehmer kalkuliert die Hilfen in seine Renditeberechnung in der Gewißheit ein, daß Subventionen sein unternehmerisches Risiko minimieren werden. Folglich konzentriert sich der subventionsmaximierende Unternehmer nicht mehr auf eine optimale Faktorkombination seines relevanten Marktumfeldes, also seine nationale und internationale Konkurrenz, sondern auf ein Höchstmaß an Subventionsinanspruchnahme.[467] Eine Ursache für Mitnahmeeffekte, die gewissermaßen den Kehrwert des Subventionserfolges[468] widerspiegelt, sind die unzureichenden Ex-post- und Ex-ante-Kontrollen der Subventionen. Mitnahmeeffekte treten auch dann auf, wenn die Finanzpolitik mit Blick auf ein mögliches oder nur angedrohtes unternehmerisches Scheitern des Subventionsempfängers, d. h. aus Angst, daß die bisherigen Hilfen verloren wären, weitere Folgesubventionen (Subventionsspirale) gewähren. Besonders in den NBL, aber auch in ABL hat sich gezeigt, daß eine Fortsetzung der Subventionierung bei Hilfen, die zur Arbeitsplatzsicherung in unrentablen Unternehmen und Branchen gewährt wurden, auf Dauer fehlschlugen. Spätestens wenn die Wettbewerbsverzerrung zu einer permanenten Benachteiligung der Konkurrenten führt, werden aus gesunden Unternehmen neue subventionsbedürftige Empfänger.[469] Die Subventionsempfänger werden nach dem Wegfall des „Förderungstropfes" unter massiven Kostenproblemen leiden. Eine weitere wesentliche subventionspolitische Ineffizienz ist die ***Unübersichtlichkeit*** der Förderprogramme. Sie erzeugt eine Reihe von Komplikationen im Verwaltungs- und Steuerrecht sowie in den aufwendigen Bewilligungs- und Kontrollverfahren.[470] Dieses

---

465 Vgl. H. Zimmermann (1985), S. 94-96.

466 Vgl. DIW (1997a), S. 51-52.

467 Vgl. B. F. Gröbner (1983), S. 118-121.

468 Vgl. H. Zimmermann (1985), S. 93.

469 Ein Beispiel soll diesen Zusammenhang verdeutlichen: Droht einem Großunternehmen ein Konkurs und sind damit eine hohe Anzahl von Arbeitsplätzen gefährdet, kann das Unternehmen mit staatlichen Hilfen zur Vermeidung von sozialen Härten rechnen. I d. R. genügt der Hinweis auf ähnliche Hilfen in vergleichbaren Fällen, um die entsprechenden Hilfen gewährt zu bekommen. Letztlich führen diese Hilfen nicht dazu, daß der bestehende Status quo verändert wird; d. h., die unrentable Produktionsstruktur, das zu hohe Beschäftigungsvolumen und das marktliche Effizienzproblem bleiben bestehen und es ergibt sich nur eine zeitliche Verzögerung durch die Symptombekämpfung.

470 Vgl. G. Werner (1995), S. 40.

Komplexitäts- bzw. Informationsproblem betrifft sowohl den Subventionsgeber als auch den Subventionsempfänger. Das BMWi selbst spricht im Umgang mit der Fördergewährung von unerfahrenen Verwaltungen und Unternehmen in Ostdeutschland.[471] Eine Arbeitsgruppe zur Verbesserung von Transparenz und Konsistenz der Mittelstandsförderung wurde erst Anfang 1995 eingesetzt, was bisher, wie in der nachfolgenden Abbildung für die NBL zu sehen, zu keinen nennenswerten Erfolgen geführt hat.

Quelle: Eigene Darstellung

Abb. 28: Die Intransparenz der Fördervielfalt: Eine Auswahl

Diese Abbildung zeigt nur ausschnittsweise eine Metaebene der Fördervielfalt. Jede einzelne Fördermaßnahme impliziert eine Vielzahl von Einzelprogrammen. Diese Programmvielzahl[472] auf EU-, Bundes-, Länder- und Gemeindeebene addiert sich schnell auf mehr als eintausend verschiedene Finanzhilfen und Steuervergünstigungen, für die jeweils umfangreiche Bestimmungen und Richtlinien erlassen werden müssen.[473] Für den Subventionsnehmer eröffnet sich ein unübersehbarer ***„Subventionsdschungel"***, da die Vielzahl der Bestimmungen so kompliziert sind, daß die Kritik des Präsidenten des Bundesfinanzhofes an dem § 10e des „Einkommensgesetzes zur Subventionierung für die Bildung von Wohneigentum" nachvollziehbar ist. Er meint, daß diesen Paragraphen nur zehn Personen in Deutschland wirklich verstehen können.[474] Die Beherrschungsprobleme auf der Subventionsgeberseite bestehen darin,

471 Vgl. BMWi (1997), S. 12-13.

472 Allein das ausgewiesene Volumen der Bundeshilfen im Subventionsbericht des Bundes umfaßt ein Volumen von mehr als 100 Finanzhilfen und 200 Steuervergünstigungen. Dazu sind die Ländersubventionen zu zählen, die, sofern diese Länder einen Subventionsbericht überhaupt regelmäßig veröffentlichen, z.T. 200 und mehr Förderungen umfassen. Weiterführend: G. Werner (1995), S. 40-41.

473 Das BMWi erneuert in diesem Zusammenhang nur die permanente Forderung nach Konzentration und Degression der Förderung. Vgl. BMWi (1997), S. 12.

474 Vgl. G. Werner (1995), S. 42 übereinstimmend: K. Offerhaus (1995), S. 3.

daß die Bürokraten oft nicht über die Inhalte und die Bedingungen der vielen Programme im Bilde sind.[475] Die Erfahrungen in den NBL haben gezeigt, daß es seit der Wende erhebliche Probleme mit der sachgerechten Vergabe und Kontrolle von Subventionen gibt.[476] Kleinere Unternehmen sind tendenziell eher dadurch benachteiligt, daß sie keine (Subventions-)Abteilungen für einen maximierenden Umgang mit den öffentlichen Mitteln unterhalten können.[477] Andererseits verhindert die relativ breite volkswirtschaftliche Fragestellung des Subventionsgebers eine bedarfsgerechte Vergabe der Subventionen, wodurch Mitnahmeeffekte gefördert werden. Es fällt auf, daß volkswirtschaftliche Gestaltungsziele häufig einzelwirtschaftliche Unternehmenssituationen nur unzureichend berücksichtigen.

5.4. Nationale und internationale Divergenzen in der Subventionierung: Der globale Subventionswettlauf

Der ökonomische Waren- und Leistungswettbewerb globalisiert sich zunehmend, und damit internationalisiert sich auch der Wettlauf um die maximale Inanspruchnahme der Fördervielfalt. Das oben skizzierte subventionsmaximierende Verhalten der Unternehmer und die positive Bereitschaft der Politik zur Subventionsvergabe führen dazu, daß es für die Unternehmen bei Standortentscheidungen lukrativer ist, sich an der maximalen Förderhöhe und weniger an den optimalen Standortfaktoren einer Region auszurichten. Das Unternehmen ist an schnellem Return on Investment, Shareholder Value etc. interessiert, so daß aus einzelwirtschaftlicher Sicht durchaus von einem rationalen Verhalten bei der nationalen wie der internationalen Suche nach maximaler Förderung gesprochen werden kann. Zwei Beispiele mögen dies verdeutlichen:

- Die Produzentensubventionen in den NBL sind beträchtlich.[478] Beispielsweise wurden zur Standortsicherung des Dreiecks Halle-Bitterfeld-Merseburg ca. 5,6 Mrd. DM an Hilfen allein von der Treuhandanstalt bzw. ihrer Nachfolgeorganisation BvS bis 1996 gezahlt.[479] Davon entfielen 2,7 Mrd. DM auf Investitionszuschüsse, um ca. 10.000 Arbeitsplätze zu sichern. Daraus ergeben sich Ø 560 TDM pro Arbeitsplatz nur an Treuhand- bzw. BvS-Hilfen. Letztlich hat diese Subventionshöhe entscheidend dazu beigetragen, daß der französische Mineralölkonzern Elf Aquitaine (MIDER) seine Produktionsaktivitäten in die NBL verlagert und nicht eine logistisch bessere Variante für seine industriellen Aktivitäten gesucht hat.[480]

475 Vgl. M. Nieder-Eichholz (1995), S. 105.

476 Vgl. ifo, IWH (1994), S. 190-191.

477 Vgl. ifo, IWH (1994), S. 191; übereinstimmend: B. F. Gröbner (1983), S. 128.

478 Eine ausführliche Darstellung der Hilfen in Ostdeutschland bis 1991 ist bei A. Boss (1991), S. 70 ff. zu finden.

479 Vgl. o. V. (1996n), S. 25.

480 MIDER hat für Leuna 2000 als bisher größtes Einzel-Investitionsobjekt in Ostdeutschland ca.1,4 Mrd. DM an Subventionen für den Bau der Raffinerieanlagen erhalten. Direkt werden ca. 550

- Gleichzeitig beklagt sich die EU über die hohen Industriesubventionen in den NBL.[481] In den Jahren 1993-1994 wurden ostdeutsche Industriestandorte mit Ø 20 TDM (pro Arbeitsplatz) subventioniert, wohingegen selbst subventionsfreudige Länder wie Frankreich und Italien nur ein Fünftel je Industriearbeitsplatz aufwendeten.[482] 1996 wurde die industrielle Förderung mit 23 TDM je Industriearbeitnehmer nochmals deutlich ausgeweitet, damit der schwierige Prozeß der Industrialisierung in Gang gehalten werden konnte.[483] Für den Großteil der Investoren aus Westdeutschland und dem Ausland war und ist somit ein entscheidendes Kriterium für die Standortwahl in den NBL die Förderhöhe und -dauer.[484]

Der ***Subventions- und Standortwettlauf*** führt auf diesem Niveau zu Wettbewerbsverzerrungen, die einerseits die strukturpolitischen Anstrengungen der EU unterlaufen, andererseits in einer globalen Produzentenlandschaft Unternehmen zum „Beihilfe-Hopping“[485] und damit zum Subventionsmißbrauch animieren.[486] Das Ergebnis des Subventionswettlaufs zwischen den Staaten birgt die Gefahr, den durch Subventionen gewonnenen Unternehmer bei Auslaufen der Förderung wieder zu verlieren (Gefahr der Folgesubventionen und Mitnahmeeffekte[487]). Subventionsbetrüger nutzen die Fördervielfalt eines internationalen Subventionswettlaufs gezielt aus, wodurch allein dem EU-Haushalt 1996 ein aufgedeckter Schaden von ca. 500 Mio. ECU entstanden ist.[488] Paradoxerweise wird die Subventionsgewährung oder -ausweitung national wie international meist mit einer entsprechenden Gewährung des Auslands verteidigt und von subventionsmaximierenden Unternehmen und ihrer Lobby aufgegriffen, wodurch ein Prozeß des Aufschaukelns zwischen Inland und Ausland (Vergeltungssubventionen) bewußt in Kauf genommen wird.[489] Vor diesem Hintergrund wird deutlich, daß sich der gewinnmaximierende Unternehmer bei rationaler Entscheidung immer für den Standort mit den aus seiner Sicht optimalen Subventionsbedingungen entscheiden und dabei nationale und internationale

---

Mitarbeiter und indirekt ca. 2.000 Mitarbeiter beschäftigt werden, d. h., im Durchschnitt wurden 550 TDM pro Arbeitsplatz an Subventionen ausgezahlt. Vgl. O. V. (1997u), S. 18.

481 In diesem Zusammenhang wird auf die Kontroverse um die Auszahlung der Volkswagen-Beihilfen für das ostdeutsche Werk Mosel durch den Freistaat Sachsen verwiesen. Ein Kompromiß sah vor, daß diese Hilfen "für das VW-Werk Baunatal" freigegeben werden können. Per Saldo erhöht sich der C. F. sowie die a.o. Erträge im VW-Konzern in der ursprünglichen Höhe. Vgl. ausführlich hierzu: G. Nicolaysen, R. Hrbek et al. (1996), S. 503-512 sowie R. W. Waniek (1996), S. 464-471 sowie Interview mit dem EU-Kommissar K. van Miert, o. V. (1996o), S. 182-183 sowie o. V. (1996p), S. 13 sowie o. V. (1996q), S. 15 sowie zum "Kompromiß VW/EU" o. V. (1997zc), S. 22.

482 Vgl. o. V. (1997f), S. 13.

483 Vgl. o. V. (1997j), S. 15.

484 Vgl. J. Herr (1997), S. 17.

485 Vgl. o. V. (1997a), S. 8.

486 Jüngstes Beispiel sind die Subventionen an BMW von über 345 Mio. Schilling für ein Investitionsprojekt in Steyr (Österreich). Begründet wurden die Beihilfen mit dem Gewinn an technologischem Fortschritt durch das Projekt. Vgl. o. V. (1997x), S. 22.

487 Vgl. J. Herr (1997), S. 17.

488 Die Dunkelziffer wird von der zuständigen EU-Kommissarin Anita Gradin um ein Vielfaches höher eingeschätzt. Vgl. o.V. (1997k), S. 17 sowie o. V. (1997l), S. 15.

489 Vgl. G. Werner (1995), S. 48.

Förderdivergenzen bewußt ausnutzen wird. Dieses rationale ökonomische Verhalten des Unternehmers führt nicht zu einer langfristig gesunden und konjunkturell stabilen nationalen wie internationalen Wirtschaftsstruktur. Ein subventionspolitischer Wettlauf als Konsequenz ist unvermeidlich.[490]

5.5. Subventionsbeharrungsvermögen: Die Subventionsmentalität

Ein gravierender Nachteil der Subventionen liegt darin, daß sie - wie fast jeder staatliche Eingriff - zu Verfestigung und Ausweitung neigen, wenn das Interesse, sie zu erhalten, größer ist als das, sie abzulehnen.[491] Seit dem sechsten Subventionsbericht von 1977 bezeichnet es die Bundesregierung als Daueraufgabe, die volkswirtschaftlich nicht mehr notwendigen und nicht länger sinnvollen Subventionen abzubauen. Resignierend stellte der siebente Bericht hierzu fest, daß Subventionen, die ihrem Wesen nach als Mittel des Anreizes für eine Übergangszeit gedacht waren, häufig als Teil wohlverdienter wirtschaftlicher und sozialer Besitzstände erachtet werden.[492] Ein Blick auf die langlebigsten Subventionen zeigt, daß einige Subventionen von geradezu abenteuerlichen Zielen vergangener Zeiten geprägt sind.[493] Ein Vergleich der Förderungen im zehnten Subventionsbericht des Bundes des Jahres 1984 mit denen des Jahres 1966 offenbart, daß gut ein Drittel der Hilfen noch Bestand hatte.[494]

Da Subventionen nur unter dem Gesichtspunkt der kurzfristigen Hilfe zur Selbsthilfe ordnungspolitisch vertretbar sind, zeigen ihre Beharrungstendenzen eine erhebliche Ineffizenz. Die Ursache liegt in einem „Gesetz der Automatik, der Gewöhnung und der Beharrung“, wie es ***Ipsen*** [495] formuliert. Subventionen werden vom Empfänger gern als Besitzstände aufgefaßt, denen ein gewisser Rechtsanspruch auf Lebenszeit zugedacht wird. Letzteres spiegelt die Subventionsmentalität des Empfängers wider, der die Förderung in seiner einzelwirtschaftlichen Maximierung als festen Bestandteil mit einplant. Folglich wird das Unternehmen risikoaverser und - wegen der fehlenden marktlichen Effizienznotwendigkeit seiner Aktivitäten - anfälliger für Branchenkämpfe und Konjunkturschwankungen. Es wird daher immer bemüht sein, seine Subventionsbedürftigkeit auf ein neues unter Beweis zu stellen, und versuchen, durch Vermittlungen Gleichgesinnter den Besitzstand zu verteidigen. Dem politischen Kalkül entspricht es, den Gruppeninteressen der Subventionsempfänger

---

490 Für besonderen Unmut in der EU sorgten die erneuten Werftensubventionen in Höhe von ca. 1 Mrd. DM für Ostdeutschland. Als Gegenleistung ein für die EU typischer Kuhhandel mußte Deutschland Subventionen für griechische und spanische Werften zustimmen. Vgl. o.V. (1997m), S. 9.

491 Vgl. U. Berthold (1967), S. 110; übereinstimmend: G. Werner (1995), S. 45-46; übereinstimmend: H. H. v. Arnim (1986), S. 85.

492 Vgl. J. Martens (1978), S. 104 ff.

493 M. Nieder-Eichholz spricht vom Eindruck des Anachronismus und einem Relikt vergangener Zeiten bei der Übersicht der dienstältesten Subventionen im Subventionsbericht. Vgl. M. Nieder-Eichholz (1995), S. 109, insbes. die Übersicht der "dienstältesten" Subventionen nach dem dreizehnten Subventionsbericht (1991) auf S. 110.

494 Vgl. BMF (1985), S. 7.

495 Vgl. H.-P. Ipsen (1956), S. 53.

nachzukommen, da der Wegfall der Begünstigung einem Wegfall der Wählergunst eines Teils der Klientel gleichkommt. Gruppenbezogene Subventionen sind wegen ihrer sofortigen Wahrnehmung für das politische Kalkül besser geeignet und gezielt zur Stimmenmaximierung nutzbar. Vor dem Hintergrund einer Sozialisierung der Subventionslasten durch anonyme Diffusion der (Steuer- und Abgaben-)Last auf die Allgemeinheit ist es der Politik möglich, unbefristete Subventionen zu gewähren und damit aktive Umverteilungspolitik zu betreiben.[496]

Weil Gruppeninteressen grundsätzlich leichter und wirkungsvoller zu bündeln sind als das allgemeine Interesse der überwiegenden Mehrheit der Steuerzahler, die von einem Subventionsabbau profitieren könnten, entwickeln viele Subventionen ein Gewohheitsrecht.[497]u.[498] Die gesamtwirtschaftlichen Nachteile einer interessensmotivierten Subventionierung werden erst mittel- bis langfristig sichtbar, wohingegen sich die Politik des gruppenbezogenen Wohlwollens der Subventionsnehmer kurzfristig gewiß sein kann.[499]

5.6. Verschwenderischer Einsatz von Subventionen: Der Wohlfahrtsverlust

Die ineffiziente Subventionspolitik hat unterschiedliche Ursachen und Auswirkungen. Sie reichten von Defiziten bei der Zielformulierung bis hin zu politisch motivierten (neuen) Problemen. Sie reichen weiterhin von ungenügenden Beherrschungs- und Kontrollmöglichkeiten über programmimmanente Ineffizienzen bis hin zu politischen und bürokratischen Entscheidungsanomalien. In allen diesen Fällen ist mit zusätzlichen Kosten für die Allgemeinheit durch die Subventionsentscheidung und -gewährung zu rechnen, da bestmögliche „Effizienz oder Effektivität“[500] der Volkswirtschaft verhindert wird.[501] Die gesamtwirtschaftlichen Nebenwirkungen und die unerwünschten Auswirkungen auf das Unternehmerverhalten tragen zur Verschwendung und zur Fehlallokation der staatlichen Ressourcen bei. Die Subventionshöhe hat, wie in der nachfolgenden Abbildung zu sehen, keinen linearen Zusammenhang mit der Höhe des gesamtwirtschaftlichen Effizienz- und Effektivitätsgewinns.

---

496 Vgl. G. Werner (1995), S. 51-55.

497 Vgl. J. Herr (1997), S. 17; übereinstimmend: G. Werner (1995), S. 52.

498 In diesem Zusammenhang kann das Beispiel der Textilindustrie und des Steinkohlebergbaus herangezogen werden. Während die Bewältigung der Strukturkrise im Textilbereich überwiegend ohne fremde Hilfen vorgenommen wurde, fließen dem Bergbau immer noch massive Anpassungshilfen zu. Die unterschiedliche Betroffenheit der Politik als Ausdruck der Zuteilung von Subventionen ökonomisch gleich betroffener Branchen zeigt, daß unterschiedliche Organisationsgrade auf der Arbeitgeber und -nehmerseite einen signifikanten Einfluß auf Strukturhilfen haben. Während die Textilindustrie überwiegend mittelständisch geprägt ist und die überwiegende Mehrheit der Arbeiter nicht gewerkschaftlich organisierte weibliche Mitarbeiter sind, kann der Bergbau auf einen vergleichsweise hohen Organisationsgrad verweisen. Das jünste Beispiel des Kohlekompromisses unterstreicht dies eindrucksvoll. Vgl. o. V. (1997V), S. 22-26.

499 Das stimmenmaximiernde Verhalten als eine Ursache der Subventionsbeharrung und -metalität wurde jüngst bei der Debatte über die "Kohlesubventionen" wieder deutlich. Vgl. u. a. J. Herr (1997), S. 17.

500 Zur Definition der Begriffe "Effizienz und Effektivität" siehe Kapitel B, Abschnitt 3.1.1.

501 Vgl. B. F. Gröbner (1983), S. 126.

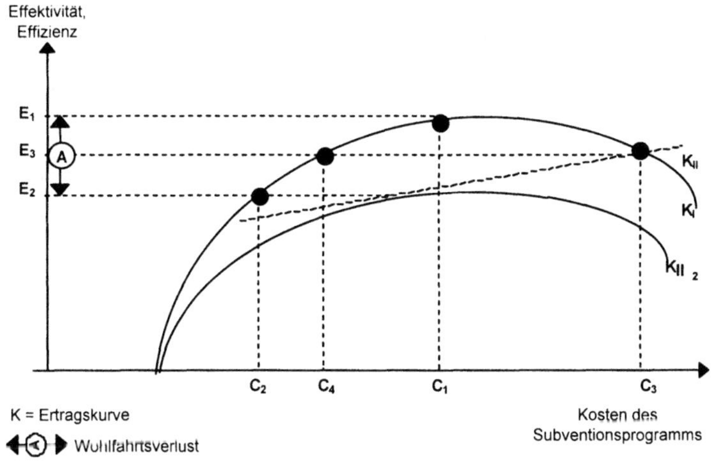

Quelle: In Anlehnung an B.F. Gröbner (1983), S. 126.

Abb. 29: Wohlfahrtsverluste durch ineffiziente Subventionspolitik

Die Kurve K_I zeigt den Zusammenhang der Kosten eines Subventionsprogramms mit der Höhe des Effizienz- und Effektivitätsgewinns. Eine Ausweitung der Subventionshöhe über den Punkt C_1 bis C_3 hinaus führt zu Wohlfahrtsverlusten in Höhe von E_1 zu E_3. Der unterschiedliche Verlauf eines Subventionsprogramms, dargestellt durch die Kurven K_I, K_{II} und K_{II2}, zeigt verschiedene förderungsabhängige Ertragsverläufe.

Das Wohlfahrtsniveau E_2 kann durch entsprechende Wahl des Subventionsprogramms auch durch weniger Kosten in Höhe von C_1-C_2 erreicht werden. D. h., mit einem geringeren finanzwissenschaftlichen Ressourceneinsatz ist eine höhere Effizienz möglich. Verläuft der Ertragsverlauf ungünstiger (K_{II2}), wie bei einer Vielzahl von Branchen in den NBL, so kann trotz Dauersubventionen und Ausweitung des Fördervolumens eine fundamentale Ineffizienz nicht verhindert werden. Das Ergebnis zeigt eine erhebliche Effizienzstörung staatlicher Ressourcennutzung und damit einen Wohlfahrtsverlust für die Allgemeinheit.

5.7. Theorie des Staatsversagens: Der stimmenmaximierende Politiker

Analog zur „Theorie des Marktversagens" und damit dem Zweifel an den Selbstheilungskräften des Marktes gibt es berechtigten Anlaß auch von einer ***„Theorie des***

Staatsversagens " zu sprechen.[502 u. 503] Die Frage nach der Theorie des Staatsversagens ist immer verbunden mit der Frage nach dem Politikversagen. Das Politikversagen ist durch das Verhalten der ***stimmenmaximierenden Politiker*** gekennzeichnet. Diese sorgen zusammen mit nutzenmaximierendem Verhalten der Wähler bzw. Nachfrager nach öffentlichen Gütern für ein optimales Maß an staatlichen Aktivitäten, das im Ergebnis einen politischen Wettbewerb idealtypisch widerspiegelt. Der Entzug einer Wählerstimme wirkt für die Politik als entsprechender Nachfragerückgang wie ein Sanktionsmechanismus. Dieser Mechanismus führt dazu, daß sich Einzelinteressen, zumal wenn sie durch „Lobbying" gezielt gebündelt werden, besser durchsetzen, da sie den Politikern glaubhaft einen Nachfragerückgang androhen können. Diesbezüglich fällt auf, daß sich die verfolgten Subventionsziele nicht an objektiven, rationalen und optimalen ökonomischen Zielen festmachen lassen, da der Prozeß der kollektiven Entscheidungsfindung ein politischer und bürokratischer ist. Er ist vielmehr das Ergebnis des aufeinanderprallenden Drucks der Interessengruppen.[504] Der Eigennutz der Politiker und der Interessengruppen führt zur Berücksichtigung partikularer Interessen, die sich nicht an allgemeingültigen, wohlfahrtsökonomischen Effizienzkriterien orientieren. Im Ergebnis führt dies zu einer hohen Belastung der Steuerzahler und einer aktiven Hilfestellung für kleine Interessengruppen. Übertragen auf die Haushalts- und Subventionspolitik bedeutet dies, daß die (Subventions-)Ausgaben so lange gesteigert werden, bis der durch die letzte ausgegebene Geldeinheit erreichte Simmengewinn dem Stimmenverlust gleich ist, „[...] der durch die letzte, aus den staatlichen Finanzquellen entnommene Geldeinheit verursacht wird."[505] Mit Hinweis auf das Versagen des Marktes werden zur Effizienzsteigerung subventionspolitische Korrekturen gefordert. Dabei werden häufig Ursache und Wirkung vertauscht, weil der Staat es entweder unterlassen hat, frühzeitig die Funktionsfähigkeit des Marktes zu sichern bzw. wiederherzustellen, oder weiterhin bewußt die Marktkräfte aushebelt, um die Fehlsubvention durch weitere Subventionen zu überdecken bzw. Einzelinteressen nachzukommen.[506] Vor diesem Hintergrund erscheint Staatsversagen als Subventionsanlaß besonders problematisch, da das objektive Urteil des Marktes durch die Werturteile der Politiker oder Beamten resp. des Staates ausgehebelt wird.[507 u. 508]

---

502 Zur Theorie der Stimmenmaximierung vgl. insbes. A. Downs. Ihr liegt die Annahme zugrunde, daß die in Parteien organisierten Politiker nicht entsprechend idealen sozialen Wohlfahrtsmaximen handeln, sondern ihre eigenen machtbezogenen und -erhaltenen Zielfunktionen die Entscheidungen beeinflussen. "Die politischen Parteien in einer Demokratie benutzen die Politik nur als Mittel, um Stimmen zu gewinnen. Sie trachten nicht danach, die Regierungsgewalt zu übernehmen, um vorher konzipierte politische Programme zu verwirklichen oder um bestimmten Interessensgruppen zu dienen. Vielmehr konzipieren sie Programme und dienen Interessengruppen, um die Regierungsgeschäfte übernehmen zu können. Vgl. A. Downs (1969), S. 51 sowie H. Zimmermann, K.-D. Henke (1994), S. 65.

503 Vgl. K. Harzem (1987), S. 111-114.

504 Vgl. C. B. Blankart (1994), S. 151-161, insbes. S. 153-156.

505 Vgl. A. Downs (1968), S. 50.

506 Vgl. E. Gerken et al. (1985), S. 24.

507 K. Trojanus (1995a), S. 111.

508 E. Gerken et al. (1985), S. 24.; übereinstimmend: H. H. v. Arnim (1986), S. 81. v. Arnim spricht von einer "Art politischer Allzweckwaffe"; übereistimmend: A. Woll (1992), S. 209.

5.8. Fazit

Die Analyse möglicher ***Mängelursachen der Subventionspolitik*** machte deutlich, daß die Subventionierung den Effizienzanforderungen einer ordnungskonformen öffentlichen Finanzpolitik bei weitem nicht gerecht wird. Die vermutete Ineffizienz spiegelt sich in realen Ineffizienzen wider; so in

- den gravierenden Defiziten bei der Zielformulierung und -kontrolle,
- den Mitnahmeeffekten als dem „Kehrwert des Subventionserfolges“ aufgrund einer unkontrollierten Subventionsvergabe,
- der Diskriminierung von wertschöpfenden Branchen bei gleichzeitiger Förderung und Erhaltung von Krisenbranchen,
- der Gewährung von Mehrfachsubventionen vor dem Hintergrund einer unübersichtlichen Fördervielfalt und -kontrolle,
- der Forcierung des Standortwettbewerbes durch internationalen und nationalen Subventionswettlauf,
- den Beharrungstendenzen der sog. langlebigen Dauersubventionen und dadurch der Förderung der Risikoaversität des Unternehmers und seiner Subventionsmentalität sowie
- dem stimmenmaximierenden Verhalten der Politiker als der Ursache für gruppenmotiverte Subventionsvergaben (Lobbyisten).

Die Erörterungen zeigen, daß in allen Fällen fehlende Zielorientierung und Zielkontrolle bei gleichzeitigem instrumentellen Mißbrauch durch die Politik ursächlich zur Ineffizienz führt. Derartige Unwirtschaftlichkeiten unterstreichen, daß von einem finanz- bzw. subventionspolitischen Änderungsbedarf gesprochen werden muß. Die Subventionspraxis zeigt, daß Subventionen von der Politik aus Angst vor Stimmenverlusten mißbraucht werden, selbst wenn hierdurch negative verteilungspolitische Konsequenzen und Wohlfahrtsverluste entstehen. Das Eigeninteresse der Politiker, der Bürokraten und der Lobbyisten führt dazu, ökonomisch Sinnvolles gruppenegoistischen Bestrebungen unterzuordnen. Jede beschriebene Ineffizienz für sich allein wäre ein Signal für ein finanzpolitisches Umdenken. Weil aber die Vielzahl möglicher Subventionsmißbräuche und die daraus entstandenen politischen Zwänge eine schnelle und radikale Wende in der Subventionspolitik kurzfristig nicht zulassen werden, ist es um so unabdingbarer, eine effizenzorientierte Lösung für die Praxis durch eine gezieltere und effizienter Kontrolle konzeptionell anzustreben.

6. Zusammenfassung des Kapitels A

Ausgehend von der kontroversen Diskussion um eine einheitliche Subventionsabgrenzung in der Wirtschaftswissenschaft und in der Praxis, wurde eine eigene weite Begriffsdefinition herausgearbeitet. Vor dem Hintergrund begrifflicher und wirkungstheoretischer Erklärungsdefizite, fehlender Subventionsregelungen und der real wachsenden quantitativen Entwicklung in Deutschland sowie in den EU- und OECD-Staaten wurde festgestellt, daß die Höhe der Subventionen als ordnungspolitisch bedenklich eingestuft werden muß. Es wurde der Kernfrage nachgegangen, ob grundsätzlich und - wenn ja - inwieweit eine Systemkompatibilität zwischen der Subventionierung und dem Ordnungstyp der soziale Marktwirtschaft noch gewährleistet ist. Diese Erörterung zeigte, daß

- nach h. M., dem Subventionsgeber im gegenwärtigen Verfassungsrahmen grundsätzlich ein weiter Handlungs- und Ermessensspielraum eingeräumt wird,
- nur qualitativ hergeleitete Kriterien eine verfassungsrechtlich formale Limitierung vorsehen,
- keine quantitativen Kontrollen - abgesehen von der umstrittenen metahaften Abbildungsfunktion des Subventionsberichtes des Bundes - eine Operationalisierung und eine problemgerechte Informationsversorgung der Kontrollen ermöglichen und
- die für die Kontrolle notwendigen Ziele nur unpräzise formuliert werden.

Theoretisch erscheinen Subventionen unter Berücksichtigung der Theorie des Marktversagens und der Fehlallokationen des Preismechanismus aus wohlfahrtstheoretischer Sicht in folgenden Funktionen als vertretbar:

- Als eine befristete Hilfe zur Selbsthilfe, d. h. zur Überwindung von strukturellen und regionalen Problemen für notleidende Unternehmen, die sanierungswürdig und -fähig sind und in absehbarer Zeit eine operative Leistungsfähigkeit erreichen werden.
- Als befristete Hilfe zur Reduzierung von Marktmacht und Gegenmachtsbildung sowie zur Marktmachtsöffnung, sofern wettbewerbsschädliche Übermachtkonstellationen ohne staatliche Einmalhilfen nicht abgebaut werden können.
- Als Hilfe der Internalisierung externer Effekte, sofern ohne staatliche Eingriffe das angestrebte Niveau nicht erreicht werden kann.
- Als Hilfe zur Gewährleistung von meritorischen Gütern, deren gesamtwirtschaftlicher Nutzen einzelwirtschaftlich nicht ex ante erkannt wird, und sofern nicht zweifelhafte Begründungen zur Legitimation der Subventionierung vorgeschoben werden.

Der Blick in die Praxis hat verdeutlicht, daß der theoretisch denkbare Subventionsspielraum nicht verhindert, daß eine Vielzahl ordnungsinkonformer Situationen anzutreffen ist. Die Erörterungen haben weiterhin gezeigt, daß bestimmte Subventionen ordnungspolitisch in keiner Weise zu rechtfertigen sind: Insbesondere Subventionen zur Strukturkonservierung, zur Erhaltung von Altindustrien, wenn sie der Subventionsbeharrung dienen, sowie selektive Hilfen, die sich einer politischen Begründung bedienen und bestimmte Gruppen bevorzugen, sind aus ökonomischer Sicht nicht akzeptabel. Die Existenz der These des „Staaatsversagens analog zum Marktversagen" führt zur Ineffizienz der praktischen Subventionierung.

Die Auswahl realer Ineffizienzen offenbart, daß die Subventionierung in Deutschland zu Recht die Frage aufwirft, ob dem wirtschafts- und finanzpolitischen Grundsatz der Ressourceneffizienz auf der Ausgabenseite des Staates ohne eine praktische Kontrolle noch Rechnung getragen werden kann. Der Ruf der Praxis nach operationalen Handlungsempfehlungen erfordert um so mehr eine differenzierte, u. U. vereinfachte Auseinandersetzung auf einer Lösungsebene, die eine Informationsversorgung für die Subventionierung und deren Kontrolle sicherstellt. Es sind Überlegungen anzustellen, ob und wie in einem derart komplexen und dynamischen (politischen) Umfeld die bestehende Subventionskontrolle effizienter, d. h. in erster Linie, informativer und gehaltvoller gestaltet werden kann. Ein Verbesserungsvorschlag muß folglich Beherrschbarkeit und Transparenz der Subventionierung zum Ziel haben. Diese Zielsetzung wird in Kapitel B im Zentrum der Überlegungen stehen.

Kapitel B: Zielsetzung: Entwicklung und Bildung eines Modells zur Effizienzkontrolle der Subventionierung

1. Die Logik der Modellbildung: Informationen, Kontrolle und Ziele

Ziel dieses Kapitel ist es, ein Modell zur systematischen Informationsversorgung für die Kontrolle von Subventionen zu bilden. Für eine solche Modellbildung ist zunächst die Darlegung der Entwicklungslogik sowie eine klare formale und materielle Eingrenzung sinnvoll. Vor dem Hintergrund des schlecht strukturierten und unzulänglich definierten Problemfeldes systembildender finanzwissenschaftlicher Ansätze zur subventionspolitischen Kontrolle muß sich dieses Modell auf verschiedene, teils betriebswirtschaftliche Gestaltungsrichtlinien und -heuristiken stützen.[509] Das aufzustellende Modell[510] soll die wichtigsten Aspekte einer Effizienzkontrolle der Subventionierung systematisch erfassen können. Dieser ***Bezugsrahmen*** soll weiterhin offen genug sein, um neue Erkenntnisse und Gestaltungsvorschläge zur Subventionskontrolle ebenso wie die Weiterentwicklungstendenzen aus praktischer und theoretischer Sicht mit aufnehmen zu können.[511] Aussagen zu den Kontrollfeldern und -kriterien erfolgen durch empirisch-kognitive sowie praxeologische Aussagesysteme.[512] Während letztere Empfehlungen für zweckgerichtetes Handeln aussprechen (etwa bezüglich der Frage, anhand welcher Kontrollfelder und -kriterien in der Branche A eine Subventionskontrolle ausgerichtet werden soll), versuchen empirisch-kognitive Aussagesysteme durch Hypothesen zu empirischen Gesetzmäßigkeiten ein aussagefähiges System zu skizzieren.[513]

In Kapitel A[514] wurde deutlich, daß die Praxis stets unter einem ***Problemlösungszwang*** im Umgang mit dem Erkenntnisobjekt Subvention steht. Es exisitiert noch keine geschlossene, totalanalytische Wirkungs- und Kontrolltheorie auf gesamtwirtschaftlicher Subventionsebene, die eine ausreichende Informationsversorgung zur Effizienzorientierung der Subventionierung ermöglicht. Aus praxeologischer Sicht ist es jedoch unerläßlich, sich dieses Dilemmas, wenn schon nicht im volkswirtschaftlichen

---

509 Analog zum Stand des betriebswirtschaftlichen Controllings und der zugrundegelegten Methoden der Systembildung wird im folgenden bei der Modellbildung auf Kontroll- und Effizienzerkenntnisse verwandter Wirtschaftsdiziplinien (Organisationslehre, Controllinglehre, Führungslehre) zurückgegriffen. Insofern handelt es sich hier um ein interdisziplinäres Vorgehen.

510 Die Begriffe "Modell", "Bezugsrahmen" und "Grundkonzept" werden hier synonym verwendet.

511 Vgl. P. Horváth (1996), S. 86.

512 Nach Grochla lassen sich folgende Forschungsansätze nach ihrer logischen Struktur unterscheiden: (1) terminologische Aussagesysteme zur Definition von Begriffen für den wissenschaftlichen Sprachgebrauch; (2) deskriptive Aussagesysteme zur Beschreibung der Sachverhalte der Realität; (3) empirisch-kognitive Aussagessysteme zur Hypothesenbildung empirischer Gesetzmäßigkeiten; (4) praxeologische Aussagesysteme als Handlungsempfehlung zweckgerichteten Handelns. Vgl. E. Grochla (1969), S. 6 ff.

513 Vgl. P. Horváth (1996), S. 87.

514 Vgl. zur Problemrelevanz in der Praxis: Kapitel A, Abschnitte 4. und 5. Zu den Problemen in der Theorie: Kaptiel A, Abschnitt 2.

komplexen Gesamtzusammenhang, dann doch auf einer partialanalytischen Untersuchungsebene anzunähern. Letztlich kann die Praxis „[...] mit der praktischen Problemlösung nicht warten, bis eine wissenschaftlich befriedigende [Subventions-] Theorie als theoretischer Lösungsansatz vorliegt“.[515]u.[516] Ein Abwarten auf ein „vorliegendes Theoriekonzept“ wäre äußerst fragwürdig und kann als Problemverfehlung im Umgang mit dem Erkenntnisobjekt angesehen werden.[517] Die Forschung verlangt vielmehr, daß Methoden genutzt werden, die neue Resultate erreichbar machen. Deduktion und Logik allein garantieren keine neuen Lösungen, so daß es zweckmäßiger ist, „ausgetretene Pfade der Forschung zu verlassen, die altüberlieferten Denk- und Wahrnehmungsgewohnheiten in Frage zu stellen, bisher als Einheit Gesehenes zu differenzieren und/oder bisher getrennt Gesehenes miteinander in Verbindung zu bringen“.[518]

Vor diesem Hintergrund ist es das zentrale Anliegen dieses Kapitels, ein Modell zur Effizienzkontrolle der Subventionierung zu bilden. In Anlehnung an die erwerbswirtschaftliche Literatur zum Controlling stehen nicht systemkoppelnde, sondern die ***systembildenden Modellaspekte*** im Vordergrund. Letztere beschreiben die Bildung eines entscheidungsorientierten Kontrollsystems zur Subventionierung. ***Chmielewicz*** führt aus: „Jede Entscheidung stellt eine Wahl zwischen Alternativen dar und kann als Vorgang der Informationsverarbeitung und der Willensbildung in einem Ziel/Mittel-System angesehen werden.“[519] Folglich geht es bei der Modellbildung um den systematischen Aufbau einer Kontrollheurisitik. Bei der systemkoppelnden Funktion steht hingegen die laufende Koordinierung des Planungs- und Kontrollprozesses im Vordergrund.[520] Gemäß diesen Überlegungen wird der ***entwicklungslogische Pfad*** der Modellbildung in drei Schritten erfolgen; es sind dies:

A. Die gedankliche Zerlegung des idealtypischen ***Subventionsprozesses*** in Hauptphasen mit anschließender Fokussierung auf die Kontrolle zur Zielfixierung.
B. Der ***formale Aspekt*** einer Systematik von Zielen und Subzielen zur Differenzierung des Bezugobjektes einer Subventionskontrolle.
C. Der ***materielle Aspekt*** zur Systematisierung der Zielinhalte der Subventionskontrolle.

515 K. Chmielewicz (1994), S. 183.
516 K. Chmielewicz sieht darin eine Chance für anwendungsbezogene Technologien aber auch die Gefahr für "Scharlatane" in der Wirtschaftswissenschaft. Vgl. K. Chmielewicz (1994), S. 119.
517 Vgl. hierzu H. F. Spinner (1974), S. 175 sowie S. 262 ff.; übereinstimmend: W. H. Staehle (1973), S. 190; übereinstimmend: A. Kaplan (1964), S. 14.
518 K. Chmielewicz (1994), S. 88; übereinstimmend: H. Albert (1969), S. 41 f.
519 K. Chmielewicz (1994), S. 171.
520 Vgl. P. Horváth (1994), S. 127 ff.

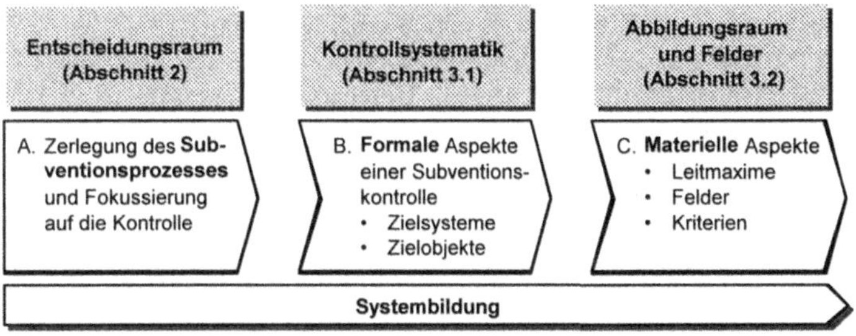

Abb. 30: Die Entwicklungslogik der Modellbildung

Die Entwicklung eines ***informationsversorgenden*** Ansatzes für die Subventionskontrolle[521] setzt idealerweise die Erfassung der Entscheidungsprobleme innerhalb der Subventionspolitik voraus.[522]

Den Ausgangspunkt bildet die Differenzierung des Entscheidungsraums anhand des Subventionsprozesses[523] mit seinen idealtypisch sequenzierten Hauptphasen der Planung, Entscheidung, Anordnung (Organisation) und ***Kontrolle***. Formal und entwicklungslogisch läßt sich eine idealtypische Differenzierung der Hauptprozeßphasen vornehmen. Die Realität jedoch zeigt, daß Planung und Kontrolle funktional eine sich ergänzende Einheit bilden.[524] Das Fehlen gesetzlicher Normen[525], Verfahrensvorgaben[526] und der interessensmotivierte finanzwissenschaftliche Entscheidungsprozeß[527] führen dazu, daß sich in der Praxis keine allgemeingültige Prozeßsystematisierung herausgebildet hat. Bedingt durch den föderalen Aufbau existiert eine Vielzahl von Entscheidern, Trägern und Programmen, die wiederum unterschiedlichen Verfahrensprozessen und politischen Zwängen[528] unterliegen und eine effizienzorientierte Subventionsplanung behindern.[529]

521 Die Herleitung des Ansatzes wird institutionelle Aspekte ausklammern und sich auf die funktionellen Aspekte der Kontrolle beschränken.

522 Vgl. T. Reichmann (1997), S. 118. Ebenso wie beim Aufbau eines modernen betriebswirtschaftlichen Controllingkonzeptes besteht in nahezu identischer Form die Notwendigkeit einer integrativen Berücksichtigung der entsprechenden Informationsbedürfnisse der Entscheidungsträger für eine effizienzorientierte Kontrolle der Subventionen.

523 Eine Analyse der Mängelursachen hinsichtlich des Verhaltens der am Subventionsprozeß beteiligten Interessengruppen ist bei M. Nieder-Eichholz (1995), S. 141-167 zu finden.

524 Vgl. P. Horváth (1996), S. 163-165; übereinstimmend: M. Osterloh (1992), S. 84-85; übereinstimmend H. C. Pfohl (1981), S. 20 ff.; übereinstimmend: R. Hellmich (1970), S. 10 f.; übereinstimmend W. Hill (1971), S. 16 ff. anders: H.-U. Küpper (1995), S. 165 ff. Küpper sieht die Planung und die Kontrolle als eigenständige Aktivitäten und nicht als funktionale Einheit.

525 Vgl. M. Nieder-Eichholz (1995), S. 18; übereinstimmend: K. Harzem (1987), S. 47.

526 Vgl. hierzu stellvertretend: M. Nieder-Eichholz (1995).

527 Vgl. C. B. Blankart (1994), S. 14.

528 Die Zwänge ergeben sich aus der Annahme, daß der Subventionsgeber als Politiker nach Macht, Ansehen und damit indirekt nach Geldeinkommen strebt. Der politische Wettbewerb richtet sich nach den Wählerwünschen, wodurch vielfach Interessensgruppen politische Prozesse mitbestimmen. Vgl. C. B. Blankart (1994), S. 14-15.

529 Vgl. E. Gerken et. al. (1985), S. 4 ff.

Ein weiterer ***zentraler Schritt*** ist es, durch die Eigenschaft von Zielen und Zielsystemen die Effizienz der Förderung sicherzustellen. Hierzu soll eine ***formale wie inhaltliche Zielsystematik*** erarbeitet werden. Gesellschafts-, wirtschafts- und finanzpolitisch konforme Ziele sowie die daraus resultierenden Informationen bilden die Zieldimensionen einer Kontrolle.

Die Suche nach ***Effizienz in der Subventionspolitik*** und insbesondere nach ihrer effizienten Kontrolle verlangt eine ***klare Operationalisierung der Ziele***. An dieser Stelle soll eine kurze Arbeitsdefinition zunächst klären, wie im folgendem die Termini „Ziel", „Effizienz" und „Effektivität" aufgefaßt werden:

- ***Ziele*** bezeichnen grundsätzlich dasjenige, was durch die Subventionierung erreicht werden soll. Das Ziel beschreibt den angestrebten ***zukünftigen Zustand***. Es dient der Bewertung von Alternativen und der Kontrolle des Erfüllungsgrades.[530]
- ***Effizienz,*** als Ziel und Ergebnis des Entscheidens und Handels, soll hier jenes dem ökonomischen Prinzip entsprechende Verhältnis von Kosten und Nutzen verstanden werden, das mit einem ***minimalen Ressourceneinsatz*** erreicht wird.[531]
- ***Effektivität*** soll hier als das ***Verhältnis*** zwischen - geplanten - ***Soll-Werten*** und - tatsächlich erreichten - ***Ist-Werten*** verstanden werden.[532]

530 Vgl. H. Diederich (1989), S. 1856.
531 Vgl. G. Kirsch (1980), S. 10.
532 Vgl. G. Kirsch (1980), S. 10.

2. Der Subventionsprozeß als Ausgangspunkt der Modellbildung

2.0. Einführende Bemerkungen

Der ***Subventionsprozeß***[533] kann mit Bezug auf entscheidungstheoretische Erkenntnisse[534] als ein subventionistischer ***Problemlösungs- oder Entscheidungswahl- und Kontrollprozeß*** aufgefaßt werden. Während die idealtypischen Prozeßelemente Planung und Entscheidung der Willens***bildung*** zuzuordnen sind, sind - die ebenfalls idealtypischen - Prozeßelemente Ausgestaltung (Anordnung/Organisation) und Kontrolle der Willens***durchsetzung*** zuzurechnen. Wie durch eine Vielzahl theoretischer und praktischer Ineffizienzen[535] belegt, ist die Subventionsvergabe stark von Intransparenz, politischen Entscheidungsanomalien, fehlender Zielorientierung sowie dem Fehlen einer konsistenten Ex-ante-Planung und Ex-post-Kontrolle geprägt. Auf der Basis von Ex-ante- und Ex-post-Kontrollen, die mit Blick auf die Anspruchsniveaufixierung[536] durchgeführt werden, könnten subventionspolitische Korrekturen in allen Prozeßphasen vorgenommen werden. Die Kontrolle dient einerseits der ***Informationsversorgung*** durch Analyse von Zielabweichungen und der ursächlichen Mängel. Andererseits fungiert sie als prozeßbegleitende Maßnahmenkorrektur der Zielsicherung. Kontrollprozesse sind daher als untrennbar von Planungs- und Entscheidungsprozessen (Entscheidungssystem) anzusehen. Dies wird besonders dann deutlich, wenn aufgrund der Kontrollergebnisse Ziele ex post angepaßt werden.

Ziel des Abschnittes ist es, in einem ersten Schritt zunächst auf einzelne ***Planungs- bzw. Entscheidungsmethoden***, die für den Subventionsprozeß von Bedeutung sind, einzugehen. In einem zweiten Schritt werden gängige ***Methoden der Effizienz- und Effektivitätskontrolle*** erörtert, um dann, in einem letzten Schritt, den weiteren Untersuchungsschwerpunkt der Modellbildung auf die Effizienzkontrolle zu legen.[537]

---

533 Neben der hier gewählten funktionalen Betrachtung des Subventionsprozesses konzentriert sich diese Arbeit auf ökonomische Tatbestände und weniger auf eine verwaltungsrechtliche Klärung subventionsrelevanter formaler und materieller Kontrollaspekte. Weiterführend zum Aspekt des verwaltungsrechtlichen Prozesses: H. Maurer (1995), S. 419 ff.

534 In Anlehnung an die betriebswirtschaftliche Entscheidungstheorie können Entscheidungsprozesse als rationale, formale und interdisziplinäre Wahlentscheidungen eines Individums, einer Gruppe oder einer Institution verstanden werden. Handlungsanweisungen werden zur bestmöglichsten Erreichung vorgegebener Ziele auf praktischer-normativer Basis vorgegeben. Vgl. W. H. Staehle (1991), S. 124-125, S. 485-488. Zur weiterführenden Basisliteratur siehe: E. Heinen (1966), (1969), (1967, 1976), G. Kirsch (1971), K. Chmielewicz (1994).

535 Vgl. Kapitel A, Abschnitt 5.7.

536 Empirische Erhebungen von March/Simon haben gezeigt, daß Entscheider nur so lange nach Alternativen und Korrekturen suchen, bis sie ihre individualpsychologischen Überlegungen zu einem Anspruchsniveau fixiert haben. Vgl. J. G. March, H. A. Simon (1976), S. 399 ff.

537 Die konstitutiven Elemente "Anordnung" bzw. "Organisation" werden in den nachfolgenden Betrachtungen ausgeblendet, da sie im hiesigen Zusammenhang von marginaler Bedeutung sind.

2.1. Die Elemente der Willensbildung und Willensdurchsetzung als Ausgestaltungsproblem der Subventionierung

2.1.1. Die Willensbildung

2.1.1.1. Die Phase der Planung in der Subventionierung

Planung ist als gedanklicher Prozeß der systematischen Auseinandersetzung mit der Zukunft charakterisiert.[538] Damit ist Planung ein bewußter Willensakt, der sich an rationalen Zielen orientiert. Hierzu müssen Informationen verarbeitet werden, da ohne Informationen nicht rational geplant und entschieden werden kann.[539] Planung ist somit ein „systematischer, informationsverarbeitender [...] Prozeß der qualitativen, quantitativen und zeitlichen Bestimmung zukünftiger Ziele, Mittel und Verfahren zur [...] mittelbaren Gestaltung und Lenkung des operationalen [Ziel-]Systems".[540] In der Subventionspolitik zeigt die Planungspraxis jedoch, daß von einem existierenden idealtypischen und rationalen ökonomischen Prozeß nicht gesprochen werden kann. Zwar sind seit Beginn der Auseinandersetzung mit der Subventionspolitik in der nationalökonomischen Theorie und Praxis eine Vielzahl von Planungs- und Entscheidungskonzepten entwickelt und auf ihre Anwendbarkeit hin diskutiert worden; jedoch zeigt die Ineffizienz der Subventionspolitik planerische Defizite bei der Zielsetzung.[541] u.[542] Der Bundesrechnungshof schließt sich der allgemeinen Kritik an der fehlenden Effizienz- und Effektivitätsprüfung bei der Subventionierung an. Er unterstreicht in seinem jüngsten Prüfergebnis, daß „erst im zweiten Schritt überlegt [wird], wofür das bewilligte Geld eigentlich ausgegeben werden soll".[543] Die Planung beschränke sich häufig auf die bloße Festlegung des Budgetrahmens. Die Zielstellung der Subventionierung, denkbare Alternativen, die Art der Instrumente und die geplante Dauer würden nicht hinterfragt.[544] Vor dem Hintergrund eines allgemein gestiegenen Umfangs „[...] der öffentlichen Finanzwirtschaft und der Größe und Vielzahl der Einzelhaushalte ist es nicht mehr möglich, daß die haushalts- und finanzpolitischen Entscheidungen im Parlament fallen und dann in das Budget umgesetzt werden."[545] Die ***subventionspolitische Willensbildung*** und damit die Planung des Parlaments ist dezentralisiert, wodurch kein rational abgestimmter Vergabeverlauf - und damit

---

538 Vgl. D. Hahn, W. Klausmann (1989), S. 407.

539 Vgl. J. Weber (1995), S. 69.

540 J. Weber (1995), S. 71.

541 Ein allgemeiner Überblick ist zu finden bei: C. Böhret (1970), S. 14 ff. sowie K.-H. Hansmeyer, B. Rürup (1975), S. 4 ff.

542 Insbes. die Defizite bei der Zielformulierung sowie der Aspekt des Staatsversagens zeigen, daß von Rationalität, Zielorientierung und informationsverarbeitendem Prozeß nicht zwingend gesprochen werden kann. Vielmehr zeigen Beispiele wie die Übersicht der dienstältesten Subventionen in Deutschland daß der Subventionsplanungsprozeß defizitär ist. Vgl. hierzu Kapitel A, Abschnitt 5 sowie zum Beispiel der dienstältesten Subventionen: M. Nieder-Eichholz (1995), S. 110.

543 BT (1997b), S. 2.

544 BT (1997b), S. 2.

545 H. Zimmermann, K.-D. Henke (1994), S. 63.

Planungsverlauf - der Subventionen sichergestellt ist.[546u.547] Schließlich wäre ein geschlossenes, orchestrisiertes und zielgerichtetes Subventionsplanungssystem auf der Basis aller Teilpläne von Bund, Ländern und Gemeinden sowie der EU notwendig, damit eine effiziente Subventionierung planerisch möglich wäre. Die aufgezeigten Ineffizienzen verdeutlichen jedoch, daß dies nicht der gegenwärtigen Planungspraxis entspricht.[548] In der Praxis existieren unterschiedliche Planungsmethoden, -techniken und -träger. Die Techniken, wie z. B. die Nutzen-Kosten-Analyse[549], die Nutzenwertanalyse[550], die Kosten-Wirksamkeits-Analyse[551] sowie auf der Haushaltsebene das System der Planung, Programmierung und Budgetierung (PPBS)[552] sowie das Zero-Base-Budgeting[553], stehen im Vordergrund des Planungsprozesses. Sie dienen im wesentlichen der Vorbereitung politischer

546 Zimmermann, Henke meinen dazu, daß Subventionen unter dem politischen Druck der Empfängergruppen länger als nötig bestehen und zumeist sogar ausgeweitet werden. Vgl. H. Zimmermann, K.-D. Henke (1994), S. 428. Wieviel länger und wie stark die Subventionen ausgeweitet werden, ist sehr unterschiedlich und kann planerisch nicht antizipiert werden.

547 Der Verwaltung in Deutschland kommt eine weitreichende Bedeutung bei der Subventionsplanung zu. Zunächst wird nach einer Grundsatzentscheidung der Regierung eine Konkretisierung der Vergünstigungsregelungen durch die Informationen "vor Ort" der unteren Fachbehörden angestrebt. Während diese "Fachressorts" eher eine Ausweitung des Bedarfs zu bewirken versuchen, ist es das Anliegen der Finanzressorts, die tendenziell subventionsexpansiv wirkenden Motive der Fachressorts einzudämmen. Ein politischer Interessenkonflikt wird in der Planung sichtbar, der zusätzliche Planungsanforderungen und -abstimmungsprozesse (zentral vs. dezentral) erfordert. Vgl. hierzu ausführlich: M. Nieder-Eichholz (1995), S. 148 ff. sowie H. Mäding (1987), S. 35 sowie A. Kuhn (1972), S. 41 ff.

548 Ein besonders eindrucksvolles Beispiel wurde mit Bekanntgabe der Rahmendaten des sechzehnten. Subventionsberichtes aufgezeigt. Demzufolge kann mit Hilfe eines "abzugsfähigen Subventionsberaters", der die phantastische Kumulierung aller Subsidien durchstreift und rechnerisch maximiert, eine Optimierung bestehender Subventionsmöglichkeiten erreicht werden. "Der steinkohleschürfende Landwirt, der in der Nähe von Magdeburg unter Hinzuziehung ABM-finanzierter Hilfskräfte ein temperaturisoliertes Mehrfamilienhaus baut, müßte schon [...] gut im Rennen liegen." Vgl. o. V. (1997s), S. 13.

549 Vgl. hierzu u. a. H. C. Recktenwald (1971) sowie N. Andel (1981) sowie J. S. Wholey et al. (1973) sowie E. J. Mishan (1975) sowie H. Zimmermann, K.-D. Henke (1994) sowie H. Hanusch (1994) sowie H. Hanusch, M. Schlumberger (1989). Letztere subsumieren begrifflich unter den "Nutzen-Kosten-Analysen" die Kosten-Wirksamkeitsanayse, die Nutzenwertanalyse sowie die traditionelle und erw. Nutzen-Kosten-Analyse.

550 Vgl. hierzu u. a. A. Bleckmann (1978a) sowie C. Zangemeister (1973) sowie: H. Hanusch (1994), S. 173-179.

551 Vgl. hierzu u. a. J. M. English (1968) sowie H. Hanusch (1994), S. 159-170 sowie R. A. Musgrave et al. (1994), S. 198 ff. Im Gegensatz zur Kosten-Nutzen-Analyse steht bei der Kostenwirksamkeitsanalyse die technische Effizienz im Zentrum der Untersuchungen.

552 Das "Planning-Programming-Budgeting-System" sieht eine Effizienzsteigerung staatlicher Aktivitäten vor, indem eine völlige Neugestaltung des gesamten staatlichen Planungs-, Entscheidungs- und Budgetierungsprozesses erreicht werden soll. Vgl. K. Reding (1981), S. 44 sowie u. a. W. G. Reidweg (1971). Es basiert auf drei Phasen: 1. Planning, d. h. der Quantifizierung von ressortbezogenen Zielen; 2. Programming, d. h. Ananlyse von Programmalternativen (mittelfristige Projektplanung); 3. Budgeting, d. h. kurzfristige Vollzugsbugetplanung. Es wurde jedoch 1971 in den USA wieder aufgegeben und durch ein Zero-Base-Budgeting-System (ZBBS) bei der Subventionsvergabe ersetzt. Vgl. H. Zimmermann, K.-D. Henke (1994), S. 86-87.

553 Weiterführend: P. Horvàth (1996), S. 258 ff.

Entscheidungen. Exemplarisch soll die häufig angewandte Nutzen-Kosten-Analyse[554] als Ex-ante-Verfahren erörtert werden.

2.1.1.2. Methoden subventionsrelevanter finanzwissenschaftlicher Planungsansätze: Eine Auswahl

Seit der Verabschiedung des § 6 Abs. 2. Haushaltsgrundsatzegesetz und des § 7 Abs. 2. Bundeshaushaltsordnung im Jahre 1969 wurde die ***Evaluationstechnik*** der Nutzen-Kosten-Analyse im Staatssektor eingeführt.[555] Sie stellt das bekannteste wirtschaftsanalytische Verfahren für den öffentlichen Sektor dar und beruht zum einen auf normativen Wertvorstellungen der Wohlfahrtsökonomie, zum anderen auf accountingbezogenen Erkenntnissen der Investitionsrechnung.[556] Die Grundstruktur weist einen entscheidungsorientierten Charakter auf. Hauptanliegen dieser Methode ist es, Entscheidungsprozesse transparent zu gestalten und in einem zweiten Schritt quantitative Ergebnisse zu liefern.[557] Sie soll quasi alle „positiven und negativen Effekte öffentlicher Investitionsvorhaben [...] erfassen, gleichgültig an welcher Stelle in der Volkswirtschaft die Wirkungen auftreten und ohne Rücksicht darauf, ob sie intendiert sind oder als Nebeneffekt anfallen".[558] Die systemrelevanten Grundelemente einer Nutzen-Kosten-Analyse spiegelt das folgende Schema in Anlehnung an ***Recktenwald*** [559] wider:

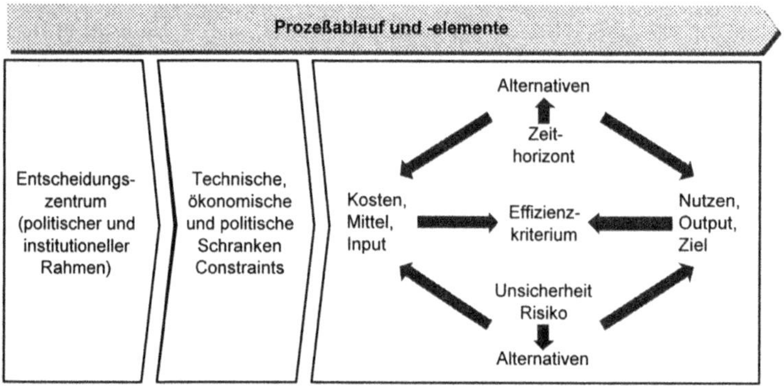

Quelle: In Anlehnung an H. C. Recktenwald (1971), B. F. Gröbner (1983), S. 196

Abb. 31: Grundelemente einer Nutzen-Kosten-Analyse

554 Kosten können in diesem Zusammenhang als Ergebnis einer Handlung definiert werden, "das irgendjemanden zwingt, auf die sonst mögliche Realisierung eines oder mehrerer seiner Ziele - für ihn fühlbar - ganz oder teilweise zu verzichten. Nutzen ist demnach das Ergebnis einer Handlung, die irgendjemand - für ihn fühlbar - näher an eines oder mehrere Ziele bringt." Vgl. G. Kirsch (1971), S. 63 ff.

555 Vgl. H. Hanusch (1994), S. V.

556 Vgl. H. Hanusch (1994), S. 1; übereinstimmend: H. Hanusch, M. Schlumberger (1989), S. 993.

557 Vgl. N. Andel (1981), S. 478; übereinstimmend: K.-H. Hansmeyer (1972), S. 77.

558 H. Hanusch, M. Schlumberger (1989), S. 993.

559 Vgl. ausführlich hierzu: H.C. Recktenwald (1971).

Ausgehend von dieser prozeßorientierten Entscheidungssystematik ist die Bildung eines zentralen und eindeutigen Effizienzkriteriums zur Beurteilung und Abwägung von Alternativen notwendig. Ist dieser Referenzwert gebildet, können Aussagen über die Wirtschaftlichkeit theoretisch erörtert werden. Modelltheoretisch zeigt sich, daß eine Reihe von Prämissen und Nebenbedingungen die [ex-ante-]Aussagefähigkeit der Nutzen-Kosten-Analyse für die Subventionsplanung stark einschränkt.[560] Beispielsweise entziehen sich reine Erhaltungssubventionen dann der Bewertung durch die Nutzen-Kosten-Analyse, wenn verteilungspolitische Subventionsmaßnahmen dem Empfänger ohne Verwendungsauflagen zufließen. Gleiches gilt für Ex-ante-Hilfsmittel zur regionalen Überwindung von Disparitäten in Form einer Industrieansiedlungspolitik, da Kausalketten aus Komplexitätsgründen die Wirkungsweise nicht sicher antizipieren und keine Angebotskurve in Abhängigkeit von der Subventionshöhe gebildet werden kann, welche die Ansiedlungsbereitschaft der Unternehmer widerspiegeln würde.[561] Das zentrale Effizienzkriterium wird in der Praxis bewußt unscharf und metahaft ausgestaltet.

Die Modellvariablen Risiko und Unsicherheit haben einen signifikanten Einfluß auf den Wirkungszusammenhang. Letztlich wäre eine permanente Anpassung des Referenz- und Bezugsrahmens durch Rückkoppelungs- und Kontrollschleifen notwendig, weshalb eine Dynamisierung des Modells Voraussetzung wäre. Die Praxis versucht einerseits, diese Unsicherheiten durch prozentuale Ab- bzw. Zuschläge zu erfassen, andererseits dem Problem durch „willkürliche Risikoprämien" gerecht zu werden.[562] Die Aussagefähigkeit des Modells hängt somit entscheidend von den marktlichen Umfeldbedingungen und seinen modelltheoretischen Erfassungsmöglichkeiten ab.[563]

Neben dem Erfassungs- und Verarbeitungsproblem des Nutzen-Kosten-Modells führt die Formulierung einer konsistenten Zielfunktion zu Operationalisierungsproblemen. Ziele werden dem politischen Meinungsprozeß und der Zweckmäßigkeit untergeordnet, was zu späteren Zielanpassungen an das Erreichte führt, damit die Maßnahmen und Kosten gerechtfertigt werden können.[564] Einen Hauptkritikpunkt bildet der fehlende antizipative gesellschaftliche Zugewinn an Effizienz. Die Subventionierung verzerrt vielfach die Marktpreise und damit die Bewertungsbasis Preis für eine Outputmessung als potentielles Effizienzmaß.[565] Folglich dient realiter die Kosten-Nutzen-Analyse mehr der Kontrolle der Politik als der Effizienzorientierung und -kontrolle der Subventionsziele. Zusammenfassend läßt sich festhalten, daß in der Literatur große Skepsis gegenüber der Nutzen-Kosten-Analyse-Methode herrscht und eine entsprechende Anwendung in der Planungspraxis aufwendig ist.[566] Aufgrund der Komplexität des Verfahrens werden wissenschaftliche Gutachter mit ihrer

560 Vgl. B. F. Gröbner (1983), S. 198-201.
561 Vgl. D. Mulkey, B. L. Dillmann (1976), S. 40.
562 Vgl. H. Hanusch (1994), S. 137-138.
563 Vgl. B. F. Gröbner (1983), S. 199.
564 Auf die Probleme der mangelenden Zielorientierung wurde in Kapitel A, Abschnitt 5.1. hingewiesen.
565 Vgl. B. F. Gröbner (1983), S. 202.
566 Das BMF spricht von Durchführungsproblemen aussagewirksamer Analysemethoden. Vgl. BMF (1996), S. 35-36.

Durchführung beauftragt.[567] Messungen von gesellschaftlichen Effizienzzugewinnen scheitern aber per se an der preisverzerrenden Subventionswirkung, da Schattenpreise als Referenzbasis nur bedingt nutzbar sind und die Entwicklung einer Referenzsituation, die nicht von Subventionen gekennzeichnet ist, äußerst schwierig ist. Eindeutige zentrale Effizienzwerte sind nicht zu beobachten. Dies bedeutet für die Subventionierung, daß die Planung Effizienzsicherungen durch eine entsprechende Informationsbereitstellung nicht sicherstellen kann

2.1.2. Die Willensdurchsetzung

2.1.2.1. Die Phase der Kontrolle der Subventionierung: Die Vergleichsfunktion

Nachdem deutlich gemacht wurde, daß die Planung nur bedingt in der Lage ist, die Effizienz der Subventionsvergabe zu gewährleisten, soll nachfolgend die Kontrolle zur Effizienzsicherung thematisiert werden. Die Informationsunsicherheiten, die Unzulänglichkeiten im Handeln, die politischen und damit nicht immer rationalen ökonomischen Beweggründe sowie die Komplexität der Subventionsmessung erfordern folglich eine Kontrolle, die einer Ergänzung der Planungs- und Entscheidungsprobleme bezüglich der Subventionsvergabe in einer effizienzorientierten Weise dient und durch ihre Informationsaufbereitung z. T. planerische Aufgaben erfüllt.

Die Subventionskontrolle in Deutschland muß sich den Vorwurf gefallen lassen, daß sie unzureichend methodisch ist und zudem i. d. R. politischen Vorgaben folgt.[568] Der sechzehnte Subventionsbericht gibt angesichts dessen offen zu, daß die Erfolgsbewertung und damit die Kontrolle oft der politischen Bewertung überlassen wird.[569] ***Reding*** ist daher zuzustimmen, daß „hinsichtlich der Behandlung der Kontrolle und deren Institutionen aus ökonomischer und speziell finanzwissenschaftlicher Sicht ein Defizit besteht [...]“.[570] Die Phase der Kontrolle wird in der Literatur überwiegend mechanistisch als die „letzte idealtypische Phase“ der Subventionspolitik betrachtet. Unter Kontrolle wird jeder Vergleich eines Planwertes mit verschiedenen Vergleichswerten verstanden.[571] Die Notwendigkeit einer Kontrolle ergibt sich neben den erwähnten realen Ineffizienzen der Subventionspolitik[572] aus folgenden weiteren Gründen:

567 Vgl. H. Hanusch, M. Schlumberger (1989), S. 993.

568 Vgl. B. F. Gröbner (1983), S. 211-212; übereinstimmend: H. Zimmermann (1985), S. 86-87. Zimmermann sieht insbes. die fruchtlose methodische und inhaltliche Auseinandersetzung mit der Subventionskontrolle der Subventionsberichte bis dato als Kritikpunkt. Diller betont, daß beispielsweise die Subventionsberichterstattung des Landes Hessen keine wesentlichen Erkenntnisse bezüglich der Kontrolle und Wirkung von Subventionen aufzeigt. Vielmehr würden u. a. mit Hinweis auf den zu hohen Personal- und Sachaufwand Kontrolldefizite begründet. Vgl. K. D. Diller (1996), S. 57-59, insbes. die Angaben in den Fußnoten.

569 Vgl. BMF (1997), S. 35.

570 K. Reding (1981), S. 178.

571 Vgl. J. Weber (1995), S. 150.

572 Vgl. hierzu die Ausführungen in Kapitel A, Abschnitt 5 .

- ***Transparenz*** bezüglich der Subventionsmittel, der Inanspruchnahme und ihrer Empfänger soll herrschen.
- Die ***Wirkung und damit die Wirtschaftlichkeit*** der Subventionsvergabe soll ex post festgestellt werden.
- Entscheidungsrelevante ***Informationen*** sollen ***selektiert*** und ***gehaltvoll*** bereitgestellt werden.
- ***Ursachen von Zielabweichungen***, die zu einer Abweichung von der Planung geführt haben, sollen erfaßt werden.
- ***Koordinationsprobleme*** im Subventionsprozeß sollen zu dem Zweck ***identifiziert*** werden, diese Informationen für weitere Subventionsvergaben zu nutzen ***(Informationsversorgung und Steuerung)***.[573]

Der Subventionsprozeß ist ein komplexer und dynamischer Enscheidungsprozeß. Er verlangt, daß die ***Subventionskontrolle*** eine gleichberechtigte Rolle neben der Planung und der Durchführung erhält und damit einen ***Gestaltungs- und Steuerungscharakter*** annimmt. Eine Kontrolle der Subventionen ist letztlich wie ein entscheidungstheoretisches, dynamisches Beurteilungs- und Meßproblem aufzufassen. Damit eine eindeutige Kontrolle durchgeführt werden kann, müssen an den zielbezogenen Kontrolldimensionen ***klare Merkmale*** festgelegt und ausgewählt werden, die operationalisierbar, d. h. meßbar und vergleichbar sind.[574u.575] Die Subventionsprogramme sind meist aber so angelegt, daß sie dieser Grundvoraussetzung nicht entsprechen und sich mithin keine geeigneten zielorientierten Kontrollmerkmale ableiten lassen.[576] Als wenig hilfreich hat sich herausgestellt, die Effekte allein in Form von sozialen Indikatoren qualitativ erfassen zu wollen, da diese wenig Rückschluß auf die Effizienz zulassen und eher subjektiv beurteilt werden. Ebenso ist eine Kontrolle abzulehnen, die sich an die in Anspruch genommenen Mittel als Erfolgsindikator anlehnt. Sind Vorgabewerte (Normwerte, Sollwerte) als Maßgrößen durch klare Ziele identifiziert, so können Vergleiche mit der Ist-Situation gezogen werden. Ebenso wie bei den Ex-ante-Entscheidungstechniken in der Planungsphase wäre grundsätzlich die Entwicklung einer Referenzsituation oder eines Referenzverlaufs notwendig. Grundvoraussetzung hierfür ist eine prozeßorientierte Messung der Kontrollphase und damit der effektiv erreichten und erfaßten Ist-Werte als Maßgröße. Ist-Werte bilden die

---

573 Informationen über Planabweichungen sind die eigentliche Hauptfunktion von Kontrollen, nämlich präventiv auf zukünftiges ineffizientes Handeln einzuwirken. Vgl. H. Schäfer (1977), S. 530. Effizienz ist daher eine Form des "Single-Loop-Lernens", d. h. des Vergleichs eines Soll-Zustandes mit dem Ist-Zustand im Rahmen einer Feedback-Schleife. Die Ziele müssen nicht zwangsläufig hinterfragt werden. Double-Loop- und Deutero-Lernen („deuteros" bedeutet griechisch „der Zweite") hingegen sieht einen Soll-Soll-Vergleich im Rahmen einer doppelten Feedback-Schleife vor. Dies bedeutet, daß Ziele, Normen und Werte hinterfragt werden, wodruch die Effektivität erhöht wird. Vgl. M. Osterloh, J. Forst (1996), S. 167-168.

574 Vgl. E. Rühli (1993), S. 187.

575 Der sechzehnte Subventionsbericht geht auf den Aspekt der Subventionskontrolle gesondert ein. Er bemerkt, daß die Voraussetzungen für Subventionskontrollen, wie beispielsweise die Zielerreichungskontrolle als Soll-Ist-Vergleich, meßbare, d. h. klar definierter Zielkriterien sind. Vgl. BMF (1997), S. 36 und S. 46.

576 Vgl. B. F. Gröbner (1983), S. 211. Gröbner meint hierzu, daß bei längeren Kontrollphasen auf "Zwischenziele" zurückgegriffen werden sollte, damit eine Verschwendung von Mitteln verhindert werden kann.

Voraussetzung für den Rückkoppelungsprozeß, der sonst eine Subventionskontrolle zur Makulatur machen würde.[577]u.[578] Kontrolle kann auch an anderen Zielen und Referenzwerten ansetzen. Dieser Aspekt wird nachfolgend aufgegriffen und später nochmals Eingang in die Branchen- und Fallstudie finden. Letztlich dient die Kontrolle in der Finanzwirtschaft auch der Einleitung von ***Lernprozessen*** bei der Subventionsvergabe, da iterativ durch Rückkoppelungen mit der Planung effiziente Lernergebnisse in der Subventionspolitik ermöglich werden.

2.1.2.2. Methoden subventionsrelevanter finanzwissenschaftlicher Kontroll-Ansätze: Eine Auswahl

In Deutschland wird bei der Kontrolle von Fördermaßnahmen bezüglich ihrer Effizienz von verantwortlicher Seite wiederholt auf einzelne Forschungsgutachten zu gesamtwirtschaftlichen Fragestellungen und auf das Fehlen genereller gesamtwirtschaftlicher Kontrollmethoden Bezug genommen.[579] Der sechzehnte Subventionsbericht des Bundes verweist, wie schon in Kapitel A erwähnt,[580] in seiner gesetzlich verankerten Kontrollberichterstattung[581] erneut auf die Methodenproblematik.[582] Gleichzeitig stellt er die Notwendigkeit einer Erfolgsmessung und der Kontrolle für einen gezielten Abbau der Subventionen in den Vordergrund.[583]

Der Subventionsbericht beispielsweise räumt ein, daß es „***keine allgemein gültigen Methoden***" gibt, die den Erfolg staatlicher Politik - insbesondere der Subventionspolitik - eindeutig festgelegen.[584] Hierbei fällt auf, daß die Kontrolle des Subventionsgebers, sofern explizit von ihr gesprochen wird, entweder eine Wirkungsüberprüfung gesamtwirtschaftlicher Zielaspekte in Form eines holistischen Abbildungssystems mit beträchtlichen Abstraktionen (Vogelperspektive) impliziert oder sich durch Ausschluß zahlreicher Einflußfaktoren (ceteris paribus) auf einen engen Teilbereich

---

577 Vgl. B. F. Gröbner (1983), S. 212.

578 Buse spricht in diesem Zusammenhang von der Kontrolle als "Grundlage des Regelkreisprinzips". Vgl. M. J. Buse (1974), S. 89 f.

579 Vgl. BMF (1997), S. 33 sowie BMF(1995), S. 32 sowie H. H. v. Arnim (1986), S. 81-82.

580 Vgl. Kapitel A, Abschnitt 1.2.2.

581 Angesichts der verstärkten Diskussion um die Kontrolle der Subventionen und ihres effizienten Einsatzes hat der Bundesrechungshof 1996 in seinen Bemerkungen zur Haushalts- und Wirtschaftsführung (BT-Drs. 13/5700) eine weitere Intensivierung der Berichterstattung angemahnt. Die Folge war ein verstärkter "fachspezifischer Berichtumfang" der Subventionskontrolle im sechzehnten Subventionsbericht. Vgl. BMF (1997), S. 3, insbes. S. 35-61.

582 Im siebenten Subventionsbericht spricht man von der Schwierigkeit, "brauchbare (Kontroll-)Meßinstrumente [zu finden], die mit dem Grad der Zielerreichung abgelesen werden [können]." Vgl. BT (1979), S. 39. Im breiteren Umfang wird im achten Subventionsbericht über das Thema Erfolgskontrolle berichtet. Vgl. BT (1996), S. 32. Im sechzehnten Subventionsbericht wurde erneut gesondert auf Erfolgskontrollen in den "wesentlichen Bereichen" (Landwirtschaft, gewerbliche Wirtschaft, Wohnungswesen und Vermögensbildung) verwiesen. Vgl. BMF (1997), S. 33 ff.

583 Vgl. BMWi (1997), S. 33.

584 Vgl. BMWi (1997), S. 33; übereinstimmend: H. Zimmermann (1985), S. 88 und S. 96. Erstmalig wurde dies im achten Subventionsbericht (BMF) (1981), S. 44 konstatiert: "Beim derzeitigen Stand der Forschung besteht der berechtigte Zweifel, ob sich ein überzeugender Ansatz für laufende systematische Wirkungskontrollen entwickeln läßt."

konzentriert.[585] Es fällt weiterhin auf, daß die überwiegenden Beiträge zur Kontrolle von Subventionen rechtliche bzw. verwaltungsrechtliche Aspekte in den Vordergrund stellen und daß die aus Sicht der ökonomischen Rationalität wirkungsvollere sachorientierte Kontrolle vernachlässigt wird.[586u.587] Die nachfolgende Abbildung gibt einen Überblick über grundlegende Ausgestaltungsrichtungen einer Subventionskontrolle. Ausgangspunkt bildet eine ***sachorientierte Kontrolle***. Sie orientiert sich an der subventionsökonomischen Realität und versucht die Input-Output-Relationen zu optimieren. Ausgewählte Ansätze sollen nachfolgend kurz erörtert und in ihrer praktischen Bedeutung bewertet werden.

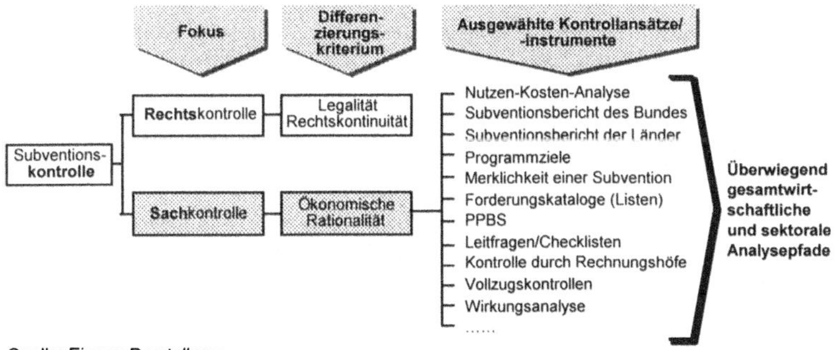

Quelle: Eigene Darstellung

Abb. 32: Ein Überblick über die Kontrolle von Subventionen

Die Mehrzahl der Kontrollmethoden konzentriert sich auf die ***gesamt- und sektorenwirtschaftlichen (Aus-)Wirkungen***. Einzelwirtschaftliche Instrumente und Konzepte werden vernachlässigt.

Die ***Nutzen-Kosten-Analyse*** bildet beim heutigen Kenntnisstand eine suboptimale Effizienzkontrolle, da sie nicht zufriedenstellend Orientierung bieten kann. Der Verwendungscharakter ist deshalb eingeschränkt, weil ein genaues Maß für den Nutzen fehlt.[588] Die ***Subventionsberichte*** beziehen sich auf einen Alternativenvergleich u. a. in der Form einer Ex-ante-Nutzen-Kosten-Analyse[589u.590], der Zielerreichungskontrolle[591] sowie der enger ausgerichteten Programmzielananlyse[592]. Die Kontrolle

585 Vgl. H. H. v. Arnim (1986), S. 81.

586 Vgl. hierzu ausführlich: H. H. v. Arnim (1986), S. 95-97.

587 Vgl. hierzu auch den gewählten Untersuchungsfokus in dieser Arbeit: Kapitel A, II.

588 Vgl. R.A. Musgrave (1994), S. 198-199.

589 Besondere Erwähnung - neben den immer wiederkehrenden Hinweisen - erfuhr die Nutzen-Kosten-Analyse im sechsten Subventionsbericht des Bundes. Vgl. BMF (1977), S. 32.

590 Auf die Grundsystematik der Nutzen-Kosten-Analyse wurde in Kapitel B, Abschnitt 2.2.1. eingegangen.

591 Die Zielerreichungskontrolle stellt den Vergleich der realisierten Zielgröße mit ihrem geplanten Wert jeweils nach Mitteleinsatz. Sie stellt eine Form der Erfolgskontrolle im wirtschaftswissenschaftlichen Sinne dar. Andere Verfahren, wie die Vollzugskontrolle als Vergleich des realisierten Mitteleinsatzes mit dessen geplantem Wert sowie die Wirkungskontrolle als Vergleich des realisierten Wertes einer Zielgröße nach Mitteleinsatz mit einem hypothetischen Wert der Ziel-

der Berichte beschränkt sich auf den Hinweis, daß die wirtschaftlichen Entwicklungen nicht genügend antizipiert werden könnten, und daß daher auf die Auflistung der geförderten Projekte oder auf die pauschale Erfolgserreichung zurückgegriffen werden müsse.[593] Die Aussagen der ***Länderberichte*** sind als anwendbare Kontrolle weniger erfolgreich. Das Beispiel des Landes Hessen[594] sei hier exemplarisch erwähnt. ***Diller*** meint dazu, daß der hessische Subventionsbericht in jeder Ausgabe neben unklaren Zieldefinitionen, dem traditionellen Verweis der Länder auf die Primärkompentenz des Bundes und dem damit verbundenen weitestgehenden ***Verzicht der Länder auf eigene Kontrollen*** nahezu wörtlich das gleiche unbefriedigende Resümee zieht.[595] Mehr als Absichtsbekundungen nebst dem permanenten Hinweis auf die Erfassungsprobleme der Erfolgskontrollen - auch mit Hinweis auf die Probleme des Bundes - ist den Länderberichten nicht zu entnehmen. ***Zimmermann*** schlägt vor, die Kontrolle durch verhältnismäßig eng definierte ***Programmziele*** einzelner Zielbereiche auf ihre Effizienz hin zu erfassen. Ausgangspunkt hierfür bilden die entsprechenden Subventionsmaßnahmenprogramme auf einer suboptimalen Kontrollebene.[596] Basis hierfür sind Zielerreichungsgrade mit Bezug auf vorab festgelegte Beurteilungsmaßstäbe (Norm-Wert), die unabhängig von ihrer positiv oder negativ unterstützenden Zielwirkung für das übergeordnete Ziel bewertet werden.[597] Eine Hauptvoraussetzung ist eine inhaltsreiche Zielformulierung, die quantitative Abbildungen ermöglicht.[598] Handlungsmaßnahmen können so durch eine langfristig vergleichbare und regelmäßig enge Erfolgskontrolle abgeleitet werden. ***Zimmermann*** verweist in diesem Zusammenhang auf das ***Kardinalproblem*** der Subventionskontrolle, nämlich „daß eine umfassende, auf alle Ziele zugleich bezogene Wirkungskontrolle für alle Bundessubventionen innerhalb [eines Kontrollverfahren und -berichtes] nicht geleistet werden kann“[599].

Aus effizienztheoretischer (gesamtwirtschaftlicher) Sicht ist eine Beurteilung ausschließlich auf der Ebene der engen Programmziele, sofern diese nicht als Subziele einen signifikanten positiven Beitrag zum Endziel leisten, problematisch zu bewerten. Positiv zu vermerken ist, daß hierdurch eine disaggregierte Kontrolle der Zielerreichung angestrebt wird. Die Disaggregation sollte jedoch um übergeordnete Gesamtzielaspekte erweitert werden. Schließlich können auf einer für die Volkswirtschaft bzw. eine Branche ökonomisch relevanten ***Endzielebene*** negative, zum Teil zielinterdependente Auswirkungen bestehen.[600] Anders ausgedrückt, kann die

---

größe ohne Mitteleinsatz, werden nicht gesondert thematisiert, da sie im wesentlichen nur auf Einzelaspekte der gesamtwirtschaftlichen Kontrolle eingehen.

592 Vgl. die nachfolgenden Aussagen in diesem Abschnitt.

593 Vgl. B. F. Gröbner (1983), S. 216.

594 Vgl. Hessen (1991), S. 27 sowie Hessen (1987), S. 25 f. sowie Hessen (1985), S. 25 f. sowie Hessen (1981), S. 23 f. sowie Hessen (1978), S. 6.

595 Vgl. K. D. Diller (1996), S. 55-58.

596 Vgl. H. Zimmermann (1985), S. 88-89.

597 Vgl. H. Zimmermann (1985), S. 88.

598 Vgl. H. Zimmermann (1985), S. 90.

599 H. Zimmermann (1985), S. 96.

600 Das ifo-Institut spricht mit Bezug auf die Förderung im Rahmen der Strukturfonds von einer "weitgehend gleichgerichteten und ausreichend flexiblen Zielsetzung zwischen EU und der Bundesregierung, um in der konkreteren Programmgestaltung Kohärenz zu erzielen“. Das Zielsy-

Planerfüllung eines Programmziels ***effektiv***, aber letztlich branchenbezogen ***ineffizient*** sein. Dies bedeutet jedoch auch, daß Programmeffektivität „die einschläfernde Wirkung haben könnte, so weiterzumachen, wie bisher und sei es nur, weil Fehlallokationen von Faktoren nicht als solche erkannt werden. "[601] ***Hansmeyer***[602] spricht in Anlehnung an die Steuerlehre von der ***Merklichkeit*** einer Subvention als einer „notwendige(n) Bedingung" eines Erfolgsmaßstabs. Letztlich geht es ihm um die ***Wahrnehmung*** der Subvention, die dann ein bestimmtes Verhalten beim Empfänger oder Destinatar initiiert.[603] Im wesentlichen hängt die Merklichkeit einer Subvention erstens von der technischen Ausgestaltung, zweitens von der relativen Höhe sowie drittens von der Dauer und dem Rhythmus des Subventionierungsprozesses ab. Subventionen sind erfolgreicher, wenn sie bewußt und zielorientiert Verhalten verändern. Die folgende Abbildung zeigt, daß verschiedene ***Reaktivierungszeitpunkte*** eingehalten werden müssen, wenn die angestrebten Verhaltensänderungen optimal gewährleistet werden sollen.

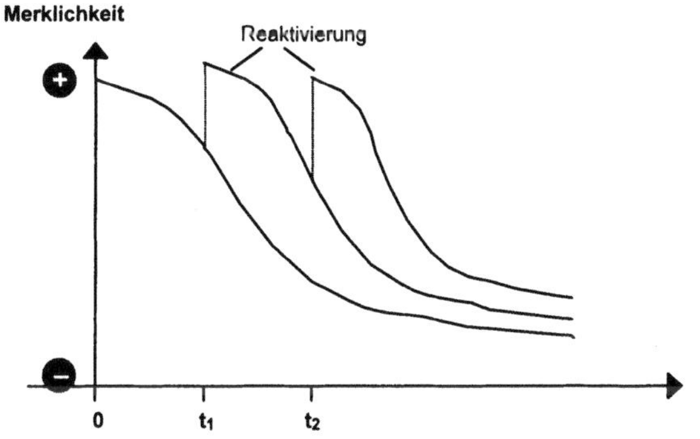

Quelle: In Anlehnung an K. H. Hansmeyer (1963b)

Abb. 33: Effizienzanforderung durch Reaktivierung der Merklichkeit einer Subventionsvergabe

---

stem des EU-Strukturfonds für die NBL definiert die obere Zielebene dadurch, daß z. B. eine "Reduzierung der sozio-ökonomischen Unterschiede zwischen den Mitgliedsstaaten, Regionen und gesellschaftlichen Gruppen zur "harmonischen Entwicklung der Union als Ganzes" angestrebt wird. Die mittlere Zielebene spricht z. B. von der "Entwicklung und strukturellen Anpassung der Regionen mit Entwicklungsrückständen". Die untere Zielebene als Programmziel sieht z. B. die "Akzentuierung von Maßnahmen zur Stärkung der endogenden Potentiale, der Umweltbedingungen, von Forschung und Entwicklung der kleinen und mittleren Unternehmen (KMU). Dieses Beispiel verdeutlicht, daß die Programmziele noch deutlich von einer Operationalisierung entfernt sind. Vgl. ifo-Institut für Wirtschaftsforschung (1997f).

601 G. Kirsch (1983), S. 13.

602 Vgl. K.-H. Hansmeyer (1963b), S. 2 ff. zur Anwendung des Kriteriums der Merklichkeit auf Steuerentlastungen. Vgl. R. Busch (1975), S. 39 ff.

603 Bei der Effizienzbeurteilung der Investitionsförderpolitik in den NBL wurde seitens der ifo- und IWH- Institute u. a. der Aspekt der Merklichkeit herausgehoben. Eine entsprechende Untersuchung wurde durch mündliche und schriftliche Befragung des erwerbswirtschaftlichen Empfängerkreises durchgeführt und zeigte in diesem Fall, daß ein erheblicher Teil der Unternehmen die Förderung in Anspruch nimmt und in vielen Fällen nur aufgrund der hohen Förderungen investieren könnte. Vgl. ifo, IWH (1994), S. 5 ff. sowie S. 122-175.

Beispielsweise sollten die Subventionen für den Aufbau Ost[604] in ihrer Dauer und ihrer Höhe zu bestimmten Zeitpunkten in ihrer Merklichkeit so reaktiviert werden, daß die angestrebten Verhältnisänderungen (z. B. die Zunahme der Beschäftigung) realisiert werden können. Ein Kriterium wie das der Merklichkeit weist kein eindeutiges und fixierbares Effizienzmerkmal für die Kontrolle auf, und folglich kann es nur schwer als Ausdruck des Erfolges herangezogen werden.[605] Vielmehr ist es ein qualitatives, schwer operationalisierbares und subjektives Rahmenelement, welches bei finanzpolitischen Instrumenten permanent Gültigkeit besitzen muß.

Schäfer[606] fordert eine effiziente Subventionskontrolle durch einen ***(Beihilfen-)Forderungskatalog.***[607] Den Ausgangspunkt hierfür bilden mehrere Maßnahmen, welche die Transparenz und Kontrolle erhöhen sollen. Hierzu zählt u. a. ein „Katalog für mehr Transparenz", der, basierend auf Negativ- und Positivauflistungen von Subventionsformen (u. a. beispielsweise durch Integration der Schattenhaushalte durch einen weiten Subventionsbegriff), nach Konsultation eines „Sachverständigenrates für Subventionen" das Kontrollobjekt quantifiziert und beurteilt. Zusätzlich soll ein ***Katalog für mehr Effizienz*** durch genauere Zieldefinition, d. h. Objektorientierung, eine systematische wissenschaftliche Effizienzprüfung ermöglichen. Vorteilhaft ist der schnelle und deutliche Signalcharakter eines Kataloges, da mittels der Auflistung gleichsam von außen auf Subventionsentscheidungen aufmerksam gemacht werden kann. Problematisch erscheint jedoch, daß die Kataloge selbst im Verdacht stehen können, keine konsistenten Ziele vorgeben zu können, und im Zweifel der politischen Diskussion mehr beitragen als einer Kontrolle.

Ein erster, wenn auch häufig kritisierter pragmatischer Ansatzpunkt einer Evaluation auf Bundesebene spiegelt die Idee des Programmhaushaltes (PPBS) wider. Die Idee der ***PPBS-Kontrolle*** sieht eine systematische und totalanalytische Ex-post-Beurteilung vor, die im wesentlichen folgende Merkmale aufweist:[608]

- Beurteilung der „effectiveness" aufgrund des Zielerreichungsgrades des Programms,
- Isolation von Programmeffekten und Aufzeigen spezifischer Input-Output-Relationen

---

604 Vgl. hierzu die Ausführungen in Kapitel A, Abschnitt 4.4.

605 Insbes. Mitnahmeeffekte würden das Erfolgskriterium der Merklichkeit verfälschen. Eine hohe Inanspruchnahme der Fördermittel korreliert positiv mit der Merklichkeit. Vgl. zum Aspekt des Mitnahmeeffekts: H. Zimmermann (1985), S. 94-96.

606 Vgl. C. Schäfer (1987), S. 159 ff.

607 Neben dem (Forderungs-) Katalog für mehr Transparenz und Effizienz bzw. Objektorientierung werden folgende Kataloge für notwendig erachtet: (1) Katalog für ersatzlose Streichung der Subventionen (unmittelbarer Subventionsabbau), (2) für Umwandlung von Steuervergünstigungen in Finanzhilfen, (3) für Verbindung von Finanzhilfen mit Auflagen, (4) für Umwandlung von Subventionen, also auch Finanzmitteln, in Auflagen, Ge- und Verbote, (5) für notwendige Strukturkonzepte und schließlich (6) für die alternative Verwendung u.U. freiwerdender Subventionsmittel. Vgl. C. Schäfer (1987), S. 161.

608 Vgl. K. Reding (1981), S. 179 sowie S. 44. Zur Systematik des PPBS-Instruments siehe Kapitel B, Abschnitt 2.1.2. und die Ausführungen in den Fußnoten.

- Modifikationen und Korrekturen zur Optimierung des laufenden Programms.

Neu an dieser vorwiegend intern verwendeten Evaluierung ist die Einbeziehung zielbezogener Elemente als normierte Werte, denen aber wegen ihres politischen Bezugs fehlende Objektivität unterstellt wird. Zielwerte ermöglichen einen Rückkoppelungsprozeß. Problematisch erscheinen hier in erster Linie die weiterhin existierende Komplexitätsbeherrschung und die politisch normierte Zielvorgabe. Letzteres spiegelt ein institutionelles Problem wider, da in der finanzwissenschaftlichen Praxis die Zielformulierung opportunistisch und willkürlich ist, d. h. nach eigenem Ermessen gewählt und zur subjektiven Nutzenmaximierung gesamtwirtschaftlich mißbraucht werden kann.[609]

Eine pragmatische Lösung sieht die Vorgabe von ***Leitfragen***[610], ähnlich dem Forderungskatalog von ***Schäfer***, vor. ***Fünf Leitfragen*** bilden den Kern eines Evaluationskonzeptes:

A. Ist das Programm geeignet und sind die zugrundegelegten Annahmen richtig?
B. Wird die Zielgruppe erreicht?
C. Welche direkten und indirekten Wirkungen gibt es oder sind absehbar?
D. Wurden Ziele erreicht?
E. Sind Implementation und Verwaltung effizient?

Wenn diese Fragen befriedigend beantwortet sind, wird die Fördermaßnahme positiv bewertet und durch ein ausgefeiltes sozial- und wirtschaftswissenschaftliches Instrumentarium untermauert. Auffallend ist hier, daß die partialanalytischen Evaluierungen ohne einen direkten Bezug zu wirtschaftlichen Gesamtzusammenhängen vorgenommen werden. Es liegt nahe, daß die Beantwortung dieser Fragen dem subjektiven Willkürspielraum unterliegt.

Eine weitere Kontrolle wird durch die ***Rechnungshöfe*** geleistet. Diese seit langem bestehenden Einrichtungen kontrollieren - anders als die Gerichte - nicht erst auf Anfrage hin, sondern von Amts wegen u. a. die Subventionsvergabe.[611] Im wesentlichen umfaßt ihr Kontrollumfang die rechnerische Richtigkeit, die budgetmäßige Zulässigkeit und die Wirtschaftlichkeit.[612] Als Maßstab der Kontrolle dienen ökonomische Rationalität und Rechtmäßigkeit. In der Praxis erweist sich diese Form der Kontrolle als ineffektiv, da Rechnungshöfe eine Mischung aus allokativer Entscheidungsinstanz und Gericht einerseits sowie Verwaltung andererseits sind.[613] Diese Konstruktion führt dazu, daß die Rechnungshöfe zwar verwaltungsähnliche Strukturen, nicht aber die Durchsetzungskraft und Entscheidungsmacht einer Gerichtsbarkeit haben. Sie können keinen Schuldspruch sprechen und gesetzeswidriges Verhalten nicht, wie z. B.

609 Vgl. K. Reding (1981), S. 180.
610 Vgl. S. Kuhlmann (1997), S. 111 ff.
611 Vgl. H. H. v. Arnim (1986), S. 96-97.
612 Vgl. C. B. Blankart (1994), S. 384.
613 Vgl. C. B. Blankart (1994), S. 461; übereinstimmend: H. H. v. Arnim (1986), S. 96-97.

das Bundeskartellamt durch Bußen, sanktionieren. Lediglich die sog. Bemerkungen zu etwaigen Verschwendungen können nachrichtlich an das Parlament gehen. Zu Recht wird hierbei die starke zeitliche Verzögerung moniert, die zwischen der betreffenden Maßnahme und der Benachrichtigung liegt.[614] ***Reding*** hierzu: „Man kann zu Recht fragen, welche positiven Effekte von dem Ereignis der Kontrolle von [Subventions-]Vorgängen ausgehen sollen, die schon zwei oder mehr Jahre zurückliegen, deren aktuelle politische Bedeutung somit in vielen Fällen nahe Null liegt [...]".[615]

2.2. Fazit

Der ***Kontrolle*** wurde eine besondere Problemlösungsbedeutung für die Effizienzsicherung beigemessen. Ausgangspunkt bildet die ***Informationsfunktion der Kontrolle***, die unter der Bedingung klarer, d. h. erkennbarer und festgelegter Merkmale eine Referenzbasis für die Effizienzorientierung ermöglicht. Entscheidend für eine Effizienzorientierung im Subventionsprozeß ist die Informationsversorgung durch geeignete operationalisierbare Abbildungs-, Entscheidungs- und Steuerungsmerkmale. Die bisherigen Ausführungen zu Planungs- und Kontrollansätzen haben gezeigt, daß diese nicht vollständig überzeugen, da sie überwiegend qualitative und isolierte Informationsfunktionen erfüllen und einen modellhaften oder rein qualitativen Charakter haben.

Bei der Kontrolle von Subventionen geht es vorwiegend um eine Rechtskontrolle und weniger um eine an die ökonomische Rationalität geknüpfte Sachkontrolle. Es wurde deutlich, daß die meisten Kontrollbeispiele wegen des gesamtwirtschaftlichen Anspruchs oder aufgrund der Konzentration auf einen engen Teilbereich theoretische, praktische und methodische Probleme hervorrufen. Eine holisitische Sachkontrolle auf gesamtwirtschaftlicher Ebene ist zur Zeit nicht verfügbar.

Die wenigen - ohnehin qualitativen - Formulierungen von Verwaltungsvorschriften führen in der Kontrollpraxis zu einem ***„Willkürspielraum*** des Staates".[616] Pragmatische Wege, den Subventionsabbau durch globale, d. h. alle Bereiche betreffende Maßnahmen einer gleichmäßigen Kürzung zu unterziehen, verhindern eine sinnvolle Umstrukturierung, da sie nicht problemorientiert sind.[617] Rasenmähermethoden[618] hinge-

---

614 Vgl. C. B. Blankart (1994), S. 462; übereinstimmend: K. Reding (1981), S. 184.

615 K. Reding (1981), S. 184.

616 Vgl. K. Reding (1981), S. 180.

617 Globale Streichaktionen bei allen Subventionsempfängern verhindern eine sinnvolle Umstrukturierung, da sie nur am Symptom und nicht an der Ursache ansetzen. Streichungen in Form einer "Rasenmäher-Methode" - zumal vertragstheoretisch bedenkswert - sind Verzweifelungsstrategien, die einer Resignation angesichts der eigentlichen Politikumgestaltung gleichkommmen. Im Bereich der Steuervergünstigungen ist dieser Weg ohnehin nicht praktikabel. Mit 59,97 Mrd. DM 1995 würde dieser Anteil (ca. 20 %) deutlich nicht alle Subventionen (298,3 Mrd. DM 1995) erfassen. Vgl. W. Leibfritz (1988), S. 144. Zahlen aus A. Boss, A. Rosenschon (1997), S. 40. Anders: A. Rosenschon (1991), S. 88. Sie vertrat hierzu die Ansicht, daß eine Kontrolle bzw. ein Abbau der Subventionen nur durch ein "Budgetierungsverfahren" auf Ministerebene möglich ist. Sollte eine Förderung nicht plausibel dargelegt werden, müsse nach der "Rasenmäher-Methode" gekürzt werden.

618 V. Arnim bezeichnet die "Rasenmäher-Methode" für den Subventionsabbau als Kehrseite des "Gießkannenprinzips" bei der Subventionsgewährung. Vgl. H. H. v. Arnim (1986), S. 91.

gen sind nur Ausdruck von Konzeptlosigkeit und fehlendem Willen, effiziente Kontrollen zu konzeptualisieren. Einzig die Kontrollkonzepte der Programmziele bzw. der Programmevaluierung, die zusätzlich durch eine klare wirtschafts- und finanzwissenschaftliche Zielfixierung ergänzt werden, können eine sinnvolle Methodik darstellen.

Es verwundert daher nicht, daß seitens der verantwortlichen Politik auf die fehlenden Kontrollmethoden bereitwillig Bezug genommen wird. Nach dreißig Jahren Subventionsberichterstattung drängt sich eine äußerst skeptische Auffassung von politischen (Entscheidungs-)Prozessen (Leviathan-Hypothesen) auf, die die ***These eines finanzwirtschaftlichen Systemfehlers*** erhärtet. Um so bedeutsamer ist ein Grundkonzept, das sich für eine effiziente Kontrolle der Subventionen an klaren operablen Gestaltungsrichtlinien orientieren muß. Dies soll nachfolgend erörtert werden. Zunächst ist für ein übergreifendes effizienzorientiertes Kontrollmodell eine formale und materielle Basis zu bilden, die mit Bezug auf bestehende theoretische Erkenntnisse und Methoden einzelne Rahmenelemente der Kontrolle aufzeigt.

Vor diesem Hintergrund muß sich eine Kontrolle der Subventionen zunächst an der ökonomischen Rationalität orientieren. Diese ist durch eindeutige Zielvorgaben sicherzustellen, die als Referenzbasis dienen. Die Bedeutung der fehlenden Referenzbasis ist in allen bisherigen Kontrollansätzen als ein Hauptaspekt der Misere erkannt worden. Es liegt daher nahe, daß ein Modell zunächst dafür methodisch sorgen muß, daß die Referenz- und Bezugsbasis in Form von Zielen formal und inhaltlich geklärt und strukturiert wird. Hiermit wird sich der nachfolgende Abschnitt befassen.

3. Die Ziele als Kernelemente einer effizienzorientierten Kontrolle

Eine Grundvoraussetzung der Subventionskontrolle ist die Vorgabe klarer wirtschafts- und finanzpolitischer Ziele.[619] Dies ist zwingend für eine Effizienz- und Effektivitätsorientierung. Wie im Kapitel A deutlich gemacht wurde, ist der (politische) Zielbildungs- und Planungsprozeß defizitär und letztlich ineffizient.[620] In dieser Arbeit wird - vor dem Hintergrund weitestgehender unsystematischer, unklarer und konfliktärer politischer Planung und Entkoppelung der Zielsetzungen von der ökonomischen Rationalität - die angestrebte ***Subventionseffizienz über die Kontrolle*** von marktwirtschaftlich, legitimen materiellen und formalen Zielen angestrebt.[621]

Die Kontrolle erfährt somit eine gestalterische Informationsversorgungsfunktion im subventionspolitischen Willensbildungsprozeß. Die Kontrolle auf der Basis von informationsversorgenden Zielen erfordert eine klare und inhaltsreiche Fixierung. Es entspricht der ökonomischen Rationalität einer funktionsfähigen Kontrolle, wenn nicht alle Informationen gesammelt werden müssen, sondern nur so viele, bis testbare Hypothesen formuliert werden können.[622]

Im Zentrum des folgenden Abschnitts wird die Erörterung ***formaler und materieller Zielaspekte der Erfolgskontrolle*** zur Entwicklung einer hierzu zweckdienlichen Systematik stehen. Die Trennung von formalen und inhaltlichen Aspekten eines Kontrollmodells verbessert das grundsätzliche Verständnis, weil eine formale Systematik unabhängig von den situativen Inhalten ist und daher als ***eigenständige Modellogik*** generelle Gültigkeit beanspruchen kann. Die Gestaltung formaler Eigenschaften des Kontrollsystems ermöglicht eine Vereinheitlichung oder Standardisierung der Kontrolle.[623] Darüber hinaus ist es aus Komplexitätsgründen sinnvoll, eine idealtypische Trennung der formalen und materiellen systembildenden Aspekte sinnvoll vorzunehmen, um eine systematische Entwicklungslogik schrittweise zu gewährleisten.

Somit wird hier im Bewußtsein der realiter nicht existenten Dichotomie von formalen und materiellen Zielaspekten ein ***erkenntnisgesteuertes schrittweises Vorgehen*** gewählt. Subventionistische Eingriffe in den Koordinationsprozeß der Marktwirtschaft und den Knappheitsindikator Preis dienen überwiegend politischen Zielsetzungen.

---

619 Vgl. M. E. Streit (1991a), S. 188.

620 Vgl. hierzu die Ausführungen in Kapitel A, Abschnitt 5.1.

621 Ziele als gesonderten, von der Planung losgelösten Aspekt zu behanden wird u. a. von folgendem Autor A. Schmidt (1986), S. 26 vertreten.

622 Vgl. C. B. Blankart (1994), S. 12-13.

623 Seitens der betriebswirtschaftlichen Literatur zum Problem der Kontrolle wird der Gesichtspunkt einer Vereinheitlichung und Standardisierung als Hauptziel der Kontrollsystembildung angestrebt. Vgl. H.-U. Küpper (1994), S. 974-948.

Drei Aspekte sind von besonderer Bedeutung:

A. Ungeplanten Ordnungen (politische) Zwecke und damit (subjektive) Ziele vorzugeben spiegelt den interventionistischen Charakter von Subventionen wider. Was als Ziel politisch wünschenswert erscheint, kann ordnungspolitisch systemgefährdend sein.

B. Das Wissen um die zu erwartenden Reaktionen (Planungs- und Kontrollwissen) erfordert einen zielgerichteten Interventionismus. Die Komplexität der evolutorischen Marktereignisse verhindert, wie oben gezeigt, klare Ursache-Wirkungs-Relationen.

C. Zielharmonie auf der gesamtwirtschaftlichen Ebene bedeutet noch nicht, daß dies auf der für Unternehmen innerhalb einer Branche relevanten einzelwirtschaftlichen Ebene unterstellt werden kann. Zielkonflikte ergeben sich durch Unterschiede zwischen Branchen und innerhalb einer Branche, die je nach formaler Abgrenzung der Branche in unterschiedlichem Maße auftreten.[624]

Es wird deutlich, daß die Kontrolle ein modellhaftes ***Abbild der Realität*** darstellen muß, wenn Aussagen getroffen werden sollen. Dies ist insofern notwendig, als, weil es ein Modell explizit noch nicht gibt, die Entscheidungsträger ihre Entscheidungen implizit an vermuteten Wirkungsweisen ausrichten müssen.

Zunächst ist hierzu ***formal*** eine größere Klarheit über das Begriffspaar ***„Effizienz und Effektivität“*** als Basis für weitere Beurteilungen zu gewinnen. Anschließend ist eine Erläuterung methodischer Kontextprobleme wissenschaftlicher Wertungen notwendig, um der Erfordernissen und den Problemen wirtschaftspolitischer Zielsetzungen (dem, was „sein-soll“) begegnen zu können. Die weiteren formalen Erörterungen dienen der Bildung der Modellsystematik, die einerseits auf ***Hypothesen*** als Kern wirtschaftswissenschaftlichen Fortschritts beruhen, andererseits auf einer stufenweisen und systematischen Zerlegung der Effizienz basieren. ***Kennzahlen*** als komplexitätsreduzierendes Analysesystem ergänzen die Systembildung. Die Erörterung formaler Aspekte schließt mit der Formulierung von Anforderungen an eine modelltheoretische Kontrolle. Hierzu ist es notwendig, auf das generelle Problem der Operationalisierung von Zielen einzugehen und die Subzielbildung als ein komplexitätsreduzierendes Element zu erörtern. Die Orientierung der Kontrolle an unterschiedlichen Kontrollobjekten dient einer problemorientierten Komplexitätsreduzierung. Abschließend gilt es zu klären, welche Zielbeziehungen bestehen und wie sich eine ***Ablaufsteuerung*** der Subventionskontrolle formal niederschlägt.

Der ***materielle*** Aspekt bildet die Basis für inhaltliche Auseinandersetzungen der Subventionsziele im Rahmen einer Kontrolle. Hierzu bedarf es einer näheren

---

624 Insbes. die Methodik der Branchensegmentierung entscheidet, wie stark die wirtschaftlichen Unterschiede und Ausprägungen der Unternehmen zueinander sein können. Bei konglomeraten Unternehmensstrukturen nimmt das Abgrenzungsproblem zu, da die organisatorischen Ausgestaltungen nicht zwingend nach volkswirtschaftlichen Merkmalen einer Brancheneinteilung ausgerichtet sind, sondern i. d. R. unternehmenspolitischen und -strategischen Entscheidungen auf einzelbetrieblicher Ebene folgen.

Betrachtung ***wirtschaftspolitischer Leitmaximen als Konventionen*** für finanzwissenschaftliche Subventionsziele. Weitere relevante Leitmaximen zur interdisziplinären Zielausprägung dienen einer breiteren Kontrolle in einem sozial-marktwirtschaftlichen Systemumfeld.

3.1. Der formale Aspekt der Subventionskontrolle: Zielsysteme und -objekte

3.1.1. Effizienz und Effektivität als Beurteilungsmaßstäbe für die Subventionierung

Die Bedeutung von Effizienz und Effektivität ist für die Finanzwissenschaft eng mit der finanziellen Ressourcenverwendung und damit mit der bestmöglichen Befriedigung der Bedürfnisse des Privat- und des Wirtschaftssektors verbunden. Der Staat als Träger der Subventionspolitik versucht unter der Maßgabe knapper Ressourcen, eine optimale Allokation der verfügbaren Haushaltsmittel zu erreichen. Dieser Sachverhalt verlangt eine effiziente Verteilung.[625]u.[626] In Ergänzung der obengenannten Kurzdefinitionen von „Effizienz" und „Effektivität" soll im folgenden eine Vertiefung der Begrifflichkeit der beiden Beurteilungsparameter vorgenommen werden. Dabei wird zunächst auf ***Effektivität*** und ***Effizienz*** sowie nachfolgend auf die wechselseitigen Beziehungen zu den Zielen eingegangen und damit das gedankliche Fundament für ein anzulegendes Effizienzschema zur Subventionskontrolle gelegt. Ganz allgemein bedeutet ***Effizienz***, einen Erfolg der Subventionierung erzielen zu können. Der Begriff „umschreibt die Fähigkeit, zur Realisierung eines angestrebten Ziels, beizutragen".[627] ***Effektivität*** spiegelt hingegen das Verhältnis zwischen einem (möglichen) Soll-Wert und dem tatsächlich erreichten Ist-Wert.[628]

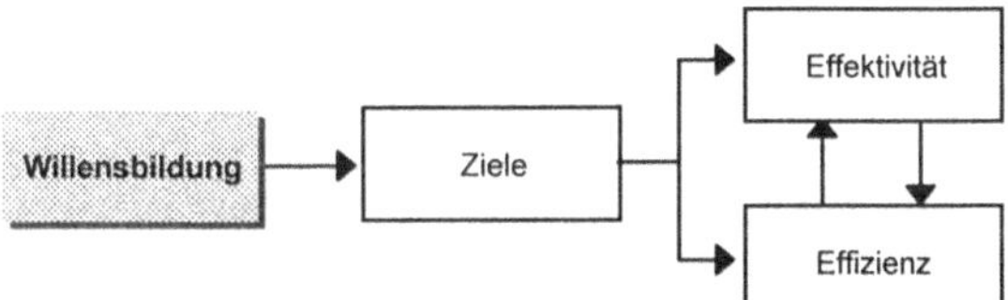

Quelle: In Anlehnung an G. Kirsch (1980), S. 12

Abb. 34: Effizienz und Effektivität als Beurteilungsmasstab für die Subventionskontrolle

Im angelsächsischen Sprachgebrauch versteht man unter ***efficiency*** „to do the things right" im Gegensatz zu ***effectiveness*** als der grundsätzlichen Eignung einer Maßnahme eines bzw. mehrer angestrebter Ziele oder Zielbündel („to do the right things").[629]

625 Vgl. R. A. Musgrave et al. (1994), S. 92.
626 Seitens der Nationalökonomie wird eine ökonomische Situation als paretoeffizient bezeichnet, wenn keine Änderung möglich ist, die einen Marktteilnehmer besserstellen würde, ohne die Position anderer zu verschlechtern.
627 Vgl. K. Reding (1981), S. 26.
628 Vgl. G. Kirsch (1980), S. 10.
629 Vgl. M. K. Welge, K.-D. Fessmann (1980), S. 577.

Eine solche Effizienzdefinition ist, für sich betrachtet, wenig aussagekräftig.[630] Zur Entwicklung eines möglichst operationalen und handlungsorientierten Effizienz-Kontroll-Ansatzes sind die Beurteilungskriterien Effizienz und Effektivität näher zu differenzieren. Dies bedeutet einerseits, eine normative Zielsetzung unter Berücksichtigung von Opportunitäten und ihren interdependenten Wirkungen zu beachten - ***Reding***[631] spricht in diesem Zusammenhang von der Nettoverwirklichung von Werten - , andererseits Maßstäbe für das, was „sein soll", d. h. einen Erwünschtheitsmaßstab zu finden. Letzteres findet seinen Ausdruck in der Bildung von sog. Kennzahlen (Ratios), die mit Erfolg positiv korrelieren. Die Verwendung der Attribute ***„maximal" oder „minimal"***, die in Verbindung von Effizienz mit rationalem Handeln (Rationalitätsprinzip) herangezogen werden, sind nur begrenzt brauchbar, d. h. wenn keine Opportunitäten vorhanden sind. Sinnvoller ist die Effizienz im komparativen Sinne zu definieren, da mit Bezug auf referenzfähige Aktionsalternativen eine für den Effizienzmaßstab relevante normative Zielsetzung weniger willkürlich ist. Ausgangspunkt der effizienztheoretischen Modellüberlegungen bildet somit die Normbildung bzw. das relativ Beste als Zielwert mit Blick auf situative Alternativen in einem ökonomischen Sinne (Wirtschaftlichkeitsprinzip). Anders ausgedrückt: Es entspricht der größtmöglichen Effizienz, wenn bei knappen Ressourcen mit minimalen (Subventions-)Kosten der maximale (Gesamt-)Nutzen erreicht wird. Weiterhin stehen Effizienz und Effektivität nicht beziehungslos nebeneinander;[632] vielmehr setzt das (subventionistische) Effizienzkalkül für staatliches Handeln ein hohes Maß an Effektivität voraus; d. h., daß beim ausführenden Handeln keine Überraschungen erlebt werden sollen. Treten sie dennoch in Form von Plan- und Kontrollabweichungen im Subventionsprozeß ein, so werden ***Suchprozesse, d. h. Lernprozesse,*** ausgelöst, sofern das Ausmaß der Überraschungen vom Interesse an der Effizienz abhängt.

Entscheidungslogisch müssen der Willensbildung im Rahmen des Subventionsprozesses Ziele als Bezugspunkte für - die gleichermaßen anzustrebenden Beurteilungsparameter Effizienz und Effektivität dienen. Zielabweichung können so durch eine Effizienz- bzw. Effektivitätskontrolle erfaßt werden. Abweichungen führen entweder zu ***handlungsmotivierendem*** Unbehagen, jenem vagen Gefühl des Mangels und des Ungenügends, oder zu ***handlungsorientiertem*** Unbehagen.

---

630 Die vage Umschreibung kann nicht mehr als eine Groborientierung im ersten Schritt sein.

631 Zunächst ist die Existenz eines Maßstabes eine zwingende Voraussetzung, um einen aussagefähigen Effizienzmaßstab aufbauen zu können. Entscheidend für die Effizienz ist die Beachtung von Interdependenzen, die eine Beziehungsstruktur mindenstens zweier voneinander abhängiger Größen widerspiegeln. Vgl. hierzu ausführlich: K. Reding (1981), S. 26-27.

632 Vgl. G. Kirsch (1980), S. 10-11.

Letzteres wird als Erfahrung und Ergebnis eines Lernvorganges bezeichnet, der zur Revision der Willensbildung führt. Dieser Vorgang basiert auf praktischen und/oder theoretischen Erfahrungen sowie auf der Weitergabe von Informationen. Die folgende Abbildung zeigt diesen Zusammenhang.

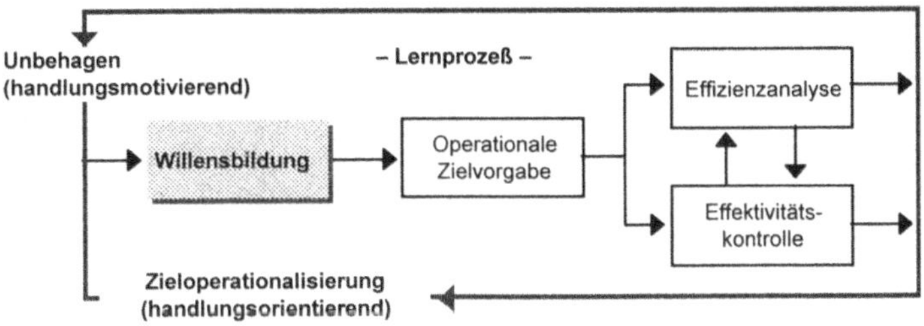

Quelle: In Anlehnung an G. Kirsch (1980), S. 15

Abb. 35: Subventionspolitische Lernvorgänge durch Effizienz- und Effektivitätskontrollen

Es ist festzuhalten, daß die Erfahrungssuche als Kriterium für die Beurteilung von Effizienz und Effektivität fungiert. Sie ermöglicht es, mit komparativem Rückgriff auf ähnliche Erfahrungen in der Vergangenheit Ziele als Ergebnis der Willensbildung mit kritischem Rückblick auf das Erreichte zu beurteilen und sie ggf. zu revidieren. Subventionspolitisches Unbehagen als handlungsmotivierte Beurteilung der Subventionspolitik führt zu einer Korrektur der Ziele, die aber nicht in operationalen Korrekturwerten zum Ausdruck kommt. Das Effizienz- und Effektivitätskalkül bildet in dieser Form eine Voraussetzung für eine praktische Kontrollanwendung.

3.1.2. Die Wertung und die Wirtschaftspolitik als wissenschaftliches Kontextproblem: Normative und positive Aussagen als formale Basis der Modellbildung

Wirtschafts- und damit auch subventionspolitische Beurteilungen und Empfehlungen sind ***Werturteile***.[633] Werturteile sind Meinungen und keine wissenschaftlichen Aussagen. Sie sind geradezu charakteristisch für die (subventions-)politischen Äußerungen und haben überwiegend die Form von imperativen (etwas soll sein) und normativen (etwas ist gut oder schlecht) Aussagen.[634] Hauptmerkmal der Werturteile ist der subjektive Wunsch, daß etwas so sein soll. Die (subventions-)ökonomische Realität kann grundsätzlich von jedem nachempfunden werden, wohingegen der subjektive Wunsch des Sein-Sollens als normative Aussage ausschließlich befürwortet oder abgelehnt werden kann.

633 Vgl. A. Woll (1996), S. 9.
634 Vgl. A. Woll (1996), S. 8-9.

Die Effizienz von Subventionen ist somit eine Frage nach den tatsächlichen Vorgängen und den realen Auswirkungen. Sie impliziert eine Tatsachenaussage und folglich die Möglichkeit der intersubjektiven Überprüfbarkeit.[635]

Besteht Einigkeit über das beobachtete tatsächliche „subventionspolitische Sein", so sind alle Abweichungen hiervon als Aufforderung zum subventionspolitischen Interventionismus zu verstehen, die in ihrer letzten Konsequenz durch Wenn-dann-Aussagen zu effizienteren Ergebnissen führen können. Sind diese subventionspolitischen Behauptungen über die realen Phänomene für jedermann nachprüfbar, so spricht man von „positiven Aussagen". Die nachfolgende Abbildung zeigt zwei unterschiedliche Argumentationspfade, die im Ergebnis zwischen Werturteilen (oberer Pfad) und positiven Aussagen (unterer Pfad) über Subventionen entscheiden. Kern des oberen Pfades ist bestenfalls eine Aussage wie z. B. „die Subventionierung ist effizient oder ineffizient", die den individuellen Wunsch einer Person oder mehrer Personen widerspiegelt. Sie trägt nicht zur Erkenntnis der Wirklichkeit bei. Die Aussage, daß die Subventionierung und ihre Kontrolle in Deutschland ineffizient ist, ist zwar im Kern zunächst ein Werturteil; es kann jedoch wissenschaftlich untersucht werden, wie diese Ineffizienz sich real auswirkt und mit welchen Konzepten eine Kontrolle vorzunehmen ist. Der Überlegung des unteren Pfades der Abbildung ist es, auf der Basis des tatsächlich Geschehenen Hypothesen zu bilden, die unter derselben Bedingung immer wieder zutreffen.

635 Vgl. A. Woll (1996), S. 9.

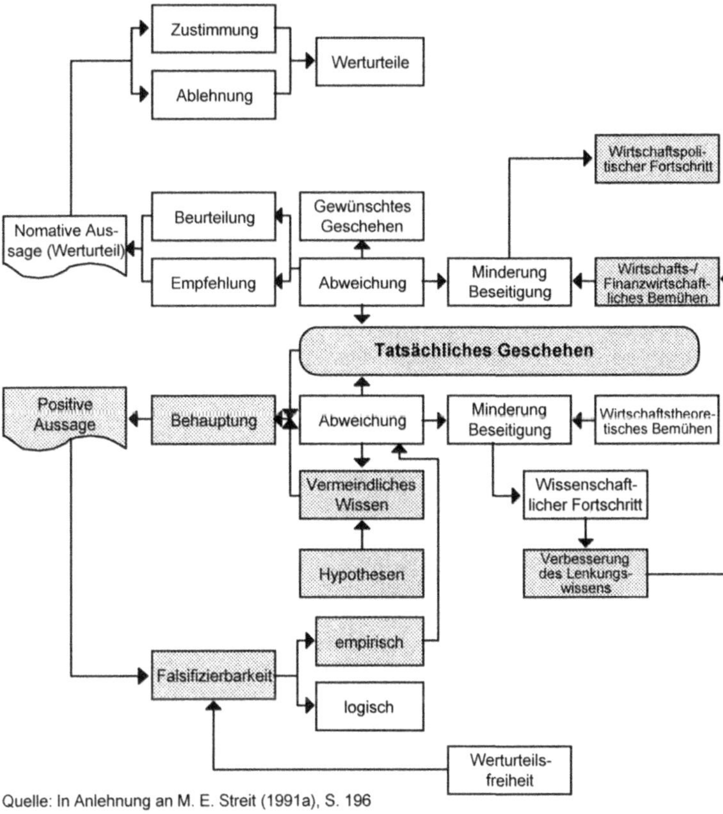

Quelle: In Anlehnung an M. E. Streit (1991a), S. 196

Abb. 36: Hypothesen zu vermuteten Ursache-Wirkungs-Beziehungen zur Ableitung subventionspolitischer Empfehlungen

Es wird deutlich, daß nur solche subventionspolitischen Aussagen einen realen, oder erfahrungswissenschaftlichen Charakter für die Modellbildung und später für die Untersuchung haben können, die schlüssig und zudem gehaltvoll sind. Sie müssen überprüfbar sein und folglich Operationalisierungsvorschriften beinhalten. Ihr empirischer Gehalt ist um so größer, je größer die Zahl der beobachtbaren Sachverhalte ist bzw. je sicherer beobachtete Sachverhalte Behauptungen über subventionspolitische Gesetzmäßigkeiten zulassen.[636] ***Albert*** bezeichnet solche Aussagen als eine Möglichkeit, wirtschaftspolitische Spielräume einzuräumen.[637u.638]

---

636 Vgl. M. E. Streit (1991a), S. 195.
637 Vgl. H. Albert (1976), S. 177.
638 Anders als in der Mathematik werden nicht empirische Wissenschaften von Real- und Erfahrungswissenschaften durch Falsifikationen, d. h. durch empirische Widerlegung abgegrenzt. Vgl. u.a.. K. R. Popper (1976), S. 39.

Eine Theoriebildung[639], die hier nicht Gegenstand der Untersuchung sein kann und soll, unterliegt einem anderem schematischen wissenschaftlichen Vorgehen. Dieses kann auch eine Hypothesenbildung erfordern.[640] Nach der h. M. folgt zunächst die Bildung einer Informationsbasis, dann die Prämissenaufstellung, die dann durch logische Deduktion die Theoriebildung vornimmt. Die Überprüfung wird durch Fakten und Tests durchgeführt, die im Ergebnis eine vorläufig bestätigte Theorie oder die Zurückverweisung an einen der vorangegangenen Schritte implizieren. Es sei abschließend noch angemerkt, daß die Forderung nach Wertfreiheit den Forscher nicht daran hindert, persönlich Stellung zu beziehen dürfen, sofern er sich nicht dafür der Autorität der Wissenschaft bedient.

3.1.2.1. Empirische Überprüfbarkeit und Modellbildung: Hypothesenbildung als Aussagen mit Wahrheitswert und -anspruch

Die empirische Überprüfung von Aussagen zur Subventionseffizienz entzieht sich dann ökonomischen Erklärungsversuchen, wenn durch die immunisierende Wirkung der Annahmen im Sinne der ***Ceteris-paribus-Conditio (CPC)*** eine künstliche Modellwelt errichtet wird und diese sich gegenüber der Realität abschottet.[641] CPC-Annahmen dienen folglich der Vereinfachung komplizierter Sachverhalte und führen zu sog. ***Fiktivprämissen***.[642] Modelle erhalten so einen eingeschränkten Aussagewert, da sie nur im Rahmen ihrer Prämissen gelten und sich einer Falsifikation entziehen. Bestehende Subventionskontrollen sind gerade durch diese starke Reduktion relevanter Einflußvariablen gekennzeichnet. ***Albert***[643] spricht in diesem Zusammenhang vom ***Modellplatonismus,*** da sich das Modell dauerhaft gegenüber Erfahrungen immunisiert und sich der Bewertung der Realwissenschaften entzieht.

Die immunisierende CPC-Prämisse kann dennoch ein sinnvolles Hilfsmittel zur wirtschaftswissenschaftlichen Modellbildung durch Komplexitätsreduktion und Begrenzung weniger gehaltvoller Aussagen über ökonomische Phänomene sein.[644] Dies ist dann der Fall, wenn im Ergebnis ***Partialmodelle*** mit deterministischen Aussagensystemen durch künstlichen Ausschluß von vernachlässigbaren Variablen und Dimensionen gebildet werden. Diese Modellarten entziehen sich jedoch einer empirischen Überprüfbarkeit, da sie nur begrenzte Schlüsse zulassen. Jede Modelldimension und -aussage muß falsifizierbar sein, wenn Behauptungen über Gesetzmäßigkeiten getroffen werden sollen. Komplexität und Dynamik der Einflußfaktoren führen auch bei empirischen Modellen zu konzeptionellen Begrenzungen.

---

639 Vgl. hierzu ausführlich die Theoriebildung bei A. Woll (1996), S. 11-18.

640 Vgl. A. Woll (1996), S. 12.

641 Vgl. K. Chmielewicz (1994), S. 122; übereinstimmend: M. E. Streit (1991a), S. 197.

642 Vgl. H. Koch (1976), S. 175 ff. Popper verwendet in diesem Zusammenhang sogar den Ausdruck "Nullmethode". Im Rahmen von Deduktionen werden z. T: realitätsfremde Prämissen als Ausgangsannahmen gewählt, um die Komplexität zu reduzieren. Vgl. K. R. Popper (1969), S. 110 f.

643 Vgl. H. Albert (1967), S. 331 ff. Kritisch auch: W. Stählin (1973), S. 64 ff.

644 Vgl. M. E. Streit (1991a), S. 197.

Diese ***künstliche Schließung*** (Isolierung) empirischer Modelle basiert auf einer grundsätzlich falsifizierbaren Vermutung. Im Ergebnis werden Wahrscheinlichkeitsaussagen über ökonomische Wirkungszusammenhänge selektiert.[645]

Subjektiv \ Objektiv		Liegt **objektiver** Wahrheitswert (wahr oder falsch) vor?	
		1. Ja	2. Nein
Wird **subjektiver** Wahrheitsanspruch erhoben?	**1. Ja**	1.1 Hypothese	1.2 Fälschlich erhobener Wahrheitsanspruch bei Definitionen oder Werturteilen
	2. Nein	2.1 Annahme	2.2 Satz oder Aussage ohne Wahrheitswert (Definition, Werturteil)

Quelle: K. Chmielewicz (1994), S. 119

Abb. 37: Wahrheitsanspruch und -wert von Hypothesen

Annahmen haben im Gegensatz zu Hypothesen keinen subjektiven und objektiven ***Wahrheitsanspruch.***[646] ***Hypothesen,*** dies hat der letzte Abschnitt gezeigt, können einen bedeutsamen Beitrag zum wissenschaftlichen Subventionsfortschritt leisten. Hypothesen zur Subventionierung entkoppeln die Wissenschaft nicht von der Praxis (Modellplatonismus), sondern leisten durch einen permanenten Zufluß neuer informativer Hypothesen sowie durch die Aussonderung falscher Hypothesen einen Beitrag zum Wachstum des objektiven Subventionswissens. Hypothesen tragen somit zum Erkenntnisgewinn und zur Wahrheit durch „Trail-and-error-Methoden“ bei.[647] Ein gescheiterter Widerlegungsversuch bedeutet jedoch nicht zwingend die Bestätigung der Hypothese; sie gilt dann als vorläufig nicht widerlegt. Das methodische Prinzip der Falsifikation bildet die Basis für einen systematischen Versuch der Widerlegung empirisch geleiteter Überprüfungen. Jedoch ist wissenschaftlicher Subventionsfortschritt nicht allein durch Falsifikation und nicht durch ein Wachstum der Anzahl von Aussagen erreichbar.[648] Aus dieser Perspektive können Hypothesen den Kern wirtschaftswissenschaftlichen und systembildenden Fortschritts in der Subventionskontrollforschung bilden. Gleichzeitig wird anerkannt, daß sich ein Kontrollmodell als offenes Teilsystem durch empirische Überprüfungen der Hypothesen, d. h. infolge des Zuflusses neuer bzw. des Abflusses „falscher“ Hypothesen, jederzeit in den Bestandteilen (Dimensionen) seiner Aussagen ändern kann.[649] Werden überhaupt keine neuen Ideen hinzugefügt, beschränkt sich der wissenschaftliche Fortschritt auf die reproduzierende Erkenntnismethode bestehender Modellaspekte, was ***Chmielewicz***[650] als wissenschaftliche Stagnation interpretiert.

645 Vgl. M. E. Streit (1991a), S. 198.
646 Vgl. A. Woll (1996), S. 15.
647 Vgl. K. R. Popper (1965), S. 51 f. Popper spricht von "conjecture and refutation".
648 Vgl. K. Chmielewicz (1994), S. 134.
649 Vgl. K. Chmielewicz (1994), S. 133-136.
650 Vgl. K. Chmielewicz (1994), S. 134-135.

3.1.2.2. Systematik der stufenweisen Zerlegung der Effizienz: Leitmaximen, Felder und Kennzahlen als Beurteilungsparameter

Es ist im folgenden eine Systematisierung der Modellkomponenten erforderlich. Die Diskussion der ***Beurteilungsparameter*** Effizienz und Effektivität hat gezeigt, daß es problematisch ist, allgemein und aggregiert von Subventionseffizienz als operablem Endziel zu sprechen. Letztlich wird dem Begriff der Subventionseffizienz dadurch ein Leerformelcharakter zuteil, daß sich jeweils unterschiedliche Sachverhalte wegen der wenig operablen Subventionseffizienz als ***Sammelbecken*** mißbrauchen lassen.

Effizienz als Resultat staatlicher Subventionsaktivitäten läßt sich nur durch eine ***schrittweise Zerlegung***, d. h. durch eine klare und systematisierte Logik, operationalisieren. Die Kontrolle schließt aus ambigen Gründen eine ***totalanalytische*** Betrachtung durch Aufstellung und Erreichung eines Endziels aus. ***Partialanalytische*** Effizienzanalysen der Subventionsvergabe basieren auf einem System verschiedener Zielebenen und einer entsprechenden Reduktion des Erkenntnisobjektes. Der Grad der Reduktion und die Tiefe der Zielsystematik sind eine Frage der Annahmen und der allgemeingültigen Aussagen. Einzelne Erkenntnisse auf der Branchenebene lassen durch Hypothesenbildung Rückschlüsse auf die (totale) Effizienz des Gesamtsystems der Subventionspolitik zu. Letztlich ist es durchaus möglich, einzelne Teilaktivitäten zu analysieren, ohne daran sofort die Frage nach der Gesamteffizienz der staatlichen Subventionseffizienz zu knüpfen.[651]

Vor diesem Hintergrund ist es sinnvoll, die komplexe Kontrolle der Subventionen partialanalytisch und rückwärtsverkettet vorzunehmen. Hierfür sind ***zwei Schritte*** für die Modellbildung denkbar:

- **A.** Eine für die Operationalität notwendige Reduktion des Erkenntnisobjektes.
- **B.** Eine dem Endziel dienende Zerlegung des Subventionsziels/, der Subventionsziele in unterschiedliche Teilzielsysteme.

In Anlehnung an die Zerlegung der Zielebenen bei ***Reding***[652] soll sich das hier vorgestellte Kontrollmodell aus Gründen der angestrebten Operationalisierung in ***drei systembildende Zielebenen***[653] gliedern.

Die erste Komponente der Disaggregation (Rückwärtsverkettung) der Subventionseffizienz spiegelt im Sinne eines Top-down-Vorgehens die Grenzziehung zwischen den Endzielen wider; also zwischen den ***Leitmaximen***[654] und der zweiten Disaggre-

---

651 Vgl. K. Reding (1981), S. 42.

652 Das Effizienzschema wird bei K. Reding (1981), S. 36 ff. detailliert erläutert.

653 Letztlich ist die Auswahl der Anzahl der Disaggregationsebenen eine Frage der Zweckmäßigkeit.

654 Definitionsgemäß wird formal wie materiell nicht zwischen Goals und Leitmaxime unterschieden.

gationsstufe, der Ebene abgestimmter Subziele, den ***Feldern***[655]. Die dritte Ebene spiegelt operationale (qualitative wie quantitative) ***Kennzahlen***[656] wider. Letztere werden in physischen, monetären, quantitativen oder qualitativen Einheiten bewertet. Die Trennlinie zwischen den drei Disaggregationsstufen dient der Komplexitätsreduzierung und spezifischen Ausschnitten, die; gleichsam vom Scheinwerfer der Problemsicht angeleuchtet, unterschiedlich bewertbare Soll-Zustände aufzeigen.[657] Die Ebene der Leitmaximen, d. h. die Endzielebene staatlicher Subventionierung, soll eine Antwort auf die Frage geben können, „why goverment does what it does"[658]. Es wird deutlich, daß diese Endzielebene, zumal interdisziplinär und damit als Bündel von Leitmaximen - u. U. konkurrierend -, keinen unmittelbaren Ansatzpunkt für Kontrollmessungen bietet. Meßvorschriften greifen auf dieser Ebene wegen ihres Allgemeincharakters nicht. Diese Ebene gilt zunächst für alle erwerbswirtschaftlichen Wirtschaftssubjekte in gleicher Weise. Daher ist hier Platz für alle denkbaren metahaften und subjektiven Zielinterpretationen mitsamt den entsprechenden effizienten Erreichungsgraden. Die operative Ebene als unterstützende Sub Ebene soll möglichst redundanzfreie Kontrollfelder formulieren. Es handelt sich hierbei um aus den Leitmaximen unmittelbar abgeleitete Handlungsanweisungen, die einen operablen Zielcharakter aufweisen.[659] Die dritte Analysestufe umfaßt qualitative und quantitative Kontrollkriterien, die operationalisierbare Indikatoren oder Kennzahlen bilden. In summa ergibt sich für die drei Zielebenen die folgende idealtypische Formalstruktur:

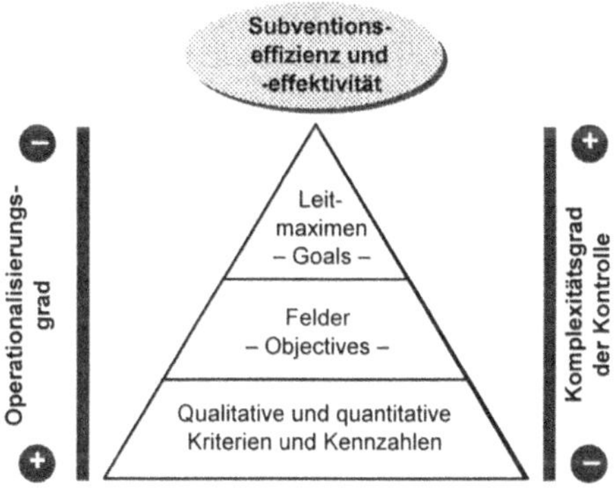

Quelle: In Anlehnung an K. Reding (1981)

Abb. 38: Die drei Zielebenen für die Effizienzkontrolle der Subventionierung

655 Nachfolgend werden die Begriffe „Felder", „Objectives" und „Programmziele" nicht semantisch unterschieden.
656 Nachfolgend werden die Begriffe "Kennzahlen" und "Kriterien" synonym verwendet.
657 Vgl. in diesem Zusammenhang: J. Hauschildt (1977), S. 133 sowie W. R. Bretzke (1980), S. 72 ff.
658 S. A. Finz (1973), S. 32, zitiert nach K. Reding (1981), S. 41.
659 Vgl. K. Reding (1981), S. 41.

Der pyramidenförmige Aufbau steht für die progrediente Komplexitäts- und Abstraktionsreduzierung der Subventionsziele. Die unterste Ebene steht für eine Vielzahl von quantitativen und qualitativen Informationen, die zur Kontrolle benötigt werden. Es soll deutlich werden, daß eine Entscheidung über die „richtigen" Subventionsleitmaximen immer den Rahmen für die nachfolgenden Zielebenen vorgibt. Folglich muß die vertikale Zielverkettung eine logische Verbindung der drei Ebenen gewährleisten. Nachfolgend soll auf den Charakter von Kennzahlen und Kriterien gesondert eingegangen werden, da sie von besonderer Bedeutung für die Operationalisierung der Kontrolle sind.

3.1.2.3. Systeme von Kriterien und Kennzahlen zur operationalisierbaren modelltheoretischen Kontrolle

Eine ***Zerlegung*** der die Effizienz beschreibenden Zielebenen ist notwendig. Erster Aspekt ist die Messung der jeweiligen Zielerreichung. Zweitens sind Referenzmaßstäbe notwendig, um dem Problem der willkürlichen Normensetzung im Bereich des für die Effizienz entscheidenden subventionspolitischen Gültigkeitsspektrums entgegentreten zu können.[660]

Vor diesem Hintergrund ist es notwendig, einen realitätsnahen Maßstab durch Alternativmöglichkeiten und Referenzsituationen aufzubauen, also Kennzahlen und Kriterien zu gewinnen.[661]u.[662] Zumal differenziert nach Branchen, bieten sie auf der hier vorgeschlagenen dritten Analyseebene der Effizienzkaskade einen Ansatzpunkt, Subventionssachverhalte quantitativ und qualitativ in konzentrierter Form zu erfassen, zu vergleichen und zu bewerten.[663] Sie fassen relevante Zusammenhänge in verdichteter, quantitativ meßbarer Form zusammen.[664] Das Hauptmerkmal des Kennzahlensystems ist es, durch Zusammenstellung von quantitativen und qualitativen (Kontroll-)Kriterien, die einen sachlichen Bezug haben, auf ein gemeinsames Kontrollfeld (Objective) ausgerichtet zu sein.[665]

660 Vgl. K. Reding (1981), S. 26-28.

661 Kennzahlen lassen sich von ihrer Intention her grundsätzlich in normative und informative Ansätze unterteilen. Der normative Aspekt der Kennzahlen führt zu Zielhierarchien; bei informativen Aspekten muß zwischen einer begriffs- und einer aussagebezogenen Ebene unterschieden werden. Letztere Einteilung findet auch ihre Anwendung in einem gemischten Kennzahlensystem, das Elemente von Begriffs- und Beschreibungssystemen kombiniert. Im folgenden sollen sowohl normative als auch informative Kennzahlen ihre Anwendung finden. Vgl. T. Reichmann (1997), S. 44-45. Zu den modelltheoretischen Differenzierung von Kennzahlensystemen, vgl. W. Geiß (1986), S. 242-283.

662 In Anlehnung an die betriebswirtschaftliche Controlling-Praxis werden hauptsächlich folgende Arten von Kennzahlen gebildet: (a) Gliederungszahlen (Verhältnis eines Teiles zum Ganzen); (b) Beziehungszahlen (zwei begrifflich verschiedene Merkmale werden einander zugeordnet); (c) Indexzahlen (Verhältnis zweier gleichartiger Merkmale). Vgl. ausführlich die Übersicht bei M. Radke (1982).

663 Vgl. T. Reichmann (1993), S. 16.

664 Vgl. P. Horváth (1996), S. 544.

665 Vgl. T. Reichmann (1993), S. 19 f.

Kennzahlen sind folgende ***drei Wesensmerkmale*** immanent:

A. Quantifizierungsmerkmal:
Sachverhalte können metrisch erfaßt und durch präzise, operationalisierbare Aussagen formuliert werden.

B. Informationsmerkmal:
Sachverhalte können beurteilt, und Aussagen können getroffen werden.

C. Komplexitätsreduzierende Form:
Mindestens zwei unterschiedliche Sachverhalte können in Beziehung gesetzt werden. Dabei kann eine einfache Darstellung von komplizierten Sachverhalten relational ermöglicht werden. Üblicherweise geschieht dies durch Verhältniszahlen statt durch absolute Zahlen.

Kennzahlen können in allen idealtypischen Phasen des Subventionsprozesses eingeführt werden. In der Planungsphase werden im Gegensatz zur Kontrollphase statt Ist-Größen Soll-Werte herangezogen.[666] Insbesondere in der Kontrollphase können diese den Handlungs- und Korrekturbedarf aufzeigen und die Steuerungsfunktion als Basis für laufende und kommende Subventionsprojekte bilden (Steuerungs- und Planungsindikatoren).

Die Analyseinstrumente der Kontrolle verdeutlichen die Veränderungswirkung einer oder mehrerer Größen im Gesamtbezug und wechselseitige Wirkungsweisen.[667]

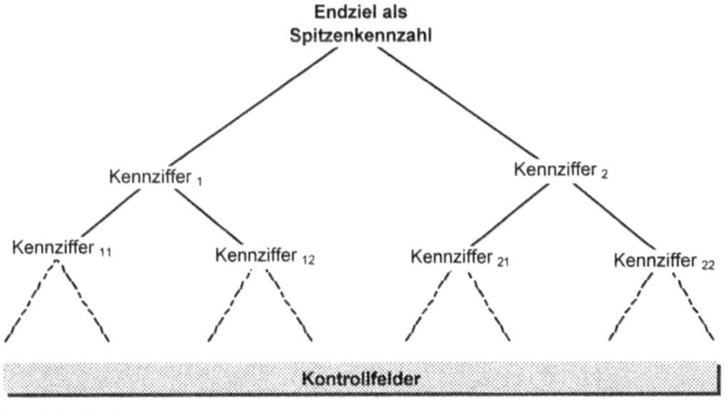

Quelle: Eigene Darstellung

Abb. 39: Die Kennzahlenpyramide zur Operationalisierung und Differenzierung von Kennzahlen

Hierfür bieten sich grundsätzlich zwei Beziehungsmuster an.[668] Einerseits kann dies durch eine weitere Kennzahlenpyramide und die Bildung einer „Spitzenkennzahl" erreicht werden. Andererseits ist die Bildung von aussagefähigen „Kennzahlen-Grup-

666 Vgl. P. Horváth (1996), S. 545.
667 Vgl. K. Dellmann, K.-L. Pedell (1994), S. 111 f.
668 Vgl. P. Horváth (1996), S. 546.

pen“ innerhalb eines Subzielsystems für die Subventionskontrolle sinnvoll, da Kennzahlen-Gruppen besser den subventionspolitischen Zielpluralismus abbilden können. Sie lassen sich zudem interdisziplinär und damit zielbündelorientiert differenzieren, ohne ihren Steuerungs- und Informationsversorgungscharakter zu verlieren. Die Bildung von Kennzahlen-Gruppen als informationsversorgendes System bietet einerseits ein Analyseraster durch die schrittweise Zerlegung von Sachverhalten, andererseits ein Informationssystem durch sachspezifische Aufspaltung komplexer Kontrollfelder.[669] Dies dient einer erfolgsorientierten und basisnahen Kontrolle, da entscheidungs- und situationsbezogene Informationen in metrischer Form gebildet werden können. Die sachliche Hierarchie der Entscheidungsprobleme muß sich in der Grundsystematik des Kennzahlensystems widerspiegeln. Rückkoppelungsprozesse durch komparative Vergleichskontrollen ermöglichen kompensatorische Ex-post-Maßnahmen. Da aber auch Kennzahlen nur ein modelltheoretisches und abbildungsverkürzendes Spiegelbild der Realität sind, müssen im Hinblick auf das Erklärungsmodell die verwendeten Kontrollkennzahlen und -kriterien kritisch reflektiert werden. Sollen zudem alle Kontollebenen logisch miteinander verknüpft werden, so wird von einer systematischen Systembildung gesprochen. Eine logische Verknüpfung erfolgt durch Definition (Y= I+S) oder durch mathematische Transformation.

Die entsprechende Informationsbeschaffung kann durch empirische Beziehungen, d. h. aus der Beobachtung der Realität, erfolgen.[670] Dies wird im nachfolgenden Kapitel C Eingang finden. Während der formale wie der inhaltliche Bezug wesentliche Vorgaben zum Aufbau eines Kennzahlensystems vorgibt, sind folgende Faktoren von modelltheoretischer Relevanz:

- Struktur des modelltheoretischen Kaskadensystems (Breite und Tiefe der Goals und Objectives) und damit der Umfang der Informationserhebung auf der Kennzahlenebene.
- Formal abzudeckende Themenbereiche (wirtschaftswissenschaftliche Sachverhalte, interdisziplinärer Fokus und Anspruch).
- Auswahl der qualitativen und quantitativen Meßgrößen.
- Herleitungsheuristik (logisch und damit definitorisch oder mathematisch), entweder empirisch-theoretische, (d. h. theoretische Aussagesysteme und stochastische Hypothesen) oder empirisch-induktiv, (d. h. durch Expertenbefragungen, Plausibilitäten und Auswertungen mit statistischen Methoden).
- Informationsart (Bereitstellung von normativen oder deskriptiven Systemen zur Informationsversorgung und für das Kontrollmanagement)

Die Verwendung von Kennzahlen in einem Kontrollmodell setzt eine wohlstrukturierte Problemstellung voraus, also ein geschlossenes Subventionsentscheidungsproblem, das durch eine bekannte Anzahl von Handlungsalternativen und ihrer Folgewirkungen abgebildet werden kann. Dies würde eine klare (Subventions)Zielvorgabe und Zielfunktion erfordern, die aber in der Realität und auf-

669 Vgl. L. Lachnit (1976), S. 224 ff.
670 Vgl. P. Horváth (1996), S. 545.

grund der grundsätzlich offenen Entscheidungsprobleme der Volks- und Betriebswirtschaft nicht zwingend vorliegt. Daher stellen Kennzahlensysteme in diesem Entscheidungsfeld Informationen für Kontrollzwecke bereit (Versorgungsfunktion), ohne selbst Entscheidungsregeln abzubilden.[671] Sie wirken daher entscheidungsunterstüzend, wobei sie nicht die Entscheidung selber ersetzen können. Wie oben aufgezeigt, bilden drei Zielebenen ein System, dessen unterster Baustein einzelne Kennzahlen bzw. Kennzahlen-Gruppen für die Kontrolle impliziert.[672] Zur Vervollständigung des zugrunde gelegten Modellverständnisses dient eine erweiterte Betrachtung zieltheoretischer Bestandteile im nachfolgenden Kapitel.

3.1.3. Die einzel- und branchenwirtschaftliche Ausrichtung der Kontrolle

Vor dem Hintergrund der Nichtexistenz einer alle Ziele zugleich umfassenden Kontrolle für alle Bundes-, Landes- und EU-Subventionen in einem gesamtwirtschaftlichen Kontrollansatz stellt sich die Frage nach einer übergeordneten, der Komplexitätsreduzierung förderlichen Kontrollsystematik. Es wurde hierzu deutlich gemacht, daß Operationalität und Effizienz detaillierte und disaggregierte Ziele implizieren, die eine gewisse Präzision erfordern. Eine solche Konkretisierung der Ziele ist ein wesentlicher Baustein zur effizienten Kontrolle der Subventionen. Die Kontrolle der Ziele verlangt einen gewissen Informationswert, eine Orientierung an dem, was „sein soll", damit das, was diesem Wunsch entspricht, danach ausgerichtet werden kann.[673]

Die gängige Subventionsberichtspraxis offenbart hierzu, daß die Einteilung der Subventionen nach § 12 StWG in Erhaltungs-, Anpassungs- und sonstige Förderung keinen Informationswert für eine Kontrolle bereithält und zudem auf dieser Zielebene für die Bedeutung einer Kontrolle gering ist.[674u.675] Eine genaue Kenntnis der Zielstruktur der Subvention bleibt im dunkeln. Eine Beurteilung des Zielereichungsgrades ist damit nicht möglich.[676] Der hier vorgeschlagene Analyseweg sieht in der Neuorientierung am Kontrollobjekt, d. h. an der Zielquelle, eine Zunahme der Präzisierung der Ziele und ihres Informationswertes. Nur mit einer differenzierten und disaggregierten Betrachtung von Zielquellen lassen sich kontrollrelevante und -meßbare Informationen erfassen. Die Konsequenz ist folglich, daß die Kontrolle durch Ziele im gesamtwirtschaftlichem Sinne wegen des enormen Abstraktionsgrades nicht in der Lage ist, die notwendigen Informationen bereitzustellen. Eine gesamtwirtschaftlich ausgerichtete Kontrolle kann sich maximal auf ein metahaftes

671 Vgl. T. Reichmann (1993), S. 50.

672 Zu ergänzen wäre, daß der Faktor Zeit bei Kennzahlensystem eine bedeutende Funktion einnehmen kann. Folglich ist eine Dynamisierung der gesamten Kontrolle sinnvoll, um Leistungserstellung und Leistungsabgabe abgleichen zu können. Im Prinzip bedeutet dies für das Subventionskontrollmodell eine permanente Anpassung der Informationen nach festgelegten zeitlichen Kontrollrhythmen.

673 Vgl. H. Zimmermann (1985), S. 90.

674 Vgl. H. Zimmermann (1985), S. 99.

675 Die Einteilung der Subventionen gemäß §12 StwG ist kaum nach objektiven Kriterien zu erreichen. Vgl. H. Zimmermann, K.-D. Henke (1994), S. 430.

676 Vgl. K.-H. Hansmeyer (1971), S. 112; übereinstimmend: E. Thiel (1984), S. 52.

Ziel beziehen, das im Zweifel immer als effizient beurteilt werden kann. Es wäre abwegig, daraus ein Besser oder Schlechter aufgrund einer Subventionierung ableiten zu wollen, da die zugrunde gelegte gesamtwirtschaftliche Komplexität nichts über die Effizienz der eingesetzten Mittel offenbart. Diese „Vogelperspektive“ verhindert eine klare Quantifizierung von Zielen.

Dieses Modell knüpft daher an einer differenzierenden Orientierung des Kontrollobjektes an. Die Kontrolle der Subventionsmittel kann nur beim Empfänger bestimmungsgemäß überprüft werden; beispielsweise dahingehend, ob die entsprechenden Verwendungsauflagen im Sinne der Zielsetzung eingehalten wurden.[677] Unabhängig davon, welche Zielinhalte im einzelnen verfolgt werden, sind zunächst Voraussetzung für eine Kontrolle die Erfassung und die Kenntnis der gewährten Subventionen sowie deren Verteilung nach Wirtschaftsbereichen bzw. Branchen.[678] Dies setzt eine Nähe zum tatsächlich Geschehenen, d. h. zur informationsversorgenden Zielquelle, voraus.

Die Branche als situative Kontextkomponente ermöglicht eine Koppelung einzelbetrieblicher mit gesamtwirtschaftlichen Kontrollaspekten der Subventionierung. Das hohe Maß an Selektivität der Subventionen bewirkt, daß ein notleidendes Unternehmen komparative Kosten-, Finanzierungs- und Liquiditätsvorteile gegenüber dem relevanten Branchenumfeld erhält. Faktisch verschieben sich die unternehmensbezogenen Grenzkosten, wodurch für das subventionierte Unternehmen u. U. eine unternehmensbezogene singuläre Zielverfolgung effizient sein kann und gleichzeitig die nicht geförderten Unternehmen in der relevanten Branche einen komparativen Wettbewerbsnachteil erleiden. Die Folge hieraus sind eine Zunahme der Konkurrenzbedingungen (Rivalität) und ein anhaltender Kostendruck bei einer tendenziellen Outputmengenerhöhung der Branche (Überkapazitäten). Andere Unternehmen der Branche werden zeitversetzt ebenso subventionsbedürftig und werden mit Hinweis auf den Gleichheitsgrundsatz[679] Subventionen verlangen.

Die Branchen- und einzelwirtschaftliche Orientierung dient einer ***problembezogenen und situativen Komplexitätsreduzierung.***

- ***Problembezogen*** deshalb, weil eine Orientierung an den Erfolgsfaktoren[680] der Branche eine nachhaltige Problemlösung ermöglicht.
- ***Situativ***, weil die individuellen tatsächlichen Branchen- und Unternehmensbedürfnisse berücksichtigt werden können.
- ***Komplexitätsreduzierend*** und damit leichter operationalisierbar, weil eine Orientierung am branchen- und einzelwirtschaftlich tatsächlich Gesche-

677 Zimmermann/Henke sprechen von Verwendungsauflagen zur Erfüllung von Subventionszielen. Sie trennen diese in 1. Empfangsauflagen und in 2. weitergehende Auflagen. Zu letzteren zählen a) finanzielle Auflagen, b) Verhaltensauflagen und c) Verwendungsauflagen. Vgl. H. Zimmermann, K.-D. Henke (1994), S. 426-428.

678 Vgl. H. Zimmermann, K.-D. Henke (1994), S. 428.

679 Vgl. zu rechtlichen Aspekten der Subventionierung: Kapitel A, Abschnitt 4.2.

680 Vgl. zur Notwendigkeit der Orientierung an Erfolgsfaktoren und -potentialen: C. Pümpin (1992)

henen der Kontrollobjekte eine genauere Kenntnis der Subventionswirkungen und damit der Informationsversorgung ermöglicht.

M. a. W. werden für jede Ebene separate Kontrollhypothesen entworfen. Die nachfolgende Abbildung zeigt die hier zugrunde gelegte Komplexitätsreduzierung.

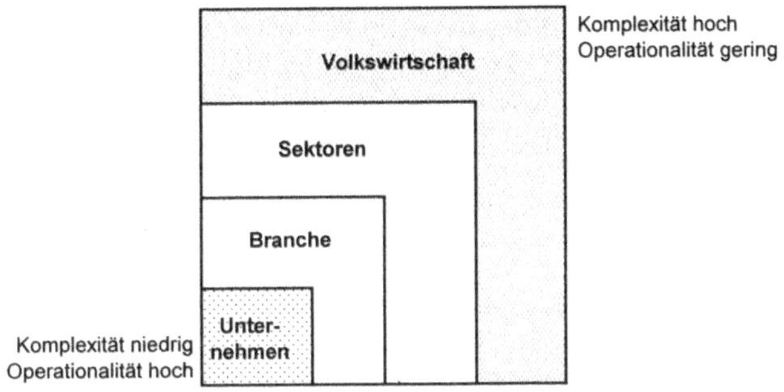

Abb. 40: Komplexitätsreduzierung durch schrittweise Disaggregation des Kontollobjektes

3.1.4. Die Zielbezogenheit als formale Anforderung an die Effizienzkontrolle

Bisher ist deutlich geworden, daß eine Reduzierung der Komplexität durch zwei Disaggregationsmethoden erreicht werden kann. Da in beiden Fällen Ziele den Hauptbestandteil einer Kontrollsystematik bilden, ist eine weitere Erörterung zielbezogener Aspekte notwendig. Auf die Notwendigkeit und die Bedeutung von Zielen in der Subventionspolitik wurde schon in Kapitel A eingegangen. Im Mittelpunkt stand die fehlende Zielorientierung und damit die mangelnde Kontrolle nach Zielen. Hauptkritikpunkt war eine begriffliche und sachlich metahafte Zielfixierung. Es wurde weiterhin festgestellt, daß Ziele die komplexitätsreduzierende Wirkung für polyvalente Kontrollprobleme haben. Auf diesen Aspekt soll nachfolgend eingegangen werden.

Unter Bezugnahme auf zieltheoretische Erkenntnisse sollen formale Hauptbestandteile für eine effizienzorientierte Subventionskontrolle erörtert werden. Hierbei wird formal auf die Operationalisierungsproblematik und speziell auf Lösungsmöglichkeiten durch Subzielbildungen eingegangen. Des weiteren wird die Konkurrenz von Zielen als formales und praktisches Realisierungs- und Entscheidungsproblem erörtert.

3.1.4.1. Operationalisierung von Zielen

Eine alternative Verwendung staatlicher Finanzressourcen ist nur möglich, wenn die für die Beurteilung zugrunde gelegten Zielbündel bestimmt, d. h. fixiert sind.[681] Je nach verfolgter Zielsetzung kann es zu unterschiedlichen Kontrollgesichtspunkten und

681 Vgl. U. Berthold (1967), S. 31.

folglich zu unterschiedlichen Bewertungen desselben Tatbestandes kommen. Nachfolgend wird auf das Operationalisierungs- und damit auf das Beurteilungsproblem eingegangen werden. Die Identifikation von wirtschaftspolitischen Subventionsaktivitäten seitens des Staates setzt für eine funktionsfähige Erfolgskontrolle Bestimmtheit bzw. Operationalität der Ziele[682] voraus. Operationalisierung ist nach ***Streit***[683] dann gewährleistet, wenn

- es gelingt, reale ökonomische Phänomene festzuhalten, die als Definitionsmerkmale eines Zieles gelten und in dieser Eigenschaft den Zielinhalt wiedergeben,
- die als Definitionsmerkmale geltenden Phänomene gemessen werden können und
- bei mehreren Definitionsmerkmalen für ein Ziel eine durchführbare Aggregationsvorschrift festgelegt ist.

Diese Bedingungen sind maßgebend für die Evaluierbarkeit und damit für die Angabe von Zielerreichungsgraden. Die Meßbarkeit von Zielen nach ihren Definitionsmerkmalen kann mehrdimensional sein. Selbst wenn für jedes Ziel eine eindeutige Meßvorschrift vorhanden ist, müßte festgelegt werden, welche relative Bedeutung (Gewichtung im Gesamtsystem) ihnen bei der Aggregation zuteil wird.[684]

Ziele können sowohl eine ***vertikale oder horizontale Beziehung*** als auch beide Beziehungen haben. Vertikale Zielbeziehungen geben den Mittelcharakter von Zielen wieder, wohingegen horizontale Zielbeziehungen ***eine logische bzw. technologische Beziehung***[685] widerspiegeln. Ist beides gegeben, so spricht man von Mehrdimensionalität von Zielen. Grundsätzlich bieten sich kardinale oder ordinale Meßbarkeiten an. Erstere versuchen den Abstand zwischen unterschiedlichen Zuständen einer Zielvariablen durch rangfolgeorientierte Feststellung des Ausmaßes der Abstände festzuhalten. Letztere ordnen den einzelnen Zuständen zielvariable Zahlen zu, die dann eine Rangfolge aufzeigen.

---

682 Tuchfeld sieht eine Operationalität durch Vorgabe von Zielerreichungsgraden, -korridoren und -fixierungen; letztere durch Angabe von Prozenten oder Absolutwerten. Vgl. E. Tuchfeld (1982), S. 184.

683 Vgl. M. E. Streit (1991a), S. 237

684 Vgl. M. E. Streit (1991a), S. 238.

685 Eine weitere Forschungskonzeption kann als Technologie im Gegensatz zur Theorie charakterisiert werden. Ebenso wie in der Wirtschaftstheorie werden wirtschaftliche Sachverhalte und Entscheidungen als Forschungsobjekt betrachtet. Hauptanliegen ist jedoch das Ziel-Mittel-Denken, welches in der Praxis als Prozeß von Zielsetzungs- und Zielerreichungsentscheidungen auftritt. Folglich geht es nicht um die Klärung theoretischer Ursache-Wirkungs-Zusammenhänge. Vgl. K. Chmielewicz (1994), S. 169.

Skalenarten / Begriffs-, Merkmals- bzw. Zielarten		Diversitätsskalen					
		Nominalskalen		Präferenzskalen			
				Ordinalskalen		Metrische Skalen	
		ohne Indifferenz	mit Indifferenz	ohne Indifferenz	mit Indifferenz	Intervall-skalen	Verhält-nisskalen
Klassifikatorisch		J	J	–	–	–	–
Abstufbar	Komparativ	J	J	J	J	–	–
	Quantitativ	J	J	J	J	J	J

Quelle: In Anlehnung an K. Chmielewicz (1994), S. 67

Abb. 41: Die Merkmals- und Skalenarten für die Wertung von Kontrollaussagen

Die Übersicht zeigt, welche Begriffs-, Merkmals- bzw. Zielarten klassifikatorisch, komparativ und quantitativ grundsätzlich unterschieden werden können. Sie stehen sämtlich mit unterschiedlichen Skalenarten in Beziehung.[686] Während klassifikatorische Begriffe durch einen Gegensatz wie ja/nein, 1/0 oder kalt/warm gekennzeichnet sind, werden beispielsweise komparative, d. h. topologische Begriffe durch Mehr-weniger-Relationen gekennzeichnet.[687] Quantitative Begriffe stellen eine exakte zahlenmäßige Kennzeichnung durch Nutzung von Maßeinheiten wie etwa cm, g oder sec. dar.[688] In der Spalte werden drei unterschiedliche Meßskalen: die Nominal-, die Ordinal- und die metrischen Skalen, unterschieden. Theoretisch kann jede dieser Skalen klassifiakatorisch oder jeweils komperativ bzw. quantitativ abgestuft werden. Für die Beurteilung der Effizienz sind Präferenzskalen sinnvoll. Alle Skalenarten drücken die für die Effizienz notwendige Diversität aus, wodurch dem Kriterium der Komparativität Rechnung getragen wird.[689] Ökonomische Messungen in Wert- oder Währungseinheiten basieren auf einer Abstandsmessung in metrischer Form (DM, Franken etc.). Nachteilig erweist sich hierbei die inflationierende Bezugsgröße im Zeitablauf für komparative Zwecke. Ergänzend zu der o. g. Forderung der Operationalsierbarkeit sind die Zuverlässigkeit und die Gültigkeit für wirtschaftswissenschaftliche Kontrollaussagen zu berücksichtigen.[690] Diese drei Grundanforderungen an die Messung spiegeln analog zum magischen Dreieck einen Zielkonflikt wider. Zu diesem Zusammenhang bemerkt ***Chmielewicz:*** „So ist es z. B. in der Regel leicht möglich, eine metrische Skala und zuverlässige Messung zu Lasten der Gültigkeit zu erreichen.“[691]

686 Vgl. K. Chmielewicz (1994), S. 66 ff.

687 Vgl. zum Aspekt der Klassifikatorischen Begriffe: M. E. Streit (1991a), S. 238; weiterführend: K. Chmielewicz (1994), S. 66-67.

688 Vgl. R. Carnap (1963), S. 8 ff.; übereinstimmend: C. G. Hempel (1974), S. 54 f.

689 Vgl. K. Reding (1981), S. 28; übereinstimmend: K. Chmielewicz (1994), S. 67-68.

690 Vgl. A. Kaplan (1964), S. 198 ff.; übereinstimmend: L. Michael (1971), S. 35 ff.

691 K. Chmielewicz (1994), S. 71.

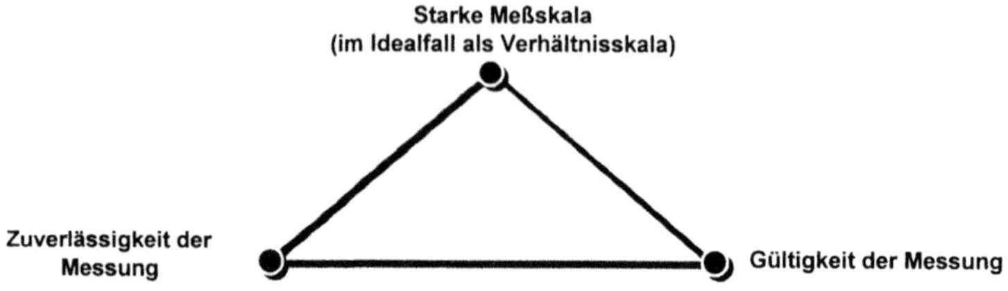

Quelle: K. Chmielewicz (1994), S. 72

Abb. 42: Die Anforderungen an die Messungen von Zielereichungsgraden

Die Problematik der Evaluierung von Zielerreichungsgraden wird in der praktischen Wirtschaftspolitik deutlich. Beispielsweise ist der Zielinhalt des außenwirtschaftlichen Gleichgewichtes mehrdeutig.[692] Wegen möglicher Ungewißheit und möglicher Zweifel darüber, wie dieses Ziel überhaupt erreichbar ist, entzieht es sich - nicht zuletzt auch wegen seiner komplexen Struktur - einer eindeutigen Operationalisierung. Ähnlich wie bei einem Schachspiel[693] bietet sich in einer gegebenen Ausgangssituation eine endliche Zahl von (Subventionsziel-)Alternativen, die nach ihrem Beitrag zur Realisierung der Mattsituation (maximale Subventionsressourcenoptimierung) zu bewerten sind. Im engeren Sinne sind die einzelnen Subventionen zur Zielerreichung wirtschaftspolitischer Endziele analog einem Schachzug nach dem Endziel: Schachmattsetzen des Gegenspielers, zu beurteilen. Dies ist aber nur in einigen Endspielsituationen der Fall.

Streit verdeutlicht das Beurteilungsproblem anhand des gesamtwirtschaftlichen Ziels des stetigen und angemessenen Wirtschaftswachstums: „Die Angemessenheit kann sich auf möglicherweise nötige Kompromisse zwischen Wachstum und anderen Zielen beziehen, die zur Beurteilung der ‚Qualität' des Wachstums herangezogen werden."[694] Verfehlte Zielerreichungen bei anderen Zielen sind dann als Alternativkosten des Wirtschaftswachstums zu betrachten. Das Problem der Operationalität bleibt dennoch vorhanden, da hinsichtlich der Ziele Kompromisse ständig neu zu finden und politisch auszutaxieren sind. Es wird klar, daß eindeutige Zielvorgaben und ihre Anforderungen an die Meßvorschriften nur unter Disaggregation, d. h. unter komplexitätsreduzierender Subzielbildung, möglich sind.

3.1.4.2. Komplexitätsreduzierung durch Subzielbildung

Die aufgezeigte Beurteilungs- und Meßproblematik kann durch Einführung von Subzielen in der Kontrolle entschärft werden. Mit Bezug auf die oben genannte Analogie des Schachspiels kann das Endziel: Gewinn durch Schachmatt (=maximale Subventionseffizienz), z. B. durch Sicherung der Königsfigur, Aufrechterhaltung des Figurengleichgewichts (=Subventionierung zwecks Sicherung der Wettbewerbsfähig-

692 Vgl. M.E. Streit (1991), S. 239.
693 Vgl. E. Frese (1971), S. 292 ff.
694 M. E. Streit (1991a), S. 240.

keit) oder durch Kontrolle des Zentrums gewährleistet werden. Die Auswahl an alternativen Subventionspolitiken orientiert sich dann an den Subzielen, wodurch letztlich eine Vereinfachung der Beurteilungsproblematik bezüglich des Endziels erreicht wird.[695] Für diese Systematik gilt es als nicht zwingend, daß das Subziel logisch aus einem angegebenen Ziel abgeleitet werden muß. „Andernfalls könnte das [Endziel] gleich angewendet werden, und es erübrigte sich der Rückgriff auf Subziele."[696]

Operationalität und Beurteilungsfähigkeit können auf einer niedrigeren Abstraktionsebene, d. h. einer systematischen, durch empirische Untersuchungen gestützte Zielhierarchieebene, erreicht werden. Diese Vorgehensweise wird zusätzlich erhärtet, da Ziele einerseits vom jeweiligen Branchenkontext und speziell von den Präferenzen der Entscheidungsträger abhängen. Andererseits richtet sich die inhaltliche Ausrichtung der Ziele nach den Merkmalen der jeweiligen Problemsituation selbst. Auch hier kommt wieder der spezifische Problemausschnitt des „Scheinwerfers der Problemsicht" zum Tragen, der in der Praxis zu unterschiedlich bewerteten Sollzuständen der Zielstellung führt. Naturgemäß wird durch empirische Erhebungen dieses Problem gelöst.[697]

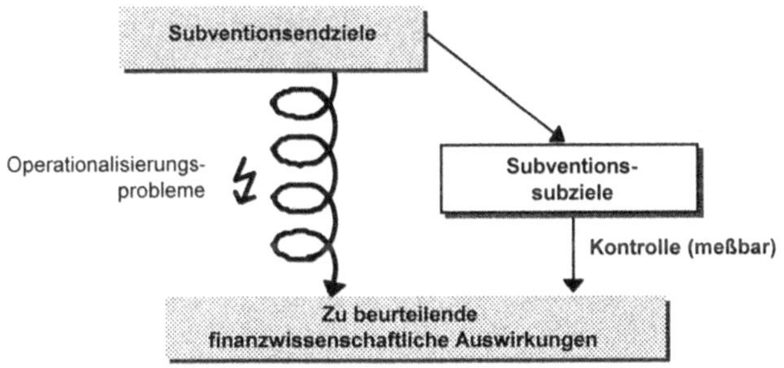

Quelle: In Anlehnung an E. Frese (1993), S. 263

Abb. 43: Subziele als Ansatzpunkt für die Komplexitätsreduzierung der Kontrolle

695 Vgl. E. Frese (1993), S. 262.
696 E. Frese (1993), S. 262.
697 Vgl. E. Frese (1993), S. 269.

Die Operationalisierungsmethode durch Einführung von Subzielen bzw. Subzielsystemen spiegelt formal eine Komplexitätsreduzierung der Effizienz durch partialanalytische Betrachtungen wider. Die Systematisierung der Effizienz in eine partielle und totale Effizienz stellt hierbei auf den Grad der Reduktion des zu beurteilenden Erkenntnisobjektes ab.[698] Durch Aggregation der partiellen Effizienzmessungen können Rückschlüsse auf die Totaleffizienz gezogen werden.

3.1.4.3. Mögliche Zielbeziehungen und Zielkonflikte als Realisierungsprobleme für eine Kontrolle

Zielpluralismus bedeutet immer die Existenz von mehreren Zielbeziehungen. Vertikale und horizontale Zielbeziehungen sind Ausdruck dieses Zusammenhangs. Während vertikale Zielbeziehungen einen Mittelcharakter aufweisen, d. h. andere, übergeordnete Ziele hinterfragen, bilden horizontale Zielbeziehungen eine logische Verbindung oder das Resultat von Nebenwirkungen des Mitteleinsatzes.[699]

Die oben aufgezeigte pyramidenartige Zielhierarchiestruktur mit Gruppen-Zielbildung spiegelt eine formale Analyse wider, die grundsätzlich positive, negative oder neutrale Zielbeziehungen zuläßt. Die folgende Abbildung zeigt mögliche logische Beziehungsvarianten auf.

698 Vgl. K. Reding (1981), S. 42.
699 M. E. Streit (1991a), S. 240.

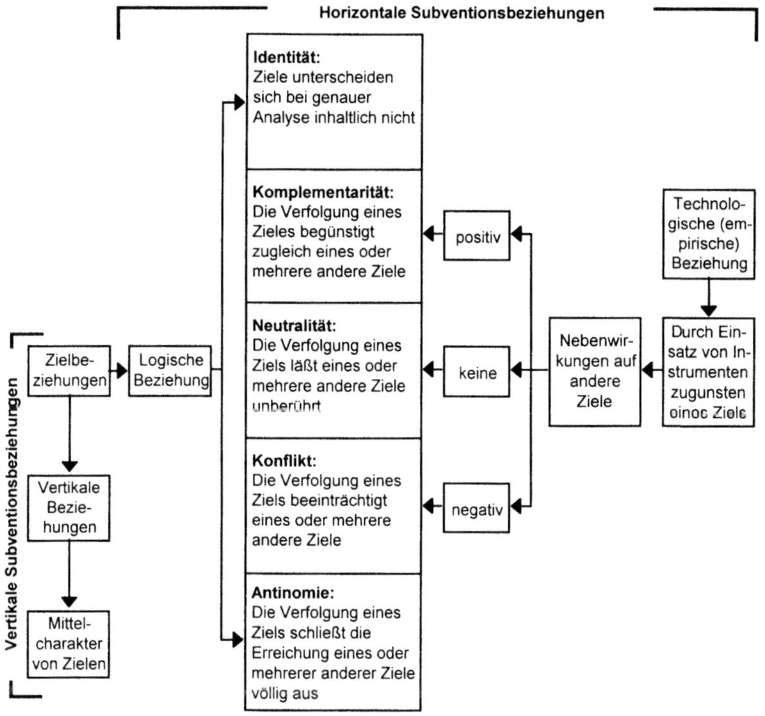

Quelle: In Anlehnung an M. E. Streit (1991a), S. 241

Abb. 44: Die subventionspolitischen Zielbeziehungen

Während die Zielidentität einen inhaltlich tautologischen Beziehungscharakter widerspiegelt, bedeutet die Vereinbarkeit zweier Ziele einen widerspruchsfreien Zusammenhang. ***Jöhr und Singer***[700] prägten hierzu die fünf Zielbeziehungsmuster Identität, Komplementarität, Harmonie, Neutralität und Antinomie. Nachfolgend sollen nur Zielharmonie und -antinomie interessieren. Die Hauptvoraussetzung für einen formalen Zielrahmen ist logische Vereinbarkeit, d. h., es darf keine Antinomie oder totale Negation der Ziele vorliegen. Hierzu ***Streit:*** „Je größer das Zielbündel und die Zahl der damit verknüpfbaren Ursache-Wirkungs-Zusammenhänge, desto wahrscheinlicher sind nicht neutrale Beziehungen als Folge von Nebenwirkungen des Mitteleinsatzes.“[701] Die Realität zeigt, daß überwiegend aus Interdependenzproblemen sowie der geforderten Interdisziplinarität der Endziele und der Zielbündel bei der Subventionsvergabe Ziele komplementär ausgerichtet werden müssen.[702] Obwohl der Operationalisierungsgrad für die Kontrolle tendenziell mit zunehmender Subzielbildung verbessert wird, können die Konkurrenzbeziehungen zwischen den

700 Vgl. W. A. Jöhr, H. W. Singer (1964), S. 152 ff.

701 M. E. Streit (1991a), S. 242.

702 Vgl. hierzu auch die Ausführungen bezüglich der praktischen Defizte bei der Zielformulierung in Kapitel A, Abschnitt 5.1.

Zielen steigen. Werden harmonische, d. h. gleichgerichtete Zielbeziehungen vorausgesetzt, so weisen Subziele des ersten, zweiten und n-ten Grades den Charakter von Mitteln zur Verwirklichung der übergeordneten Ziele auf.[703u.704]

Zielkonkurrenzen führen jedoch häufig zu suboptimalen Kompromissen oder - aus didaktischen Gründen - zu einer isolierten Betrachtung des jeweiligen ökonomischen Sachverhaltes. ***Siebert***[705] umschreibt die isolierte Betrachtung und Bewertung der Ziele der Wirtschaftspolitik als den Versuch, die ökonomische Realität in verschiedene Schubladen ein und derselben volkswirtschaftlichen Kommode fein säuberlich nebeneinander einzuordnen und nach Bedarf zu öffnen und zu schließen. Die Realität zeigt aber, daß diese Schubladen miteinander in enger wechselseitiger Beziehung stehen.[706]

Streit[707] sieht im wesentlichen ***drei Ursachen*** für die Existenz von Zielkonkurrenzen:

A. Die ***Anzahl der (Subventions-)Instrumente***, die zur Zielrealisation beitragen. Häufig sind die Instrumente nur begrenzt verfügbar und schwer zu dosieren. Z. T. treten auch negative Wirkungen im vertikalen Zielsystem auf.

B. Das ***verfügbare begrenzte Lenkungswissen.*** In diesem Fall kann der Entscheidungsträger sein subventionistisches Handeln nur begrenzt erfassen und die Wirkung auf das (die) Endziel(e) nicht tatsächlich kontrollieren. I. d. R. fehlen ihm geeignete Systematiken.

C. Der ***Umfang der Nebenbedingungen,*** unter denen die Ziele angestrebt werden. Das Streben nach Zielerreichung auf einer vertikalen oder einer horizontalen Subebene widerspricht dem übergeordneten Endziel. Letztlich ist der Zielbeitrag der Subzielverfolgung nicht erfolgreich im Sinne des Endziels.

---

703 Vgl. H.-J. Seraphim (1955), S. 265.

704 Ein Beispiel soll diesen Zusammenhang verdeutlichen: Ist beispielsweise das Hauptziel die Verbesserung der Wettbewerbsfähigkeit einer Branche, so ist es möglich, durch eine Subvention, die zu einer Modernisierung der Prodkutionsanlagen genutzt wird, insgesamt zu einer rentableren Produktion in dieser Branche zu gelangen. Gleichzeitig geht von dieser Investitionssubventionierung ein (wünschenswerter) Nebeneffekt auf die Beschäftigungssicherung in der Branche aus, so daß eine Harmonie zwischen dem Hauptziel und dem Nebeneffekt besteht.

705 Vgl. H. Siebert (1992a), S. 358.

706 Vgl. H. Siebert (1992a), S. 358.

707 Vgl. M. E. Streit (1991a), S. 243.

Ein Beispiel aus der Praxis soll abschließend die Zielkonfliktsproblematik illustrieren: Es klingt absurd und paradox, wenn etwa Meeresfischer Subventionen zur Investitionsanregung durch Zuschüsse für den Neuerwerb von modernen Kuttern[708] erhalten und gleichzeitig Abwrackprämien zur Reduzierung der überschüssigen Kutterkapazitäten[709] in Anspruch nehmen können. Unabhängig von der ökonomischen Sinnhaftigkeit ist von einem formalen Zielkonflikt auf einer Ebene zu sprechen. Die beiden Ziele sprechen den gleichen Empfängerkreis an, wobei sich die Instrumente gegenläufig, d. h. antinomistisch verhalten.

3.1.4.4. Ablaufsteuerung der Subventionskontrolle

Die informationsgerechte Steuerung beim Ablauf der Kontrolle von Subventionen stellt einen ***regelorientierten Prozeß*** dar. Wie schon oben festgestellt, handelt es sich bei der Subventionskontrolle um ein ambigen Problem- und Entscheidungsprozeß, der von vagem Wissen, d. h. von unvollständigem und unsicherem Wissen über Ausmaß, Vergabe, Planung und Kontrolle, geprägt ist. Will man auch bei unvollständigem Wissen zu einer Lösung der Subventionsprobleme gelangen, müssen die fehlenden Informationen durch plausible Annahmen, sogenannte „defaults“, ersetzt werden.[710] Dieses Vorgehen zur Reduzierung komplexer Zusammenhänge ermöglicht einerseits eine Problemlösung in denjenigen Subventionsfällen, in denen relevante Sachverhalte nicht völlig transparent sind.[711] Andererseits dient dieses Vorgehen einer Aufwandsreduzierung durch Ausschluß jedweder Prüfung von Ausnahmefällen. Es dient daher der Fokussierung auf die als wesentlich angenommenen Zielbereiche für eine Subventionskontrolle. Ebenso ermöglicht die Ablaufsteuerung die Formulierung von Aussagen zur Subventionseffizienz, ohne daß eine umfassende Systemanalyse notwendig wäre. Dieser Analyseabbruch kann aufgrund eines ***subjektiven Abbruchkriteriums***, also des individuellen Anspruchsniveaus, oder aufgrund eines ***objektiven Abbruchkriteriums***, wie z. B. des Erreichens eines hinreichenden Erkenntnisstandes, vollzogen werden.

Vor dem Hintergrund der stark variierenden Subventionsabgrenzung und des damit verbundenen Informationsangebotes[712] erscheint dieser subjetive und objektive Analyseweg zur Komplexitätsreduzierung sinnvoll. Das Arbeiten mit Annahmen erfordert eine besondere Form der Ablaufsteuerung, die es ermöglicht, solche Schlußfolgerungen rückgängig zu machen, die auf der Basis von Annahmen getroffen wurden, die sich im nachhinein als falsch erwiesen haben.[713] Die Ablaufsteuerung sorgt dafür, daß

708 Vgl. BT (1993), S. 54.

709 Vgl. BT (1993), S. 55 f.

710 Man spricht in diesem Zusammenhang von "defaults-reasoning". Vgl. U. Frank (1989), S. 24.

711 Vgl. U. Frank (1989), S. 24; übereinstimmend: E. Rich (1983), S. 177.

712 Vgl. die Unterschiede im Informationsangebot durch verschiedene Abgrenzungen Kapitel A, Abschnitt 1.

713 Vgl. M. Steffik, J. Aikins et al. (1983), S. 73 f.

- die ***Reihenfolge der Abarbeitung*** von Regeln und Fakten der Problemlösung durch die Komplexitätsreduzierung ***gesteuert*** werden kann und
- auftretende ***Zielkonflikte*** der Kontrollwerte mit den Prämissen mit unterschiedlichen Konklusionen harmonisiert werden können.

Die Ablaufsteuerung der Subventionskontrolle muß daher auf ***zwei wesentliche Grundmuster*** zurückgreifen:

A. Rückwärts- und Vorwärtsverkettung der informativen Zielebenen,
B. Suchalgorithmen zur Ablaufsteuerung.

Die Terminologie der beiden Systematiken (Punkt A) läßt den Charakter der Vorgehensweise antizipieren: Die ***Rückwärtsverkettung*** (backward-chaining) dient als zielgetriebene (goal-driven) Strategie. Die Leitmaximen mit auf sie ausgerichteten Regeln und Prämissen stehen den Kontrollfeldern, deren Prämissen und Voraussetzungen rückwärts gerichtet sind, in einem Kontrollsystem voran. Werden die Ziele erreicht, so erstreckt sich ein rekursiver Prozeß über mehrere Ebenen.[714] Die Effizienz der Rückwärtsverkettungsstrategie hängt von der Formulierung der Ziele bzw. Zielbündel ab, denn je exakter die Zieldefinitionen und damit die Prämissen für ihre Erreichung sind, desto kleiner ist der Suchbaum der zu prüfenden Regeln.[715]

In umgekehrter Richtung arbeitet die ***Vorwärtsverkettung*** (forward-chaining, datadriven). Basierend auf einem Wissensstamm, werden sämtliche Ereignisse auf ihren Zielerreichungsgrad hin untersucht. Neues Wissen wird additiv für den Stamm ergänzt und in den Abstimmungsprozeß mit aufgenommen. Dieses Vorgehen spiegelt einen „Erkennen-Handeln-Zyklus“[716] wider, da es grundsätzlich alle Daten erst einmal sammelt und auswertet.[717]

Beide Systematiken benötigen - bei Erreichung mehrer Ziele - eine Vorschrift zur horizontalen Rangfolgebestimmung und -gewichtung für das Gesamtzielsystem. Beispielsweise wäre dies der Fall, wenn das Ziel der Arbeitsplatzsicherung und das der Stärkung der Exportkraft von ähnlicher gesamtwirtschaftlicher Bedeutung sind und folglich im gleichen Maß erreicht werden sollen. Dies kann auch durch eine subjektive Entscheidung geregelt werden. Für die Subventionskontrolle bietet sich eine Rückwärtsverkettung durch Hypothesenüberprüfung eher an als eine Verdachtsgenerierung in Form einer Vorwärtsverkettung. Beide Prozesse kombiniert führen zu einem ***iterativen Prozeß*** und damit zu den Vorteilen beider Verfahren.[718]

Eine zweite Methode (Punkt B) der Ablaufsteuerung bilden einerseits die sogenannte ***Depth-first und Bredth-first-Methode*** als starre Form des Suchverfahrens, andererseits ***heuristische Suchansätze*** durch Einsatz geordneter Suchverfahren. Heuristische Suchansätze versuchen die Effizienz durch Minimierung der Suchwege zu

---

714 Vgl. P. Mertens (1989), S. 480.
715 Vgl. F. Puppe (1988), S. 25.
716 Vgl. P. Harmon, D. King (1989), S. 63.
717 Vgl. R. Forsyth (1986), S. 191.
718 Vgl. P. Schmitz, A. Lenz (1986), S. 504; übereinstimmend: N. J. Nilsson (1980), S. 253 ff.

steigern. Depth-first und Bredth-first-Methoden nutzen einen Suchalgorithmus, der durch Verfolgung eines Zielzweigs (Depth-Methode)[719] bzw. aller Ebenen (Bredth-Methode)[720] eines Zielbaumes in der Tiefe bzw. auf allen Ebenen so lange sucht, bis ein zufriedenstellender Wert erreicht wird. Heuristiken bieten eine auf wissensgebietspezifische Informationen oder auf Allgemeinwissen basierende gezielte Suche an.[721]u.[722] Dieses Suchverfahren bietet sich besonders für komplexe Kontrollbewertungen an. Die voranstehenden Ausführungen haben gezeigt, daß eine als sinnvoll erachtete Ablaufsteuerung durch Erreichungsanalyse der Subventionsziele im Rahmen einer Kontrolle wegen der weitgestreuten und verzweigten Ziele bzw. Zielbündel auf den verschiedenen Ebenen nur auf heuristischem Wege geleistet werden kann. Das heuristische Prinzip der Problemreduktion basiert auf dem Grundgedanken, daß komplexe Aufgabenstellungen im günstigsten Fall durch Subzielbildungen in triviale Einzelaufgaben der Kontrolle zerlegt werden können, ohne daß dabei die Aussagen des Gesamtsystems verletzt werden.[723]

3.1.5. Die Arten der Subventionskontrolle

Die Technik der Subventionskontrolle nimmt direkten Einfluß auf die Art der Informationsversorgung. Ausgangspunkt der Kontrolltechnik bildet das Kontrollobjekt. Die hier vorgenommene branchen- und einzelwirtschaftliche Objektorientierung der Kontrolle kann dabei auf unterschiedliche Kontrollarten zurückgreifen. Je nach Kontrollobjekt unterscheidet man zwischen ergebnis- und verfahrensorientierten Kontrollen.[724] Zunächst soll hier nur auf die ***ergebnisorientierte Kontrolltechnik*** als Evaluierungsverfahren eingegangen werden, da diese Form der Informationsgewinnung und -versorgung ein methodischer Baustein des zugrunde gelegten Kontrollverständnisses und der Modellbildung ist. Ergebnisorientierte Subventionskontrollen stellen Informationen über das Ergebnis der Subventionierung zur Verfügung. Sie basieren auf einem Vergleich zwischen den geplanten und den tatsächlich realisierten Ergebnissen. Da ergebnisorientierte Subventionskontrollen einen antizipativen Charakter haben, bedeuten sie primär ein Problem der Informationsgewinnung. Folglich hängt die Effizienz der Kontrolle maßgeblich von der Güte der Kontrolltechnik und der Aussagekraft der gewonnen Informationen ab. Ergebniskontrollen i.w.S. lassen sich differenzieren in:

---

719 Vgl. P. Harmon, D. King (1989), S. 65.

720 Vgl. E. Rich (1983), S. 77.

721 Vgl. M. Steffik, J. Aikins et al. (1983), S. 69.

722 Vgl. M. Stede (1987), S. 65 f.; übereinstimmend: N. J. Nilsson (1971), S. 53 f.

723 Vgl. E. Rich (1983), S. 87.

724 Vgl. P. Horváth (1996), S. 165.

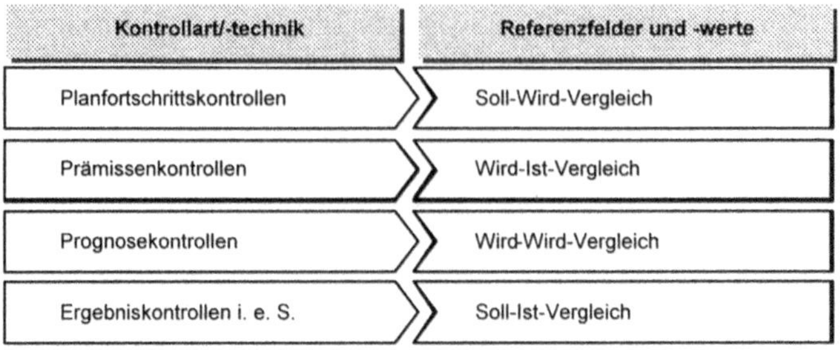

Quelle: In Anlehnung an P. Horváth (1996), S. 165–167

Abb. 45: Formale Techniken der Subventionskontrolle: Eine Auswahl

Die Planfortschrittskontrolle versucht über einen Vergleich des Erreichten und mit den Zwischenzielen Informationen zur Verfügung zu stellen. Prämissenkontrollen hingegen analysieren, ob die Rahmenbedingungen, unter denen geplant wurde, stabil geblieben sind. Prognosekontrollen dienen einer antizipativen Vergleichsgrößenbildung. Ergebniskontrollen i. e. S. sollen durch Istwert-Ermittlung prüfen, ob der Sollwert erreicht worden ist. Als engere Technik der Abweichungsanalyse (Soll-Ist-Vergleich) erfassen sie den Effizienzgrad bzw. Zielerreichungsgrad und zeigen die Ursachen für Abweichungen auf. Sie können als Information für eine Korrektur subventionspolitischer Entscheidungen herangezogen werden.

3.1.6. Fazit: Das Zielsystem und die Kontrollobjektebenen als formaler Ausgangspunkt einer effizienzorientierten Subventionskontrolle

Der entwicklungslogische Pfad der Modellbildung befaßt sich mit den formalen Aspekten einer effizienzorientierten Zielsystematik und mit der Differenzierung des Kontrollobjektes mit Blick auf die informationsversorgenden Anforderungen. Aufbauend auf der Sichtweise eines informationsversorgenden Kontrollverständnisses durch Ziele, sind verschiedene systembildende Aspekte erarbeitet worden:

A. Die Kontrolle hat informationsversorgende Funktion. Die Informationskomplexität überfordert gesamtwirtschaftliche und holistische Kontrollansätze, da kein Konzept in der Lage ist, alle relevanten Ziele informationsgerecht und gehaltvoll aufzuarbeiten.

B. Eine effizienzorientierte Kontrolle ist untrennbar von Zielsetzungen und deren Erreichung. Um effizienzorientierte Entscheidungen im Sinne einer Zielerreichung treffen zu können, ist eine komparative Kontrollperspektive durch Vergleich mit dem „tatsächlich Geschehenen" notwendig. Voraussetzung hierfür sind Referenzsituationen.

- Zunächst trägt die Disaggregation komplexer Ziele und Zielbündel zur Reduzierung der subventionspolitischen Ambiguitäten bei. Hierzu wird eine systematische Zerlegung der Effizienz in sich unterstützende Subzielebenen durch

Disaggragation komplexer nicht operationalisierbarer Endziele angestrebt. Eine zu diesem Zweck sinnvolle ***Systematik*** für die effizienzorientierte ***Subventionskontrolle*** spiegelt sich in der Differenzierung der Zielebenen in ***Leitmaximen, Felder als Subziele*** sowie ***Kennzahlen und Kriterien*** wider. Ziel dieser Rückwärtsverkettung ist es, verschiedene abhängige Zielebenen zu identifizieren, die operationalisierbar sind und einen geringeren Abstraktionsgrad als eine nur auf Endziele gerichtete Kontrolle aufweisen.

- ***Kriterien und Kennzahlen*** bilden eine unterste, i. d. R. operationalisierbare Zielebene. Sie können wiederum eigene Gruppen durch ***Rückwärtsverkettung*** bilden. Im Ergebnis wird eine Zielkaskade erreicht, die es ermöglicht, ein angestrebtes Endziel schrittweise zu operationalisieren.
- Erfolgskontrollen erfordern Bestimmtheit, d. h. Operationalität von Zielen. Das ist dann gegeben, wenn die Ziele konkretisierbar, meßbar und aggregierbar sind. Komplexitätsreduzierung durch Subzielbildung ermöglicht eine Reduzierung von metahaften Zielaspekten. Der hierdurch erzeugte Zielpluralismus kann zu horizontalen und vertikalen Zielkonflikten führen. Diese gilt es durch systemkoppelnde Aspekte zu lösen. Die Steuerung der Kontrolle in komplexen Systemen erfordert das Arbeiten mit Annahmen rückwärtsverketteter Suchstrategien (heuristisches Suchverfahren) der Problemreduktion.

D. Ein weiterer Aspekt dient der ***Differenzierung des Kontrollobjektes***. Ausgangspunkt bildet hier eine partialanalytische Trennung der Zielobjekte für eine Kontrolle, damit so die Informationsgenerierung direkt an der Zielquelle ansetzen kann.

Die Gestaltung des materiellen Aspektes für Effizienzorientierung in der Subventionspolitik wird im nachfolgenden Abschnitt vorgenommen. Im Mittelpunkt steht dabei die thematische Sensibilisierung und Konkretisierung wirtschafts- und damit finanzwissenschaftlicher ***Ziele für eine Subventionskontrolle,*** die mit den ordnungspolitischen Grundprinzipien einer sozialen Marktwirtschaft[725] nicht kollidieren sollen.

3.2. Der materielle Aspekt einer Subventionskontrolle: Inhaltliche Zielkonventionen als Kontrolldimensionen

Aufbauend auf den formalen Zielaspekten werden nachfolgend materielle Fragen bezgl. potentieller Subventionsziele für die Kontrolle diskutiert. Dies ist notwendig, damit für das Kontrollmodell grundsätzliche Ansatzpunkte einer Zielausgestaltung geschaffen werden können. Ausgangspunkt hierfür bilden die ***„letzten Endziele als***

725 Vgl. zur Frage der Kompatibilität von Subventionen und sozialer Marktwirtschaft: Kapitel B, Abschnitt 4.

gesellschaftliche Grundwerte"[726] ***in einer sozialen Marktwirtschaft***. Sodann werden hierauf durch Ableitung von wirtschafts- bzw. finanzpolitischen Zielaspekten Leitmaximen für die Subventionskontrolle gebildet.

Die nachfolgenden Ausführungen können keinen Ersatz für eine sorgfältige und kritische Diskussion der relevanten Konjunkturtheorien und -politiken, der Makro- und Mikroökonomie sowie der diversen ordnungspolitischen Theorien sein. Ziel ist es vielmehr, einen knappen inhaltlichen Umriß zu liefern, um die inhaltliche Dimension der Subventionsziele herzustellen. Da - entsprechend der gewählten Abgrenzung - die Zielsetzung immer die ökonomische Frage eines erwerbswirtschaftlichen Empfängerkreises impliziert, wird im folgenden der Schwerpunkt auf struktur- und konjunkturpolitische (Wirtschafts-)Ziele gelegt. Verteilungspolitische Ziele werden nur insofern erwähnt, als dies für das Verständnis notwendig ist.

Im Ergebnis werden auf diese Weise legitime Leitmaximen als zielbezogene Kontrolldimensionen festgelegt, die zusammen mit den formalen Aspekten einer Kontrolle den angestrebten Modellrahmen für die Subventionskontrolle bilden.

3.2.1. Wirtschafts- und finanzpolitische Konvention der Leitmaximen

Infolge der ordnungs- und wirtschaftspolitischen Entscheidung der Bundesrepublik Deutschland zugunsten eines ***sozialen Marktwirtschaftsystems*** bleibt die Erfüllung der wirtschaftspolitischen Ziele grundsätzlich dem Markt überlassen.[727] Eine Subventionierung würde folglich theoretisch kaum hinreichend begründet werden können. Die Finanzpolitik nimmt jedoch eine weniger strikte Interpretation vor und akzeptiert die Subventionierung, sofern sie nachweislich positive Effekte für die Anpassung der Gesamtwirtschaft induziert.[728] Seitens der Legislative und der Exekutive wird mit Bezug auf Verfassungs- und Gesetzestexte, Regierungserklärungen, Reden und Stellungnahmen von Ministern, Lobbyisten-Gruppen und Parlamentariern eine Vielzahl von wirtschafts- und finanzpolitischen Zielinterpretationen vorgenommen. Es besteht kein Zweifel, daß eine Reihe von Subventionszielen wirtschafts- und finanzpolitisch vertretbar ist, denn: „Die moderne kapitalistische Wirtschaft stellt ein Mischsystem dar, in dem Kräfte des öffentlichen und des privaten Wirtschaftssektors zusammenwirken [sollen]."[729]

In Anbetracht der Subventionshöhe stellt sich die Frage, ob seitens des Subventionsgebers die richtigen, problem- und systemkonformen (Subventions-)Endziele angestrebt werden. Die Frage nach den richtigen Subventionszielen ist um so wichtiger, als nur auf der Basis fixierter und akzeptierter Zielinhalte eine Subventionskontrolle erfolgen kann.[730] Sieht man von der grundsätzlichen Problematik der Fixierung

726 Vgl. hierzu M. E. Streit (1991a), S. 206-207.

727 Vgl. H. Zimmermann, K.-D. Henke (1994), S. 4.

728 Vgl. H. Zimmermann (1985), S. 87.

729 R. A. Musgrave et al. (1994), S. 1.

730 Die Erörterung der defizitären Zielfixierung in Kapitel A, Abschnitt 5.1. zeigt, daß eine wesentliche Ineffizienz in der fehlenden ordnungspolitisch konformen Zielausgestaltung liegt.

der sog. letzten und richtigen Endziele[731] in einer sozialen Marktwirtschaft ab, ist es dennoch für die Kontrolle notwendig, einen Katalog von übergeordneten Leitmaximen per Konvention für die Subventionierung zu festzulegen.[732u.733] ***Streit*** meint dazu, daß sich eine solche Konvention empfiehlt, wenn eine fruchtlose und verwirrende Diskussion über den Stellenwert und die Verbindlichkeit solcher Endziele verhindert werden soll.[734] Aus den vier bzw. sechs ***gesellschaftlichen Grundwerten***[735] der sozialen Marktwirtschaft: ***1. Freiheit, 2. Gerechtigkeit, 3. Sicherheit, 4. Fortschritt, 5. Demokratie und 6. Rationalität,*** lassen sich wirtschafts- und finanzpolitische Endziele abzuleiten. Typische wirtschafts- und finanzpolitische Endziele praktischer Politiken weisen, wie in den meisten westlichen Industrieländern, einen ***Katalog von Leitmaximen*** auf, die teilweise Gesetzescharakter[736] annehmen. Ein solcher für die Subventionierung maßgeblicher Katalog gilt als unumstritten und läßt sich wie folgt zusammenstellen:[737u.738]

- ein stetiges und angemessenes Wirtschaftswachstum,
- ein hoher Beschäftigungsgrad des Faktors Arbeit,
- die Entwicklung des inneren Geldwertes durch Preisniveaustabilität,
- das außenwirtschaftliche Gleichgewicht sowie
- die gerechte Einkommens- und Vermögensverteilung.

Dieser Katalog stellt nur das Spektrum abgeleiteter, praktizierter und kodifizierter gesamtwirtschaftlicher Zielaspekte dar und hat einen Mittelcharakter für die sechs

---

731 A. Woll spricht davon, daß die "letzten Ziele der Wirtschaftspolitik [..] ökonomisch nicht zu begründen [sind], sondern durch die Gesellschaft- und Staatspolitik vorgegeben [werden]". Vgl. A. Woll (1992), S. 52.

732 Vgl. M. E. Streit (1991a), S. 207.

733 Das ifo- und das IWH-Forschungsinsitut haben in ihrer Studie zur Effizienz der Subventionen in den NBL zwei für diese Region wesentliche Maximen als Maßstab gewählt: 1. Das Ziel, den Standort neue Bundesländer international wettbewerbsfähig bei annäherend gleichen Lebensbedingungen zu gestalten. 2. Das Ziel eines selbsttragenden Wirtschaftsprozesses der gesamtwirtschaftlichen Produktion bei hoher Beschäftigung. Beide Ziele oder treffender: Zielbündel, dienen als Leitmaxime für die Förderpolitik und folglich auch als "metahafter Beurteilungsmaßstab". Vgl. ausführlich ifo, IWH (1994), S. 3-4.

734 Vgl. M. E. Streit (1991a), S. 208.

735 Vgl. M. E. Streit (1991a), S. 206 ff.

736 Verfassungsgemäß ist die Bundesrepublik Deutschland als demokratischer Staat westlicher Prägung gemäß Art. 109 Absatz 4 GG verpflichtet, Maßnahmen zu ergreifen, die "zur Abwehr einer Störung des gesamtwirtschaftlichen Gleichgewichts" führen. Hierzu sind Kredite und Vorschriften notwendig (Art. 115 Abs. 1 GG). Darüber hinaus können der Bund und die Länder Investitionshilfen gewähren, wenn dies "zur Abwehr einer Störung des gesamtwirtschaftlichen Gleichgewichts oder zum Ausgleich unterschiedlicher Wirtschaftskraft im Bundesgebiet oder zur Förderung des wirtschaftlichen Wachstums erforderlich ist" (Art. 104a Abs. 4 GG). Weitere Grundgesetzartikel geben wirtschaftspolitisch verbindliche Ziele vor. Art. 72 Abs. 2 Nr. 3 GG: "Wahrung der Rechts- und Wirtschaftseinheit, insbes. der Wahrung der einheitlichen Lebensbedingungen in ganz Deutschland". Als aktuelles Beispiel dient hier die Gemeinschaftsaufgabe "Aufbau Ost" für die NBL. Des weiteren gibt Art. 109 GG die Konkretisierung des "gesamtwirtschaftlichen Gleichgewichts" vor. Vgl. hierzu ausführlich: Kapitel A, Abschnitt 4, insbes. Abschnitt 4.2.

737 M. E. Streit (1991a), S. 236.

738 Vgl. A. Woll (1996), S. 85-87; übereinstimmend: H. Siebert (1996), S. 37.

gesellschaftspolitischen Grundwerte.[739] Verteilungspolitische Gesichtspunkte lassen sich zwar nicht explizit aus der Gesetzeslage ableiten, sie gehören aber unbestreitbar zum obersten finanzpolitischen Zielbündel in Deutschland.[740] Letztlich haben alle wirtschafts- und finanzpolitischen Gesichtspunkte Konsequenzen für Bildung und Verteilung von Einkommen und Vermögen. Das in dieser Form abgeleitete Zielbündel bildet nach h. M. ein ***magisches Vieleck***[741], das widersprüchliche Zielverhältnisse auf der gesamtwirtschaftlichen Endzielebene offenbart, so daß Konflikte und Überschneidungen zwischen ihnen möglich sind. Ob diese Konflikte sachlogisch und unvermeidbar sind oder ob sie von der jeweiligen wirtschafts- und finanzpolitischen Lage abhängen, ist in der Literatur umstritten.[742] Unbestritten ist jedoch, daß in der Praxis eine Vielzahl von Zielkonflikten zu beobachten ist.

Die öffentliche Finanzwirtschaft als Träger der Subventionspolitik ist verpflichtet, diesen Zielkatalog zu unterstützen.[743] Gleichzeitig müssen auch andere Politikbereiche, z. B. die Wettbewerbs-, Sozial-, und Außenhandelspolitik, den Zielkatalog positiv unterstützen.[744] Hauptanliegen der öffentlichen Finanzwirtschaft muß es daher sein, den materiellen Handlungsspielraum der Subventionierung positiv mit den Zielen der Gesamtwirtschaft korrelieren zu lassen.[745] Dies bedeutet, daß die Subventionsziele nicht den allgemeinen wirtschafts- und finanzpolitischen Zielen sowie den gesellschaftspolitischen Grundwerten im Kern widersprechen dürfen. Diese subventionspolitischen Leitmaximen haben einen beträchtlichen Abstraktionsgrad, der eine inhaltliche Vertiefung notwendig macht.[746] Nachfolgend wird daher diesbezüglich eine Erläuterung gegeben.

3.2.1.1. Leitmaxime: Stetiges und angemessenes Wirtschaftswachstum

Zimmermann und ***Henke*** führen aus: „Die Wünschbarkeit wirtschaftlichen Wachstums ergibt sich daraus, daß positive reale Wachstumsraten des Sozialprodukts den Lebensstandard [der Bevölkerung] erhöhen."[747] Die explizite Nennung im § 1 StWG führt dazu, daß die wirtschafts- und finanzpolitischen Maßnahmen in ihrer Zielsetzung Wachstum sicherstellen müssen.[748] Im Ergebnis verlangt diese Forderung eine derartige Gestaltung der Subventionierung, damit positive reale Zuwachsraten als

---

739 Ein umfassender Überblick ist bei E. S. Kirschen (1964), S. 5 f. zu finden.

740 Vgl. J. Werner (1971), S. 368.

741 Die Zielkombination des "magischen Vielecks" bzw. "magischen Vierecks" (ohne die Einkommens- und Vermögensverteilung) zeigt in der Praxis, daß es kaum gelingt, diese Ziele gleichzeitig zu erreichen. Vgl. H.-R. Peters (1995), S. 101-102.

742 Vgl. K. Trojanus (1995a), S. 74; übereinstimmend: A. E. Ott (1967), S. 93 ff. .

743 Die Verpflichtung ergibt sich im wesentlichen aus § 1 StWG. Der Bund und die Länder haben bei ihren wirtschafts- und finanzpolitischen Maßnahmen die Erfordernisse des gesamtwirtschaftlichen Gleichgewichts zu beachten.

744 Vgl. H. Zimmermann, K.-D. Henke (1994), S. 2.

745 Vgl. hierzu auch H. H. v. Arnim (1986), S. 87.

746 H. H. v. Arnim spricht von der Notwendigkeit einer Überprüfung der Subventionsziele. Vgl. H. H. v. Arnim (1986), S. 87.

747 H. Zimmermann, K.-D. Henke (1994), S. 384.

748 Vgl. C. Sartorius (1997), 720 StwG.

zwangsläufiges Resultat des Wirtschaftswachstums erzielt werden können. Eine unmittelbare Operationalisierung kann durch den quantitativen Zuwachs der tatsächlich erreichten Produktion erfolgen.[749] Folglich basiert wirtschaftlicher Wohlstand i. e. S. auf einer signifikanten Zunahme des realisierten Sozialproduktes. Eine andere Interpretation koppelt wirtschaftliches Wachstum auch an die Erreichung „erhaltungsorientierter" Ziele.[750] Ziel der Subventionierung ist es dann, möglichst viele alte Wachstumsknotenpunkte[751] solange zu erhalten, bis genügend neue geschaffen worden sind.[752] Neben den obenerwähnten quantitativen lassen sich qualitative Merkmale eines Wachstumsziels ergänzen. Sie ergänzen die eindimensionale Fokussierung um Wachstumsbestandteile, wie u. a. Qualität, physische Umwelt und Gesundheit.[753] Dies ist sinnvoll, da die bloße Orientierung an allgemeinen, quantitativen Wachstumszielen zwar zahlreiche Vergleichsmöglichkeiten einräumt, jedoch dem übergeordneten gesellschaftlichen Grundwerten nur bedingt gerecht wird. Wachstumsgewinne hängen zudem nicht nur von der Schaffung neuer, sondern von der Auslastung bestehender Kapazitäten ab. Unterauslastungen, so die theoretische Vorstellung, lassen sich beispielsweise durch nachfragewirksame Subventionierungen bei einem gleichbleibenden Kapazitätsniveau abbauen, während die Schaffung neuer Kapazitäten durch Investitionsanreize erfolgt.

3.2.1.2. Leitmaxime: Hoher Beschäftigungsgrad des Faktors Arbeit

Das Ziel einer hohen Beschäftigung hat zweifelsohne einen überragenden Stellenwert in der sozialen Marktwirtschaft eingenommen.[754] Die wirtschaftliche Entwicklung in Deutschland ist von einem ständigen strukturellen Veränderungsdruck gekennzeichnet, der unmittelbar mit dem Beschäftigungsniveau des Faktors Arbeit verbunden ist.[755] Insbesondere den Rückgang des Beschäftigungsniveaus in schrumpfenden und stagnierenden Märkten sowie in konjunkturellen Abschwungphasen nimmt der Staat zum Anlaß, durch Subventionen die Nachteile längerer und größerer Arbeitslosigkeit zu vermeiden. Als gesamtwirtschaftlich nachteilig werden Wanderung und Freisetzungen des Faktor Arbeit empfunden.

Ausgangspunkt beschäftigungspolitischer Subventionierungen bildet die Zielvorstellung einiger Ökonomen[756], daß durch Förderung der Lohnkosten wettbewerbsfähigere Produktionsstrukturen erreicht werden, die im Ergebnis deutliche Beschäftigungswirkungen für die Gesamtwirtschaft und einen aus Sicht der sozialen Markwirtschaft erstrebenswerten hohen Beschäftigungsgrad implizieren. Dahinter verbirgt sich die Vorstellung, daß der Beschäftigungsstand durch direkte und indirekte Hilfen konstant gehalten bzw. ausgebaut werden kann. Vor dem gegenwärtigen Hintergrund

749 Vgl. H. Zimmermann, K.-D. Henke (1994), S. 384.
750 Vgl. hierzu ausführlich: K. Trojanus (1995a), S. 122-123.
751 Vgl. K. Eckstein (1996), S. 25.
752 Vgl. K. Trojanus (1995a), S. 122-123.
753 Vgl. H. Zimmermann, K.-D. Henke (1994), S. 384.
754 Vgl. K.-H. Paqué (1997), S. 13.
755 Vgl. N. Andel (1990), S. 252.
756 Vgl. hierzu die Vorschläge von G. A. Akerlof et al. (1991) sowie von W. Engels (1991).

eines zu geringen Arbeitplätzepotentials und anhaltend hoher Arbeitslosigkeit[757] dominieren beschäftigungssicherende und -schaffende Subventionsziele. Ansatzpunkt dieser Hilfen sind i. d. R. die Lohnkosten der Arbeitgeber und die durch die Kostenentlastung angestrebten Anreizwirkungen für das Beschäftigungsniveau. Im Ergebnis, so die Vorstellung, wird ein höheres, über dem marktbestimmten Beschäftigungsniveau liegendes Volumen erreicht. Entscheidend für die Effizienz der beschäftigungsmotivierten Subventionsziele ist jedoch nicht das kurzfristige, sondern das langfristige und nachhaltig erreichte Niveau. Letzteres hängt entscheidend von der Schaffung rentabler, d. h. wettbewerbsfähiger Arbeitsplätze oder der Dauer der Subventionierung ab.[758]

3.2.1.3. Leitmaxime: Sicherung der Preisniveaustabilität

Ausgangspunkt der Kontrolle für eine inflationsbeseitigende Subventionierung bildet die Frage, ob eine Inflation nachfrageseitig (Nachfrageinflation) oder durch Faktoren der Angebotseite (Angebotsinflation) induziert wird.

A. Nachfrageinflation:
Handelt es sich um eine Nachfrageinflation, d. h. um einen überzogenen Güternachfragewunsch der Konsumenten und Investoren,[759] so sollte nach keynsianischer Auffassung eine kontraaktive Konjunkturpolitik zur Beseitigung der gesamtwirtschaftlichen (Über-)Nachfrage aufgenommen werden.[760] Theoretisches Subventionziel muß eine restriktive Fiskalpolitik durch Senkung der Staatsausgaben bzw. - im Rahmen der Geldpolitik - die Erhöhung der Zinssätze sein. Eine Subventionierung ist daher schwerlich in der Lage, die gesamtwirtschaftliche Nachfrage zu reduzieren, da Subventionen ein Mehr an staatlichen Ausgaben, resp. ein Weniger an Einnahmen implizieren. Folglich ist eine Subventionierung per se ineffizient, wenn es darum geht, Mehrkosum durch eine überhöhte Nachfrage zu bekämpfen.

B. Angebotsinflation:
Eine Angebotsinflation, die beispielsweise durch Kosten induziert wird (Cost-push-Inflation), basiert auf der Weitergabe erhöhter Produktionskosten. Im Ergebnis steigt das Preisniveau. Als Subventionsziel und folglich als Kontrollfeld der Subventionierung kann eine Förderung einzelner Unternehmen denkbar sein, um die Entstehungskosten zu senken (gezielte Faktorsubventionen). Inwiefern einzelwirtschaftliche Faktorsubventionen zur Bekämpfung einer allgemeinen Cost-push-Inflation, die niemanden, d. h. nicht einzelnen kostentreibenden Anbietern, zuzuordnen ist, sinnvoll erscheinen, kann nicht zweifelsfrei festgestellt werden. Hierzu ist eine Identifizierung der

757 Vgl. hierzu die Zahlenangaben zur Arbeitslosenentwicklung in Abb. 25, Kapitel A, Abschnitt 4.4.

758 Vgl. hierzu ausführlich ifo, IWH (1994), S. 200-201.

759 Vgl. hierzu ausführlich W. Henrichsmeyer, O. Gans, J. Evers et al. (1991), S. 415-418.

760 Vgl. stellvertretend: J. Kromphardt (1987), S. 123.

Hauptkostentreiber für die Inflation notwendig, die idealerweise einzelnen Branchen zuzuordnen ist.[761]

Beide idealtypischen Inflationssituationen bieten nur wenige Ansatzpunkte für eine wirtschafts- und finanzpolitisch legitime Subventionszielstellung. Nur in einigen Sonderfällen, in denen eine negative Auswirkung der unternehmensbezogenen Kostenstruktur in Form einer angebotsseitigen Preissteigerung direkt zu gesamtwirtschaftlichen Preissteigerungen führen würde, könnte eine Subventionierung zur Reduzierung der Faktorkosten denkbar sein. Ausschlaggebend hierfür sind die Angebotsstruktur und der Kapazitätsumfang der jeweiligen Branche bzw. des jeweiligen Unternehmens, die mit zunehmender Größe und Breite eine Subventionierung aus Gründen der Preisniveaustabilität überflüssig machen.

3.2.1.4. Leitmaxime: Außenwirtschaftliches Gleichgewicht

Eine weitere Leitmaxime für den Subventionseinsatz kann in der Sicherung des außenwirtschaftlichen Gleichgewichts liegen. Den Ausgangspunkt bildet hierfür ein negativer bzw. positiver Außenhandelsbeitrag. Während es für einen Aushandelsüberschuß keinen plausiblen ökonomischen Grund gibt, ihn durch Subventionen noch verstärken zu wollen, kann im Falle eines negativen Außenhandelsbeitrags eine Subventionierung zur künstlichen Verbilligung („cost-reduction-subsidy“) der heimischen Leistungserstellung eingesetzt werden. Inländische Produkte werden folglich auf dem Weltmarkt günstiger angeboten, was theoretisch zu einem Abbau des außenwirtschaftlichen Defizits führt. Voraussetzung hierfür ist, daß das Ausland seine Nachfrage im wesentlichen nach inländischen Gütern über den Preis steuert und der Subventionseffekt sich direkt in niedrigeren Preisen widerspiegelt.

Zunächst fällt auf, daß ein direkter Wirkungszusammenhang zwischen einem gestörten außenwirtschaftlichen Gleichgewicht und einer Subventionierung nicht in einer Summe, sondern auf der Ebene einzelner Wirtschaftszweige gesehen werden muß. Unabhängig von den automatisch zu erwartenden „Vergeltungssubventionen“ durch das Ausland, die langfristig in einen Subventionswettlauf (Subventionsspirale) münden, müssen zunächst diejenigen Branchen und nachfolgend diejenigen Unternehmen, die das Außenhandelsgleichgewicht am stärksten (Betrag, Menge, Umfang etc.) belasten, identifiziert werden. Ist dieser Schritt erfolgt, kann theoretisch eine Subventionierung gezielt für die Reduzierung der Angebotspreise eingesetzt werden. Im Ergebnis könnte sich der Exportanteil erhöhen und ein mögliches Aushandelsungleichgewicht ausglichen werden. Will man dieses idealtypische Szenario erreichen, ist eine Reihe von Voraussetzungen zu beachten, die in dieser Form in der Praxis nur schwer zu realisieren sind. Es besteht erheblicher Zweifel daran, ob die Subventionierung nicht durch Wechselkursschwankungen kompensiert wird oder der Empfänger sie zum

761 Inweifern eine verursachergerechte Identifizierung einzelner Kostenpositionen stattfinden kann, hängt von der Struktur des Angebots ab. Monopole und enge Oligopole lassen eine Identifizierung eher zu. Hingegen machen polypolistische Angebotsstrukturen eine Identifizierung fast unmöglich.

Ausgleich betrieblicher Ineffizienzen und nicht für direkte Preissenkungen verwendet. Zu befürchten seien auch „Rent-seeking"-Verhaltensweisen seitens der Empfänger und die Bemühungen, die Hilfen aus dem Förderunternehmen herauszutransferieren.[762] Eine Subventionsleitmaxime zur Stabilisierung des Außenhandelsgleichgewichtes muß vor diesem Hintergrund grundsätzlich skeptisch betrachtet werden.

3.2.1.5. Leitmaxime: Gerechte Einkommens- und Vermögensverteilung

Die Forderung nach einer gerechten Einkommens- und Vermögensverteilung durch Subventionierung führt unmittelbar zu ordnungspolitischen Problemen, „die sich aus der unvermeidlichen Koexistenz von staatlichen bzw. subventionspolitischen und privaten Aktivitäten ergeben"[763]. Aus Sicht der „reinen" Privatwirtschaft wird im Prinzip jedes Verteilungsproblem durch den Marktmechanismus optimal gelöst. Zunächst erscheint eine Subventionierung nicht als sinnvoll, da der Staat, anderes als der Markt, die Verteilung der knappen Gütern nach gesamtwirtschaftlich und politisch gewünschten Zielen vornimmt.[764] Ob die öffentliche Finanzpolitik aktiv in die Verteilung eingreifen soll, war lange Zeit umstritten.[765] Heute gilt es als unbestritten, daß die verfassungsmäßige Konkretisierung des „obersten Zielbündels" der sozialen Marktwirtschaft einen Handlungsspielraum für außerökonomische Subventionsziele zuläßt und daß es folglich nur noch um das Wie und Wieviel der Umverteilung geht.[766] Verteilungsmotivierte Subventionsziele implizieren einen gesamtwirtschaftlich und politisch gewollten realen Transfer. Im achten Subventionsbericht des Bundes werden hierzu explizit „außerökonomische Ziele", die im Einzelfall Vorrang vor Stabilitäts- und Wachstumszielen haben sollen, genannt.[767] Die entsprechende Umschreibung der Zielinhalte gibt sich dagegen vage und wird mit dem Hinweis auf nicht näher definierte personale Verteilungs- und Versorgungsziele knapp abgehandelt.[768] Das BMWi erwähnt in seinem Förderbericht sogenannte weiche Standortfaktoren als unverzichtbaren Bestandteil einer modernen Volkswirtschaft.[769] Unter verteilungsmotivierten Leitmaximen subsumiert das BMWi Maßnahmen zur Förderung des Wohnungs- und Städtebaus, des Umweltschutzes sowie der Forschung, der Entwicklung und der Innovationen. Neben der grundsätzlich fehlenden Beantwortung der Frage der Sinnhaftigkeit gerade dieser „weichen" Leitmaximen fällt auf, daß Angaben nur zur bisherigen Förderhöhe und nicht zu ihrer Zielstetzung und ihrer Effizienz gemacht werden. Die Institute hingegen liefern eine Begründung für weitere

---

762 Bei einer internationalen Wertschöpfungsverflechtung bestehen erhebliche Zweifel, ob die Hilfen ihr Ziel überhaupt erreichen und nicht durch geschickte Verrechnungspreisgestaltung heraustransferiert werden.

763 A. Woll (1992), S. 194.

764 Vgl. N. Andel (1990), S. 15-16.

765 Als Wegbereiter sei A. Wagner hervorzuheben, der für eine "soziale Finanzpolitik" eintrat und "regulierende Verteilungen" des Volkseinkommens und -vermögens in Kauf nahm. Vgl. A. Wagner (1890), S. 207.

766 Vgl. K. Trojanus (1995a), S. 74; übereinstimmend: N. Andel (1990), S. 16.

767 Vgl. BMF (1981), Tz. 8.

768 Vgl. K. Trojanus (1995a), S. 74-75.

769 Vgl. BMWi (1997), S. 3.

außerökonomische Subventionsleitmaximen in einer sozialen Marktwirtschaft. Ein entsprechender Bericht der Institute[770] zur Effizienz der finanzpolitischen Fördermaßnahmen in den NBL macht deutlich, daß ein wesentlicher außerökonomischer Aspekt der Subventionierung in der sozialen Abfederung von Langzeitarbeitslosigkeit in bestimmten Problemregionen ist. Dies kann beispielsweise durch Arbeitsbeschaffungsmaßnahmen (ABM-Stellen) geschehen. Die Institute machen aber auch darauf aufmerksam, daß grundsätzlich eine innerbetriebliche Ausbildung immer effizienter ist als eine staatlich subventionierte Bildung auf Vorrat.[771] Letztere birgt immer die Gefahr einer am Markt vorbei subventionierten Ausbildungsförderung, die das soziale Problem der Langzeitarbeitslosigkeit nicht zu lösen vermag, sondern nur verschiebt. Die Forscher ergänzen weiterhin, daß jede sozialpolitisches Leitmaxime tendenziell die regionale Mobilität einschränkt, ein Verharren in geförderten Positionen begünstigt sowie eine mentale Blockade und Fehleinschätzungen bezüglich marktwirtschaftlicher Grundfunktionsweisen bei den Beschäftigten fördert.[772]

In diesem Zusammenhang sind sozialpolitische Subventionsleitmaximen durch Redistribution des Einkommens und Vermögens zu sehen. Weitere nicht-ökonomische Ziele sind sozialer Friede, Sicherheit und Gerechtigkeit. Insbesondere der soziale Friede bietet zahlreiche Ansatzpunkte für verteilungsmotivierte Subventionierungen. Es ist nicht von der Hand zu weisen, daß diese Leitmaximen als „eine Art Schmiermittel der Politik systemstabilisierend wirken“[773]. Andererseits darf die Bedeutung des - wenn auch schwer operationalisierbaren - sozialen Friedens für die Funktionsfähigkeit einer Marktwirtschaft nicht unterschätzt werden. An dieser Stelle sei daher auf die Subventionsziele zur Überwindung von Marktversagen in der vorliegenden Arbeit[774] hingewiesen und wegen ihrer problematischen Meßvorschriften hier nur kurz erwähnt. Das Hauptproblem liegt darin, daß unter dem „sozialen Deckmantel“ die notwendigen Anpassungsmaßnahmen nicht durchgeführt werden. Hieraus läßt sich folgern, daß verteilungsmotivierte Subventionsleitmaximen, die sich konservierend auf nicht marktkonforme Beschäftigungsverhältnisse auswirken, eher abzulehnen sind.

3.2.2. Wettbewerbspolitische Konvention der Leitmaxime der Markt- und Konkurrenzfähigkeit

Hinsichtlich der Frage, ob und in welcher Form die Subventionierung eine Sicherung der Markt- und Konkurrenzfähigkeit der Unternehmen positiv beeinflußt, herrscht allgemein Uneinigkeit. Nachfolgend soll hierzu ein Abriß möglicher wettbewerbspolitischer Leitmaximen aufgezeigt werden, die mögliche inhaltliche Ansatzpunkte für eine Subventionierung liefern. Die wettbewerbspolitischen Leitmaximen des Ordoliberalismus basieren auf der Sicherung eines freien Leistungs- und

770 Vgl. ifo Institut für Wirtschaftsforschung/ IWH Halle (1994), S. 198 ff.
771 Vgl. ifo Institut für Wirtschaftsforschung/ IWH Halle (1994), S. 198.
772 Vgl. ifo Institut für Wirtschaftsforschung/ IWH Halle (1994), S. 199.
773 H. H. v. Arnim (1986), S. 88-89.
774 Vgl. Kapitel A, Abschnitt 4.3.

Konkurrenzwettbewerbs, der eine vollkommene Konkurrenz als Marktform impliziert.[775] Dem ordoliberalen Bild eines funktionierenden Wettbewerbs folgend, ist mit der Erreichung eines Pareto-Optimums, d. h. mit der vollständigen Konkurrenz, maximale Effizienz gewährleistet. Aus Sicht des Subventionsgebers ist dafür zu sorgen, daß kein Marktteilnehmer monopolistische Preisfestsetzungsspielräume besitzt. Staatliche Eingriffe, die dem Ziel einer Vermeidung von Angebots- und Nachfragemonopolen dienen und ein Pareto-Optimum anstreben, wären folglich annehmbar, sofern dadurch Rahmenbedingungen nur einmalig optimiert werden würden.

Nach liberalem Verständnis wären Subventionsziele demnach dann kritisch zu bewerten, wenn übermäßige und andauernde Subventionierungen direkt eingesetzt werden würden. Anders als die der Ordoliberalen sehen die Wettbewerbsleitmaximen von ***Schumpeter***[776] ***und Kantzenbach***[777] die Wettbewerbssicherung und -stärkung in dem Hervorbringen von Innovationen und in der Bedeutung des technologischen Wandels für das gesamtwirtschaftliche Wachstum. Während ***Schumpeter*** den Markt als schöpferische Zerstörung ansieht und die maximale Effizienz an der Größe der Unternehmen festmacht, sieht ***Kantzenbach*** die maximale Effizienz in der dynamischen Funktionsfähigkeit des Wettbewerbs gewährleistet. Letzteres zielt auf eine fortwährende flexible Anpassung der Kapazitäten und der Produktionsfaktoren aufgrund des Wettbewerbs ab. Die Konsequenz hieraus wäre eine Ausgestaltung der Subventionsleitmaximen dahingehend, daß Überkapazitäten durch staatliche Hilfen bereinigt werden. Aus diesem Blickwinkel müßten die wirtschaftspolitischen Instanzen eine optimale Wettbewerbskonstellation antizipieren können, wozu sie nicht in der Lage sind.[778] Ex ante können nicht die beispielsweise von ***Kantzenbach*** implizierten (Ex-post) Gleichgewichtspreise und -mengen, die (Ex-post) produktivsten Einsatzmöglichkeiten der Produktionsfaktoren sowie die Kapazitätsauslastungen vorausgesagt werden. Folglich setzt die Kritik an der Festlegung normativer Wettbewerbsleitbilder und damit bestimmter Marktformen und -strukturen an.

Die ***evolutorischen Marktprozesse*** erschweren eine Ex-post-Determinierung bestimmter wettbewerbspolitischer Leitbilder, was zu der Konsequenz führen müßte, daß der Staat keine Subventionen zur Sicherung und zur Gewährleistung des Wettbewerbes begründen kann. Die Geschwindigkeit des Marktmechanismus ist schneller, als wettbewerbsmotivierte Subventionierung reagieren können.

Die ***neuere wirtschaftswissenschaftliche Literatur***[779] diskutiert die Frage, ob und wie der Staat in die Wettbewerbsintensität des Marktes grundsätzlich (z. B. durch Subventionen) eingreifen darf. Ausgangspunkt bildet die Annahme, daß die Gefährdung des Wettbewerbs weniger von den bestehenden Wettbewerbern als vielmehr vom

775 Vgl. W. Eucken (1965), S. 95 ff.

776 Vgl. J. A. Schumpeter (1972), S. 134 ff.

777 Vgl. E. Kantzenbach (1966), S. 15 ff.

778 Vgl. D. Schmidtchen (1978), S. 184 ff.

779 Vgl. hierzu die Übersicht bei W. J. Baumol (1982) sowie bei G. Aschniger (1984). Beide geben eine Übersicht über das Konzept des "contestable market". Zur Diskussion im deutschsprachigen Raum zuletzt: A. Wieandt, H. Wiese (1993).

Wettbewerbsdruck neuer und potentieller Wettbewerber ausgeht. Grundsätzlich geht das Modell von einer vollkommenen Konkurrenz auf den Märkten aus, die durch den Zutritt und den Abgang von Wettbewerbern Marktmacht verhindert.

Das Ergebnis der Wettbewerbsprozesse kann jedoch unter bestimmten Voraussetzungen als effizientes Ergebnis Monopol- und Oligopolsituationen hervorbringen.[780] Eine bestimmte Marktform wird nicht idealisiert, wohingegen staatliche Eingriffe um so bedeutungsloser sind, je angreifbarer die Märkte sind.[781]

Als Kritik an den staatlichen Eingriffen durch wettbewerbsmotivierte Subventionierung kann festgehalten werden, daß sie eine Sicherung des Wettbewerbs nicht garantieren können. Die Wirtschaftsstruktur ist vielmehr das Resultat eines evolutorischen und damit dynamischen Wettbewerbsprozesses, in dem dem Subventionsgeber maximal eine rahmensetzende Einflußnahme zugewiesen werden kann. Wettbewerbsmotivierende Subventionen verlangsamen i. d. R. den notwendigen Kapazitätsabbau, wodurch sich die Branchenrivalität deutlich erhöht.

Ein funktionierender Branchenwettbewerb ist Ergebnis eines dynamischen Konkurrenzprozesses, der durch ***fünf Triebkräfte*** determiniert ist.[782] Diese branchen- und einzelwirtschaftliche Sicht orientiert sich an der Wettbewerbsintensität und den ökonomischen Marktkräften des relevanten Marktumfeldes, d. h. der Konkurrenzsituation im relevanten Branchenumfeld. Sicherung und Erhaltung der positiven vollständigen Konkurrenz für den Branchenwettbewerb hängen von der Ausgewogenheit der fünf grundlegenden Wettbewerbskräfte ab.

780 Vgl. G. Aschniger (1984), S. 220 ff.
781 Vgl. K. Trojanus (1995a), S. 81.
782 Vgl. M. E. Porter (1992b), S. 25 ff.

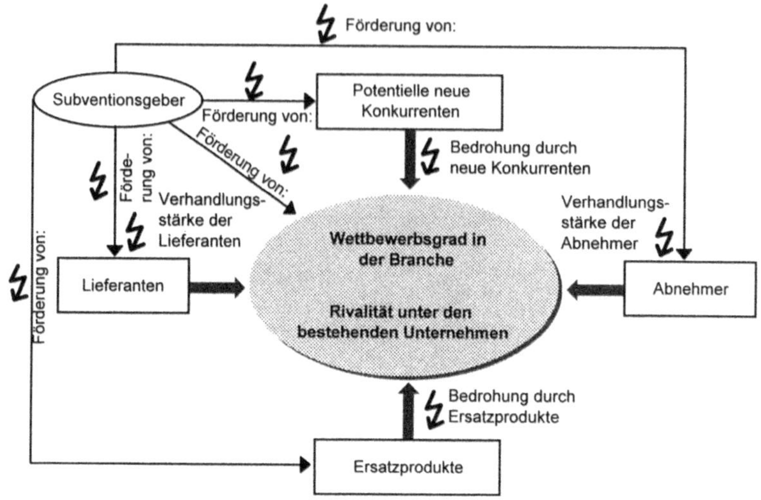

Quelle: In Anlehnung an M. E. Porter (1992a), S. 23.

Abb. 46: Die fünf Wettbewerbskräfte als Triebkräfte des Branchenwettbewerbs.

Diese fünf Wettbewerbskräfte bestimmten nachhaltig die Rivalität und den Branchenwettbewerb. Der Subventionsgeber kann zur Wahrung funktionierender Wettbewerbsbedingungen die strukturellen Determinanten der Wettbewerbsintensität durch selektive Hilfen positiv wie negativ beeinflussen. Dies ist dann denkbar, wenn zur Erleichterung des Strukturwandels Anpassungslasten gemildert und sogenannte externe Effekte internalisiert werden sollen.[783] Die jeweilige Größe des Empfängerkreises bestimmt dabei, wie selektiv die Förderung in der Branche ausfällt und wieviele (Konkurrenz-)Unternehmen diskriminiert werden. Dies ist insofern bedenklich, als eine solche Subventionszielstellung gegen den Gleichheitsgrundsatz verstößt und die strukturellen Determinanten des Wettbewerbs zugunsten eines Konkurrenten in der Branche einseitig verschiebt. Im Extremfall wird nur ein Unternehmen im relevanten Branchenumfeld selektiv subventioniert und begünstigt. In der Praxis wird dies besonders bei halbstaatlichen und staatlichen Unternehmen deutlich. Grundsätzlich kann eine Zunahme der subventionsinduzierten Rivalität des Wettbewerbs in der Branche durch neue Konkurrenten (Markteintritt), die Vorwärtsintegration der Lieferanten, die Rückwärtsintegration der Abnehmer und die Bedrohung durch Ersatzprodukte initiiert werden. Der Subventionsgeber muß daher die Ursächlichkeit des Konkurrenz- und Wettbewerbsumfeldes erkennen und zum Zweck einer gesunden Wettbewerbsstruktur ausschließlich rahmengestaltende Subventionsleitmaximen verfolgen. Andernfalls würde der Staat als sechste Marktdeterminante in das Wettbewerbsumfeld direkt eingreifen und das Wettbewerbsgefüge nachhaltig und politisch beeinflussen. Diese Eingriffe werden von den Finanzwissenschaften unter dem Begriff der Struktur- und Standortsicherungspolitik gefaßt. Erklärtes Ziel ist es, abweichend von den allgemei-

783 Vgl. hierzu die Argumentation des RWI (1993), S. 239.

nen Ordnungsprinzipien Maßnahmen zu ergreifen, die eine Änderung der strukturbestimmenden Relationen der Wirtschaftszweige vorsehen. Hierzu verweist der Subventionsgeber in der Praxis auf folgende Subventionsfelder, deren ein wettbewerbsfördernder Charakter zukommt:[784]

A. Steigerung der Leistungsfähigkeit,
B. Erhaltung der Wettbewerbsfähigkeit,
C. Erleichterung der Anpassung an den wirtschaftlichen und technologischen Wandel,
D. Förderung der Eigeninitiative sowie
E. Unterstützung zur Selbsthilfe.

Alle Ziele haben zweifelsohne ***Mittelcharakter für die wettbewerbsmotivierten Subventionsleitmaximen***. Sie sind jedoch überwiegend qualitativ und bewußt weich formuliert. Abweichend von einer grundsätzlich effizienteren marktlichen Lösung, sind Subventionen dann sinnvoll, wenn unerwünschte Verteilungsergebnisse durch einen „ungesunden“[785] Wettbewerb auftreten und die Sicherung des Wettbewerbs nur durch eine temporäre Anpassung der Faktorkräfte und der Kapazitäten zu gewährleisten ist. Ist dies der Fall, so muß die Leitmaxime so ausgestaltet sein, daß Marktzutritt und -austritt verbessert, d. h. wettbewerbskonformer werden.

3.2.3. Fazit

Ziel diese Abschnittes war es, einen Überblick über relevante materielle Sachaspekte für die Subventionierung aufzuzeigen und zu demonstrieren, daß eine Ableitung von partiell kodifizierten Subventionszielen theoretisch denkbar ist, jedoch in dieser metahaften Form wenige Ansatzpunkte für ihre praktische Kontrolle bietet. Vor dem Hintergrund beträchtlicher Zielabstraktionsgrade und fehlender klarer Bezüge zu überprüfbaren Zielinhalten ist die Fixierung von „potentiellen Endzielen“ ein erster Schritt für die Subventionsprüfung und -kontrolle. Zur Vermeidung einer unscharfen Vogelperspektive oder der Ausblendung von relevanten Aspekten wird ein Top-down-Vorgehen zur materiellen Zielfixierung und zur ordnungskonformen Komplexitätsreduzierung als sinnvoll erachtet. Ausgangspunkt hierfür bilden die in der sozialen Marktwirtschaft allgemein akzeptierten gesellschaftlichen Grundwerte: 1. Freiheit, 2. Gerechtigkeit, 3. Sicherheit, 4. Fortschritt, 5. Demokratie und 6. Rationalität. Durch rückwärtsgetriebene Konventionen werden wirtschafts- und/oder finanzpolitische Leitmaximen zur Subventionierung gebildet. In der Summe entsteht ein ***materielles Sammelzielbecken***, das der Subventionsgeber zu verfolgen und auf seine Zielerreichung hin zu kontrollieren hat. Folgende ***Leitmaximen als Katalog für die Subventionskontrolle wurden*** erörtert und erscheinen als legitim:

- das stetige und angemessene Wirtschaftswachstum,

784 Vgl. hierzu K. Trojanus (1995a), S. 85 sowie die Angaben im BT (1992).

785 I. d. R. ist dies bei verbraucherfeindlichen Wettbewerbskonstelationen und diskriminierenden Marktformen der Fall.

- der hohe Beschäftigungsgrad des Faktors Arbeit,
- die Entwicklung des inneren Geldwertes durch Preisniveaustabilität,
- das außenwirtschaftliche Gleichgewicht sowie
- die gerechte Einkommens- und Vermögensverteilung[786].

Diese Leitmaximen dienen als legitimer Ausgangspunkt für eine zielverkettete Informationsversorgung der Subventionskontrolle. Hauptanliegen muß es dementsprechend sein, die inhaltliche Kompatibilität dieser Leitmaximen mit den jeweiligen subventionspolitischen Zielsetzungen zu vergleichen. Abweichungen erfordern eine Korrektur und eine Überprüfung der Subventionierung. Obwohl in der Praxis die Trennung und die Operationalisierung dieser materiellen Subventionsziele mitunter schwerfallen kann, ist eine Eingrenzung für im folgenden vorgestellte Verfahrensweise zur Entdeckung von Kontrollhypothesen sinnvoll.

4. Zusammenfassung des Kapitels B zu einem theoretischen Bezugsrahmen: Ein Kontrollmodell zur Effizienzorientierung der Subventionierung

Ziel dieses Kapitels war es, einen Bezugsrahmen für die Effizienzkontrolle der Subventionen unter der Maßgabe komplexer Meßprobleme zu entwickeln. Der Mangel an entsprechenden finanzwissenschaftlichen Kontrollmodellen machte es zunächst notwendig, daß modellbildende vor modellkoppelnden Aspekten der Kontrolle im Vordergrund standen.

Der Subventionsprozeß und das für die Effizienzorientierung als maßgeblich erachtete Element der Kontrolle bilden den Ausgangspunkt für die Modellbildung. Als effizient wird eine im Sinne des ökonomischen Prinzips optimale finanzwissenschaftliche Mittelallokation verstanden, d. h. eine dem ökonomischen Ziel gerechtfertigte Subventionierung. M. a. W. muß diese der ökonomischen Rationalität entsprechen. Hierfür ist es notwendig, auf formale und materielle Subventionsziele zurückzugreifen. Die Tatsache, daß die Subventionspraxis stets unter einem praktischen Problemlösungszwang steht und eine gesamtwirtschaftliche Totalkontrolle offensichtlich nicht möglich ist, macht es notwendig, partialanalytische konsistente Untersuchungsheuristiken formal wie materiell zur Anwendung zu bringen. Aus entwicklungslogischen Gründen wird daher für die Modellbildung zwischen formalen (1. Schritt) und materiellen (2. Schritt) Zielaspekten für die Subventionierung unterschieden.

1. Schritt: ***Formale Aspekte*** der Subventionskontrolle:

A. Ausgangspunkt einer Subventionsvergabe bildet das ***ökonomische Wirtschaftlichkeitsprinzip als Maßstab*** einer ressourcenoptimalen Input-Output-Relation. Als Beurteilungsparameter dienen die Effizienz- und

786 Hierunter lassen sich auch Zielaspekte wie der soziale Friede und die soziale Gerechtigkeit subsumieren.

Effektivitätskontrolle dessen, was „sein soll" (Subventionsziele) und der Vergleich des Seins mit dem Einsatz der verfügbaren Ressourcen.

B. Das, was „sein soll", spiegelt den subjektiven Wunsch, d. h. eine ***positive Aussage*** wider, die grundsätzlich für jedermann nachprüfbar ist. Positive Aussagen bilden hier die Basis für die Modellbildung und die spätere Zielfixierung.

C. Um das Leerformelproblem der Effizienz sinnvoll zu lösen, ist eine stufenweise, d. h. ***komplexitätsreduzierende Zerlegung der informationsversorgenden Ziele in ein Zielsystem*** vorzunehmen. Eine dementsprechende ***dreistufige Disaggregation*** der Ziele im Sinne eines Top-down-Vorgehens (Rückwärtsverkettung) wird hier zugrunde gelegt. Im Ergebnis werden Ziele durch eine ***Effizienzkaskade*** schrittweise zerlegt und verschiedene Kontrollebenen, die Teil eines informationsversorgenden Zielsystems für die Subventionsvergabe sind, eingeführt. Mehrere Endziele als Bündel werden formal als Zieldimensionen charakterisiert.

D. Die formale Zerlegung der Komplexität durch eine branchen- und einzelwirtschaftliche Orientierung der Informationsversorgung bildet die zweite Dimension der Komplexitätsreduzierung. Eine disaggregierte und differenzierende Betrachtung von Zielquellen mittels unterschiedlicher Informationsobjekte (Gesamtwirtschaft, Sektoren, Branchen, Einzelunternehmen) erhöht den Informationsgehalt für die Kontrolle. Im Ergebnis wird durch die branchen- und einzelwirtschaftliche Kontrollorientierung eine problemorientierte und situative Komplexitätsreduzierung bei gleichzeitiger Informationsorientierung erreicht.

E. Eine ***Messung der Zielerreichung*** erfordert die Existenz alternativer ökonomischer Referenzsituationen, damit einer politisch willkürlichen Normensetzung im Bereich des für die Effizienz entscheidenden subventionspolitischen Gültigkeitsspektrums entgegengewirkt werden kann. Realitätsnahe Referenzsituationen bieten einen Ansatzpunkt für eine Vergleichskontrolle.

F. Grundvoraussetzung der Operationalisierung von Zielen ist ihre ***Bestimmtheit***. Grundsätzlich müssen Ziele konkretisierbar, meßbar und aggregierbar sein. Gleichwertige Ziele auf einer Systemebene sollen möglichst durch eine Bestimmung der horizontalen Verkettung eindeutig geklärt werden.

G. Zielkonkurrenzen sind nicht auszuschließen. Eine gleichzeitige Realisierung führt zu Konflikten, da einzelne Subventionsziele die Realisierung anderer ausschließen. Ausschlaggebend für die ökonomische Sinnhaftigkeit des Ganzen ist die Vermeidung antinomischer Zielbeziehungen. Ihr Informationswert ist daher nur eingeschränkt brauchbar.

H. Eine umfassende totalanalytische Subventionsziel-Kontrolle ist nicht möglich. Eine ***Abblaufsteuerung der Informationsgewinnung*** kann durch ***subjektive und objektive Abbruchkriterien*** der Analyse den quantitativen Kontrollumfang festlegen. Ausgangspunkt der Ablaufsteuerung bildet die ***Rückwärtsverkettung der Informationserhebung*** (goal-driven). Wegen der komplexen Aufgabenstellung bildet das ***heuristische Prinzip der Problemreduktion*** einen „praktischen Analysepfad".

I. Die ***Technik der Kontrolle*** nimmt direkt auf die Informationsversorgung Einfluß. Neben der Planfortschritt-, Prämissen- und Prognosekontrolle hat die ***Ergebniskontrolle*** eine zentrale Funktion in der Bildung von informationsversorgenden Vergleichsgrößen.

Neben diesen formalen Modellbestandteilen sind eindeutige materielle Zielaspekte für eine systemkonforme Subventionierung und ihre Kontrolle notwendig, womit sich der zweite Schritt befaßt.

2. Schritt: ***Materielle Aspekte*** der Subventionskontrolle

K. Die Intention der sozialen Marktwirtschaft überläßt dem Markt die Erfüllung wirtschaftspolitischer Ziele. Die Praxis zeigt, daß die Finanzpolitik mit Bezug auf das ***Leitbild einer modernen kapitalistischen Wirtschaft*** als Mischsystem aus marktwirtschaftlichen und öffentlichen Kräften ihre Rolle definiert. Hieraus ergibt sich eine Reihe von übergeordneten, gemeinwohlorientierten Zielen der Gesamtheit, die jedoch näher konkretisiert werden müssen.

L. Es besteht kein Zweifel daran, daß die Effizienz der Subventionierung nur durch eine ***Orientierung an den richtigen, d. h. den sozial-marktwirtschaftlich*** systemkonformen Zielen angestrebt werden soll. Problematisch ist jedoch eine Fixierung der sog. richtigen und letzten Zielinhalte in einer sozialen Marktwirtschaft, die sich jedoch durch Konvention über die Subventionsziele erreichen läßt. Ausgangspunkt für eine Leitmaximenkonvention bilden die ***sechs gesellschaftlich und allgemein akzeptierten Grundwerte der sozialen Marktwirtschaft:***. 1. Freiheit, 2. Gerechtigkeit, 3. Sicherheit, 4. Fortschritt, 5. Demokratie und 6. Rationalität.

M. Ein hier als sinnvoll erachteter ***Katalog von Leitmaximen*** für die Subventionierung sollte positiv mit den sozialmarktwirtschaftlichen Grundwerten korrellieren.

Dieser Katalog stellt nur eine mögliche Auswahl abgeleiteter subventionspolitischer Zielinhalte dar und dient ihrer Kontrolle. Insbesondere die sozialen und damit außerökonomischen Zielkomponenten erfordern eine besondere Aufmerksamkeit der Kontrolle, da sie eher vage und vielseitig politisch interpretierbar sind und weniger Raum für eine quantitative Kontrolle ermöglichen.

Diese Subventionsleitmaximen haben einen allgemeingültigen Charakter und sollen lediglich ein ***Gerüst*** für eine professionelle und analytische Diskussion sowie für die Bestimmung von empirischen Untersuchungszielen für die weitere Untersuchung dienen. Sie haben ***keinen theoretischen Gesetzescharakter***, sondern dienen als ***positive Aussagen der Orientierungshilfe*** für die Effizienzorientierung der Subventionierung. Sie erheben nicht den Anspruch einer Theorie. Zusammenfassend ergibt sich für die weitere Untersuchung der folgende Modellrahmen, der in Kapitel C eine erste Anwendung erfährt.

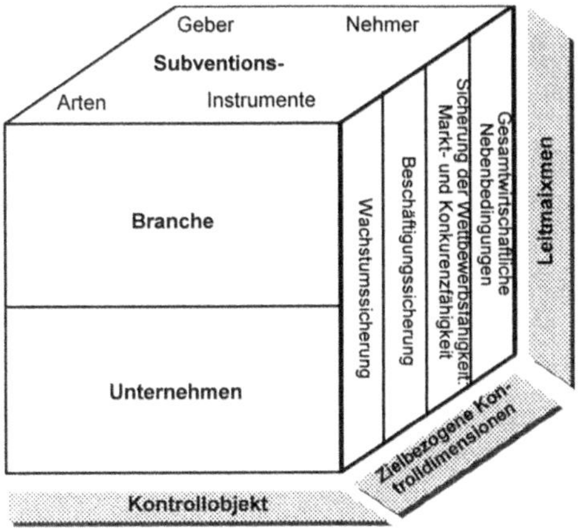

Quelle: Eigene Darstellung

Abb. 47: Ein Rahmenkonzept zur Effizienzkontrolle der Subventionierung

Aufgrund der hier vorgetragenen Überlegungen wird die Subventionskontrolle durch Ableitung disaggregierter Ziele aus den Fällen und damit dem „tatsächlichen Geschehenen" für möglich gehalten. Das Modell liefert den Rahmen und den Unterschungspfad dafür, anhand konkreter Ziele eine Vergabeeffizienz zu kontrollieren.

Kapitel C: Branchen- und Fallstudienuntersuchung: Ableitung von Kontrollfeldern und -kriterien zur Subventionskontrolle

1. Zielstellung und Grundlagen einer Branchen- und Fallstudienuntersuchung für die Informationsversorgung einer Subventionskontrolle

1.0. Einführende Bemerkungen

Ziel dieses Kapitel ist es, auf der Basis einer empirischen Branchen- und Fallstudienuntersuchung Hypothesen zu Zielen der Subventionierung zu bilden, die als Kontrollziele der Effizienzüberprüfung dienen. Im Ergebnis soll ein Raster mit branchen- und einzelwirtschaftlichen Feldern und Kriterien die Informationsversorgung der Kontrolle sicherstellen.

In den drei folgenden Abschnitten wird zunächst für die Informationsgenerierung in komplexen und ungeordneten Kontrollproblemstellungen insbesondere eine Erörterung methodischer Grundlagen der Fallstudienmethode vorgenommen. Hieran schließt sich eine Beschreibung der situativen und problembestimmenden Branchenrahmendaten sowie eine entsprechende einzelwirtschaftliche Beschreibungen ausgewählter Subventionsfälle an. Ein zweiter Abschnitt dient der Identifizierung informationsversorgender Felder und Kriterien, die zur Kontrolle genutzt werden. Formal soll hierzu eine geeignete, dem theoretischen Modellrahmen folgende schrittweise Zerlegung von Kontrolldimensionen zur operationalisierbaren Zieldetaillierung und eine Differenzierung der Zielobjektebene vorgenommen werden. Materiell werden die ausgewählten Leitmaximen aufgegriffen.[787] Der dritte und letzte Abschnitt liefert eine Zusammenfassung der Ergebnisse in Form eines hypothesengeleiteten Kontrollgerüstes für die Subventionierung.

1.1. Fallstudien als Erkenntnismethode des tatsächlichen Geschehens

Ausgangspunkt jeder theoretischen Betrachtung ist die reale Sphäre, d. h. die ***Wirklichkeit***. Von dem gewählten Erfahrungsobjekt als einem Bestandteil der Wirklichkeit wird je nach den speziellen Erkenntniszielen mehr oder weniger stark abstrahiert. Das spezielle ***Erkenntnisziel dieser Arbeit*** liegt in der Herleitung von Kontrollfeldern und -werten für eine praxisorientierte Informationsversorgung einer Subventionskontrolle. Ausgangspunkt hierfür bildet die Tatsache, daß die Komplexität der zu erfassenden Kontrollvariablen stark von der gewählten Perspektive des Untersuchungsobjektes (Gesamtwirtschaft, Sektoren, Branche oder Einzelunternehmen) abhängt.

787 Vgl. hierzu ausführlich Kapitel B, Abschnitt 3.2.

Erkenntnistheoretisch wird am selben Erfahrungsobjekt angesetzt, wobei die Qualität der Operationalisierung mit zunehmender Entfernung problematischer wird. Die Nähe zur Realität ist folglich eine Hauptquelle und ein Erfolgsfaktor für die Bildung von Kontrollwerten. Folglich sind für die weiteren ökonomischen Überlegungen stets Abweichungen zwischen dem „Sein“ und dem, was „sein soll“, entscheidend.[788] Durch Beurteilung beobachteter wirtschaftlicher Zustände werden Abweichung festgestellt, die in Hypothesenform neue realitätsnahe Ziele und folglich neue Kontrollkriterien zulassen.

Die ***Branchen***[789]***- und Fallstudienmethode*** bildet einen Analyseweg, um aus der Erkenntnis des „tatsächlichen Geschehens“ Behauptungen, d. h. Kontrollhypothesen und somit positive Kontrollaussagen, zu formulieren.[790] Damit bildet sie die informationsversorgende Grundlage für die empirische Überprüfung des Wahrheitsgehaltes einer Subventionskontrolle. Diese Methode ist ein ***geeigneter Forschungsansatz*** für theoretische Problemstellungen, in denen bisher nur unzureichende Hypothesen zur effizienten Kontrolle der Subventionen[791] entwickelt worden sind. Branchen- und Fallstudienmethoden als Untersuchungsheuristik realer Sachverhalte orientieren sich bei der wissenschaftlichen Erkenntnisgewinnung nicht an einer traditionellen Abfolge der Entstehung und Begründung von Theorien. Während der traditionelle Pfad der wissenschaftlichen Erkenntnisgewinnung (im Uhrzeigersinn) aus der Theorie die Prognose ableitet, um durch Reduktion Informationen generieren zu können (methodologischer Zyklus), orientiert sich die Branchen- und Fallstudienmethodik an dem „tatsächlich Geschehenen“ quasi als Informationsquelle bzw. -versorgungsfunktion für die Hypothesengenerierung.[792] Hierauf aufbauend können jederzeit weitergehende Kausalhypothesen durch Induktion[793] weiterer Informationen entwickelt werden.[794] Der induktive Schluß ist kein Begründungs-, sondern ein Entdeckungsverfahren. Der Schritt vom Besonderen der Branchen- und Fallstudienuntersuchung zum Allgemeinen basiert nicht auf einer logischen Begründung, sondern ist ein ***heuristischer Entdeckungsvorgang***.[795]

788 Vgl. hierzu ausführlich Kapitel B, Abschnitt 3.3.

789 Die Methoden der Branchenstudie unterscheiden sich von der Fallstudienmethode in dem gewählten Fokus. Unterschiedlich sind: die Fragestellung, die Anzahl der einzelnen untersuchten Fälle, das Verhältnis der Branchenmitglieder untereinander (Rivalität) und die Stellung der Branche im globalen Kontext.

790 Vgl. M. E. Streit (1991a), S. 196.

791 Vgl. hierzu Kapitel B, Abschnitt 2.2.2.

792 Hasitschka und Oeser kommen nach eingehender Analyse epistemologischer Arbeiten zu dem Ergebnis, daß der methodologische Zyklus, dessen einzelne Phasen keine unterschiedliche normative Gewichtung haben, beliebig gewählt werden kann. Zu hoffen ist nur, daß man in einem sich "schraubenförmig" entwickelnden Zyklus zu höheren Erkenntnisstufen gelangt. Vgl. W. Hasitschka (1988), S. 22-23, weiterführend: E. Oeser (1983), S. 289.

793 Üblicherweise wird die Induktion als Alternative zur Deduktion gesehen. Anders als bei der Ableitung aus der bestehenden Theorie versucht man durch Induktion von einer Stichprobe (hier Branche und Fälle) auf Hypothesen in Form von Allsätzen zu gelangen. Vgl. K. Chmielewicz (1994), S. 89.

794 Grochla spricht in diesem Zusammenhang von einem "hypothetisch-spekulativen Charakter", da, auf der Beschreibung basierend, Kontextbeziehungen der erkannten Sachverhalte rationallogisch konstruiert werden können. Vgl. E. Grochla (1976), S. 635.

795 Vgl. K. Chmielewicz (1994), S. 89.

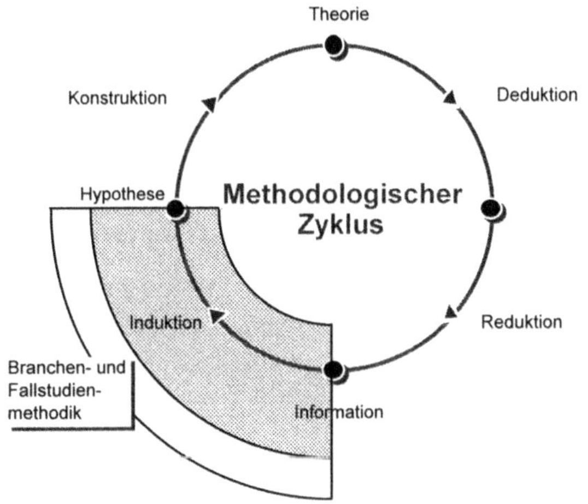

Quelle: In Anlehnung an W. Hasitschka (1988), S. 23 sowie E. Oeser (1983), S. 289

Abb. 48: Der wissenschaftliche Zyklus der Erkenntnisgewinnung: Die Branchen- und Fallstudienmethodik

Das Ziel dieser Analysemethode kann daher nicht der Beweis von Aussagen, sondern nur die ***Hypothesenentwicklung*** sein.[796] Als Schwäche der Branchen- und Fallstudienmethode, die insbesondere von quantitativ orientierten Forschern vertreten wird, ist anzumerken, daß keine Wahrheitsaussagen im Sinne des Kritischen Rationalismus getroffen werden können. Mit viel Aufwand und hoher Ungewißheit ist die Verknüpfung von dem Besonderen der Fallstudie mit dem Allgemeinen der Theorie ein anspruchsvolles Unterfangen.[797] Die Qualität des großen Informationsvolumens erschwert eine umfassende Analyse aller Kontrollaspekte.[798] Die Realität zwingt daher zur ***künstlichen Reduktion*** und folglich zur Abgrenzung untersuchungsrelevanter und kontrolltauglicher Informationsaspekte. Somit spiegeln der theoretische Bezugsrahmen und die Hypothesenbildung eine Form von ***subjektivem Lenkungswissen*** wider.[799] Dieses Lenkungswissen, als Ergebnis eines intersubjektiven, überprüfbaren und permanenten Informationsbeschaffungsprozesses, gibt Auskunft über zielgerichtete ökonomische Prozesse.[800]

Als Resümee kann festgehalten werden, daß die Branchen- und Fallstudienanalyse durch ***Reduzierung empirischer Informationsdefizite*** und Ableitung von ***handlungsorientierten Kontrollhypothesen*** zur Effizienzorientierung der finanzwissenschaftlichen Vergabe der Subventionsressourcen beitragen kann. Anders ausgedrückt liegt der Vorteil dieser Methode darin, daß durch Interaktion zwischen Fragen an die (Sub-

796 Vgl. T. Tomczak (1992), S. 82.
797 Vgl. T. Tomczak (1992), S. 83 f.
798 Vgl. R. K. Yin (1990), S. 13; übereinstimmend: K. M. Eisenhardt (1989), S. 547.
799 Streit spricht von "Lenkungswissen als technologische(r) Information des Sachverhaltes. Vgl. M. E. Streit (1991a), S. 191.
800 Vgl. M. E. Streit (1991a), S. 191.

ventions-)Realität, die Sammlung von Daten und die kritischen Reflektion des so gewonnen Realitätsbildes ein Vorverständnis zum Zwecke der Beurteilung, Orientierung, Messung etc. eines komplexen Zusammenhangs ermöglicht wird, ohne daß dabei auf eine entsprechende Theorie gewartet werden müßte. Die Offenheit des vorhandenen primären und sekundären Datenumfangs und -zugangs ermöglicht es, den überwiegend restriktiven und häufig verfälschten Datenbestand als Informationsbasis in der Subventionspraxis gezielter zu nutzen.[801] Weiterhin ist anzumerken, daß Subventionen wegen ihres umstrittenen Charakters vom Empfänger und Geber ungern der Öffentlichkeit preisgegeben werden.[802]

Darüber hinaus wird durch die Fallstudienmethodik eine Scharnierfunktion zwischen finanzwissenschaftlicher Theorie und Praxis geschaffen. Die entsprechende Modellbildung als provisorisches Erklärungsmodell kann zum einem den Forschungsprozeß steuern, zum anderen - im fortgeschrittenden Stadium - bereits als Orientierungshilfe für die Lösung praktischer Probleme dienen. Die Überprüfung von Hypothesen ist im Vergleich zu deren Bildung und Entwicklung an keine stringenten Anforderungen gebunden.[803] Dennoch ist es notwendig, im Vorfeld eine Konkretisierung von relevanten ***Qualitätsanforderungen*** für diese Arbeit vorzunehmen.

---

801 Der Datenzugang und die Praxiserfahrung über den Objektbereich sind ausschlaggebend für die Hypothesenbildung. Bei unerfahrenen Wissenschaftlern bzw. unzureichenden Informationen besteht die Gefahr der Willkür, die nur durch gezielte empirische Erfahrungsgewinnungen und -quellen vermieden werden kann.

802 In einer zunächst hierfür vorgesehenen Fragebogenaktion wurden in einem Probelauf keine erkenntnissteigerenden Informationen seitens des Empfängers preisgegeben, woraufhin die Auswertung der vorliegenden Subventionsfälle und der Brancheninformationen als erkenntnisreicher angesehen wurden.

803 Vgl. S. E. Gless (1996), S. 117: Aus qualitativer Sicht sind zur Hypothesenprüfung "Stichprobengrößen, Auswahl und Erhebung der Daten, der Literaturbezug der Hypothesen, deren Operationalisierung und die Verwendung [...] relevant".

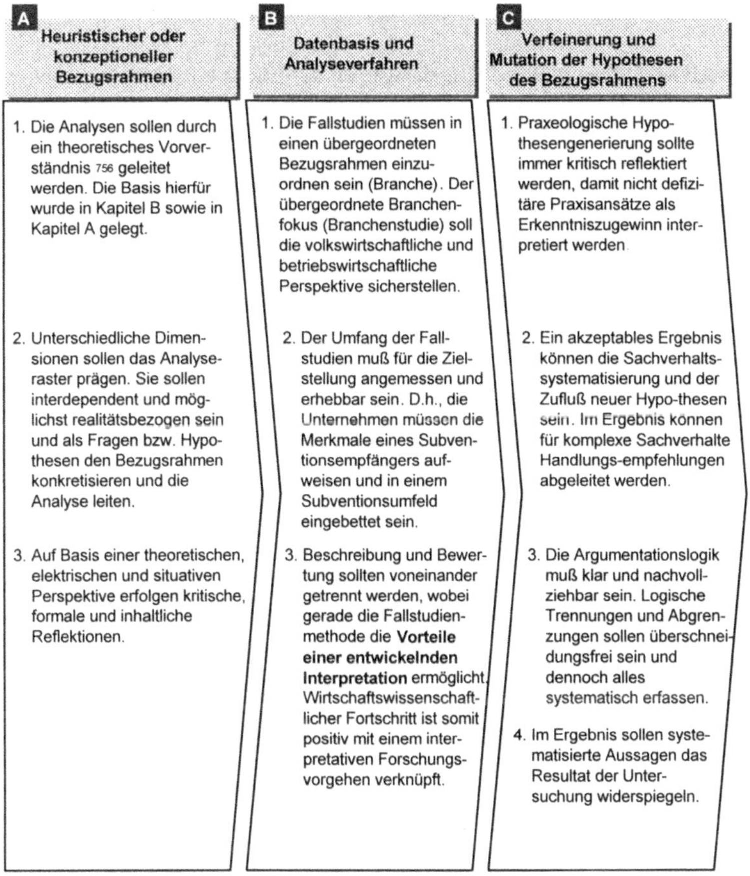

Quelle: Eigene Darstellung

Abb. 49: Die Qualitätsanforderungen an eine finanzwissenschaftliche Branchen- und Fallstudienuntersuchung

Diese Qualitätsanforderungen sollen durch drei aufeinander aufbauende Arbeitsschritte erfüllt werden: Ausgangspunkt bildet der konzeptionelle Bezugsrahmen (A), der als theoretisches Fundament die Untersuchungsdimensionen und -pfade definiert. Hieran schließt sich das konkrete zur Anwendung kommende Analyseverfahren (B) an. Das Resultat der Analyse wird dann systematisiert und verfeinert, damit dann Hypothesen gebildet werden können (C). Die Quelle aller Informationsbedürfnisse bildet das „tatsächlich Geschehene", das durch die Branchen- und Fallstudieninformationen bereitgestellt wird.

1.2. Aufbau und Vorgehen der hypothesengeleiteten Erkenntnisgewinnung

Der gewählte Aufbau und die Vorgehensweise der Erkenntnisgewinnung sind weniger quantitativ und analytisch als vielmehr ***qualitativ, holistisch-interdependent und kreativ.*** Diese Verpflichtung dem empirischen Induktivismus gegenüber ermöglicht eine Verfahrensstrukturierung komplexer und weitgehend unbekannter Probleme. Diese Forschungsmethode, die im deutschsprachigen Raum weniger anerkannt ist, wird in der angelsächsischen Wissenschaft[804] als eine zentrale Erkenntnisquelle und -methode zur Beantwortung komplexer Fragestellungen erachtet.[805]u.[806] Die konkrete Anwendung in der Finanzwissenschaft ist noch recht jung, jedoch ermöglicht sie es, ohne die entsprechende Theorieentwicklung praktische Handlungsempfehlungen aussprechen zu können. Aufbauend auf Expertengesprächen, Kombination von vielen verschiedenen Quellen sowie Beobachtungen und Analogien wird die Realität erforscht. Das Ergebnis sind Hypothesen. Die Offenheit dieser Vorgehensweise verlangt eine Strukturierung. ***Yin und Eisenhardt*** haben hierzu das - nur selten strukturierte Vorgehen - in der Branchen- und Fallstudienuntersuchung in einzelne Phasen zerlegt.

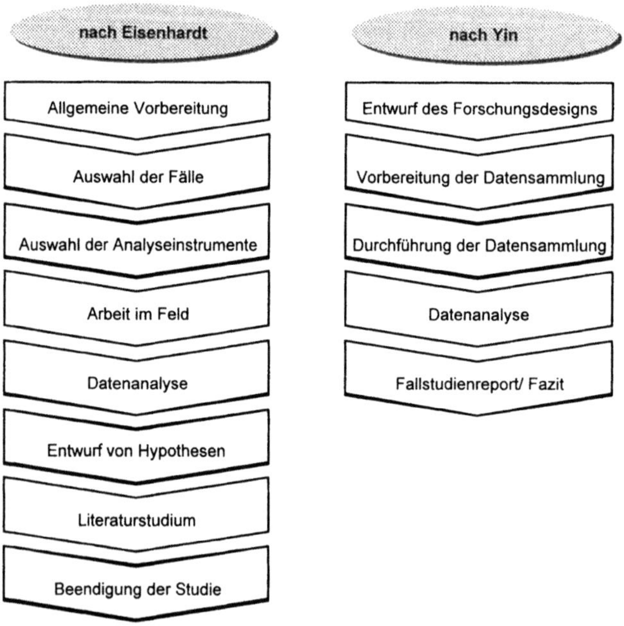

Quelle: In Anlehnung an K. M. Eisenhardt (1989), R. K. Yin (1990)

Abb. 50: Forschungsablauf einer Fallstudienuntersuchung

Deutlich zu erkennen ist, daß die Vorgabe des Forschungsablaufs bei ***Eisenhardt***

---

804 Insbes. der Harvard-Business School, Mass. USA.

805 Vgl. T. Tomczak (1992), S. 77.

806 Dies zeigt der generelle Meinungsdisput zwischen den Vertretern der qualitativen und der quantitativen empirischen Forschung. Vgl. hierzu T. Tomczak (1992), S. 82.

stärker vorstrukturiert ist als bei ***Yin***. Fraglich ist, ob es überhaupt vor dem Hintergrund eines unstrukturierten und komplexen Subventionsforschungsprozesses möglich ist, einen derartigen Ablaufplan vorgeben zu können, da die anfängliche Unwissenheit über das Erkenntnisobjekt eine klar festgelegte Vorgehensweise in Frage stellt.Mit Blick auf die komplexen Phänomene Subvention und Kontrolle ist ein evolutorischer Ablauf des Forschungsprozesses, wie ***Yin*** ihn vorschlägt, empfehlenswert. Abgrenzbare Bearbeitungsphasen[807] können nur idealtypisch vorgegeben werden, da mit Bezug auf die theoretischen Grundlagen eine iterative Untersuchungsheuristik die Analysemethoden maßgeblich bestimmt. Der hier gewählte Pfad umfaßt vier idealtypische Phasen, die jeweils auf unterschiedliche Datenquellen zurückgreifen und unterschiedliche Ziele verfolgen.[808]

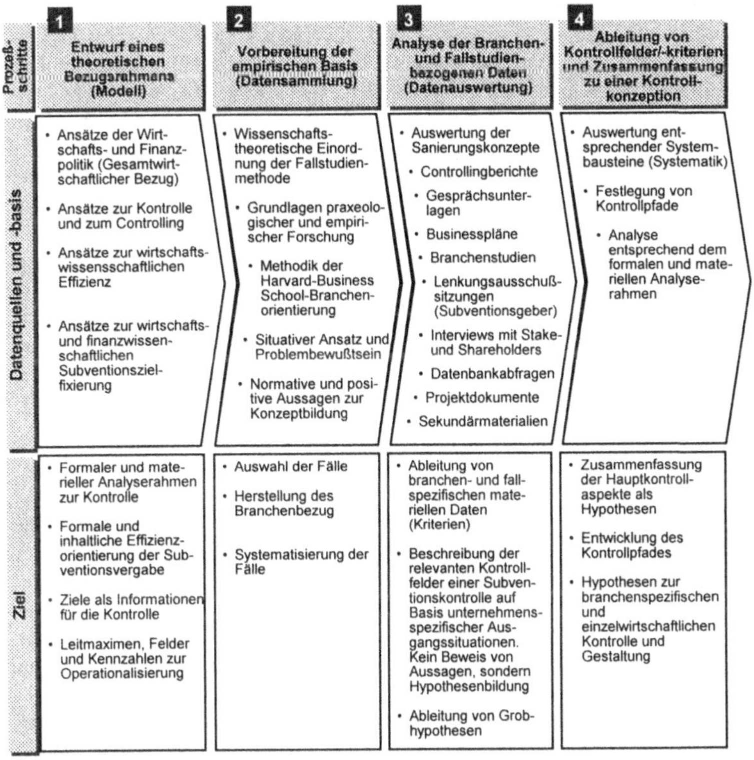

Quelle: Eigene Darstellung

Abb. 51: Spezifischer Forschungsprozess zur Subventionskontrolle auf der Basis einer empirischen Branchen- und Fallstudienmethode

807 Vgl. hierzu das Ablaufmodell bei R. Yin (1990).

808 Forschungsprozesse in einem dynamischen und komplexen Umfeld zeichnen sich gerade dadurch aus, daß keine idealtypischen und festen Abläufe a priori festgelegt werden können. Vgl. hierzu auch M. Schögel (1993), S. 4 sowie T. V. Bonoma (1985), S. 205.

Der erste Schritt dient der Bildung einer konzeptionellen Basis für die weitere Untersuchung. Dieser ***Bezugsrahmen***[809] erfährt durch die angestrebte Hypothesenbildung eine erste externe und materielle Validierung.[810] Der zweite Schritt dient der wissenschaftstheoretischen ***Einordnung der Fallstudienmethode*** und der Vorbereitung der ***empirischen Datensammlung***. Die Fallstudienmethode als Informationsquelle für eine finanzwissenschaftliche Themenstellung ist als hypothesengenerierendes Analyseinstrument noch relativ jung. Die Datensammlung als dritter Schritt basiert auf einer Branchenanalyse und ausgewählter Einzelfallbeschreibung. Ersteres dient dem gesamtwirtschaftlichen Situationsbezug, da eine finanzwissenschaftliche Themenstellung ein übergreifendes Interesse hat, das über das Einzelobjekt Unternehmen hinausgeht. Letzteres dient dagegen einer Betrachtung von Subventionseffekten beim Empfänger. Dies bedeutet keinen Konflikt für diese Untersuchung, sondern verhält sich vielmehr komplementär für die Effizienzbestimmung. Die einzelwirtschaftliche Fallstudienuntersuchung wird durch eine kurze und anonymisierte Beschreibung der ausgewählten Fälle unnötigerweise vorbereitet. Situativ werden weitere Informationen (Interviews, Dokumente etc.) ergänzt. Eine detaillierte Erörterung aller vorliegenden Fallstudien sowie Informationsquellen würde den Umfang der Arbeit überfrachten und vergleichbare, inhaltlich ähnliche Aspekte der Fälle mehrmals darstellen. Darüber hinaus sollen hier nicht eine statistische Häufigkeitsverteilung und ein Beweis der Aussagen durchgeführt werden. Abschließend werden in einem vierten Schritt jeweils Kontrollfelder und -kriterien abgeleitet, geordnet und in einer Übersicht zusammengefaßt. Hypothesen werden durch branchen- und einzelwirtschaftliche Interaktionen, d. h. durch unterschiedliche situative Rückgriffe auf die Branche und die Fallstudien, gebildet. Dieses interaktive Analysevorgehen zeigt sich in unterschiedlichen Fußnotenverweisen[811] und dem Hinweis auf weiterführende Literaturquellen.

2. Branchen- und Fallstudienuntersuchung

Aufgrund des hier zugrunde gelegten praxeologischen und empirischen Verständnisses sollen die relevanten Informationsaspekte für die Subventionskontrolle durch die nachfolgende Branchenuntersuchung aus zwei Gründen vorgenommen werden:

A. Es wird hierdurch ein übergreifendes empirisches und branchenwirtschaftliches Vorverständnis für die später folgende Hypothesenbildung geschaffen.

B. Die Branche dient als Informationsgrundlage des branchenwirtschaftlichen Analysepfades und damit der Eingrenzung des Untersuchungsobjekts für die Subventionskontrolle.

Insgesamt wird durch die Branchenorientierung eine situationsadäquate Bezugs-

809 Vgl. hierzu ausführlich: Modellbildung in Kapitel B.

810 Vgl. S. E. Gless (1996), S. 122.

811 Hierbei soll nicht der Eindruck erweckt werden, daß diese Querverweise als Belege für die getroffenen Aussagen anzusehen sind.

größenbildung kontrollrelevanter Subventionsfelder erzielt, die als Basis für Entscheidungs- und Kontrollprobleme durch Vergleichsgrößen (Benchmarking[812]) herhalten können.[813] Eine optimale Entscheidungs- und damit Kontrollvorgabe kann nicht generell existieren, sondern nur differenziert und situationsbezogen. Aus entscheidungstheoretischer Sicht bedeutet der Situationsbezug, daß eine differenzierte, die traditionelle One-best-way-Aussage relativierende Ausrichtung der Vergleichsgrößen für die Subventionskontrolle angestrebt wird.[814]

Vor dem Hintergrund situativer gesamt- und branchenbezogener Rahmenbedingungen kann aus einer Fülle logisch denkbarer Kontrollalternativen diejenige ausgewählt werden, die unter zu spezifizierenden Branchensituationen erfolgreicher, operationalisierbarer oder effizienter ist. Dieser situative Entscheidungsspielraum muß gesichert sein, da eine breite gesamtwirtschaftliche Kriterienorientierung einzelwirtschaftliche Bezüge mitberücksichtigen muß et vice versa.[815]u.[816]

2.1. Der Branchenkontext

Eine alle Ziele umfassende komplexe Kontrolle der Subventionen kann nicht geleistet werden. Die hier zur Anwendung kommende Orientierung an Zielquellen sieht eine Komplexitätsreduzierung des Kontrollobjektes durch Aufgliederung der Gesamtwirtschaft in unterschiedliche Branchen vor. Das auf Branchen reduzierte relevante Wettbewerbsumfeld ermöglicht eine ursachengerechte wirtschafts-, finanz- und einzelbetriebliche Zielfixierung. Ursache und Wirkung können problembezogen, d. h. an den Erfolgsfakoren einer Branche orientiert, betrachtet werden. Anders ausgedrückt: Branchen verhalten sich wie kleine Volkswirtschaften, die eine ***Scharnierfunktion*** zwischen der kleinsten Einheit, dem einzelwirtschaftlichen Subventionsempfänger (Unternehmen), und der betreffenden Gesamtwirtschaft bilden. Die Subventionskontrolle kann daher nicht losgelöst von den Kontextkomponenten[817] der Branche gesehen werden. Branchenstruktur und -intensität beeinflussen die Regeln des Wettbewerbs und damit die nachhaltigen Markt- und Wettbewerbschancen des

812 Methode zur Beurteilung der Situation eines Unternehmens/einer Branche im Markt. Der Vergleich findet mit Unternehmen/Branchen statt, die die angestrebten Zielvorgaben beherrschen. Benchmarking kann durch Objektvergleich (Produkte, Methoden und Prozesse) Zielgrößenvergleich (Kosten, Qualität, Kundenzufriedenheit und Zeit) sowie durch übergreifende Parameter (andere Geschäftsbereiche, Konkurrenten der gleichen oder anderer Branchen) vorgenommen werden. Vgl. ausführlich: P. Horváth (1996), S. 396 ff.

813 Vgl. hierzu ausführlich: Kapitel B, Abschnitt 3.4.5.

814 Zu den zentralen Thesen des situativen Ansatzes siehe: T. Jenner (1994), S. 85, W. H. Staehle (1991), S. 47 f. sowie A. Kieser (1993), S. 161-191.

815 Insbes. der Mitnahmeeffekt erfordert eine engere Kontrollauslegung. Vgl. hierzu H. Zimmermann (1985), S. 94-95 sowie zum Mitnahmeeffekt in dieser Arbeit Kapitel A, Abschnitt 5.3.

816 Dadurch, daß individuelle Entscheidungs- und damit Kontrollspielräume vor allem auch durch vergangene Verhaltens- und Erfahrungsmuster geprägt werden, können objektiv gleiche Situationen unterschiedlich bewertet werden.

817 Vgl. hierzu die relevanten Komponenten einer Branche in Kapitel B, Abschnitt 3.2.2.

Subventionsempfängers.[818] Bei einem branchen- und einzelbetrieblichen Kontrollfokus sinkt die Gefahr, daß dem u.U. ein falsches Signal gegeben wird. Diejenigen Vergünstigungen, die zwar einem globalen (gesamtwirtschaftlichen) Erfolgskriterium gerecht werden, machen wegen der „Vogelperspektive" keinen Unterschied in der Leistungsfähigkeit und der Bedürftigkeit des Empfängers. Ein Folge hiervon sind ineffiziente Mitnahmeeffekte.[819]u.[820]

Vor diesem Hintergrund ist die Branchenorientierung, wie nachfolgend dargestellt, als „subventionspolitischer Kontrollkern" für die Subventionierung zu verstehen.

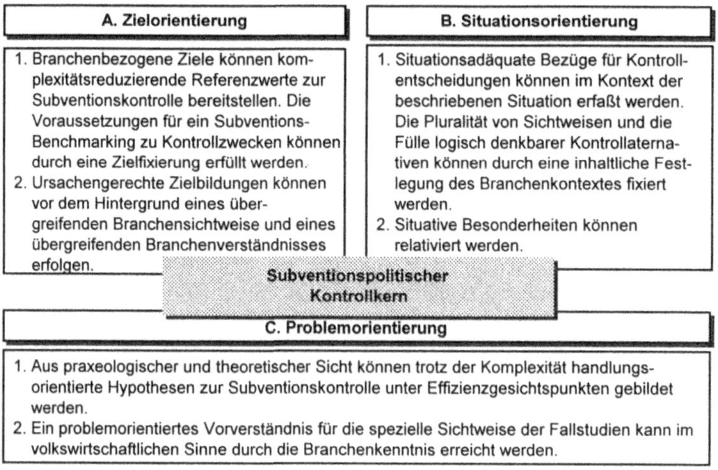

Quelle: Eigene Darstellung

Abb. 52: Der Branchenkontext als „subventionspolitischer Kontrollkern"

818 Ausschlaggebend für die Rentabilitätsmöglichkeiten in einer Branche ist die Intensität der fünf Wettbewerbskräfte. Vgl. hierzu M. E. Porter (1992a), S. 15-30.

819 Vgl. hierzu die Ausführungen zu Kapitel A, Abschnitt 5.3.

820 Vgl. H. Zimmermann (1985), S. 94-96.

Je nach Subventionshöhe und -selektivität verändern sich die „Spielregeln" der Branche. Insbesondere in schrumpfenden Branchen[821] nimmt die Branchenrivalität erheblich zu, da die Form des unmittelbaren Überlebenskampfes wegen der bestehenden Überkapazitäten, der Preiskämpfe und der abnehmenden Deckungsbeiträge aus der operativen Geschäftstätigkeit von der Subventionierung abhängt. Der unweigerlich drohende Niedergangs- und Ausscheidungsprozeß einzelner wettbewerbsinkonformer Unternehmen wird durch staatliche Garantien behindert und verzögert. Der Wettbewerbskampf nimmt an Härte zu.[822]

Daraus läßt sich schließen, daß Subventionen nicht nur system-, sondern auch branchenkonforme Ziele beinhalten müssen. Dieser Notwendigkeit wird nachfolgend durch eine Erörterung der subventionierten Branchen nachgekommen.

2.1.1. Begründung der Branchenauswahl

Will man zu aussagefähigen Kontrollfeldern und -kriterien für die Subventionskontrolle kommen, müssen für die Branchenauswahl bestimmte Anforderungen erfüllt sein. Zunächst ist zu gewährleisten, daß die Qualitätsanforderungen, die Ablaufsystematik und die Aspekte des „subventionspolitischen Kontrollkerns" abgedeckt werden können. Die Branche und die zugehörigen Einzelfälle müssen eine subventionspolitische Relevanz und die entsprechenden Subventionsmerkmale[823] aufweisen können.

Hierzu wurde exemplarisch die ***Baubranche*** gewählt, die in Deutschland als ein zentraler und bedeutender wirtschaftlicher Zweig im Zentrum der Subventionierung und einer entsprechenden Kontrolle steht. Zur Wahl dieses Branchenbeispiels ist zu sagen:

A. Die ***Bauwirtschaft*** nimmt eine ***Schlüsselrolle*** in Deutschland ein.

- 6,13 % des BIP in 1996 wurden durch die Baubranche erwirtschaftet.[824]
- Die Bauwirtschaft ist beschäftigungsintensiv (1996: 3,88 % der Erwerbstätigen in Deutschland[825]).

821 Wesentliche strukturelle Determinanten des Wettbewerbs in einer schrumpfenden Branche sind: 1. Verlauf der rückläufigen Nachfragebedingungen (Geschwindigkeit und Muster des Rückgangs, Struktur der verbleibenden Nischen, technologische oder demographische Ursachen) 2. Austrittsbarrieren (Kapazitäten, Langlebigkeit und Spezialisierungsgrad der Aktiva, emotionale Aspekte, staatliche und gesellschaftliche Barrieren), 3. Intensität des Wettbewerbs und 4. strategische Alternativen der austretenden Unternehmen. Vgl. ausführlich: M. E. Porter (1992b), S. 318-344.

822 Vgl. hierzu die Rolle der Subventionen beim Niedergang der Zelluloseverarbeitung in Kanada: N. T. Metha (1978).

823 Vgl. die Subventionsdimensionen Kapitel A, Abschnitt 1.1.1.1.

824 1992: 6,18 %, 1993: 6,27 %, 1994: 6,49 %, 1995: 6,45 % des deutschen BIP zu den jeweiligen Preisen berechnet nach: Statistisches Bundesamt (1997d), Volkswirtschaftliche Gesamtrechnung, 5.2.1.6.

825 Vgl. Statistisches Bundesamt (1997d), Tabelle 9.14.1 sowie Statistisches Bundesamt (1998), Pressemitteilung vom 13.1.1998, S. 2.

- Die Bauwirtschaft hat eine Pionierfunktion für das Konjunktur- und Beschäftigungsniveau (Konjunkturlokomotive).
- In den NBL hatte die Bauwirtschaft eine Schlüsselrolle im wirtschaftlichen Aufbau mit 29,6 % 1995 und 30,1 % des BIP 1996 inne.[826]

B. Der ***Datenzugang*** zu den subventionsrelevanten Informationen ist gewährleistet.

- Datensammlung und -auswertung sind durch primäre und sekundäre Branchen- und Fallstudienquellen gesichert (direkter Zugang zu den Kontrollobjekten).
- Zusätzliche qualitative und quantitative Daten können jederzeit erhoben werden (Breite und Güte der Kontrolldaten).
- Insiderinformationen zur Subventionierung sind ungefiltert und unmittelbar erfaßbar.
- Die Art und der Umfang einer Subventionskontrolle läßt sich in den einzelnen Fällen nachvollziehen.

2.1.2. Die Branchenentwicklung

Die deutsche Bauwirtschaft erlebte in den Jahren 1991 bis einschließlich 1995 durch den stark subventionierten Wiedervereinigungsboom einen Wachstumsvorsprung im Heimatmarkt gegenüber dem europäischen Markt. Die folgende Abbildung zeigt, daß die jährlichen Wachstumsraten mit anfangs 18,9 % im Jahr 1991 sowie 8 % im Jahr 1994 deutlich über dem Durchschnitt aller EU-Länder lagen.

826 Vgl. Statistisches Bundesamt (1997d), Tabelle 5.2.1.6.

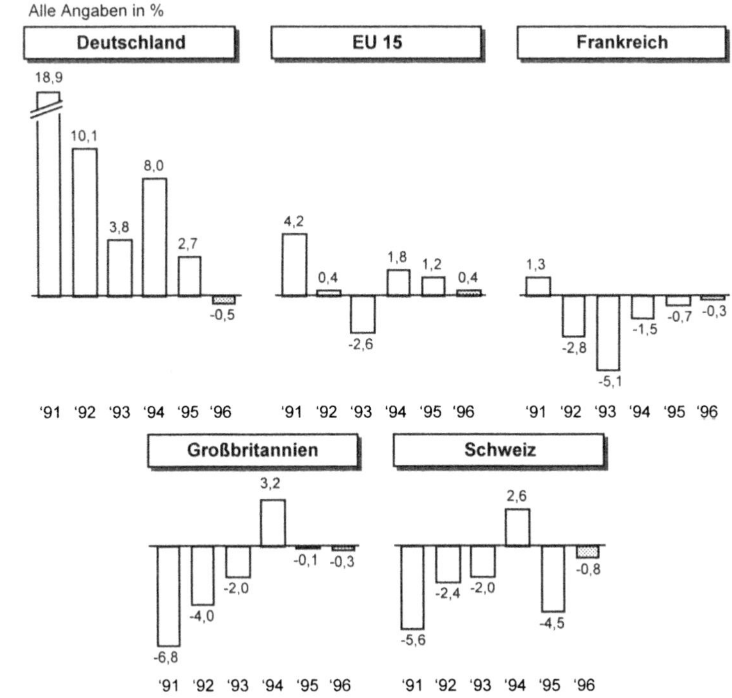

Quelle: In Anlehnung an Panorama der EU-Industrie (1997), S. 20-2, eigene Berechnungen

Abb. 53: Wachstumsvorsprung der Deutschen Bauwirtschaft durch die Wiedervereinigung

Im europäischen Umfeld konnte somit eine ***Spitzenposition*** eingenommen werden, die sich aber ab dem Jahr 1995 deutlich reduzierte. Eine wesentliche Ursache dieses Booms war die ***steuerbegünstigte Sonderbaukonjunktur*** in den NBL, die ab 1991 eine zusätzliche Binnennachfrage induzierte. Seit 1996 hat sich das Blatt gewendet. Der Vorsprung wandelte sich, bedingt durch den Wegfall von Sonderabschreibungsmöglichkeiten und eine erhebliche Marktsättigung im gewerblichen und privaten Hochbau, in einen deutlichen Rückstand im EU-Vergleich. Während sich zwischen 1991 (1. Hj.) und 1995 (1. Hj.) nahezu eine Umsatzverdreifachung auf 28,4 Mrd. DM (Ø p. a. + 44,7 %) vollzog, setzte in 1996 (1. Hj.) ein Rückgang von -6,4 % auf ca. 26 Mrd. DM ein. 1997 (1. Hj.) verfestigte sich dieser Trend mit –4 % auf ein Volumen von 24,9 Mrd. DM.

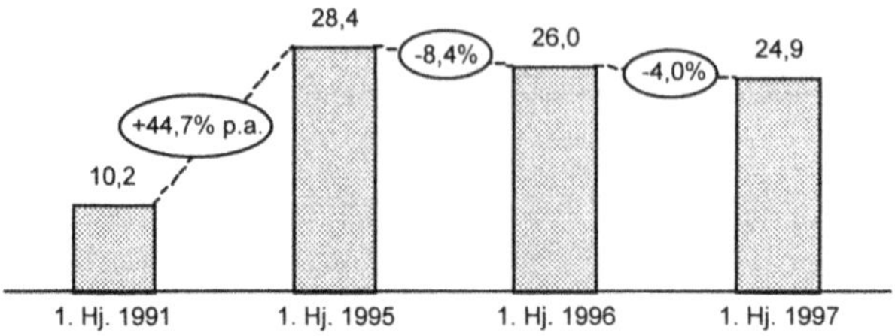

Angaben in Mrd. DM
Quelle: Statistisches Bundesamt (1997c); eigene Berechnungen

Abb. 54: Entwicklung des baugewerblichen Umsatzes in den neuen Bundesländern

Dieser bisherige Wachstumsrückgang wird in seiner Tendenz durch den deutlichen ***Auftragseingangsrückgang*** im 1. Hj. von 1997 in den ABL bestätigt. Die ABL verzeichneten im Auftragseingang einen merklichen Rückgang (-5,3 %) zwar schon seit 1995, der sich 1996 (-9 %) und im 1. Quartal 1997 (-7,9 % geg. Vj.) fortsetzte. Im 2. Quartal 1997 betrug der Rückgang noch 1,5 % geg. Vj., was insbesondere auf den höheren Auslandsanteil, die flexiblere Marktanpassung und das vielseitigere Leistungsspektrum der westdeutschen Bauwirtschaft zurückzuführen ist.[827]

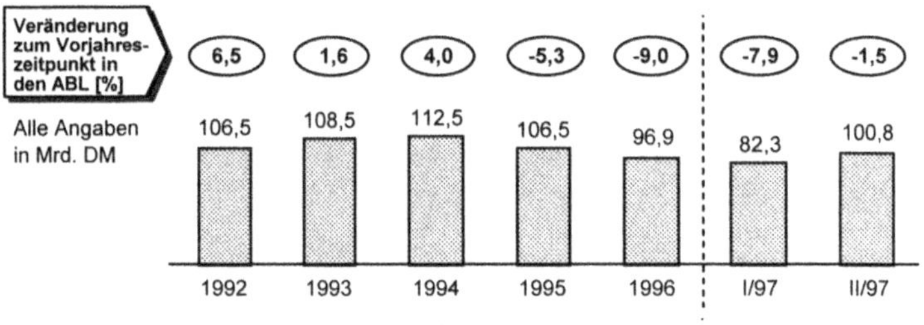

Quelle: Statistisches Bundesamt (1997c); eigene Berechnungen

Abb. 55: Entwicklung des Wertindex des Auftragseingangs in der westdeutschen Bauwirtschaft 1992-1997

Gesamtdeutsch war bis 1994 eine kontinuierliche Steigerung des Bauvolumens von Ø ca. 6 % zu verzeichnen, das ab 1995 im Volumen deutlich zurückging.Bezeichnenderweise stieg in den Wachstumsjahren 1992-1994 die ***Beschäftigtenzahl*** im Baugewerbe nur temporär um ca. 100.000 an. In der darauffolgenden Abschwungphase muß laut Prognose des Statistischen Bundesamtes mit 80.000 Baubeschäftigten weniger als im Basisjahr 1992 gerechnet werden. Zwar ist das Gesamtumsatzvolumen 1997 gegenüber 1992 noch mit mehr als 7,6 % deutlich höher, doch nutzen Unternehmen den Abwärtstrend vielfach dazu, den bestehenden personellen ***Überhang*** abzubauen. Da die Kapazitäten in der Bauwirtschaft einen starken Einfluß auf die Beschäftigung nehmen, ist die mangelnde Kapazitätsauslastung unweigerlich ein Hauptproblem für die Beschäftigungssicherung.

827 Der Verband der Deutschen Bauwirtschaft bestätigt, daß die im Ausland tätigen Unternehmen weniger von der Krise der Bauwirtschaft betroffen sind. Vgl. o. V. (1997ze), S. 26.

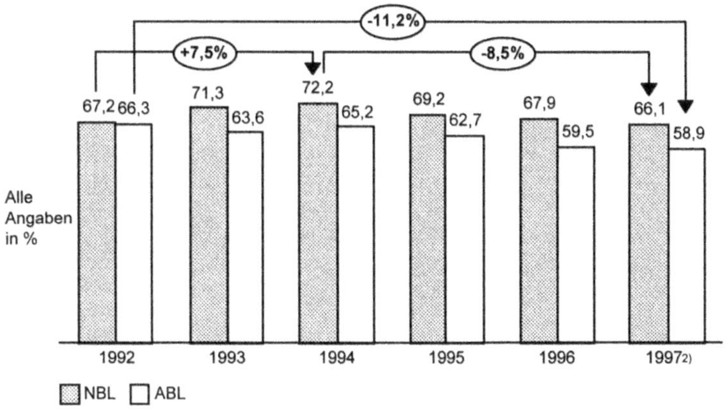

Quelle: Ifo München (1997 c, d, e), ausgewählte Seiten; eigene Berechnungen

Abb. 56: Entwicklung der Kapazitätsauslastung der gesamtdeutschen Bauwirtschaft 1992-1997

Trotz Baubooms nahm die Kapazitätsauslastung zwischen 1992 und 1994 mit 7,5 % nur in den NBL kurz zu, jedoch wurde 1997 schon das Ausgangsniveau wieder unterschritten. Die ABL erlebten hingegen einen kontinuierlichen Rückgang mit 11,2 % im selben Zeitraum. Das derzeitige Mißverhältnis von Bauangebot und -nachfrage ist das Ergebnis einer Reihe von Einflußfaktoren, mit der sich die Branche und der Subventionsgeber zur Zeit auseinandersetzen müssen. In diesem Zusammenhang werden u. a. folgende Ursachenaspekte genannt:

- Deutlicher Verlust von inländischen Marktanteilen an ausländische Unternehmen mit geringeren Lohnkosten.
- Niedrigeres Produktivitätsniveau deutscher Bauunternehmen gegenüber ausländischen Konkurrenten.
- Erhebliche Differenzen in der Produktivität zwischen verschiedenen deutschen Anbietern in Ost und West.
- Eingeschränktes Bauleistungsspektrum insbesondere ostdeutscher Bauunternehmen und damit fehlende Ausgleichsmöglichkeiten beim Marktrückgang in den Hauptsparten (öffentlicher und privater Hochbau und Tiefbau).
- Auslaufen von Sonderabschreibungsmöglichkeiten für Kapitelanleger.
- Künstliche Sonderkonjuktur im Bau, die nicht in eine sich selbst tragende konstante Baunachfrage mündete.
- Falsche Einschätzung der Baubranche, in deren Folge Kapazitäten nicht angepaßt, sondern z. T. deutlich ausgebaut wurden.

2.1.3. Spezifisches Subventionsvolumen der Fallstudienbranche

Wesentliche Voraussetzung für eine Branchenanalyse ist die Möglichkeit der quantitativen Erfassung und Abbildung der Subventionierung. Das nach Sektoren statistisch aufgegliederte Subventionsvolumen erschwert jedoch eine branchenbezogene Zeitreihendarstellung.[828] Die übliche statistische Sektorendarstellung durch absolute Zahlen ist hingegen wenig aussagekräftig für die quantitative und die qualitative Relevanz, da die Größe der Sektoren nichts über den Selektionsgrad der Hilfen verrät und weil keine Aussagen darüber getroffen werden können, in welchem Ausmaß die Subventionen einzelne Branchen oder Unternehmen gegenüber anderen bevorzugen.[829] Ähnliches gilt für die sektorenübergreifenden Subventionierung. Der einzige Abbildungsversuch einer branchenbezogenen Zusammenstellung der Subventionsvolumina gelang für den Zeitraum 1980-1990. Er offenbart, daß die Subventionen - entsprechend der zugrundegelegten Abgrenzung[830] - in Summe um ca. 30 % (nominal) zugenommen haben, während die direkten Subventionen[831] an die Bauwirtschaft um 16,53 % zulegten.

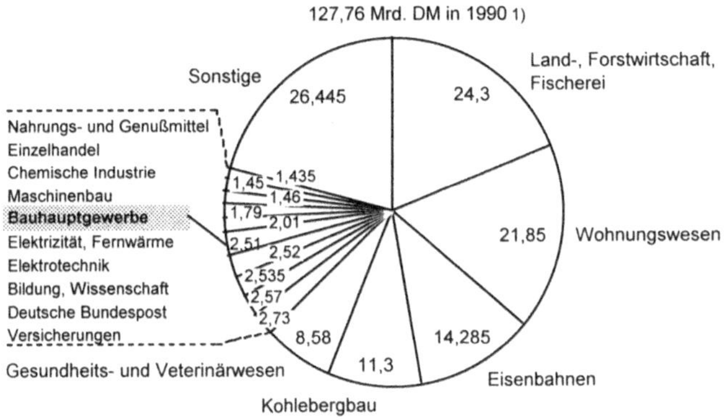

1) Daten für das Gebiet der Alten Bundesländer auf Basis der Definition der Forschungsinstitute

Quelle: In Anlehnung an A. Rosenschon (1991), Tab. 3, S. 81

Abb. 57: Subventionsvolumina nach ausgewählten Branchen zwischen 1980 und 1990

828 Wegen der bestehenden statistischen Lücken vor 1967 sowie der im Laufe der Berichterstattung mehrfach verengten und veränderten Berichterstattung der Subventionsberichte ist eine Darstellung der Subventionen nach Wirtschaftszweigen bzw. Branchen nur annähungsweise darstellbar. Obwohl eine branchenorientierte Darstellung für mehr Transparenz sorgen würde, werden sektorale und branchenübergreifende Darstellungen bevorzugt. I. d. R. scheitert die Darstellung einer branchenmäßigen Aufschlüsselung an den Aggregationsvorgaben der statistischen Primärquellen. Vgl. u. a. die Darstellungen bei: H. Klodt, J. Stehn et al. (1994), S. 185-197, insbes. zum Aspekt der methodischen Erfassungsprobleme der THA-Daten, S. 186 sowie den 15. Subventionsbericht des Bundes (BMF) (1995), S. 11 ff. Eine Ausnahme für den Zeitraum 1980-1990 bildet die Darstellung bei: A. Rosenschon (1991), S. 80-87, insbes. S. 81.

829 Vgl. M. Nieder-Eichholz (1995), S. 50.

830 Vgl. hierzu die Subventionsabgrenzung der Institute, Kapitel A, Abschnitt 1.2.3.

831 Zur Unterscheidung von direkten und indirekten Subventionen siehe Kapitel A, Abschnitt 1.1.1.2.

Für die Zeit nach 1990 liegen keine aussagefähigen Branchendaten der Subventionen vor.[832] Eine Orientierung an den VGR-Subventionsdaten[833] zeigt, daß der statistische Mangel einer branchenbezogenen Erfassung nur einen geringen Anteil der Subventionen erfaßt.

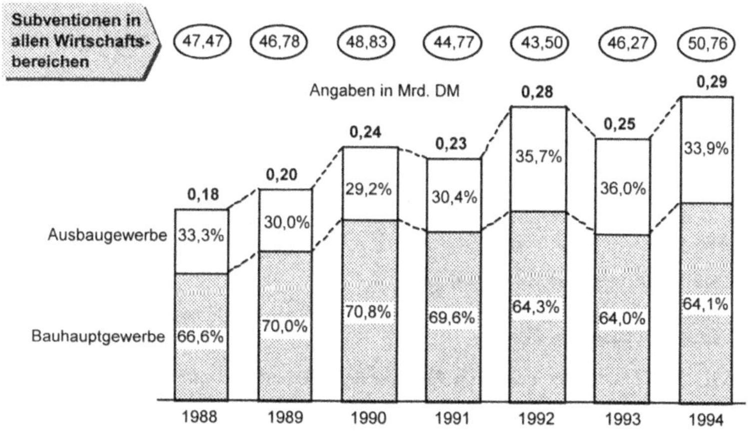

Abb. 58: Entwicklung der baugewerblichen Subventionen 1988-1994 gemäss VGR-Abgrenzung

Bedenkt man, daß die Summe der Subventionen in den nachfolgenden Fällen allein schon auf ein annäherndes Volumen wie in dieser Statistik kommt, so wird die Notwendigkeit deutlich, eigene Subventionsstatistiken aufzuarbeiten. Es zeigt sich, daß beispielsweise die KfW und der DtA als Subventionsgeber in Deutschland allein ca. 10 % des Wertes aller ausgegebenen Programme auf die Bauwirtschaft entfallen lassen. In absoluten Zahlen gefaßt, betrug dies für die direkte und indirekte Förderung ca. 10 Mrd. DM in 1996.

832 Nach einer telefonischen Auskunft des Instituts für Weltwirtschaft in Kiel wurde wegen der erheblichen Erfassungs- und Zuordnungsprobleme auf eine Weiterführung der branchenbezogenen Gliederungssystematik verzichtet.

833 Zur Subventionsabgrenzung der VGR siehe Kapitel A, Abschnitt 1.2.1.

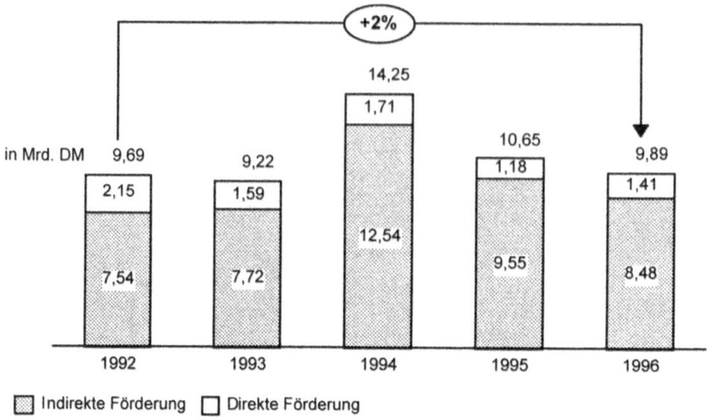

Amn. Daten für das Gebiet der ABL und der NBL

Quelle: KFW (1992, 1993, 1994, 1995, 1996), diverse Geschäftsberichte, DtA (1997) (ausgewählte Seiten) und eigene Berechungen

Abb. 59: Die Entwicklung der KfW-Hilfen 1992-1996 an die Baubranche

Dieser Statistik liegen nicht die steuerlichen Subventionen und direkten Hilfen für die Förderung der Wohnungseigentums zugrunde, die zweifelsohne eine positive Wirkung für den Absatz der Baubranche haben. Das genaue Volumen ist ohne eine statistisch verläßliche Basis kaum zu definieren; jedoch zeigt allein die Förderung der KfW und der DtA ein Volumen, das fast 1/5 des Gesamtvolumens der VGR-Daten für Gesamtdeutschland darstellt. Die nachfolgende Beschreibung ausgewählter Fallbeispiele aus der bauwirtschaftlichen Subventionierung zeigt, daß die Volumina noch erheblich höher liegen müßten, da die Summe der hier vergebenen Hilfen allein schon das VGR-Volumen ausmachen können. Da dieses nicht vollständig geklärt werden kann, ist eine einzelwirtschaftliche Kontrolle um so bedeutsamer.

2.2. Beschreibung ausgewählter Fallstudienunternehmen der Baubranche

Die Analyse basiert auf insgesamt fünfzehn Einzelfällen. Von diesen wurden zwanzig Fälle detailliert analysiert. Die übrigen achtzehn wurden zu ausgewählten Aspekten hinzugezogen, damit die Hypothesen breiter abgesichert sind. Die Fälle bewegen sich in einer Umsatzklasse von ca. 100 Mio. DM bis ca. 2 Mrd. DM und weisen alle die Merkmale eines Subventionsempfängers[834] auf. Während der Subventionierung wurden die Unternehmen durch den Subventionsgeber mittelbar und unmittelbar kontrolliert. Dies geschah nicht einheitlich und kontinuierlich. Vielmehr wurden nur sporadisch Wirkungsaspekte systematisiert und einheitlich bewertet. Von einer systematischen, nach festgelegten Zielen funktionierender Kontrolle konnte nicht gesprochen werden. Drei Fallstudien sind ausgesucht worden, die im folgenden detailliert und anonymisiert dargestellt werden. Sie stehen stellvertretend für den erfaßten Empfängerkreis, so daß ein Abriß ökonomischer unternehmensbezogener Randdaten möglich wird. Wiederholungen ähnlicher Subventionsaspekte sollen so vermieden werden.

2.2.1. Fallstudie 1

Beim ersten Fall handelt es sich um ein mittelständisches Bauunternehmen in der Rechtsform einer AG. Der Leistungsschwerpunkt des funktional gegliederten Unternehmens liegt im Hochbau mit lokalem und regionalem Geschäftsfokus. Insgesamt werden fünf operative Niederlassungen im regionalen Einzugsgebiet (Entfernung von mehr als 100 km) unterhalten, die jeweils Akquisition, Baustellenabwicklung und Rechnungswesen selbständig vornehmen. Weiterhin werden fünf GmbH-Tochterunternehmen für spezielle Baugewerke (Baudienstleistungen, Gerätervermietung, Immobilienverwaltung etc.) unterhalten. Das Unternehmen befindet sich seit 1991 in einer anhaltenden Ergebnis- und Liquiditätskrise. In diesem Zeitraum halbierten sich die Bauleistung annähernd (Ø ca. -20 % p. a.), und die Mitarbeiteranzahl sank um Ø ca. -15 % p. a. Das Unternehmen zählt dennoch in der Region zu den größten Arbeitgebern. Bis auf zwei Niederlassungen sind alle Unternehmenseinheiten defizitär. Das Unternehmen wies in der negativen Spitze eine Umsatzrendite von ca. -7,6 % aus. Wesentliche Verlustbestandteile sind eine zu geringe Leistung pro Mitarbeiter (=Produktivität) und überproportional hohe Lohnkostenbelastungen im Vergleich zum nationalen und internationalen Wettbewerbsniveau.

Die Liquiditätskrise bedroht das Unternehmen erheblich. Der C. F. ist nachhaltig negativ, wobei in 1994 eine relative Verbesserung gegenüber den Vorjahren zu verzeichnen war.

834 Vgl. hierzu die Abgrenzung in Kapitel A, Abschnitt 1.1.1.1.

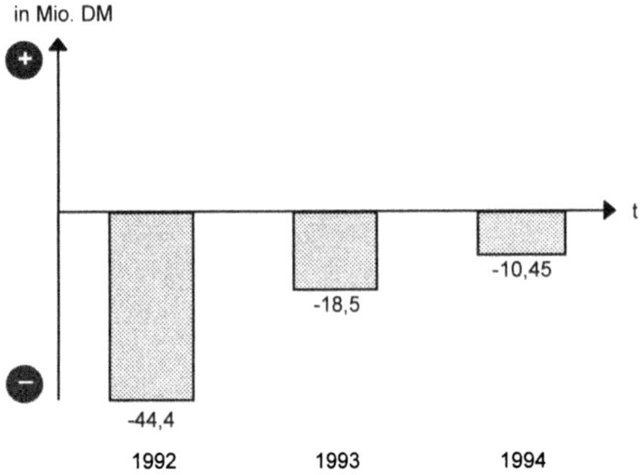

Quelle: Roland Berger & Partner (1994), eigene Berechnungen, Unternehmensdaten

Abb. 60: Die Cash-Flow-Entwicklung im Zeitraum von 1992 bis 1994

Ausschlaggebend für den negativen C. F. ist das deutlich negative Betriebsergebnis, das in erster Linie durch hohe Abschreibungen auf Geräte- und Fuhrpark sowie hohe Personal- und Sachkosten verursacht wird. Hohe Preiszugeständnisse führen zu Einbußen in der erzielbaren Umsatzqualität. Außerordentliche Belastungen, die aus einer unzureichenden und nicht termingerechten Baustellenabwicklung, einem erheblichen Forderungsausfall durch zunehmende Bauträgerinsolvenzen sowie einem hohen Volumen ausstehender strittiger Forderungen resultieren, führen zu zusätzlichen Ergebnisbelastungen. Insgesamt induziert der negative C. F. erhebliche Zahlungsprobleme. Nur durch mehrfache Überschreitung der Kreditlinien, die verspätete Zahlung an Sublieferanten (Streckung der Verbindlichkeiten aus Lieferung und Leistung) und Herauszögerung der Gehaltszahlungen an die Mitarbeiter (Ø ein bis zwei Wochen Verspätung) kann die drohende Illiquidität verhindert werden. Sublieferanten drohen wiederholt mit Baustellenstopps. Die Eigenkapitalsituation hingegen ist trotz der kumulierten Verluste mit 20 % 1994 noch zufriedenstellend. Zur Abwendung der existenzbedrohenden Situation wird ein Interessenpool aus Vertretern der öffentlichen Hand, der kreditgebenden Banken und der Konzern-Muttergesellschaft mit dem Ziel ins Leben gerufen, auf der Basis eines Restrukturierungskonzeptes mit unterschiedlichen finanziellen Zugeständnissen eine nachhaltige Unternehmenssicherung zu erreichen. Das erklärte Hauptziel ist es, auf der konsolidierten Basis mit ca. 700 gewerblichen und kaufmännischen Mitarbeitern innerhalb von 1 bis 2 Jahren eine positive Umsatzrendite von 1,5 % nachhaltig zu erzielen.

Hierzu wurden folgende Subventionierungen vorgesehen:

- Bereitstellung zusätzlicher Finanzmittel (Barsubvention) in Höhe von 30 Mio. DM durch die öffentliche Hand als Einmalzuschuß (nicht rückzahlbare Zuschüsse als Sanierungshilfen). Sie sollen der Abdeckung des operativen Cash-Losses und weiteren Konsolidierungsmaßnahmen (Mitarbeiterabbaukosten, Sozialplankosten etc.) dienen.

- Gewährung einer Bundes- und Landesbürgschaft zur Eröffnung zusätzlicher Avalkredite und Absicherung des laufenden Geschäftes. (50 % Aufstockung der bestehenden Aval-Linien um ca. 50 Mio. DM).
- Zurverfügungstellung einer zusätzlichen Barkapitaleinlage von 10 Mio. DM durch den Kapitaleigner (Mutterkonzern) als Beitrag zur Eigenkapitelstärkung und Liquiditätssicherung.

Die Summe der Subventionierung umfaßt 80 Mio. DM und einen Gesellschafterbeitrag in Höhe von 10 Mio. DM.

In der Region sind zu diesem Zeitpunkt fünfzehn Bauunternehmen direkt durch Niederlassungen bzw. Repräsentanten vertreten. Weitere acht ausländische Konkurrenten unterhalten Stützpunkte in regionaler Nähe. Die Marktentwicklungsprognose sieht einen deutlichen Rückgang für die Region in den nächsten Jahren voraus, wobei insbesondere im öffentliche Bau (Ø -4,5 %) und im gewerblichen Hochbau die Haupteinbußen (Ø -3,2 %) zu verkraften sind. Nur der Wohnungsbau verspricht noch Wachstumschancen (Ø 2-5 % p.a), die jedoch auf steuerlich temporäre Anreize zurückzuführen sind. Alle marktführenden deutschen Baukonzerne (Strabag, Holzmann, Hochtief etc.) können ihre Bauleistung im gleichen Zeitraum deutlich steigern (Ø 37 % p. a.). Der Wettbewerbsdruck steigt zunehmend, so daß sich im Betrachtungszeitraum die Insolvenzen der Bauunternehmen in der Region verdoppeln und der Preiswettbewerb ruinöse Formen annimmt.

2.2.2. Fallstudie 2

Das zweite Fallbeispiel befaßt sich mit dem Tochterunternehmen eines Mischgroßkonzerns, das als GmbH & Co KG firmiert. Der Leistungsschwerpunkt des funktional und überwiegend dezentral gegliederten Unternehmens umfaßt Hochbau und Tiefbau (z.T. auch Spezialtiefbau) mit lokalem Schwerpunkt. Insgesamt verfügt die Tochter über fünf Kernbereiche, die jeweils selbständig und funktional gegliedert sind und wiederum über eigene regional tätige Niederlassungen verfügen. Die Gesamtumsatzleistung der Gruppe ist mit 800 Mio. DM 1993, 700 Mio. DM 1994, 580 Mio. DM 1995 und 460 Mio. DM 1996 stark rückläufig. Zeitgleich nimmt die Mitarbeiterzahl um Ø 7-12 % p. a. ab. Die arbeitsplatzpolitische Bedeutung ist trotz des deutlichen Personalabbaus für die Region durchweg groß geblieben.

Das operative Betriebsergebnis sowie der C. F. sind mit Ø 5-11 % p. a. nachhaltig negativ. Wesentliche Verlustursachen sind eine zu geringe Wertschöpfung[835], die mit Ø 20-30 % unter dem Branchenwettbewerbsniveau liegt, und eine zu hohe Kostenbelastung verschiedener GuV-Positionen (u. a. sonstiger betrieblicher Aufwand, Zinsaufwand und Abschreibungen). Zusätzlich müssen wiederholt Forderungen aus

835 Wertschöpfung = Leistung des Unternehmens abzüglich aller Fremdleistungen (= bezogene Leistungen).

Baufertigstellungen wegen Herstellungsmängeln abgeschrieben bzw. berichtigt werden. Ursache hierfür sind eine schlechte Baustellenorganisation, die unzureichende Qualifizierung der personellen Schlüsselfunktionen sowie die fehlende inner- und außerbetriebliche Fortbildung der Mitarbeiter. Der massive Leistungsrückgang kann jedoch genausowenig gestoppt werden wie die nachhaltige defizitäre Ergebnisentwicklung. Nur durch eine Mittelzuführung von seiten der Muttergesellschaft und staatlicher Stellen kann eine Insolvenz verhindert bzw. die Zahlungsunfähigkeit abgewendet werden. Zur Abwendung einer drohenden Insolvenz werden folgende Hilfen fixiert:

- Bereitstellung von öffentlichen Hilfen (Bund und Land) durch Bereitstellung einer Bankbürgschaft von 30 Mio. DM.
- Gewährung von direkten öffentlichen Darlehen an die einzelnen Unternehmenseinheiten von insgesamt 20 Mio. DM.
- Durch Landesbürgschaft gesichertes Bankdarlehen in Höhe von 30 Mio. DM.
- Beitrag der Konzernmutter in Höhe von 50 Mio. DM durch Einmalzuschuß.

In summa werden 80 Mio. DM Subventionen und 50 Mio. DM Gesellschaftereinlage an das Unternehmen vergeben. Folgende Ziele sollen hierdurch erreicht werden:

- eine nachhaltige operative Sanierung der Unternehmensgruppe zu gewährleisten,
- die defizitären Unternehmensbereiche zu schließen oder zu verkaufen und
- schlanke, wettbewerbskonforme Strukturen aufzubauen.

2.2.3. Fallstudie 3

Die dritte Fallstudie bezieht sich auf einen Baukonzern in der Rechtsfirmierung einer AG. Der Leistungsschwerpunkt dieses nach verschiedenen Bauleistungsprofilen gegliederten Unternehmens liegt im Hochbau und im Spezialtiefbau. Nach der Wiedervereinigung stieg die Gesamtleistung des Konzerns zwischen 1990 und 1993 um über 200 % und gleichzeitig verzehnfachte sich auch die Leistungsrendite. Ab 1994 nahm jedoch die Leistung um über Ø 35 % p. a. ab und leitete einen deutlichen Verlust von anfangs -2 % bis in der Spitze von -9 %, bezogen auf die Leistung, ein. Die Entwicklung der Leistung und des Ergebnis-/Verlustanteils verteilt sich sehr unterschiedlich auf die vier Hauptgeschäftsfelder, die jeweils als Tochterunternehmen rechtlich selbständig firmieren und am Markt agieren. Der Personalbestand wurde in der Aufschwungphase um Ø 30 % p. a. aufgebaut und ab 1994 im Zuge des massiven Leistungsrückganges um zunächst 15 % (1994), 24 % (1995) und 28 % (1996) wieder reduziert. Wesentliche Verlustanteile bestehen in dem zu zögerlichen Abbau von Kapazitäten, in deren Folge der Auslastungsgrad bei einigen Töchtern nur Ø 55 % ausmacht. Während sich die Auftragseingangssituation deutlich verschlechterte, erhöhte sich zunächst der Liquiditäts- und später auch der Kapitalbedarf der Tochtergesellschaften. Da es sich hier um einen finanzwirtschaftlichen Konzernverbund handelt, griffen die Probleme auch auf weniger rückläufige Unternehmenseinheiten über. Zur Abwendung einer existenzbedrohlichen Situation wurde auf Initiative der Gläubigerbanken und Lieferanten die Landesregierung um Mithilfe bei der Bewältigung der Krise gebeten. Basis einer Lösung ist die Sanierung des Konzerns mit allen Tochtergesellschaften. Hauptziel ist die Sicherstellung der Beschäftigung von über 1500 Mitarbeitern bei einer nachhaltigen positiven Rendite von 1,5 % p. a. in der Gruppe. Die Beschäftigten verteilten sich zu 75 % auf zwei Bundesländer und hatten damit für bestimmte Regionen eine besondere Beschäftigungsbedeutung. Hierzu wurden folgende Subventionsbeiträge vereinbart:

- Das Land übernimmt eine Bürgschaft in Höhe des zu erwartenden C. F.-Bedarfs von 100 Mio. DM.
- Zusätzlich beteiligt sich das Land über eine landeseigene Beteiligungsgesellschaft an dem Konzern und verschafft dem Unternehmen zusätzliche Eigenkapitalhilfen von 20 Mio. DM.
- Ein einmaliger Zuschluß von 10 Mio. DM an Liquidität als verlorender Sanierungsbeitrag wird separat gewährt.
- Die Lieferanten verzichten auf eine sofortige Begleichung der noch ausstehenden Forderungen in Höhe von ca. 80. Mio. DM (Zahlungszielverlängerung um ∅ 45 Tage).
- Die Gläubigerbanken stellen gegen Teilsicherheiten 30 Mio. DM an zusätzlichen Linien zur Abdeckung von Illiquiditätsspitzen des Konzerns zur Verfügung.

Die Summe der Subventionierungen umfaßt somit 130 Mio. DM neben weitere Beiträgen von 120 Mio. DM.

3. Bildung von Kontrollhypothesen durch differenzierte Analyse von Kontrollobjekten und Kontrolldimensionen

3.0. Einführende Bemerkungen

Der Erkenntnisprozeß der Branchen- und Fallstudienuntersuchung sieht als Untersuchungsergebnis die Bildung systematischer Hypothesen für die Kontrollfelder und -kriterien einer Subventionskontrolle vor. Im Ergebnis soll über die Kontrolle dieser Felder und Kriterien eine Effizienzsteigerung der Subventionierung erreicht werden.

Basierend auf dem Rahmenkonzept[836] der Subventionskontrolle wird eine Differenzierung der Analyse nach Kontrollobjekt(en) und zielbezogener(en) Kontrolldimension(en) vorgenommen. Eine Differenzierung des Kontrollobjektes wird anhand einer jeweils branchen- und der einzelwirtschaftlichen Erörterung durchgeführt. Da sich aus der Informationsbasis der Branche und der Fälle nicht zu allen für die Subventionierung bedeutsamen Zieldimensionen Hypothesen ableiten lassen, wird nachfolgend eine Auswahl untersuchungsrelevanter Leitmaximen getroffen:

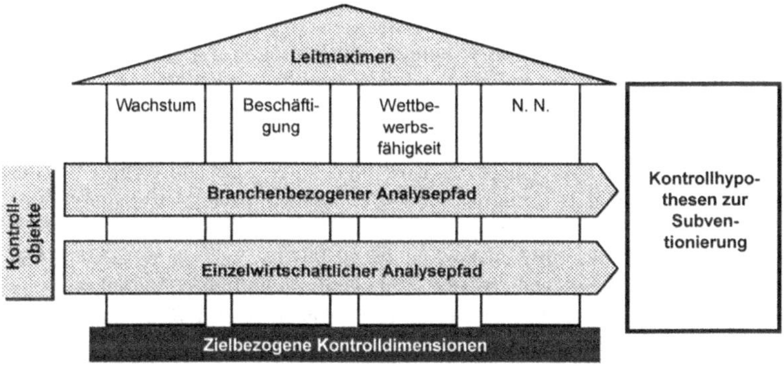

Quelle: Eigene Darstellung

Abb. 61: Die Kontrollobjekte und die Kontrolldimensionen als Informationsbasis für die Hypothesenbildung zur Subventionierung

836 Vgl. hierzu den Modellrahmen in Kapitel B, Abschnitt 4.

Die bauwirtschaftliche Branche und die exemplarischen Fälle dienen jeweils als empirisches Informationsobjekt für die Kontrollhypothesenbildung.[837] Die Untersuchungssystematik sieht vor, jeweils getrennt eine Bildung von Hypothesen zu analytischen Zwecken vorzunehmen und diese später in einem Kontrollkasten wieder zusammenzuführen.

3.1. Bildung von Hypothesen zu Kontrollfeldern und Kontrollkriterien

3.1.1. Leitmaxime: Wachstumssicherung

3.1.1.1. Branchenbezogener Analysepfad

Die Ausführungen zur Baubranche und zu den Fallstudienunternehmen zeigen, daß das gesamtwirtschaftliche Wachstum durch Förderungen und Erhaltung von produktiven Kapazitäten positiv beeinflußt wird. Als Maßstab dienen hier der Branchenumsatz und der BSP-Anteil der Branche an der Gesamtwirtschaft. Anders ausgedrückt, der Subventionsgeber ist an einer Wachstumssicherung durch Kapazitätserhaltung und -auswertung interessiert.

Der seit Ende 1994 zu beobachtende quantitative Rückgang in der Bauwirtschaft zeigt jedoch, daß Wachstum nicht mehr ausreichend durch die Branche selbst gesichert werden kann. Welche positiven Auswirkungen Subventionen auf die Stabilisierung bzw. Steigerung des Wachstums haben, kann ohne eine Referenzbasis nicht zweifelsfrei dargestellt werden. Folglich ist eine differenzierte Kontrolle der Erreichung des Wachstumsziels notwendig. Die Wirkungsrelation zwischen der subventionsinduzierten Veränderung des Branchenvolumens und einer subventionsfreien Volumenentwicklung kann nicht zweifelsfrei identifiziert werden. Einen Ansatzpunkt bildet hierfür die dynamische, branchenbezogene Entwicklung der Subventionsquote[838], da sie in Relation zum Branchenwachstum die Intensität der Subventionsentwicklung aufzeigen kann. Der branchenbezogene Subventionsanteil im Verhältnis zum gesamtwirtschaftlichen Wertschöpfungsanteil der Branche ist ein Kriterium für den Wachstumseffekt der Subventionierung. Nimmt der Intensitätsgrad[839] zu und das Branchenvolumen steigt nicht, ist die Subventionierung eher ineffizient, da es keine Kapazitätserweiterungseffekte gibt.

Die nachfolgende Abbildung zeigt, daß bei einer dynamischen Betrachtung und bei Berücksichtigung der branchenspezifischen Subventionsvolumina und des Branchenbeitrags zur gesamtwirtschaftlichen Wertschöpfung entsprechende Rückschlüsse auf die Begünstigung und den Subventionseffekt für die Branchenkapazitäten gezogen werden können. Steigt beispielsweise die Subventionshöhe in einer Branche stärker als

837 Vgl. hierzu die Branchen- und Fallstudienanalyse Kapitel C, Abschnitt 2.
838 Subventionsquote = quantitativer branchenbezogener Anteil aller Subventionen am BIP-Anteil der Branche.
839 Intensitätsgrad = Verhältnis der Subventionshöhe zum Outputvolumen der Branche.

ihr Wachstum oder das der Gesamtwirtschaft, so ist zu prüfen (Soll-Ist-Vergleich), ob das Wachstum ausschließlich durch Subventionen getragen wurde. Andererseits kann ein Quervergleich über alle Branchen zeigen, ob eine Branche besonders viele Subventionen absorbiert und netto andere Branchen durch das entsprechend notwendige Steueraufkommen belastet. Basis hierfür könnte die Subventionsquote im Branchen- und Wertschöpfungsvergleich sein.

Branche	Subventionen je Erwerbstätigen			Subventionen in % der Bruttowertschöpfung		
	1980	1990	% - ²	1980	1990	% - ²
Land-, Forstwirtschaft, Fischerei	11.969	24.422	+104%	55	65	+18%
Produzierendes Gewerbe	1.865	3.013	+62%	3,5	3,6	+3%
• Energie, Bergbau	15.604	31.309	+101%	15,8	20,9	+32%
• Verarbeitendes Gewerbe	1.276	1.850	+45%	2,4	2,2	-8%
• Baugewerbe	1.196	1.556	+30%	2,6	2,3	-12%
Handel und Verkehr	4.392	4.976	+13%	10,1	7,6	-25%
ø aller Branchen	3.617	4.485	+24%	6,9	5,5	-20%

Quelle: A. Rosenschon (1991), Tab. 3 S. 81; Sachverständigenrat zur Begutachtung der gesamtwirtschaftlichen Lage (1992), Tab. 23, S. 299, Tab. 25, S. 302

Abb. 62: Darstellung der Subventions- und Wertschöpfungsanteile ausgewählter Wirtschaftszweige

Aus dem Informationsgehalt dieses Kriteriums können folgende Hypothesen für eine Kontrolle generiert werden:

- Es zeigt sich, daß im Zeitablauf die Subventionierung und die Begünstigung sowie die branchenbezogene Intensität und Selektivität zugenommen haben.
- Es wird deutlich, daß bei gleichbleibendem oder gar rückläufigem Wertschöpfungsanteil eine Subventionierung gegen den Wachstums- und Markttrend der Branche erfolgt.
- Zu beobachten ist, daß einzelne Branchen andere Branchen durch Absorption der verfügbaren Subventionsmittel mittels Steuern zusätzlich belasten (Branchenbezogener Subventionsanteil an allen ausgegebenen Hilfen).

Die Entwicklung der Baubranche zeigt, daß sich das Wachstum in einzelnen Branchensegmenten sehr differenziert entwickelt. In den obengenannten Fällen waren alle Subventionsempfänger mit z. T. über 50 % im gewerblichen und öffentlichen Hochbausegment tätig. So waren die Fallstudienunternehmen unterschiedlich stark von konjunkturellen Nachfrageänderungen betroffen. Der Einbruch im gewerblichen und im öffentlichen Hochbau war gravierender als in anderen Bausegmenten. Folglich ist nicht nur die Branche als wirtschaftliche Einheit zu sehen, sondern die

Subventionsvergabe ist differenziert nach ***spezifischen Branchensegmenten***[840] zu steuern. M. a. W. sind die Branchensegmente vor der Subventionierung auf ihre Marktentwicklungsbedingungen[841] hin separat zu prüfen.

Volkswirtschaftliche Sondereffekte üben einen maßgeblichen, häufig aber nur kurzen Einfluß auf das Wirtschaftswachstum einer Branche aus. Die ostdeutsche Bau-Sonderkonjunktur ermöglichte für einen begrenzten Zeitraum (1991-1994) höhere Wachstumsraten, in deren Folge ein deutlicher Kapazitätsaufbau vorgenommen wurde. Der dramatische Rückgang des Auftragseingangs seit 1994 und die massiven Überkapazitäten führten dazu, daß der Subventionsgeber Wachstumsimpulse vermehrt in der Abschwungphase geben wollte. Die Branche erhielt jedoch schon in der Boomphase erhebliche Erhaltungs- und Anpassungshilfen. Diese wurden zur Stabilisierung der Unternehmen gewährt, obwohl das Gesamtmarktvolumen und der entsprechende Auftragseingang deutlich abnahmen. Es erscheint daher zweckmäßig, die Informationen bezüglich der segmentbezogenen Kapazitätsauslastungen sowie der Höhe von Auftragsbeständen und -zugängen zu erheben. Ist die regionale Kapazitätsauslastung gering und das zwischen den Branchenanbietern existierende Produktivitätsgefälle bekannt, so ist die überkapazitätsbeseitigende Subvention dem Unternehmen mit der geringsten Produktivität zukommen zu lassen.[842] Dieser Prozeß ist so lange fortzusetzen, bis die regionalen Überkapazitäten nachhaltig beseitigt sind (Anpassungssubventionen). Voraussetzung hierfür ist eine regionale Verwurzelung des Unternehmens, damit gar nicht erst Kapazitäten, weil man eine Subventionierung erwartet, aufgebaut werden (Subventionserschleichung).[843] Als Effizienzkriterium dient hier eine Kontrolle der Subventionshöhe pro zu beseitigende/abzubauende Kapazitätseinheit je Marktteilnehmer.[844]

Eine Differenzierung der Hilfen unter regionalwirtschaftlichen Gesichtspunkten ist sinnvoll, da die Wachstumsraten resp. die Stagnationsraten der Bauwirtschaft nicht nur in einer Trennung von Ost- und Westdeutschland gesehen werden dürfen; vielmehr beeinflußt das relevante bauwirtschaftliche Wettbewerbsumfeld in der Region in erster Linie die Wachstumschancen. Hierbei wurden ***drei Aspekte*** deutlich:

- Erstens wurden mit Blick auf das Wachstumsziel bzw. die Vermeidung einer Stagnation die regionale Mobilität der Baubranche und ihre Wertschöpfungskapazitäten aus regionalwirtschaftlicher Sicht stark unterschätzt. Der Unternehmensstandort in der Baubranche muß nicht identisch mit dem Ort der Leistungserstellung sein. Folglich muß die regionale (Bau-)Nachfrage als Kriterium für relevante regionale Wachstumseffekte stärker als die regionalen Bauüberkapazitäten allein berücksichtigt werden.

840 Für die Baubranche bedeutet das eine Differenzierung nach gewerblichem Hochbau, öffentlichem Hochbau, nach Tiefbau und Wohnungsbau.

841 Zu den Marktentwicklungsbedingungen zählen u. a. Marktnachfrage, Kapazitäten, Preisentwicklung und Marktbarrieren.

842 Vgl. hierzu auch H. Blankmann (1987), S. 326-327.

843 Vgl. hierzu den Aspekt der Subventionsankündigung in Kapital A, Abschnitt 1.1.1.3.

844 Die Wahl der Maßeinheit muß sich an den branchenspezifischen Charakteristika orientieren.

- Zweitens wird deutlich, daß die Bauunternehmen mit hoher regionaler Wachstumsbedeutung Wachstumsimpulse für die vorgelagerten und nachgelagerten Wertschöpfungsstufen geben. Dies führt aber häufig zu einer wachstumsbezogenen Überbewertung der Bedeutung der Unternehmen als Wachstumsknoten für die Region durch den Subventionsgeber. In allen Fällen wurden keine gesonderten quantitativen Überlegungen zu einem multiplikativen Verbundeffekt angestellt. Folglich ist die Multiplikatorenwirkung eines subventionsempfangenden Unternehmens unmittelbar für das regionale Wachstum als Kriterium mitzuberücksichtigen und zu quantifizieren.
- Drittens ist fraglich, inwieweit die bestehenden lokalen Branchenkapazitäten in der Lage sind, das zukünftige Wachstum sicherzustellen. Die Fälle zeigen, daß Marktwachstumsentwicklungen lokal und regional unterschiedlich verlaufen: Nicht alle partizipieren in gleichem Maße von den Impulsen und können diese auch umsetzen. Die Gründe sind marktwirtschaftlicher Natur (Produktivität, Qualität, Emotionalität, Preis etc.) und können durch Subventionen nicht nachhaltig verändert werden.[845]

3.1.1.2. Einzelwirtschaftlicher Analysepfad

Die Auswertung der Fallstudien macht deutlich, daß es für eine unternehmensbezogene Informationsversorgung spezifische Kontrollziele und -kriterien gibt. In allen untersuchten Fällen lag eine Wachstumsplanung auf der Basis eines ***Unternehmenskonzepts*** als Informationsgrundlage vor. In den meisten Fällen war die Wachstumsplanung auch Grundlage der Subventionsvergabe in der entsprechenden Höhe. Diese Konzepte wurden in den untersuchten Fällen in periodischen Zyklen (viertel- bis halbjährlich) angepaßt. M. a. W. kann von einer kontinuierlichen und zeitnahen Informationsbereitstellung einzelwirtschaftlicher Erfolgsgrößen durch den Subventionsempfänger gesprochen werden.[846] Für die Fälle, in denen nicht die entsprechenden Informationsquellen[847] zur Verfügung standen, wäre eine Mitwirkungspflicht des Subventionsempfängers zur Aufbereitung der relevanten Kontrollinformationen zu fordern. In diesem Zusammenhang formuliert ***Blankmann***: „Theoretisch ist es möglich, zunächst die Subventionshöhe [derart] festzulegen, um anschließend die anderen Bedingungen [...] so auszurichten, daß die Mitwirkungsbereitschaft des Adressaten sichergestellt ist."[848] Eine Systematisierung der für die Kontrolle der Subventionen relevanten Informationen ist aus Vereinfachungs- und Übersichtsgründen sinnvoll. Hierfür können drei Hypothesenfelder aufgebaut werden:

---

845 In einem Fall wurde die emotionale Beziehung an ein regionales Unternehmen besonders deutlich. Obwohl das Unternehmen Millionenhilfen durch Bund und Land erhielt, wurde ihm in der Folgezeit kein öffentlicher Auftrag zugeteilt, was wiederum zu einer erneuten, auftragsbedingten Schieflage des Unternehmens führte.

846 In den wenigsten Fällen wurden unabhängige Dritte zur Informationserhebung und -aufbereitung beim Subventionsempfänger herangezogen. Die Aufbereitung der Informationen wurde durch den Subventionsnehmer übernommen.

847 U. a. Daten aus dem betrieblichen und finanziellen Rechungswesen sowie strategische Markt- und Konkurrenzdaten.

848 H. Blankmann (1987), S. 329.

A. Art und Quelle des Wachstums,
B. Wachstumsnachhaltigkeit sowie
C. Produktivitätsniveau (liquiditäts- und ertragswirtschaftlicher Wachstumsrahmen).

A. Art und Quelle des Wachstums:

Zwecks Sicherung des Wachstums des Unternehmens bedarf es einer ***Beurteilung der Art und der Quelle des Unternehmenswachstums***. Die Fallstudien zeigen hierzu, daß fast alle Unternehmen das Wachstum in ihrem Kernumsatzsegment bezogen auf den Pro-Kopf-Umsatz ausweiten wollten (Leistung pro beschäftigten Mitarbeiter[849]). Eine pauschale Beurteilung des Umsatzwachstums läßt jedoch keine Kontrollinformationen zu. Eine auf einzelne Umsatz- und Leistungssegemente bezogene Informationserhebung ist dagegen gehaltvoller, da Bereiche mit gravierenden Leistungsdefiziten gegenüber dem Branchendurchschnitt aufgedeckt werden können. Das Wachstum hängt von der Wachstumsart und -quelle ab. Um dies feststellen zu können, muß man klären, ob das Wachstum durch einen Zukauf oder aus eigener Ressourcenkraft generiert wird. Ein Zukauf stellt kein echtes internes Wachstum dar, da sich nur die Besitzverhältnisse, nicht aber das Unternehmenswachstum netto für den Subventionsgeber gesamtwirtschaftlich verändert. Dieser volumenneutrale Wachstumseffekt ist beispielsweise mit der Standortverlagerung westdeutscher Bauunternehmen in die NBL verbunden gewesen.

B. Wachstumsnachhaltigkeit:

Das zweite Informationsfeld orientiert sich an der ***Nachhaltigkeit*** des internen Wachstumsvolumens. Die Fälle zeigen, daß bei der Beurteilung der Nachhaltigkeit der internen Wachstumsquellen im Falle von Subventionierung wesentliche Kontrollinformationen nicht berücksichtigt werden, obwohl die Nachhaltigkeit doch wesentlichen Einfluß auf die Fördereffizienz ausübt. Ein Hauptansatzpunkt ergibt sich durch eine Überprüfung der ***Preiswürdigkeit*** des angestrebten Umsatzwachstums sowie - damit verbunden - eine Überprüfung der Angebotskalkulationen und der größten Aufträge auf ihre (Baustellen-)***Deckungsbeiträge***[850].

849 Leistung pro Mitarbeiter = Wertschöpfungsanteil pro beschäftigten 100 % Mitarbeiter; d. h., der fakturierte Umsatz ./. der zugekauften Leistungen/Wertschöpfung = Leistung des Unternehmens durch die Anzahl der 100 % Stellen im Unternehmen geteilt.

850 Die Deckungsbeitragsrechnung erlaubt dem Kontrolleur (hier dem Subventionsgeber), Entscheidungen hinsichtlich der subventionspolitischen Maßnahmen zu treffen. Ziel der Methode ist es, objektbezogene Deckungsbeiträge zu ermitteln; d. h. Bruttoerlöse ./. Erlösschmälerungen = Nettoerlöse ./. variabler Fertigungskosten = Beitrag zur Deckung der Fixkosten (Bereitschaftskosten des Unternehmens). In einer Vielzahl von Subventionsempfängern war dieser Betrag für wesentliche Aufträge/Baustellen schon negativ.

Diese Informationen erlauben eine Bewertung der Wachstumsqualität und damit der nachhaltigen wirtschaftlichen Wirkung für das Unternehmen. In der überwiegenden Mehrzahl der Fälle ist hierzu festzustellen, daß trotz eines Umsatzwachstums deutliche Ergebnisrückgänge vorhanden sind. Um das Umsatzvolumen halten bzw. ausbauen zu können, nimmt man bewußt preiskritische Aufträge (Verlustbringer) an. Zusätzlich überwiegen Wachstumsplanungen der Subventionsempfänger, die, losgelöst von der bestehenden Auftragslage und realistisch zu erwartetenden Auftragseingängen, dem Subventionsgeber eine Hockystik-Umsatzplanung[851] präsentieren. Es zeigt sich, daß der Geber keinen Vergleich zwischen der Wachstumsplanung (Soll-Werten) und den tatsächlich erreichten Wachstumszahlen (Ist-Werten) der Nehmer beispielsweise durch eine Abweichungsanalyse vornahm. Da in den meisten Fällen die Höhe der Subventionen direkt von der Unternehmensplanung konditioniert war, muß in der Planungsgüte und damit in der Qualität der Referenzbezüge ein wesentliches Kriterium für einen nachhaltigen Wachstumserfolg vermutet werden.

C. Produktivitätsniveau:

Das dritte Feld beinhaltet eine Bewertung, ob die ***Produktivität*** in dem Bauunternehmen sich nachhaltig verbessert hat und damit wettbewerbskonforme Strukturen erzielt werden. Das Wachstum des Fallstudienunternehmens hängt mittelbar von der Höhe seiner Produktivität ab, da die Produktivität gegenüber dem Branchenwettbewerbsdurchschnitt maßgeblich die Input-Output-Relation bestimmt. Damit garantiert ist, daß der Subventionsgeber keine Dauersubventionsfälle verkraften muß und nachträglich zu einer Aufstockung der Hilfen (Folgesubventionen[852]) gezwungen ist, ist mit der Subventionierung ein wettbewerbsfähiges Produktivitätsniveau sicherzustellen. Die Bauunternehmen weisen alle einen deutlichen Produktivitätsnachteil gegenüber dem relevanten Wettbewerbsdurchschnitt (Ø 130-150 TDM/MA) auf. Die überwiegende Anzahl der Fallstudienunternehmen, bei denen die hierfür maßgebliche Kennziffer: Leistung pro Mitarbeiter, erheblich niedriger ausfiel (teilweise nur 60 TDM/MA), konnte dies während des Subventionszeitraums nicht deutlich verbessern. Das läßt den Schluß zu, daß der Subventionsgeber die Vergabe zunächst an eine wettbewerbskonforme Produktivitätssteigerung verknüpfen und die Verbesserungen durch periodische Kontrollen überprüfen muß. Hierbei ist darauf zu achten, daß der Produktivitätsgewinn durch interne Erfolge und nicht durch externe Leistungszukäufe erfolgt, weil er in diesem Fall nicht nachhaltig dem Subventionsempfänger zuzuordnen wäre und nur vom Einkaufserfolg (externer Produktivitäten) abhinge.

851 Eine Hockystik-Planung impliziert ein von Hoffnung getragenes Planungsprinzip. Der Planer geht davon aus, daß sich in Zukunft das derzeitige Outputniveau hockystickartig noch oben in der Zukunft verbessert.

852 Vgl. hierzu auch Kapitel A, Abschnitt 5.0.

3.1.2. Leitmaxime: Beschäftigungssicherung

3.1.2.1. Branchenbezogener Analysepfad

Beschäftigungspolitische Subventionen haben eine überragende Stellung bei der Subventionierung der Bauwirtschaft eingenommen.[853] Die unterschiedliche Entwicklung der regionalen Arbeitslosigkeit und der Höhe der Gesamtarbeitslosigkeit in Deutschland erfordern, daß die Subventionen hinsichtlich ihrer beschäftigungssichernden und -schaffenden Effizienz zu bewerten sind.[854] Hierzu wird folgendes Raster vorgeschlagen:

A. Menge der Beschäftigung (Quantität),
B. Art der Beschäftigung (Qualität) und
C. Nachhaltigkeit der Beschäftigung (Dauer).

A. Menge der Beschäftigung

Durch das starke quantitative Wachstum der Baubranche von 1991 bis 1994, das durch die Sonderkonjunktur in Ostdeutschland initiiert wurde, nahm die gesamtdeutsche Beschäftigung deutlich zu. Seit Ende 1995 ist jedoch ein erheblicher Beschäftigungsrückgang (1995 zu 1996) im gesamtdeutschen Baugewerbe von -7,1 % (1995 zu 1996) und -6,1 % (1996 zu 1997) zu verzeichnen, der mit -5,7 % (1996) und -9,1 % in 1997 in den NBL noch zugelegt hat. Die folgende Abbildung zeigt, daß das Ausgangsniveau der Beschäftigung von 1991 nach zwei Jahren Beschäftigungsrückgang wieder erreicht wurde.

853 Die bayerische Industriepolitik engagiert sich vermehrt dort, wo die Arbeitslosigkeit für bayerische Verhältnisse hoch und die Stimmung besonders schlecht ist. Insbes. der Einstieg der Landesanstalt für Aufbaufinanzierung (LFA) bei Grundig dient der Rettung des insolvenzbedrohten Traditionsunternehmens und seiner 5000 Arbeitsplätze in einer strukturschwachen Region. Vgl. C. Knust (1997), S. 17.

854 Das ifo-Institut und das IWH in Halle bewerten diejenige Subventionsvergabe als effizient, die das "Wirtschaftswachstum und die Arbeitsplätze kurzfristig sichern". Vgl. ifo, IWH (1994), S. 3.

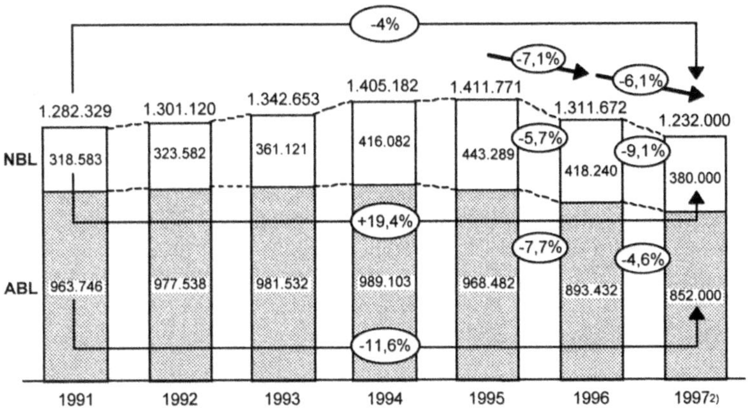

Quelle: Statistisches Bundesamt (1997 a, b, c)

Abb. 63: Entwicklung der Beschäftigtenzahlen im Baugewerbe 1991-1997

Weiterhin zeigt sich, daß trotz des Baubooms in den NBL der bestehende Personalüberhang der ostdeutschen Bauunternehmen nicht kompensiert werden konnte, sondern mit Wegfall der Nachfragesubventionen für die Bauwirtschaft in den NBL ein deutlicher Personalabbau folgte. Die Leerkapazitäten und die Rationalisierungsreserven in der ostdeutschen Bauwirtschaft lassen eine weitere Bereinigung unumgänglich werden.[855] Das Problem der Leerkapazitäten von bis zu 40 % ist bei der Subventionierung nicht genügend berücksichtigt worden.[856] Die Kombination beider Informationen läßt den Rückschluß zu, daß die beschäftigungspolitische Wachstumswirkung überwiegend falsch eingeschätzt und an falschen Kriterien fixiert wurde. Die vorliegenden Fälle und die Branchenentwicklung zeigen, daß der Branche zeitgleich mit den massiven Erhaltungshilfen Anpassungshilfen zugeführt wurden. Dies geschah trotz einer offensichtlich ungenügenden Kapazitätsauslastung der Baubranche. Folglich wurden Kapazitätsüberhänge weiter gefördert (Sonder-AfA, Investitionszulagen, Gewerbesteuerbefreiung, Lohnkostenzuschüsse etc.), während zur selben Zeit Hilfen zur Beschäftigungssicherung einen branchenweiten Wettbewerb initiierten. Der Subventionsgeber verfolgte damit eine Zielstruktur, die nicht nur einander ausschließende Ziele enthielt, sondern auch losgelöst von der Branchenentwicklung geplant wurde. Obwohl er verpflichtet ist, die richtige Subventionshöhe zu fixieren, d. h. eine solche, die gerade ausreicht, die Beseitigung der jeweiligen Überkapazitäten zu bewirken, war er nicht in der Lage, die entsprechenden Brancheninformationen zu erheben.[857] Zur Vermeidung derartiger Ineffizienzen können Hypothesen zur quantitativen Beschäftigungssicherung gebildet werden.

855 Während in den ABL auf eine Mio. DM Auftragsbestand 9 Beschäftigte kommen, sind es in den NBL immerhin 17 im Bauhauptgewerbe. Vgl. O. V. (1997ze), S. 26.

856 Vgl. zum Aspekt der Entwicklung der Leerkapazitäten in der Bauwirtschaft: Kapitel C, Abschnitt 2.1.2.

857 Vgl. H. Blankmann (1987), S. 330.

Zunächst muß sich der Subventionsgeber nach der Entwicklung der personellen Branchenkapazitätsauslastung im regionalen Umfeld richten und dabei die Größe der (Leer-)Kapazitäten differenziert betrachten. Konjunkturelle Sondereffekte sollen bei der Beschäftigungsförderung und dem damit verbundenen Kapazitätseffekt für einen späterhin wirtschaftlich stabilen Normalzustand mitberücksichtigt werden. Die Subventionierung zur branchenbezogenen Beschäftigungssicherung darf nicht mit Hilfen zur Kapazitätsanpassung zeitlich überlappen (generelles Verbot von sich gegenseitig ausschließenden Subventionszielen in einer Branche). Schließlich muß die konjunkturelle Entwicklungen der Branchen bei der Subventionierung antizipiert werden, damit die Beschäftigung nicht gegen den Markttrend subventioniert wird.

B. Art der Beschäftigung:

Entscheidend für die ursachenorientierte und damit langfristige Beschäftigungssicherung ist die Schaffung eines international wettbewerbsfähigen Arbeitskräftepotentials. Die Erfolgsfaktoren verlangen, daß die Subventionen einen Beitrag zur langfristigen Qualitätssicherung und -verbesserung der Mitarbeiterstruktur leisten müssen (u. a. durch konditionierte Vergabe an Mitarbeiterqualifizierungen, Weiterbildungen, Schaffung von Ausbildungsplätzen), so daß nachhaltige Beschäftigungserfolge zu erzielen sind. Die Förderorientierung an diesen qualitativen, teils außerökonomischen Kriterien kann nicht aus exakt festgelegten ökonomischen Berechnungen und Rangskalen deduziert werden.[858] Eine qualitativ gut ausgebildete kaufmännische und gewerbliche Mitarbeiterstruktur ist für die Leistungsqualität (Baustellenmanagement, Abwicklung großer Projekte, Internationalisierung, schnelle und flexible interne Ablaufprozesse etc.) und damit für den Gesamterfolg der Baubranche von entscheidender Bedeutung. Die Branchenentwicklung zeigt, daß die Bauunternehmen, die durch mehrfache personelle Freisetzungen gekennzeichnet waren, einen deutlichen Verlust von kaufmännischer und gewerblicher Kompetenz verkraften mußten. Im Ergebnis führte dies trotz oder wegen des subventionierten Abbaus dazu, daß die bauverfahrenstechnischen Know-how-Träger aus Kostengründen zuerst freigesetzt wurden oder von sich aus das Unternehmen angesichts der ungewissen Zukunft wechselten. Zwei wesentliche Erfolgsfaktoren in der Bauwirtschaft werden durch die mangelende Qualifiaktionsstruktur im Vergleich zum Tätigkeitsspektrum in der Baubranche negativ beeinflußt:

- Hoher Verlust an kalkulations- und abwicklungstechnischem Know-how; in dessen Folge belasten verlustreiche und wertberichtigungsgefährdete Aufträge das Unternehmensergebnis.
- Der Verlust an Abwicklungskompetenz von großen und komplexen Projekten, der darin bestünde, daß mit einem geringen Eigenwertschöpfungsanteil und damit geringem Risiko unterschiedliche Einzelgewerke im Bau als komplexe Projekte durchzusteuern und an Unterlieferanten abzugeben sind.

858 Vgl. K. Trojanus (1995a), S. 75; übereinstimmend: H.-R. Peters (1988), S. 15.

Die Kontrolle muß sich also auf die Sicherstellung der Qualität der Beschäftigungssicherung konzentrieren, da hiervon die Sicherung der Wettbewerbsfähigkeit entscheidend abhängt.

C. Nachhaltigkeit der Beschäftigung:

Unmittelbar mit der Forderung nach einer qualitativen Beschäftigungssicherung ist das dritte Kriterium, das der ***Nachhaltigkeit eines Arbeitsplatzes,*** verbunden. Hierbei geht es darum, daß die Förderung der Arbeitsplätze nachhaltige Beschäftigungseffekte initiiert.

Die westdeutsche Baubranche nutzte die erheblichen Subventionen ab 1991 zur Stabilisierung ihrer schwachen Ertragslage und zur Verbesserung der finanziellen Unternehmenssituation. Der deutliche personelle Überhang - die Anzahl und die entsprechenden Personalkosten sind im Verhältnis zum Umsatz relativ und absolut zu hoch - konnte durch den Bauboom im Osten kaschiert werden, da genügend Aufträge für Beschäftigungssicherung und -ausweitung in den ABL wie in den NBL möglich waren. Die Baubranche profitierte in einem hohen Maße von den ostdeutschen Subventionen, ohne dabei den temporären Charakter der Hilfen und die Gefahr einer künstlich geschaffenen Marktnachfrage vorauszusehen und wahrhaben zu wollen.

Die ostdeutsche Bauwirtschaft, sofern sie rechtlich noch von der westdeutschen zu trennen ist[859], verwendete zunächst einen Großteil der Subventionen für die Finanzierung der exzessiven Lohnkostensteigerung und für den lohnkosteninduzierten Verlustausgleich.[860] Erst 1995 begann man damit, branchenweit wettbewerbsfähige und damit dauerhafte Beschäftigung anzustreben, woraufhin in den NBL der - in den ABL schon seit Ende 1994 eingeleitete - Mitarbeiterabbau[861] mit einem Jahr Verzögerung einsetzte. Im Ergebnis ist nach fünf Jahren subventionierten Baubooms ein niedrigeres Beschäftigungsvolumen als zu Beginn des Aufschwungs in der Branche erreicht. Die Fälle bestätigen diese Entwicklung; denn kein Fallstudienunternehmen konnte trotz Subventionierung das ursprüngliche Beschäftigungsvolumen auch nur annähernd halten. Die Bandbreite reichte von -15 % bis -55 % je Subventionsnehmer.

In den NBL wurde deutlich, daß die Hilfen quasi als Reparaturmaßnahme für lohnpolitisches Fehlverhalten umgeleitet wurden.[862] Die dadurch erreichte temporäre Arbeitsplatzsicherung orientierte sich nicht an der langfristig für die Beschäftigung erfolgsrelevanten Mitarbeiterproduktivität. Die Beschäftigungsentwicklung der Baubranche zeigt, daß diejenigen Branchenunternehmen, die über ein anspruchsvolleres Leistungsspektrum verfügten, ihre Beschäftigung annähernd halten konnten. Das hierfür notwendige Projektierungs- und Abwicklungs-Know-how erfordert eine zusätzliche Qualifizierung, die im Ergebnis zu einer nachhaltigen

859 Von den achtunddreißig Fällen sind achtzehn aus den NBL, wovon bis auf zwei Bauunternehmen in 1993 alle Tochterunternehmen westdeutscher oder ausländischer Konzerne waren.

860 Vgl. ifo, IWH (1994), S. 198 ff.

861 Zum unterschiedlichen Verlauf des Beschäftigungsvolumens in den ABL und NBL vgl. Kapitel C, Abschnitt 3.1.2.1., Abb. 62.

862 Vgl. ifo, IWH (1994), S. 201.

Beschäftigungssicherung geführt hat.[863] Zudem erfordert die Branche einen Zwang zur Internationalisierung und folglich zu einer kritischen Größe, die insbesondere in den NBL nur unzureichend vorhanden ist. Für die ostdeutsche Baubranche entpuppte sich der Schritt insbesondere ins osteuropäische Ausland in den überwiegenden Fällen als finanzielles Desaster (hohe Verluste durch zahlungsunfähige Kunden und Wechselkursrisiken), in dessen Folge Verluste in dreistelliger Millionenhöhe die heimische Wettbewerbsfähigkeit massiv bedrohte.

Die Konsequenz für die Förderkontrolle muß daher sein, daß die Beschäftigungshilfen direkt an die Branchenerfordernisse geknüpft werden. Fünf Aspekte sind aus Sicht einer nachhaltigen Beschäftigungswirkung von besonderer Bedeutung:

- Verzicht von Beschäftigungshilfen, die nur der Anpassung von Mitarbeiterkapazitäten und nicht der Ausrichtung der Qualifizierung der Mitarbeiter dienen.
- Prüfung des Risikogrades der Bauaktivitäten im Ausland.
- Prüfung dahingehend, ob die Hilfen nicht nur zur kurzfristigen Kapazitätserhaltung dienen und neue Risiken für die Branche initiieren.
- Konditionierung der Förderung an eine anspruchsvolle Bauleistung[864], die eine entsprechende Mitarbeiterqualifizierung erfordert, die sich an den zukünftigen Erfolgspotentialen[865] der Branche erfordert.
- Prüfung, ob sich die Hilfen nach den Produktivitätslücken und Überkapazitäten der Branche richten, damit nicht Beschäftigung ohne eine entsprechende Absatzchance gefördert wird.

3.1.2.2. Einzelwirtschaftlicher Analysepfad

In Ergänzung zu der Kontrolle auf Branchenebene zeigen die untersuchten Fälle, daß die beschäftigungsorientierte direkte Subventionierung[866] einzelner Bauunternehmen die überragende Stellung einnimmt. Sieht man einmal von der Absatzsubventionierung ab, die auch den privaten Haushalten zugute kommt, so stellen die direkten Subventionen zur Beschäftigungssicherung in allen untersuchten Fällen die Hauptmotivation des Gebers dar.[867] In allen Entscheidungsvorlagen wurde auf die beschäftigungspolitische Bedeutung der Hilfen für das Unternehmen und damit für die betroffene Region hingewiesen. Insbesondere in Regionen mit hoher Arbeitslosig-

---

863 Vgl. o.V. (1997za), S. 20.

864 Als „anspruchsvolle Bauleistungen" gelten insbes. der Tunnel- und Brückenbau sowie Projektentwicklung und -management.

865 Vgl. zum Begriff des Erfolgspotentials: C. Pümpin (1992), S. 23. Erfolgspotentiale umfassen Vorteile, die auf nachhaltigen Wettbewerbsvorteilen (geringe Adaptionen, Imitierbarkeit) basieren.

866 Vgl. zum Aspekt der direkten Subventionen Kapitel A, Abschnitt 1.1.1.3.

867 Das Gesamtvolumen der Subventionen aller untersuchten Fallstudienunternehmen betrug 580 Mio. DM in drei Jahren.

keit[868] wurden höhere Hilfen (Subventionsbetrag je Fallstudienunternehmen von 20-50 % über dem Durchschnitt) gewährt als in Regionen mit einem geringeren Druck auf dem regionalen Arbeitskräftemarkt. Dies hatte in zwei Fällen zur Folge, daß einige Fallstudienunternehmen Kapazitäten bewußt in „subventionsfreudigere" Regionen verlegten, damit sie einen leichteren Fördermittelzugang erhielten.[869] Dieses maximierende Empfängerverhalten erfordert eine systematische Kontrolle, die sich an folgenden Feldern orientieren sollte:

A. dem Volumen zur Beschäftigungssicherung,
B. der Erfolgspotentialorientierung der Beschäftigungshilfen und
C. der Nachhaltigkeit der Beschäftigungssicherung.

A. Das Volumen zur Beschäftigungssicherung:

Die ostdeutschen Fallstudienunternehmen zeigen, daß diesen Unternehmen die Hilfen überwiegend zur Deckung von Lohnproduktivitätslücken des bestehenden Mitarbeiterbestandes genutzt wurden. Die gegenüber der Produktivität überproportional gestiegenen Lohnkosten[870] versuchte der Subventionsgeber durch Einmalzuschüsse, d. h. als verlorene und sogenannte Sanierungs- und Anpassungszuschüsse, zu kompensieren. Die Wirkung verpuffte schnell, da sich die Produktivitätslücke in keinem Fall während der Subventionierung dem erforderlichen Branchenniveau annäherte. Die westdeutschen Fälle zeigten, daß der ohnehin geplante Beschäftigungsabbau durch Verlagerung von Kapazitäten in die NBL zeitlich verschoben werden konnte.[871]

Mit nur einer Ausnahme wurde in allen untersuchten Fällen auf ein mengenmäßiges Mindestbestandsziel der Mitarbeiterbeschäftigung für die Subventionsgewährung verzichtet. In dem einen Ausnahmefall führte die Nichterfüllung der quantitativen Bestandsgarantie jedoch zu keiner Sanktionierung, sondern zu einer Aufstockung der Hilfen. Sofern eine Abweichung überhaupt zeitnah erfaßt wurde, wurden die Gründe, wie z. B. plötzlicher Auftragseingang- und Umsatzrückgang sowie der mangelnde Optimierungsfortschritt in der Aufbau- und Prozeßorganisation, seitens des Subventionsgebers nicht bemängelt. Die negative Zielabweichung führte nicht zu einer Anpassung der Subventionshöhe durch den Subventionsgeber. Eine hierfür sinnvolle ratenweise, an bestimmte Ziele konditionierte Subventionsauszahlung (Konzept der Abschlußsubventionsrate) wurde in keinem Fall vorgenommen. Trotz der massiven Hilfen und des von 1991 bis 1994 deutlich positiven Marktumfeldes planten alle Fallstudienunternehmen für die Zukunft einen deutlichen, über der Fluktuation liegenden Mitarbeiterabbau. Grund hierfür waren die personellen Kapazitätsreserven gemessen

868 Vgl. hierzu die Arbeitslosenzahlen in % und absolut für ausgewählte Regionen in Kapitel A, Abschnitt 4.4, Abb. 25.

869 In zwei Fällen war es Teil der Strategie, durch den Kauf von Unternehmen in den NBL und die Verlegung von Teilkapazitäten Subventionen und Bürgschaften zu erhalten, die auch entsprechend gewährt wurden.

870 Überproportional gegenüber dem relevanten Wettbewerb. Die meisten Subventionsempfänger hatten Lohnkosten zwischen 20-30 % über dem Mittelwert der Branche.

871 1997 waren in der westdeutschen Bauwirtschaft gut 110.000 Mitarbeiter weniger als 1991 beschäftigt.

am nationalen und internationalen Branchenwettbewerb, die durch organisatorische Neuordnung und Wertschöpfungsauslagerungen zu einem weiteren Mitarbeiterabbau führten. Innerhalb des Subventionierungszeitraums zeigte sich, daß der Subventionsempfänger nicht in der Lage war, die angestrebte Höhe b. z. w. Anzahl der Arbeitsplätze halten zu können. Die Subventionsaufwendungen pro erhaltenen/neu geschaffenen Arbeitsplatz[872] (= verlorene Zuschüsse ohne Bürgschaftsübernahmen) reichten im günstigsten Fall von 420 TDM pro garantierten Mitarbeiter bis 622 TDM im ungünstigsten Fall. Dabei zeigt sich, daß bei größeren - gemessen am Leistungsvolumen - Bauunternehmen deutlich mehr Subventionen pro garantierten/neu geschaffenen Mitarbeiter als bei kleineren Bauunternehmen aufgewendet werden mußten. M. a. W., der Grenzertrag der quantitativen Beschäftigungssicherung in der Bauwirtschaft nimmt mit zunehmender Unternehmensgröße ab.

Die Fälle zeigen, daß die Subventionierung mit einer Plausibilisierung der geplanten und erreichten Mitarbeitervolumina gekoppelt werden muß. Im Sinne eines einzelwirtschaftlichen Beschäftigungstargets sind so die Aufwandsseite (Summe aller Subventionsleistungen) und die Ertragsseite (Anzahl der Mitarbeiter im Soll-Zustand) gegenüberzustellen. Durch eine periodische Ergebniskontrolle (Soll-Ist-Vergleich) kann die einzelwirtschaftliche Effizienz der Mittel auf der Basis des so erfaßten Wirkungsgrades operationalisiert werden. Ein Nachevaluieren des Erreichten gegenüber dem Soll ermöglicht komparative Aussagen zum Wirkungsgrad der Subventionsbeschäftigung auch noch zu einem späteren Zeitpunkt. Als Basis aller Bewertungen kann hier die ursprüngliche Leistungsplanung im Verhältnis zum erhaltenen Beschäftigungsvolumen herangezogen werden. Da die Menge der beschäftigten Mitarbeiter deutlich von anderen unternehmensbezogenen Erfolgspotentialen abhängt, kann ein Rückgang trotz Subventionierung nur Signalcharakter für eine Orientierung an anderen Einflußfaktoren haben. Die absolute Höhe der Mitarbeiteranzahl als Kennzahl hat nur eine „Alarmfunktion" für den Subventionsgeber dahingehend, daß die Hilfen nicht an den ursächlichen Rückgang geknüpft worden sind. Für eine ursächliche Analyse ist eine Kopplung dieser Information mit den nachfolgenden Feldern und Kriterien notwendig.

B. Die Erfolgspotentialorientierung der Beschäftigungshilfen:

Eine höhere Beschäftigungswirkung der Mittel ist nur in Verbindung mit einer gezielten Qualitätsverbesserung bzw. -erhaltung der Beschäftigtenstruktur und einer effizienten Organisations- und Prozeßgestaltung der Arbeitsabläufe zu erreichen. Der Subventionsgeber nahm auf diese Informationen in seiner Entscheidung für Höhe und Dauer der Subventionierung keine Rücksicht, sondern orientierte sich in allen Fällen am quantitativen Beschäftigungsvolumen. Diese Erfolgspotentialorientierung erfordert eine Ausrichtung der Hilfen nach qualitativen Beschäftigungspunkten. Die hierfür entscheidende innerbetriebliche oder berufsbegleitende Weiterbildung in den geförderten Betrieben unterblieb überwiegend und wurde auch nicht explizit gefor-

872 Diese Angaben beziehen sich auf die durch Subventionen "garantierten Arbeitsplätze", die jedoch in keinem Fall eingehalten wurden. Eine Berechnung auf der Basis der "effektiv gehaltenen" Arbeitsplätze würde wesentlich höhere Subventionen pro Mitarbeiter aufzeigen.

dert.[873] Der Subventionsgeber verwies hierzu auf die Funktion der ABM[874] und verzichtete auf eine entsprechende qualitative Kontrolle in den Unternehmen. Dies führte dazu, daß die Subventionsempfänger solche Mitarbeiter zuerst freisetzten, welche die geringsten Kündigungskosten verursachten. I. d. R. waren dies aber die engagierten Leistungsträger der Unternehmen.

Die Beschäftigungssicherung läßt sich aber nur über ein hohes Qualitätsniveau realisieren. Mit einem höheren Ausbildungsstand können erfolgsrelevante Projektierung und Generalunternehmerschaft qualitativ gesichert werden. Sinnvolle Kriterien bildet die Konditionierung der Hilfen an die Erhaltung oder den Erwerb marktrelevanter Kompetenzen, die Bauleistungen insbesondere im anspruchsvollen Brücken- und Tunnelbau und weniger im gewerblichen und öffentlichen Hochbau vorsieht.

Der Einfluß funktioneller Organisations- und Prozeßstrukturen auf die Leistungsfähigkeit der Bauunternehmen ist erheblich. Diejenigen Subventionsempfänger, die in den Prozessen auf der Baustelle und in der Administration auch nach der Subventionierung weiter Qualitatsmängel aufwiesen, sind im Vergleich zu den Fallstudienunternehmen mit intakten/angepaßten Organisationsstrukturen und -abläufen deutlich im Nachteil. Im Ergebnis fehlt das Know-how für die Baustellenabwicklung und den administrativen Auftragsabwicklungsprozeß. Die Fehler der Vergangenheit führen erneut zu Ertragsproblemen.

C. Die Nachhaltigkeit der Beschäftigungssicherung:

Unmittelbar mit der Erfolgspotential- und Qualitätsorientierung ist die Nachhaltigkeit der Mitarbeitersicherung verbunden. Die Mehrzahl der Fallstudienunternehmen konnte, wie in den Fällen berichtet, das Beschäftigungsziel nicht nachhaltig einhalten. Die Ursachen hierzu sind vielfältig, wobei zwei wesentliche ursachenbezogene Informationskriterien herauszuheben sind:

Zunächst fällt auf, daß diejenigen Fallstudienunternehmen, die 1996 eine branchenkonforme Produktivität pro Mitarbeiter (= Rohertrag pro Mitarbeiter) von ca. 130-150 TDM erreichten, die Beschäftigung relativ stabil halten konnten. Diese Kennzahl stellt die Input-Output-Relation, d. h. die marktlich bewertete Leistungserstellung im Verhältnis zur Mitarbeiterzahl des Unternehmens, dar. Eine Abweichung vom Soll-Branchenniveau ist auf die marktliche oder ressourcenbezogene Ursache hin weiter zu analysieren.[875]

Weiterhin war die Beschäftigung bei solchen Fallstudienunternehmen nachhaltiger, welche die Mitarbeiteranpassung schnell und zügig durchführten und den Beschäfti-

873 Vgl. hierzu ausführlich die Ergebnisse bei B. Blaschke und E. Nagel (1992).

874 Durch ABM "Bildung auf Vorrat" zu schaffen, ist zweifelsohne eine wichtige soziale Komponente. Jedoch birgt diese Förderung immer die Gefahr, daß am "Markt vorbei" ausgebildet wird. Vgl. hierzu ausführlich die Studie des ifo und IWH (1994), S. 189 ff.

875 In diesem Zusammenhang ist zu bemerken, daß weiterhin die Probleme der Zuteilung der Produktivitätsdifferenz auf Output-Größen wie Marktpräsenz und Produktqualität sowie Input-Größen wie Faktorpreise oder Produktionsprozesse bestehen.

gungsabbau dabei nicht kosten-, sondern qualitätsorientiert vornahmen. Dies erforderte eine klare Strategie für das Leistungsprofil und eine konsequente Umsetzung. Die Hilfen sollten schrittweise an die Meilensteine einer Neuausrichtung vergeben werden. In den Fällen, in denen die Subventionen nur zum Verlustausgleich und zur Liquiditätssicherung verwendet wurden, wurden sie nur als Reparaturinstrument für lohnpolitisches und unternehmerisches Fehlverhalten sowie zur monetären Kompensation fehlender interner Effizienz genutzt. Der Subventionseffekt für die Beschäftigung verpuffte schnell.

3.1.3. Leitmaxime: Sicherung der Wettbewerbsfähigkeit

3.1.3.1. Branchenbezogener Analysepfad

Die Bauwirtschaft ist zunehmend einer starken nationalen und internationalen Wettbewerbsintensität ausgesetzt. Seit 1993 ist in fast allen Bausparten ein anhaltender Nachfragerückgang[876] festzustellen. Der zunehmende Marktdruck durch die Überkapazitäten führte zu Preiskämpfen, die wiederum einen Verdrängungswettbewerb entfachten. Hierdurch setzte zunächst eine erste Restrukturierungswelle ein, die zeitverzögert zu einer Kapazitätsbereinigung durch Unternehmensinsolvenzen und zur aktiven Kapazitätsbereinigung in der Baubranche selbst führte.[877]

Der Subventionsgeber Die Baubranche unterliegt weiterhin einem Verdrängungs- und/oder Bereinigungswettbewerb. Der Verdrängungswettbewerb zeichnet sich durch regionale Unterschiede in der Stärke der Wettbewerbsintensität aus. Insbesondere in den Ballungszentren ist ein starker Konkurrenz- und Wettbewerbsdruck durch Konkurrenten aus den süd- und osteuropäischen Ländern zu verzeichnen. Die Subventionierung der Baubranche hat zu einer deutlichen Zunahme der regionalen wie überregionalen Intensität des Branchenwettbewerbs geführt. Speziell bei den Ausschreibungen sind erhebliche Preisunterschiede festzustellen. I. d. R. erfolgen die abgegebenen Angebote durch den Subventionsempfänger nicht zu kostendeckenden Preisen, so daß die Förderungen primär zur Deckung von Ergebnis- und Liquiditätslücken als verdeckte Kosten- bzw. Preissubventionen genutzt werden. Diese Verzerrung führt dazu, daß einige Branchenunternehmen bewußt preiskritische Angebote zur Auslastung abgeben, um ihre Kapazitäten decken zu können. In einigen Fällen wurden mehrere in Konkurrenz stehende Unternehmen der Baubranche zeitgleich subventioniert. Eine Abstimmung der Förderung erfolgte nicht. Das Markt- und Konkurrenzumfeld der Branche ist, abgesehen von einigen Spezialunternehmen, polypolistisch. Einerseits verfügt die Baubranche wegen der Anlagenintensität über mittlere Eintritts- und Austrittsbarrieren. Nachfragerückgänge wurden folglich nur zögerlich durch den

876 Eine Ausnahme bilden die Altbausanierung und Spezialbausegemente wie z. B. der Rohrleitungsbau.

877 Der Hauptverband der Deutschen Bauindustrie sieht erst durch den Abbau weiterer 15-20 % der Kapazitäten in den NBL eine ausgewogene Basis für Angebot und Nachfrage. Vgl. o. V. (1997ze), S. 26.

Abbau von überschüssigen Kapazitäten vorgenommen.[878u.879] Der Hauptgrund hierfür sind regionale Anpassungs- und Standortsicherungshilfen, die insgesamt zu einem Anpassungsstau führten.[880] Zudem haben die Integration des europäischen Binnenmarktes und die Zunahme der internationalen Mobilität der Bauwirtschaft einen Anstieg der Zahl der Konkurrenten (z. B. treten Bauunternehmen aus dem süd- und osteuropäischen Ausland als zusätzliche neue EU-Konkurrenten auf) in Deutschland bewirkt. Hinzu kommen die Projektierungsgesellschaften, die sich den europäischen Wettbewerb zunutze machen und mit einer geringen Eigenwertschöpfung unterschiedliche Einzelgewerke international zum Nachteil der heimischen Baukapazitäten an die günstigsten Subunternehmer vergeben.

Vor diesem Hintergrund wird deutlich, daß sich die Subventionierung an den wettbewerbsbestimmenden Triebkräften der Bauwirtschaft orientieren muß. Eine bewußte Subventionierung gegen den Marktrend und die Marktkräfte in der Baubranche kann dadurch vermindert werden. Hierzu muß sich der Subventionsgeber der grundlegenden branchenbezogenen Markttrends von vornherein bewußt sein, da der Markterfolg von der Fähigkeit des Bauunternehmens abhängt, in adäquater Weise eine Generalunternehmerschaft und das Outsourcing-Management von qualitativ weniger wertschöpfenden Leistungen zu übernehmen. Haupterfolgsfaktoren - so der Trend zur Trennung von Planungs- und Wertschöpfungsaktivitäten - sind als bedeutendes Kontrollkriterium für die Subventionierung festzuhalten. Als Indikator kann die periodische Überprüfung der Branchenrelation Eigenleistung zu Fremdleistung der Bauunternehmen, d. h. die Quote der Subunternehmerschaft in Verbindung mit der Wertschöpfungsstruktur der subventionsempfangenden Branche, fungieren.

Zur Gewährleistung stabiler Märkte sind funktionierende Markt- und Wettbewerbsstrukturen (perfect contestable branch markets) notwendig. Eine Informationsaufbereitung zur Markt- und Konkurrenzfähigkeit der Branche erfordert eine Orientierung zur Sicherung und/oder Förderung der branchenbezogenen Markt- und Konkurrenzbedingungen in der Bauwirtschaft sowie eine Berücksichtigung der maßgeblichen fünf Triebkräfte des Branchenwettbewerbs. Es muß sichergestellt sein, wie hoch und in welcher Form die Vergünstigungen den einzelnen Marktkräften zukommen. Anhand von Kriterien wie Subventionshöhe je (relevanten) Marktteilnehmer und je vorhandene Leerkapazität sind Aussagen zum Selektionsgrad und zur subventionsinduzierten Zunahme oder Abnahme der Branchenrivalität zu treffen.

Der Subventionsgeber muß wissen, in welchem Wettbewerbsumfeld er die Hilfen gewährt. Den Grad der Selektion der Hilfen muß er jeweils abschätzen und kontrollieren. Die Subventionierung einzelner Marktteilnehmer der Baubranche führt dazu, daß in einem insgesamt von Überkapazitäten geprägtem Markt erhebliche Wettbewerbsverzerrungen entstehen. Die Analyse der Fallstudien zeigt hierzu: Je größer die Bauunternehmen, desto höher die spezifischen Austrittsbarrieren, und desto höher auch

878 Zum Aspekt der Branchenrivalität und des Verdrängungswettbewerbs sowie der Austritts- und Eintrittsbarrieren vgl. M. E. Porter (1992b), S. 48-49.

879 Vgl. hierzu die Entwicklung der Kapazitäten der Baubranche im Kapitel C, Abschnitt 2.1.

880 Vgl. zum Aspekt des Anpassungsstaus Kapitel A, Abschnitt 5.2. sowie für die NBL: o.V. (1997ze), S. 26.

fallen die Erhaltungssubventionen bezogen auf die zu erwartenden Leistungen (Input-Output-Relation) aus. Im Ergebnis führt eine Subventionierung dieser Unternehmen zu einer erheblichen Beeinträchtigung und in einige Fällen folglich auch zu wirtschaftlichen Problemen der Konkurrenten, die dann zeitverzögert ebenso subventionsbedürftig werden können.

Ohne eine Kontrolle der Nachfrageentwicklung (Dauer, Ursächlichkeit, Struktur etc.) des relevanten Marktumfeldes ist jede Festlegung der Subventionshöhe ineffizient. Eine Prognose des Nachfragerückgangs oder des -anstiegs ist erforderlich, da sonst konjunkturelle Einflüsse unterschätzt werden und die Subventionierungen zu gering für eine nachhaltige Sicherung der Branchenstruktur ausfallen. Der Subventionsgeber kann hierzu eine regionale Strukturanalyse durchführen, die Aussagen zum quantitativen Kapazitätsvolumen in der betroffenen Region, zur Verteilung auf einzelne Marktteilnehmer sowie zur Verflechtung regionaler Kapazitäten mit übergeordneten Konzernstrukturen (Aspekt der Niederlassungen) ermöglicht.

Die Fallstudienanalyse zeigt ergänzend hierzu, daß der Subventionsgeber, abweichend von seiner rahmengestaltenden Aufgabe für „perfect contestable branch markets", aktiv in die Markt- und Wettbewerbskräfte der Branche eingreift. Folglich muß sich der Staat als Marktfaktor sehen, da er direkt und indirekt als Abnehmer oder Lieferant den Wettbewerb mitbestimmt, die Eintritts- und Austrittsbarrieren verschiebt und die GuV-Aufwands- und Ertragsbestandteile jeweils verändert. Die Fälle zeigen weiterhin, daß das staatliche Abnehmerverhalten und -volumen (öffentlicher Bau) einen direkten Einfluß auf die Marktkräfte und die Geschwindigkeit des Strukturwandels nimmt. Die steuerlichen Anreize für die Bauinvestitionen in Ostdeutschland, in deren Folge die Bauwirtschaft eine Sonderkonjunktur erlebte, sind direkte Formen des staatlichen Einflusses auf die Branchenstruktur. Daraus folgt, daß sich der Subventionsgeber bewußt ist (sein sollte), daß er nicht nur den Empfänger direkt fördert, sondern als Auftraggeber im öffentlichen Bau eine Selektivitätsfunktion inne hat. U. U. kann ein Nachfragerückgang im öffentlichen Bau eine nachfolgende Subventionierung der Unternehmen erfordern, und zwar wenn die Bauwirtschaft in der Hauptsache von der öffentlichen Auftragsvergabe abhängt. Die Ausschreibepraxis führte in einigen Fällen dazu, daß der Staat zwar in einem ersten Schritt einen Preisvorteil erzielen konnte, dieser jedoch zeitverzögert qua drohende Insolvenz des Ausschreibungsgewinners als „Bumerang" zurückkam. Folglich sollte der Staat schon im Vorfeld öffentlicher Aufträge die wirtschaftliche Durchführbarkeit des angebotenen Preises prüfen, um nicht später in die Verlegenheit von Erhaltungssubventionen zu kommen.

3.1.3.2. Einzelwirtschaftlicher Analysepfad

Eine unternehmensbezogene Subventionskontrolle, die als Ziel die Sicherung und die Verbesserung der Wettbewerbsfähigkeit verfolgt, erfordert eine Orientierung der Kontrolle an den einzelwirtschaftlichen ***Erfolgsfaktoren.*** Die Subventionierung einzelner Unternehmen beeinflußt unmittelbar die Liquiditäts-[881] und Rentabilitätssituation[882] der Empfänger. Die Hilfen dienen in erster Linie der Kompensation von Verlusten und fehlender Wirtschaftlichkeit (hier verstanden als Verhältnis von Aufwand und Ertrag), in deren Folge die Wettbewerbsfähigkeit beeinträchtigt wird. Die Wirkung kann je nach gewählter Subventionsart - verlorene Zuschüsse wirken sich am stärksten auf die Liquiditätslage der Empfänger aus - stärker oder schwächer (z. B. rückzahlbare Darlehen zu Vorzugskonditionen) ausfallen.[883] Die Fälle zeigen, daß die Bauunternehmen i. d. R. nicht rückzahlungspflichtige Einmalhilfen (= verlorene Zuschüsse) sowie Bürgschaften mit dem Effekt einer Liquiditätserhöhung (= C. F.-Verbesserung durch Ausweitung der Verbindlichkeitenstruktur[884]) erhielten. Die Subventionshöhe orientierte sich in den meisten Fällen an dem unmittelbaren C. F.-Bedarf des Unternehmens, der zumeist von operativen und außerordentlichen finanzwirtschaftlichen Einflußgrößen bestimmt wird. Der Subventionsgeber konzentrierte sich folglich überwiegend an Größen, die eher einen symptomhaften Charakter aufweisen. Die Fälle zeigen jedoch, daß die so ermittelten und gewährten Subventionen die wirtschaftliche (Liquiditäts-)Situation des Empfängers nur temporär verbesserten und daß keine nachhaltigen Veränderungen der strategischen Ertrags- und Erfolgsfaktoren durch eine verbesserte Wettbewerbsfähigkeit erreicht wurden. Damit der Subventionsgeber nicht - wie in den überwiegenden Fällen geschehen - dazu gezwungen ist, bedeutende Folgesubventionen zur Abwendung einer erneuten bedrohlichen Unternehmenskrise zu gewähren, ist die Informationsversorgung neben den internen und externen Kennzahlen des Rechnungswesens zusätzlich an die Erfolgspotentiale des Empfängers anzulehnen. Die folgenden Felder haben sich in den Fällen immer wieder als besonders aufschlußreich und informativ für die Erfolgskontrolle und die Effizienz der Subventionsvergabe in der Bauwirtschaft erwiesen:

A. die nachhaltige Verbesserung finanzwirtschaftlicher Bilanz- und GuV-Werte des Empfängers als Kontrollfeld sowie
B. die nachhaltige Verbesserung der unternehmensbezogenen Erfolgspotentiale als Kontrollfeld.

A. Die nachhaltige Verbesserung finanzwirtschaftlicher Unternehmenswerte als Kontrollfeld:

---

881 Beispielsweise sind bei einer Kreditsubventionierung die zufließenden Mittel erheblich höher als der Wert der Subvention (Zinsverzicht). Bei einer Sachsubvention kann eine Förderung der Liquidität sogar entfallen.

882 Mit der Gewährung der Subvention wird i. d. R. eine Verbesserung der Rentabilität (unabhängig davon, ob als Bezugsgröße das Eigenkapital oder das Gesamtkapital gewählt wird) erreicht.

883 Je nach Kombination der Subventionsarten ist eine Vielzahl von Wirkungen denkbar. Daher soll im folgendem nicht der Versuch unternommen werden, jede denkbare und in den Fallstudien gewählte Kombination von Subventionsarten und ihre Wirkung darzustellen. Die Fallstudien zeigen, daß der Erfindungsgeist neuer Subventionsarten eine solche Eröterung als nicht sehr zweckmäßig erscheinen läßt.

884 Die Wirkungsweise einer Bürgschaft für die Liquiditätssituation verläuft wie folgt: Die Bürgschaft erhöht den Verbindlichkeitsspielraum (Fremdkapitalanteil), wodurch das Working Capital des Subventionsempfängers eine Ausweitung erfährt. Zinsen wirken direkt als Cash-Abfluß. In Summe erhält der Subventionsempfänger eine Erweiterung des C. F.

Die Fälle zeigen, daß die Entwicklung der ***Kapitalstruktur*** und insbesondere die der Eigenkapitalquote des Subventionsempfängers vor, während und nach der Subventionierung wesentliche Informationen dafür liefern kann, in welcher Art (z. B. verlorene Zuschüsse als Eigenkapitalhilfen oder Bürgschaften) und in welcher Höhe die Subvention für das einzelne Bauunternehmen als sinnvoll erscheint. Zwei Fälle zeigen, daß beispielsweise eine direkte finanzielle Eigenkapitalhilfe in einer Höhe gewährt wurde, die zum Ausgleich der außerordentlichen Aufwendungen bilanziell und wettbewerblich notwendig erschien. Zunächst fällt hierbei auf, daß die Hilfen keine Verbesserung der Ertragslage bewirkten, sondern nur den notwendigen bilanziellen Verlustausgleich im Subventionsjahr kompensierten und vorerst eine Überschuldung verhinderten. Der Subventionsgeber orientierte sich an Vergangenheitsgrößen, die wiederum nur symptomhaften Charakter hatten. Folglich wäre die Erfassung von ursächlichen Kriterien und Kennzahlen anzuraten. Die Fälle zeigen, daß der ***Cash-Flow*** eher in der Lage ist, die interne Leistungsfähigkeit aufzuzeigen, als die bloße Orientierung an den Verlusten und den Eigenkapitalproblemen. Der C. F. dient als Finanz- und Erfolgsindikator für die Situation des Subventionsempfängers.[885] Deren dynamische Kontrolle, d. h. die auf mehrere Monate und Jahre ausgedehnte Ex post- und Ex ante-Betrachtung, gibt Auskunft über die operative Effizienz und Liquiditätssituation.[886] Die ausgewählten Fälle aus der Baubranche zeigen diesbezüglich ein sehr heterogenes Bild: Alle Bauunternehmen wiesen vor der Subventionierung einen nachhaltig negativen C. F. auf. Mehr als die Hälfte der Unternehmen konnte trotz der Subventionierung nur kurzfristig einen positiven C. F. erreichen, da (weiterhin) operative Verluste (z. B. der Baustellenergebnisse) den C. F. nachhaltig belasteten. Einmalzuschüsse verpufften folglich rasch und waren zudem nicht gegenwartsbezogen, da sie sich in Höhe und Vergabeart auf die vergangene finanzwirtschaftliche Situation bezogen. Folgesubventionen wurden in diesen Fällen erneut notwendig. Bei einem Fallstudienunternehmen wurde die Subventionsvergabe an eine monatliche Kontrolle gebunden. In diesem Fall war die Zuteilung der Hilfen an die Entwicklung des C. F. auf Monatsbasis gekoppelt worden. Dies ermöglichte dem Subventionsgeber, nicht wie üblich die Gesamtsumme durch Einmalzuschuß zu gewähren, sondern je nach (Sanierungs- und Markt-)Fortschritt und Stabilität des operativen C. F.[887] die Auszahlungen vorzunehmen. Durch monatliche Soll-Ist-Kontrollen der Ziele (z. B. operative Ergebnisverbesserung, Markterfolge etc.) können jederzeit eine Korrekturen der Subventionsmittel in ihrer Art und Höhe vorgenommen werden.

Da die Wettbewerbsfähigkeit nachhaltig auch von der jeweiligen Kostenposition beherrscht wird, interessiert auch die Entwicklung der Hauptkostenpositionen. Insbesondere die Kostenpositionen Material-, Personal- und Verwaltungskosten fielen im Vergleich zum relevanten Wettbewerb bei allen Subventionsempfängern deutlich schlechter aus. Die überwiegenden Abweichungen verteilten sich bei den betrachteten

885 Vgl. T. Reichmann (1997), S. 86.

886 Vgl. P. Horváth (1996), S. 138.

887 Der C. F. verkörpert Finanzmittel, die für Investitionen, Schuldentilgungen und Auszahlungen benutzt werden. Der C. F. als Finanzkriterium setzt sich wie folgt zusammen. C. F. (überschlägig) = Jahresüberschuß/ -fehlbetrag + Abschreibungen - Investitionen +/- die Veränderungen des Working Capitals (Forderungen, Vorräte, Verbindlichkeiten aus LuL sowie der Rückstellungen).

Bauunternehmen auf GuV-Kostenpositionen, wie Personal-, Material-, Finanzierungsaufwendungen und sonstige Aufwendungen. In den Fällen, in denen der Subventionsgeber periodische Erfolgskontrollen bezüglich der Kostenverbesserung gegenüber dem Branchenbenchmarking (als Durchschnittswert der relevanten Konkurrenten) zum relevanten Wettbewerbsmaßstab[888] vornahm und daran eine schrittweise Auszahlung der Hilfen konditionierte, wurde die Markt- und Wettbewerbsfähigkeit insgesamt schneller und nachhaltiger erreicht.[889] Der Grund hierfür ist, daß diese Bauunternehmen gezwungen waren, ihre Kostenstruktur zu verbessern. Im Ergebnis erzielte der Subventionsgeber dort eine höhere Effizienz der Vergabe, wo ein wettbewerbskonformes Kostentarget die Steuerung und die Kontrolle der Förderhöhe bestimmte.

B. Die nachhaltige Verbesserung der unternehmensbezogenen Erfolgspotentiale als Kontrollfeld:

Die Konditionierung der Subventionsvergabe an die Erreichung oder den Ausbau von ***Erfolgspotentialen*** der Empfänger verlangt, daß die Förderung an den Fortschritt der Behebung und an die Ausrichtung wesentlicher Erfolgsbereiche des Unternehmens innerhalb der relevanten Wettbewerbssituation geknüpft wird. Es zeigt sich, daß in den meisten Fällen aufgrund des Zeitdrucks auf bestehende Strategiepapiere und Einschätzungen von Leistungsträgern des Subventionsempfängers ungeprüft zurückgegriffen wird. Eine effizienzorientierte Vergabe und Kontrolle der Hilfen erfordert jedoch neben dem Rückgriff auf diese bereitgestellten Daten, daß Kontrollinformationen zu den marktlichen und konkurrenzbezogenen Einflußfaktoren im Subventionsempfängerumfeld erhoben werden. Nur hieraus lassen sich individuelle (Subventions-)Strategien und Ziele für die nachhaltige Markt- und Konkurrenzfähigkeit des Empfängers konzipieren. Folgende Aspekte haben sich hierfür als sinnvoll erwiesen:

- Informationen für eine qualitative Bewertung des ***Leistungsspektrums*** des Subventionsempfängers nach Kriterien wie Produkt-, Kunden- und Funktionsanforderungen.
- Informationen zur ***Marktattraktivität*** des Subventionsempfängers. Die Beurteilung des relevanten Marktumfelds anhand des Wachstums der Preisentwicklung und der Anbieter-/Markteilnehmerstrukturen (z. B. Fragmentierungsgrad, Homogenität der Leistung). Diese können nach regionalen, inhaltlichen und zeitlichen Dimensionen differenziert werden.
- Informationen zum ***Wettbewerbsverhalten*** des Subventionsempfängers nach Kriterien wie Anzahl und Größe der Wettbewerber, deren eigene Preisaggressivität und eigene Positionierung des Angebotsspektrums.

---

888 Dieser Vergleich wird auch unter dem Schlagwort "Benchmarking" durchgeführt.

889 Als nachhaltig markt- und wettbewerbsfähig wird hier der Zustand definiert, in dem ein Unternehmen nachhaltig operative Ergebnisse und einen positiven C. F. erwirtschaftet.

- Ableitung von ***marktkonformen Leistungsparametern*** des Subventionsempfängers durch Kennzahlen wie: Erhöhung der Subquote[890] bei gleichzeitiger GU-Tätigkeit[891], Ertrags- und C. F.[892]-orientierte Baustellenabwicklung oder optimales Vertrags- und Baustellencontrolling. Jeder einzelne Kennzahlenbereich kann durch weitere situative Kennzahlen erweitert und detailliert qualifiziert werden.

Es wird deutlich, daß der Subventionsgeber die Kontrolle anhand detaillierter Felder und Kriterien auf einzelwirtschaftlicher Basis zur Sicherstellung der Wettbewerbsfähigkeit im wesentlichen durch die Erfassung von Erfolgspotentialen sicherstellen muß. Aufbau, Erhalt und Ausbau von Kernkompetenzen, der Quelle von nachhaltigen Erfolgspotentialen und damit der Wettbewerbsfähigkeit, erfordern vom Subventionsgeber eine genaue Detailkenntnis hinsichtlich erfolgsrelevanter Unternehmensaspekte. Informationen hierüber kann er aber nur qua Erfassung und Kontrolle unmittelbar beim Subventionsempfänger und damit am einzelwirtschaftlichen Objekt erlangen.

---

890 Die Subquote gibt den wertmäßigen Anteil der bezogenen Leistungen eines Bauunternehmens wieder. Ein hoher Anteil zeigt, daß das Bauunternehmen vermehrt Wertschöpfungsaktivitäten an Dritte vergibt, diese koordiniert und folglich seinen GU-Anteil erhöht.

891 Die GU-Tätigkeit beschreibt die Fähigkeit eines Bauunternehmens, eine Vielzahl von Einzelgewerken, die zur Gesamtleistungserstellung notwendig sind, zu outzusourcen. I. d. R. steigt mit einem hohen GU-Anteil die Notwendigkeit, höher qualifizierte Mitarbeiter für das Projektmanagement zu beschäftigen und die bereitschaftsfixen Kosten deutlich variabilisiert werden.

892 In diesem Zusammenhang sei die Einführung einer Projekt-C. F.-Kontrolle erwähnt. Hierbei wird jedes Projekt auf seine Liquiditätsbelastung und -entlastung im einzelnen kontrolliert, und die Auswirkungen für die Unternehmensliquidität insgesamt werden kalkuliert.

4. Zusammenfassung: Ein hypothesengeleitetes Kontrollgerüst für die Subventionskontrolle

Ziel dieses Kapitels war es, auf der Basis einer Branchen- und Fallstudienuntersuchung erste Hypothesen für eine operationalisierbare Subventionskontrolle auf der Basis von Subventionsleitmaximen zu bilden. Auf der Grundlage des Kontrollmodells wird damit dem praktischen Problemlösungszwang im Umgang mit dem Erkenntnisobjekt Subvention durch die systematische Bildung von Hypothesen zur Kontrolle nachgekommen. Die Methode der Hypothesengenerierung auf der Basis einer Branchen- und Fallstudienuntersuchung stellt hier einen ersten Schritt zur praxeologischen und empirischen Validierung des Kontrollmodells sowie zu einer weiteren Detaillierung der Kontrollziele im Sinne einer Operationalisierung dar. Da nicht das Beweisen von Kontrollaussagen, sondern deren Entwicklung durch Hypothesen im Vordergrund steht, ist die Hypothesenbildung relevanter Felder, Kriterien und Kennzahlen der hierfür als sinnvoll erachtete Ausgangspunkt einer Effizienzorientierung der Subventionierung.

Ausgangspunkt für die Deduktion bildete die getrennte Analyse der Kontrollobjektebenen Branche und Einzelwirtschaft (= Unternehmen) sowie ausgewählter ***Kontrolldimensionen.*** Letztere orientieren sich an ordnungskonformen Leitmaximen. Insgesamt wurde die Analyse folgendermaßen schrittweise vorgenommen:

In einem ***ersten Schritt*** wurde eine wissenschaftstheoretische Einordnung der für die Finanzwissenschaften noch relativ seltenen Methode der Branchen- und Fallstudienuntersuchung vorgenommen. Der ***zweite Schritt*** stellte eine Fixierung von notwendigen Qualitätsanforderungen für die Bildung von Hypothesen dar, so daß deren Deduktion qualitativ sichergestellt war. Der ***dritte Schritt*** diente einer ersten Hypothesenbildung.

Die hier zugrundegelegten Qualitätsanforderungen waren:

A. Die Bereitstellung eines heurisitischen oder konzeptionellen Bezugsrahmens zur systematischen Ausprägung der relevanten Untersuchungsdimensionen und des Analyseverfahrens.
B. Eine ungefilterte und zugriffsgesicherte Datenbasis. Hierzu wurden eine Branchenanalyse und einzelne unternehmensbezogene Subventionsfälle als Informationsquelle für die Zielstellung herangezogen.
C. Die Verfeinerung der Hypothesenbildung wurde durch eine Trennung von Analyseobjekten (Branche und Unternehmen) vorgenommen. Im Ergebnis wurde ein komplexer Vorgang in verschiedene Sachverhalte gegliedert.

Die Quintessenz der systematisierten Deduktion ist, daß

- ***erstens*** eine Subventionskontrolle und eine Effizienzorientierung der Subventionierung möglich werden, da die „Vogelperspektive" sektoraler oder gesamtwirtschaftlicher Kontrolle zugunsten einer Kontrolle am Subventionsobjekt aufgegeben wird;
- ***zweitens*** die Informationsversorgung für die Subventionskontrolle durch Ziele aus den realen Fällen gebildet werden und ein subventionspolitischer Lernprozeß für die Vergabe initiiert werden kann. Der Zwang zur Zielfindung und -orientierung ist gegeben.

Es wurden zwei Analysepfade beschritten, die jeweils Hypothesen zu den einzelnen Leitmaximen bildeten. Der Subventionsgeber kann durch diesen Informationserhebungsraum seinen Abbildungs-, Entscheidungs- und Steuerungsprozeß durch die Kontrolle einzelner Leitmaximen, Felder und Kriterien sowie Kennzahlen professionell steuern. In vielen Fällen kann das vorgestellte ***Kontrollgerüst*** eine Operationalisierung von Subventionszielen direkt sicherstellen.

Inhaltlich wurde die Bauwirtschaft zur Hypothesenbildung herangezogen, wobei diese als Basis für möglichst allgemein gehaltene Informationsaspekte der Kontrollebene diente. Die Elaboration der hier vorgeschlagenen Methode erfordert zunächst prinzipielle methodologische Reflektionen und Kategorisierungen einer richtungsweisenden Methodik. Die nachfolgende Abbildung soll zusammenfassend diesem Ziel nachkommen und als hypothesengeleitetes Kontrollgerüst den Rahmen bilden.

Leitmaximen

Kontrollobjekte	Wachstumssicherung	Beschäftigungssicherung	Sicherung der Wettbewerbsfähigkeit
Branche	• Dynamischer Subventionsquoten-Vergleich (= Anteil des absoluten Betrages am Gesamtsubventionsvolumen) a) innerhalb der Branche b) im Verhältnis zu anderen Branchen • Dynamische Subventionsintensität = ($\frac{\text{Subventionshöhe der Branche}}{\text{BSP-Anteil der Branche}}$) • Subventionszuteilung nach Branchensegmenten/-anteilen sowie der jeweiligen Marktentwicklungspotentiale • Kapazitätsauslastungen je Branchensegment im Verhältnis zum Subventionsvolumen des Branchensegments • Subventionszuteilung im Verhältnis zur wertmäßigen Auftragsvolumen/-entwicklung und -zugangs • Subventionszeitpunkt (Boom oder Rezession) • Regionalcharakter der Subventionierung a) Starker lokaler Fokus oder Transfer möglich b) Multiplikatoreffekt für die vorgelagerten und nachgelagerten Branchen (Menge etc.) • Kapazitätspotential regionaler Anbieter für einen Nachfrageaufschwung	• **Menge der Beschäftigung (Quantität)** – Korrektur des Branchenbeschäftigungsniveaus von konjunkturellen Sondereffekten – Generelles Überprüfen von gegenläufigen zeitgleichen Fördermaßnahmen (z. B. Beschäftigungsförderung vs. Kapazitätsanpassungshilfen) – Berücksichtigung von Leerkapazitäten (regional/überregional) als Kehrwert eines Beschäftigungsüberhangs • **Art der Beschäftigung (Qualität)** – Konditionierung der Subventionen an die Qualifizierung der MA – Vorzugsweise Förderung erfolgsrelevanter Beschäftigungsziele (z. B. in der Bauwirtschaft Baustellenmanagement) – Grundsatz: Erfahrene, d. h. erfahrene MA schützen eher vor verlustreichen Aufträgen • **Nachhaltigkeit der Beschäftigung** – Vorrang der Produktivitäts- vor Lohnkostensubventionierung – Konditionierung der Förderungsgewährung an "anspruchsvolle" Bauleistungen (= Erfolgspotentiale) – Prüfung von Kapazitätsüberhängen in der Branche – Prüfung des Risikogrades der Bauaktivitäten im Ausland	• Überprüfung der Kostendeckung der Angebote des Subventionsempfängers • Verzicht auf Subventionierung direkter Konkurrenten (keine Konkurrenzförderung) • Berücksichtigung der branchenbezogenen Austritts- und Eintrittsbarrieren • Berücksichtigung internationaler Entwicklungstendenzen • Kontrollvergleich: Höhe des Outsourcinganteils der Branche als Indikator für Quervergleiche • Subventionshöhe je (relevanten) Marktteilnehmer und je Leerkapazität als Kriterium für die Zu-/Abnahme der Rivalität • Größere Unternehmen benötigen zur Überwindung wettbewerblicher Probleme höhere Hilfen als kleine Unternehmen gemessen am Outputvolumen • Prognose der (Bau-)Nachfrage nach einzelnen (Bau-)Sparten • Analysen zur Verteilung von regionalen Angebotsvolumina und Kapazitätsverflechtungen • Abschätzen des Einflusses der Hilfen auf Eintritts- und Austrittsbarrieren • Verknüpfung der öffentlichen (Bau-)Nachfrage mit dem entsprechenden Subventionsvolumen (Abwägen von „harten" Ausschreibungsverfahren vs. Subventionen zum Unternehmenserhalt)
Unternehmen	• **Art und Quelle des Wachstums (Umsatz oder Leistung)** a) Zukauf vs. eigener Wachstumsgenerierung b) $\frac{\text{Leistungsrate pro MA}}{\text{Wachstumsrate des Unternehmens}}$ • **Nachhaltigkeit des Wachstums (Umsatz oder Leistung)** – Preiswürdigkeit des geplanten Wachstums – Preiswürdigkeit der Angebotskalkulationen – Deckungsbeitragsergebnisse der größten Aufträge (ABC-Analyseraster) – Plausibilisierung des "geplanten" Wachstums auf Basis des Auftragsbestandes und -eingangs – Permanente Abweichungsanalyse zwischen „geplantem" und „realisiertem" Wachstum (= Plangüte) • **Produktivitätsniveau** – Wachstumssegmente identifizieren und mit Blick auf den Subventionsempfänger nach seinem Erfolgspotential bewerten – Produktivitäts- oder Wachstumsursprung identifizieren: Zukauf oder eigenes Wachstum – Indikator: Auftragsbestand und -zugang pro MA – Indikator: Deckungsbeitrag pro MA – Indikator: Produktivitätsbenchmarks zum relevanten Wettbewerber – Zuschüsse nur nach finanz- und ertragswirtschaftlichen Planfortschritten (z. B. Verbesserung Deckungsbeiträge, der wesentlichen GuV-Positionen wie Personalaufwand, sonstiger Aufwand etc.)	• **Volumen der Beschäftigungssicherung** – Vermeidung von Einmalzuschüssen zwecks Lohnkostensubventionierung – Konditionierung und Hilfegewährung an die Erfüllung des Beschäftigungstargets (laufende Soll-Ist-Kontrolle) – Konditionierung der Hilfe an Optimierungserfolge im Unternehmen (z. B. Aufbau- und Prozeßorganisation) – Bei Zielverfehlungen Ex-post-Zuschüsse kürzen (Prinzip der Abschlußsubventionsrate) – Nachevaluierung der Ist- zur Plan-Bestätigung – Quervergleiche der Unternehmen für ein Benchmarking: Subventionsbetrag pro erhaltenen Arbeitsplatz – Großunternehmen im Bau benötigen deutlich höhere Subventionsbeträge pro MA als mittlere oder kleinere Bauunternehmen – Quantitativer Beschäftigungsrückgang kann nur Signalcharakter für andere Ursachen haben! • **Erfolgspotentialorientierung der Beschäftigungshilfen** – Konditionierung der Förderung an eine Mitarbeiterqualifizierung – Nicht die günstigsten sondern sie engagiertesten und qualifiziertesten Mitarbeiter sollen gefördert werden – Konditionierung der Förderung an anspruchsvolle und marktrelevante Leistungsprofile • **Nachhaltigkeit der Beschäftigungssicherung** – Marktkonforme Produktivität/MA als Förderungsziel (z. B. im Bau Rohertrag/MA) – Zügige Anpassung der Mitarbeiter an das Zielniveau – Nicht kostenorientierter, sondern eher qualitätsbewußter Beschäftigungsabbau – „Meilensteine" als Beschäftigungsbestandsziele an die Hilfen knüpfen	• **Prüfung der finanzwirtschaftlichen Bilanz- und GuV-Werte des Empfängers** – Wettbewerbskonforme EK-Quote (Kapitalstruktur) – Operativer Cash-Flow als Maßstab für Innenfinanzierungsfähigkeit – GuV Kostenpositionen gegenüber dem relevanten Wettbewerb (wettbewerbskonformes Kostentarget) • **Erfolgspotentiale des Unternehmens** – Gezielte Förderung der Kernkompetenz (Quelle des Wettbewerberfolgs) – Berücksichtigung der Marktattraktivität – Marktliche Bewertung des Leistungsspektrum des Empfängers – Bewertung des Wettbewerbsverhaltens des Empfängers – Kennzahlen-Bewertung marktkonforme Leistungsparameter - Subquotenanteil - GU-Anteil - Vertragsmanagement - Baustellenmanagement - Cash-Flow-Management

Abb. 64: Hypothesengeleitetes Kontrollgerüst für die Subventionierung

Entsprechend den ausgewählten und für die Subventionierung als bedeutsam erachteten Leitmaximen bieten sich zwei unterschiedliche Analysepfade zur Kontrolle an. Im Ergebnis werden den Leitmaximen jeweils Kontrollaspekte zugeordnet. Die einzelnen Kontrolldimensionen dienen als konkrete Zielaspekte der Kontrolle. Diese Kontrollsystematik kann jederzeit durch weitere - ordnungspolitisch vertretbare - Leitmaximen ergänzt werden. Ebenso ist eine tiefere Gliederung der einzelnen Kontrolldimensionen jederzeit denkbar und auch wünschenswert. Die aufgezeigte Systematik erlaubt es, den Subventionsgeber nach konkreten Zielstellungen zu befragen sowie diese durch eine schrittweise Reduktion meßbar und bewertbar zu machen. Ein professionelles Vorgehen bei der Kontrolle der Subventionen kann in der Praxis die Subventionseffizienz steigern.

Kapitel D: Zusammenfassung und Schlußfolgerungen der Arbeit

1. Zusammenfassung

Ebensolange wie das finanzwissenschaftliche Instrument der Subvention ordnungspolitisch kontrovers diskutiert wird, währt die Debatte über seine Effizienz. Bisher ist dieser Meinungsstreit weder hinsichtlich der Effizienz der Subventionierung noch hinsichtlich der Entwicklung anwendbarer Lösungskonzepte zielführend gewesen. Einigkeit besteht jedoch darin, daß bislang fehlende Operationalisierung und nicht geleistete Komplexitätsreduzierung äußerst negativ im Hinblick auf die Subventionswirkungen waren. Es ist derzeit in der Subventionspraxis nicht abzusehen, ob vor dem Hintergrund eines hohen Subventionsniveaus und des faktischen Stillstandes[893] der Finanzpolitik eine Rückführung auf ein ordnungskonformes Niveau möglich ist.

Angesichts dessen bestand das Hauptziel der vorliegenden Arbeit darin, einen Verbesserungsvorschlag zur praktischen Kontrolle der Subventionierung und damit einen Beitrag zur Professionalisierung und Effizienzorientierung der Subventionsvergabe zu leisten. Der Gang der Untersuchung orientierte sich an den begrifflichen, theoretischen sowie praktischen Grundlegungen und Problemstellungen der Subventionierung.

In Kapitel A wurde eine wirtschaftswissenschaftliche sowie praktische Abgrenzung des Begriffs „Subvention" und der damit verbundenen Begriffsdimensionen des/der Subventionsgebers, -nehmers, -art, -destinars und -wirkung vorgenommen. Dabei zeigte sich, daß sowohl in der Theorie als auch in der Praxis erhebliche, z. T. interessensmotivierte, also der jeweiligen Forschungsperspektive folgende Abgrenzungsdivergenzen festzustellen sind. Dies fällt um so mehr ins Gewicht, als die Wahl der Terminologie einen nicht geringen Einfluß auf das zu kontrollierende Subventionsvolumen nimmt und damit das Problembewußtsein für eine Kontrollnotwendigkeit maßgeblich beeinflussen kann. Ohne eine gründlich elaborierte Begriffsfassung kann eine Kontrolle keine Ausrichtung erfahren.

Die Vielzahl divergierender quantitativer Abbildungssysteme (Subventionsbericht, VGR, Institute, europäisches Beihilfen-Weißbuch etc.) verhindert zur Zeit ein gemeinsames Problemverständnis. Der Bewertungskanon basiert folglich auf rein politischen, eher qualitativen und abstrakten Bewertungen, die der Praxis wenige konkrete Handlungsempfehlungen bereitstellten. Die dabei überwiegend praktizierte gesamt- und sektorenwirtschaftliche Abbildung leistet keinen operationalisierbaren Beitrag für eine Effizienzorientierung. Der Versuch einer metahaften Beurteilung scheiterte bisher an der anscheinend zu komplexen Datenmenge. Für eine operationalisierbare Kontrolle erschient es daher sinnvoll, eine solche Ab- und Eingrenzung vorzunehmen, welche die Beurteilung und eine Erfassung der Subventionierung zuläßt.

893 Vgl. E. Wohlers (1998), S. 3.

Hierzu wurde ein Subventionsbegriff gewählt, der das Wettbewerbsgefüge sowie den Selektionsgrad der Hilfen problemorientiert erfaßt und wie folgt definiert wird:

> Subventionen werden abgegrenzt als eine partielle Hilfeleistung, die mittelbar via Hoheitsakt oder unmittelbar an erwerbswirtschaftliche private und öffentliche Unternehmen sowie via Transferleistung an Haushalte mit mittelbaren Auswirkungen auf den Unternehmenssektor vergeben werden. Sie führen zu einer Störung der Marktleistungs- und Branchenbeziehung und beeinflussen mittelbar die Stellung einzelner Unternehmen in der Branche sowie einzelner Branchen in der Gesamtwirtschaft.

Die Diskussion zum Stand der ökonomischen Subventionsforschung zeigt, daß in drei wesentlichen Bereichen ein theoretisches Problemlösungsdefizit wünschenswerte Lösungskonzepte verhindert: Uneinheitliche Forschungsdiskussionen aufgrund unterschiedlicher Begrifflichkeiten, der Anspruch an universelle, gesamtwirtschaftliche oder sektorale Effizienzbetrachtungen und -kontrollen sowie das Fehlen eines einklagbaren und kodifizierten Regelsystems sind die größten Hindernisse.

Die praktische Relevanz der Subventionierung verdeutlichte die Entwicklung in Deutschland, der EU und ausgewählten OECD-Staaten. National war nach der Währungsreform von 1949 ein kontinuierlicher Anstieg zu verzeichnen, der in den achtziger Jahren abflachte. Die Wiedervereinigung führte zu einem sprunghaften Anstieg des Subventionsvolumens. International nehmen - bis auf einige wenige Ausnahmen - Subventionen eine bedeutende Rolle in den nationalen Finanz- und Wirtschaftspolitiken ein. Das Ergebnis zeigte, daß Volkswirtschaften mit einer - gemessen an ihrer wirtschaftlichen Entwicklung - hohen Subventionsquote sich schlechter entwickelt haben, als Volkswirtschaften mit einer geringeren Subventionsquote.

Die hohe praktische und theoretische Relevanz vom Subventionen wirft zu Recht die Frage auf, inwieweit diese in einem sozial-marktwirtschaftlichen Ordnungssystem kompatibel sind. Diese Erörterung zeigte, daß je nach ordnungspolitischem Blickwinkel die Subventionierung mit dem Hinweis auf Markt- oder Staatsversagen bejaht oder verneint werden kann. Die h. M. vertritt die Ansicht, daß die deutsche Verfassung der Legislative einen weiten Gestaltungsspielraum für ihre Subventionspolitik einräumt. Eine nicht näher konkretisierte verfassungsrechtliche Globalermächtigung eröffnet dem Subventionsgeber ein breites Einsatzfeld. Die Systematisierung nach allokativen Gesichtspunkten, Verteilungs- und Stabilitätsaspekten sowie unter regional-disparitiver Perspektive zeigte, daß insbesondere Subventionen mit dem Hinweis auf Marktversagen im Einzelfall kritisch zu prüfen sind. Legitime und kausale Subventionsfelder werden zur Bereitstellung meritorischer Güter nur mit erheblichen ordnungspolitischen Zweifeln zu begründen sein. Jedoch werden zur Internalisierung positiver externer Effekte, zum Abbau wettbewerbsschädlicher Monopolpositionen sowie zur Beschleunigung gesamtwirtschaftlich notwendiger Anpassungsprozesse (z. B. des Aufbaus Ost) Subventionen fallweise akzeptiert. Jeder dieser Aspekte erfordert allerdings eine klare Zielbenennung, eine Operationalisierung der Wirkungsweise und folglich eine funktionierende Kontrolle. Die Subventionspraxis zeigt jedoch, daß eine

Vielzahl von Problemen, wie das kalkülhafte und stimmenmaximierende Verhalten der Politik, das Staatsversagen, die mangelnde Zielorientierung und -kontrolle, die Blockierungen des Strukturwandels, die Mitnahmeeffekte etc., erheblichen Zweifel an der Effizienz der bestehenden Subventionierung und ihrer Kontrolle aufwerfen.

Es kann daher u. U. ökonomisch sinnvoller sein, die Unternehmensressourcen an der Subventionsinanspruchnahme auszurichten, als sich marktwirtschaftlichen Herausforderungen zu stellen. Diese Defizite offenbaren, daß ein subventionspolitischer Handlungsbedarf existiert. Der wirtschafts- und finanzpolitische Grundsatz der Ressourceneffizienz der Ausgabenseite des Staates verlangt nach einem Verbesserungsvorschlag.

Diese Thematik aufgreifend, befaßte sich der zweite Themenkomplex in Kapitel B mit der Modellbildung einer Effizienzkontrolle der Subventionierung. Aufbauend auf zieltheoretischen Grundlagen und erwerbswirtschaftlichen Controllingaspekten, wurde auf der Basis des idealtypischen Subventionsprozesses die Kontrolle als Hauptelement einer Effizienzsicherung identifiziert.

Die gegenwärtige Subventionskontrolle ist durch das Fehlen genereller, gesamtwirtschaftlicher Kontrollmethoden gekennzeichnet. Der - in einigen Fällen geleistete - gänzliche Verzicht auf eine Kontrolle spiegelt den aktuellen Handlungsbedarf wider. Sofern doch kontrolliert wird, überwiegen isolierte Aspekte sowie der Wille, Subventionswirkungen in gesamtwirtschaftlichen Zusammenhängen zu beurteilen. Die Subventionsberichterstattung der Länder und des Bundes ermöglicht zwar eine - wenn auch wegen der engen Begrifflichkeit eingeschränkte - Informationsaufbereitung; doch ist der Informationswert aufgrund des angestrebten und gesetzlich verankerten Gliederungsfokus (§ 12 StWG) für eine Kontrolle zu metahaft, unpräzise und wenig operabel. Damit eine - für die Praxis unumgängliche - Lösung vorgeschlagen werden konnte, wurden gehaltvollere Informationen durch operationalisierbare Subventionsziele angestrebt. Aufbauend auf einem System formaler und materieller Ziele für die Kontrolle der Subventionierung wurde ein Modell als Verbesserungsvorschlag ausgearbeitet. Es wurde als sinnvoll erachtet, formale Aspekte, die einen Allgemeingültigkeitscharakter für alle Subventionsthemenstellungen haben, zu erörtern. Es wurde mit Bezug auf den Grundsatz des Wirtschaftlichkeitsprinzips ein Maßstab für eine ressourcenoptimale Input-Output-Relation des Staates formuliert. Diese Effizienzbedingung erfordert einen Vergleich zwischen dem, was „sein-soll“ und dem, was „ist“, und zwar unter der Maßgabe einer ressourcenoptimalen Mittelvergabe. Da die hierzu notwendige Beurteilung von der meßbaren Abweichung abhängt, ist eine Kontrolle von Zielen als dem in die Zukunft projizierten Abbild realer Subventionsgeschehnisse notwendig. Die Beobachtungen des tatsächlichen Subventionsgeschehens lassen normative oder positive Aussagen zu. Während normative Aussagen als Werturteil nur bejaht oder verneint werden können, sind positive Aussagen zu Subventionszielen auf der Basis von vermeintlichem Wissen durch Hypothesenbildung formulierbar. Hypothesen zu Subventionszielen als Aussagen mit Wahrheitswert und -anspruch formulieren vermeintliches Wissen, das durch vermutete Ursache-Wirkungs-Beziehungen gebildet wird.

Um dem Erfordernis einer Operationalisierung dieser Ziele nachkommen zu können, wurde eine systematische Bildung von drei Zielebenen für die Kontrolle vorgenommen. Basierend auf einer Rückwärtsverkettung (goal-driven- bzw. Top-down-Vorgehen) wurden aus den metahaften und unpräzisen Subventionszielen (Goals, Leitmaximen) abgestimmte, logisch unterstützende Subventionssubziele (Objectives, Programmziele, Felder) zur Verbesserung der Kontrolle abgeleitet. Eine dritte Disaggregationsebene diente der Deduktion quantitativer und qualitativer Kriterien. Im Ergebnis sollte dies eine Reduzierung komplexer Subventionsziele ermöglichen und die Grundlage für eine Quantifizierung und eine gehaltvolle Informationsaufbereitung bereitstellen.

Will man die Operationalität und die Disaggregation der Zielverkettung praktikabel werden lassen, müssen die Kontrollebenen vor dem Hintergrund einer heterogenen, durch Sektorengliederung nicht abzudeckenden Branchenvielfalt branchenbezogen systematisiert werden. Die jeweilige wirtschaftliche Entwicklung der Branchen ist zu heterogen und zu unübersichtlich geworden, und daher können die Subventionsempfänger nicht sinnvoll in eine oder wenige Gliederungsgrößen zusammengefaßt werden. Die Nähe zum Kontrollobjekt ist ausschlaggebend für die Informationsgüte der Ziele. Zu dem Zweck, eine höhere Informationsgüte in der Subventionskontrolle möglich zu machen, ist eine differenzierte Betrachtung der Subventionszielquellen und damit der Kontrollobjekte notwendig. Das Modell sieht hierfür eine Trennung in eine branchen- und eine einzelwirtschaftliche Kontrolle vor. Da die komplexe Realität eine Steuerung der Kontrolle erfordert, wird die Informationssuche mittels eines regelorientierten Prozesses vorgenommen. Der Analyseabbruch soll durch subjektive, d. h. dem individuellen Anspruchsniveau folgende sowie durch objektive, d. h. einem hinreichenden Erkenntnisstand folgende Abbruchkritieren gewährleistet werden.

Neben den formalen Modellaspekten wurden materielle Modellaspekte erörtert. Ausgangspunkt hierfür war der Rahmen einer sozialen Marktwirtschaft, der, basierend auf den allgemein akzeptierten sechs gesellschaftlichen Grundwerten (Freiheit, Gerechtigkeit, Sicherheit, Fortschritt, Demokratie und Rationalität) eine Konvention für die Subventionszielsetzung ermöglichte. M. a. W. sind inhaltliche Zielebenen so zu gestalten, daß sie diese Endzielaspekte positiv unterstützen. Eine Endzielebene, die als Leitmaxime im Zentrum der Subventionierung steht, wurde per Konvention fixiert. Sie umfaßt das Wirtschaftswachstum, den Beschäftigungsgrad des Faktors Arbeit, die Preisniveaustabilität, das außenwirtschaftliche Gleichgewicht, die Verteilung des Einkommens und des Vermögens[894] sowie die Markt- und Leistungsfähigkeit. Diese inhaltliche Konvention ordnungskonformer Subventionsziele diente keiner Gesetzesbildung, sondern fungierte als positive Aussage einer Orientierung an den richtigen Subventionszielen.

Diese inhaltiche und prozessuale Vorgehen wurde einer ersten praktischen Validierung unterzogen. Auf der Basis einer Branchen- und Fallstudienuntersuchung wurden Hypothesen für die Zielaspekte einer Subventionskontrolle abgeleitet. Dieser erste Evaluierungsschritt diente der hypothesengeleiteten Zielsetzung auf den einzelnen

894 Hierunter wurden auch der soziale Friede, die soziale Sicherheit und die soziale Gerechtigkeit als Zielbestandteile subsumiert.

Kontrollebenen. Dieser qualitativ empirische Forschungsansatz ist besonders für diejenigen Problemstellungen geeignet, in denen bisher nur unzureichende Hypothesen gebildet bzw. komplexe Fragestellungen nicht durch einen traditionellen wissenschaftlichen Erkenntnisweg (methodologischer Zyklus) gelöst werden konnten.

Die eigens aufgestellte Qualitätsanforderung für eine finanzwissenschaftliche Branchen- und Fallstudienuntersuchung sah drei wesentliche Analyseschritte vor: Im ersten Schritt wurde ein heuristischer bzw. konzeptioneller Bezugsrahmen für das theoretische Vorverständnis und den empirischen Analysepfad gebildet. Der folgende Schritt sah die Auswahl der Branche und die Bestimmung des Fallstudienumfangs vor, die einen für den Untersuchungszweck angemessenen subventionsspezifischen Datenumfang zuläßt. Hierauf aufbauend wurde in einem dritten Schritt die praxeologische Hypothesenbildung für Subventionsziele vorgenommen. Im Ergebnis wurde ein Zufluß neuer Kontrollhypothesen für die Subventionierung erreicht, die zur Kontrolle komplexer Sachverhalte als Handlungsempfehlung herangezogen werden können. Es wurden Kontrollfelder, -kriterien und in einzelnen Fällen Kontrollkennzahlen für die Subventionskontrolle abgeleitet, die in der Summe zu einem branchen- und einzelwirtschaftlichen Kontrollkasten systematisiert wurden.

Dem traditionellen gesamtwirtschaftlichen Effizienzdenken wurde damit wegen des Leerformelproblems auf dieser Ebene eine disaggregierte, auf branchen- und einzelwirtschaftlicher Kontrolle basierende Neuorientierung entgegengesetzt. Die ökonomische Rationalität einer komplexen und dynamischen Realität verlangt es, daß dem Globalisierungstrend auch in der finanzwissenschaftlichen Kontrolle mit adäquaten machbaren Konzepten entsprochen wird. Dies gelingt aber nur, wenn der maximal verfügbare und meßbare Informationswert für die Beurteilung der Subventionierung gegeben ist. Konsequenz hieraus ist das Postulat der Nähe zum ***tatsächlichen Subventionsgeschehen***, da hier die Ziele umittelbar faßbar und daher für eine Kontrolle operationalisierbar sind.

Verglichen mit herkömmlichen Wegen der Subventionsbeurteilung ist diese Heuristik vieleicht eher ungewöhnlich und noch neu, insofern eine branchenbezogene und einzelwirtschaftliche Denk- und Kontrollorientierung dem bisherigen finanzwissenschaftlichen Selbstverständnis und der Grammatik einer übergreifenden gesamtwirtschaftlichen Orientierung der Kontrolle scheinbar entgegensteht. Zwar hat der Staat als Subventionsgeber unbestreitbar einen Gesamtauftrag zu erfüllen, doch widerspricht dies nicht der Forderung, die Kontrolle dort sachlich anzusetzen, wo sie den maximalen Informationsertrag zu leisten vermag.

Zur Sicherstellung von Anwendung und Verfeinerung des hier hergeleiteten Kontrollmodells, sind weitere Schritte denkbar. Dies soll nachfolgend thematisiert werden.

2. Schlußfolgerungen für die Kontrolle der Subventionseffizienz

Ein geschlossenes Kontrollsystem, welches in erwerbswirtschaftlichen Unternehmen eine Selbstverständlichkeit rationalen ökonomischen Handelns ist, fehlt bei den öffentlichen Ausgaben. Ein ausreichendes Controlling wird i. d. R. dem staatlichen Erfahrungsdenken untergeordnet. Im Ergebnis bedeutet dies zumindest bei den Subventionsvergaben einen erheblichen Wohlfahrtsverlust. Per saldo werden bestimmte Branchen und Unternehmen begünstigt, während die Mehrzahl der Steuerzahler insgesamt belastet wird. Das Hauptdilemma ist weniger die Tatsache, daß subventioniert wird, als vielmehr die, daß jede Subventionierung ohne Kontrolle prinzipiell unsystematisch und virtuell ineffizient ist.

Das „Evergreenthema" Subventionsabbau wirft immer wieder die Frage nach der Effizienz auf. Je nach dem politischen Blickwinkel wurde die fehlende Subventionseffizienz mit der schwerlich zu lösenden Problematik des Politikversagens, d. h. dem Verhalten stimmenmaximierender Politiker, oder mit dem beträchtlichen Abstraktionsgrad gesamtwirtschaftlicher Wirkungskonzepte erklärt oder auch entschuldigt. Die gesamtwirtschaftliche „Vogelperspektive" führte zur Ausblendung beträchtlicher Subventionierungsaspekte und/oder zu einer Konzentration auf einzelne Kontrollinstrumente für enge Teilbereiche. Wieder andere Positionen sehen die Lösung vornehmlich im Ausbau von Rechtskontrollen. Insgesamt fällt jedoch auf, daß neben der Tatsache, daß hier bisher kein wesentlicher Kontrollerfolg zu verzeichnen ist, ein Defizit an Sachkontrollen als das vornehmliche Problem rangiert; vornehmlich deshalb, weil das zentrale Problem der Subventionierung in der Beurteilung und der Kontrolle ihrer ökonomischen Rationalität und ihrer Wirkungsweise liegt. Was fehlt, sind Sachkonzepte und weniger Rechtskonzepte für ihre Kontrolle. Rationale Subventionsentscheidungen müssen auf entsprechende Sachinformationen zurückgreifen können.

Bejaht man die hier vorgeschlagene Kontrollmethode, sind weitere Schritte abzuleiten, um das Modell auf eine breitere Basis stellen zu können. Kontrolle hat ein gehaltvolles Informationsniveau zur Voraussetzung, damit Schlußfolgerungen überhaupt möglich sind. Dies führt mit Notwendigkeit zu der Frage, wie die subventionsrelevante Informationsversorgung organisatorisch sichergestellt werden kann. Hier ist zu postulieren: Eine einzelne Instanz muß den Informationsversorgungsprozeß sicherstellen und steuern. Ansatzpunkt hierfür könnte ein Leistungsausschuß[895] mit hoheitlichen Subventionskontrollaufgaben sein, der regelmäßig dem Parlament Bericht erstatten muß. Dieser könnte ähnlich dem Kontrollvorbild der Rechnungshöfe konzipiert sein, wobei die Kontrolle der Subventionen Korrektureingriffe zulassen sollte.

895 Hier wird Bezug auf das BvS-Leistungsausschußmodell genommen. Diese Ausschuß ist u. a. durch Externe Spezialisten besetzt, die in regelmäßigen Abständen die Sanierungsfähigkeit und -würdigkeit ostdeutscher Unternehmen für eine öffentliche Bezuschußung beurteilen.

Zunächst ist dabei zu klären, wie die statistische Informationsbasis durch eine Vielzahl von Kriterien sowie branchen- und einzelbezogene Kennzahlen professionell ausgebaut werden kann. Zu diesem Zweck würde sich eine umfassende empirische Erhebung für unterschiedliche subventionsrelevante Branchen anbieten, die quasi auf der Basis eines branchen- und einzelwirtschaftlichen Subventionsbenchmarks eine umfassende Referenzliste bilden. Damit wäre auch eine Neuverteilung der Erfassungsaufgaben und der organisatorischen Bewältigung verbunden. Es ist zudem zu überdenken, ob eine Sachkontrolle nicht auf Länder- bzw. Gemeindeebene durch die Nähe zum Subventionsobjekt und zur Subventionsregion die Mittelverwendung wegen der Vielzahl von situativen Rahmenbedingungen wirkungsvoller ist. M. a. W., die Länder, Regionen und Kommunen, die ein Interesse an der Subventionierung einzelner Betriebe in ihrer Region haben, sollten organisatorisch die Informationsversorgung und die Kontrollverantwortung übernehmen. Diese Dezentralisierung würde das offensichtliche Subventionskontrollversagen des Bundes lindern, der über eine inhaltslose Berichterstattung nicht hinauskommt. Mit Blick auf die europäische Genehmigungspflicht von nationalen Subventionen wird dieses Thema an Brisanz zunehmen, da die EU ebenso wie der Bund als zentralstaatliches Organ eine Koordinierung von Förderhöhe und -vielfalt nur bedingt steuern kann. Die Vielzahl von kleineren, aber für das jeweilige Branchengleichgewicht bedeutsamen Subventionsfällen fällt in dem groben Maschennetz der EU-Subventionshüter eher durch. Bisher wurden nur große, öffentlichkeitswirksame Subventionsfälle[896] von den EU-Wettbewerbshütern aus juristischer Sicht beanstandet. Es wird sich zeigen, welche Form der Sachkontrolle die europäischen Wettbewerbshüter als Subventionskontrolle wählen werden und wie zukünftig der Informationsprozeß gestaltet sein wird.

896 Hierbei handelt es sich beispielsweise aus deutscher Sicht um die VW-Hilfen, die Hilfen für die MIDER an Elf Aquitian, die Werftenhifen an den in Konkurs gegagenen Bremer Vulkan Verbund sowie die Hilfen für die ostdeutsche in Gesamtvollstreckung gegangene SKET im Magdeburg.

Literaturverzeichnis

Ackoff, Russell L. (1977), Systeme, Organisation und interdisziplinäre Forschung, in: Witte, E./ Thimm, A. (Hrsg.), Entscheidungstheorie, Wiesbaden, S. 274-289.

Akerlof, George A./ Rose, Andrew K./ Yellen, Janet L./ Hessenius, Helga (1991), East Germany in From the Cold: The Economic Aftermath of Currency Union, in: Brookings Papers on Economic Activity 1.

Albert, Hans (1967), Marktsoziologie und Entscheidungslogik, Berlin.

Albert, Hans (1969), Traktat über kritische Vernunft, 2. Aufl., Tübingen.

Albert, Hans (1976), Wertfreiheit als methodisches Prinzip - Zur Frage der Notwendigkeit einer normativen Sozialwissenschaft, wiederabgedruckt in: Aufklärung und Steuerung - Aufsätze zur Sozialphilosophie und zur Wissenschaftslehre der Sozialwissenschaften, Hamburg, S. 160-191.

Albrecht, Dietrich (1986), Veränderungen in der Subventionsberichterstattung des Bundes, Arbeitspapier der Universität Trier, Fachbereich IV, Trier.

Albrecht, Dietrich/ Wesselkock, K. (1971), Subventionen und Subventionspolitik, in: Schriftenreihe des BMF, H. 25, Bonn.

Alewell, Karl (1965), Subventionen als betriebswirtschaftliche Frage, Köln.

Alexander-Katz, Ernst (1959), Öffentliche Subventionen und Zuwendungen, in: Finanzarchiv, Bd. 20, Tübingen, S. 235-249.

Andel, Norbert (1970), Subventionen als Instrument des finanzwirtschaftlichen Interventionismus, Tübingen.

Andel, Norbert (1977), Subventionen, in: Albers, Willi u. a. (Hrsg.), (1977), Handwörterbuch der Wirtschaftswissenschaften, Bd. 7, Stuttgart, S. 491-510.

Andel, Norbert (1981), Nutzen-Kosten-Analysen, in: Neumark, Fritz et al. (Hrsg.), Handwörterbuch der Finanzwissenschaft, Bd. 1, Tübingen.

Andel, Norbert (1990), Finanzwissenschaft, 2. völlig überarbeitete Aufl., Tübingen.

Arnim, Hans Herbert von (1986), Subventionen. Von der Schwierigkeit der Subventionskontrolle, in: Finanzarchiv, N.F. Bd. 44, Tübingen, S. 81-97.

Aschinger, Gerhard (1984), Contestable Markets - Ein neuer Weg zur Charakterisierung des Wettbewerbs und der Industriestruktur, in: Wirtschaftswissenschaftliches Studium, Nr. 5.

Barbier, Hans D. (1997), Vom Wettlauf der Förderer, Aufbau Ost - Phase II, in: FAZ, Nr. 244 vom 21.10.1997, S. 17.

Baumol, William J. (1982), Contestable Markets: An Uprising in the Theory of Industy Structure, in: American Economic Review, No. 72.

Bdaura, Peter/ Friauf, Karl Heinrich/ et al. (1992), Besonderes Verwaltungsrecht, Ingo von Münch/ Eberhard Schimdt-Aßmann (Hrsg.), 9. neubearbeitete Aufl., Berlin.

Beck´sche Gesetzestexte (1994), Grundgesetz mit VerfassungsreformG 1994, 32. neubearbeitete Aufl., vom 15. November 1994.

Belitz, Heike et al. (1995), Aufbau des industriellen Mittelstands in den neuen Bundesländern, in: Deutsches Institut für Wirtschaftsforschung (1995) (Hrsg.), Sonderheft Nr 156, Berlin.

Bericht der Bundesregierung über die Entwicklung der Finanzhilfen des Bundes und der Steuervergünstigungen gemäß § 12 des Gesetzes zur Förderung der Stabilität und Wachstum der Wirtschaft (StWG) vom 8. Juni 1967 für die Jahre 1995 bis 1998 (16. Subventionsbericht).

Berthold, Ursula (1967), Zur Theorie der Subventionen, Ein Beitrag zur mikroökonomischen Analyse der Subventionswirkungen und ihrer wirtschaftspolitischen Beurteilung, in: Berner Beiträge zur Nationalökonomie, Bd. 6, Bern, Stuttgart.

BfA (Bundesanstalt für Arbeit) (1992), Amtliche Nachrichten, lfd. Jg., Nürnberg.

BfA (Bundesanstalt für Arbeit) (1997), Übersicht 17. Arbeitslose nach Landesarbeitsamtsbezirken und Bundesländern im Bundesgebiet West, Monatszahlen Januar - Juli 1995 und 1996, Jahresdurchschnittszahlen 1987-1996, in: Jahreszahlen 1996, Nürnberg, S. 44-45.

Bienert, K. (1967), Die Politik der Subventionen in finanzwissenschaftlicher Betrachtung, in: Finanzwissenschaftliche Forschung und Lehre an der Universität Köln, Berlin, S. 101-115.

Blankart, Charles B. (1994), Öffentliche Finanzen in der Demokratie: eine Einführung in die Finanzwissenschaft, 2., völlig überarb. Aufl., München.

Blankart, Charles B. (1997), Mehr Steuerautonomie für die Kommunen, in: FAZ, Nr. 219 vom 20.9.1997, S. 17.

Blankmann, Hermann (1987), Die Überkapazitäten als volkswirtschaftliches Problem und deren Beseitigung mit Hilfe von besonderen Subventionen, in Reihe: Märkte, Branchen, Unternehmungen, Bd. 8, Köln.

Blaschke, B./ Nagel, E. (1992), Arbeitslosigkeit nach Maßnahmen der beruflichen Weiterbildung niedriger als erwartet. Institut für Arbeitsmarkt - und Berufsforschung der Bundesanstalt für Arbeit - Werkstattberichte, Nr. 14 vom 21.8.1992.

Bleckmann, Albert (1978a), Nutzenwertanalyse, Bewertungstheorie und Planung, Bern.

Bleckmann, Albert (1978b), Subventionsrecht, Stuttgart, Berlin.

Blum, Reinhard (1980), Soziale Marktwirtschaft, in: Handwörterbuch der Wirtschaftswissenschaften, Bd. 5, Albers, Willi (Hrsg.), Tübingen, S. 153-166.

Blümle, Gerold/ Patzig, Wolfgang (1988), Grundzüge der Makroökonomie, Freiburg im Breisgau.

BMF (Bundesministerium der Finanzen) (1977), 6. Subventionsbericht des BMF vom 17.11.1977, Drucksache 8/1195, Bonn.

BMF (Bundesministerium der Finanzen) (1981), 8. Subventionsbericht des BMF vom 6.11.1981, Drucksache 9/986, Bonn.

BMF (Bundesministerium der Finanzen) (1983), 9. Subventionsbericht des BMF vom 6.9.1983, Drucksache 10/352, Bonn.

BMF (Bundesministerium der Finanzen) (1985), 10. Subventionsbericht des BMF vom 12.9.1985, Drucksache 10/3821, Bonn.

BMF (Bundesministerium der Finanzen) (1991), 13. Subventionsbericht des BMF vom 11.11.1991, Drucksache 12/1525, Bonn.

BMF (Bundesministerium der Finanzen) (1993), 14. Subventionsbericht des BMF vom 26.8.1993, Drucksache 12/5580, Bonn.

BMF (Bundesministerium der Finanzen) (1994a), Die Steuereinnahmen des Bundes und der Länder im Haushaltsjahr 1993, Bonn, 23.2.1994.

BMF (Bundesministerium der Finanzen) (1994b), Die Entwicklung der Bundesfinanzen im Hauhaltsjahr 1993, Bonn, 7. April 1994.

BMF (Bundesministerium der Finanzen) (1995), 15. Subventionsbericht des BMF vom 1.9.1995, Drucksache 13/2230, Bonn.

BMF (Bundesministerium der Finanzen) (1997), 16. Subventionsbericht des BMF vom 29.8.1997, Drucksache 13/8420, Bonn.

BMWi (Bundesministerium für Wirtschaft) (1992), Die ERP-Programme, Bonn, lfd. Jg.

BMWi (Bundesministerium für Wirtschaft) (1996a), Aufbau Ost, Bericht der Bundesregierung, Nr. 407, Bonn.

BMWi (Bundesministerium für Wirtschaft) (1996b), Wirtschaftliche Förderung in den Neuen Bundesländern, Bonn.

BMWi (Bundesministerium für Wirtschaft) (1996c), Den Mittelstand stärken: über Eigenkapital zu Wachstum und Beschäftigung und Situation des Mittelstandes in den neuen Bundesländern mit konkreten Handlungsempfehlungen, in: BMWi Dokumentationen, Nr. 408 vom Oktober 1996, Bonn.

BMWi (Bundesministerium für Wirtschaft) (1996d), Bilanz der Wirtschaftsförderung des Bundes in Ostdeutschland bis Ende 1995, in: BMWi Dokumentation Nr. 396, Bonn.

BMWi (Bundesministerium für Wirtschaft) (1997a), Verbesserung der Transparenz und Konsistenz der Mittelstandsförderung, 2. Bericht der gemeinsamen Arbeitsgruppe des Bundes und der Länder unter Vorsitz des Beauftragten der Bundesregierung für den Mittelstand, in: BMWi Dokumentation Nr. 417, Bonn.

BMWi (Bundesministerium für Wirtschaft) (1997b), Bilanz der Wirtschaftsförderung des Bundes in Ostdeutschland bis Ende 1996, in: BMWi Dokumentation Nr. 419, Bonn.

BMWi (Bundesministerium für Wirtschaft) (1997c), Reformen für Beschäftigung, Jahreswirtschaftsbericht der Bundesregierung 1997, Bonn.

BMWi (Bundesministerium für Wirtschaft) (1997d), Reformen für Beschäftigung, Jahreswirtschaftsbericht der Bundesregierung 1997, Bonn.

BMWi (Bundesministerium für Wirtschaft) (1997e), Verbesserung der Transparenz und Konsistenz der Mittelstandsförderung, Dokumentation Nr. 417, Bonn.

BMWi (Bundesministerium für Wirtschaft) (1997f), Wirtschaftliche Förderung für den Mittelstand in den alten Bundesländern, Stand: März 1997, Bonn.

BMWi (Bundesministerium für Wirtschaft) (1997g), Wirtschaftliche Förderung in den Neuen Bundesländern, Stand: Mai 1997, Bonn.

BMWi (Bundesministerium für Wirtschaft) (1997h), European Recovery Program 1997, Wirtschaftsförderung für den Mittelstand, Bonn.

BMWi (Bundesministerium für Wirtschaft) (1997i), Publikationsliste, Juli 1997, Bonn.

Böhret, C. (1970), Entscheidungshilfen für die Regierung, Opland.

Bös, D. (1973), Gedanken zum Subventionsbegriff in den Wirtschaftswissenschaften, in: Winkel, G. (Hrsg.), Forschungen aus Staat und Recht, Bd. 24: Förderungsverwaltung, Wien, S. 43-55.

Bonoma, Thomas V. (1985), Case Research in Marketing: Opportunities, Problems, and a Process, in: Journal of Marketing Research, Vol. XXII, May 1985, S. 199-208.

Boss, Alfred (1991), Subventionen in den Neuen Bundesländern, in: Die Weltwirtschaft, 1/1991, S. 67-75.

Boss, Alfred/ Rosenschon, Astrid (1997), Subventionen in der Bundesrepublik Deutschland - Bestandsaufnahme und Bewertung, in: Kieler Arbeitspapiere Nr. 793 im Januar 1997, Kiel.

Bower, J. K. (1972), Managing the Resource Allocation Process, Homewood, III.

Brandstätter, Jörn (1993), Die Prüfung der Sanierungsfähigkeit notleidender Unternehmen - Grundlagen, Durchführung und Unterstützung durch Expertensysteme, München.

Brealey, A. Richard/ Myers, C. Stewart (1996), Principles of corporate finance, 5. Aufl., International Ed., Mc Graw/ Hill.

Bretzke, Wolf Rüdiger (1980), Der Problembezug von Entscheidungsmodellen, Tübingen.

Breuel, Birgit (1983), Eine Wirtschaft für das Museum - Schluß mit den Alimenten für kranke Industrien, in: Die Zeit, Nr. 43, vom 21.10.1983, S. 36-37.

Breuel, Birgit (1988), Was geschieht zur Subventionsprävention?, in: Mittelstandsvereinigung der CDU/CSU (Hrsg.), Markt ist besser - Subventionsabbau ist gefordert (MIT-Jahrbuch 1988), Bonn, S. 42-46.

Brümmerhoff, Dieter (1996), Finanzwissenschaft, 7. völlig überarbeitete Aufl., München.

BT (Deutscher Bundestag) (1975), Fünfter Subventionsbericht, BT-Drs. 7/4203, Bonn.

BT (Deutscher Bundestag) (1979), Siebenter Subventionsbericht, BT-Drs. 8/3097, Bonn.

BT (Deutscher Bundestag) (1987), Elfter Subventionsbericht, BT-Drs. 11/1338, Bonn.

BT (Deutscher Bundestag) (1989), Zwölfter Subventionsbericht, BT-Drs. 11/5116, Bonn.

BT (Deutscher Bundestag) (1992), Einundzwanzigster Rahmenplan der Gemeinschaftsaufgabe „Verbesserung der regionalen Wirtschaftsstruktur" für den Zeitraum 1992-1995, BT-Drs. 12/2599 vom 13.5.1992, Bonn.

BT (Deutscher Bundestag) (1993), Vierzehnter Subventionsbericht, BT-Drs. 12/5580, Bonn.

BT (Deutscher Bundestag) (1995), Fünfzehnter Subventionsbericht, BT-Drs. 13/2230, Bonn.

BT (Deutscher Bundestag) (1996), Landwirtschaft: Agrarexport-Subventionen weiter abbauen, in: Deutscher Bundestag, WIB, Nr. 5 vom 13.03.1996, Bonn.

BT (Deutscher Bundestag) (1997a), Sechzehnter Subventionsbericht, BT-Drs. 13/8420, Bonn.

BT (Deutscher Bundestag) (1997b), Haushalt: Subventionen genauer planen und ihren Erfolg kontrollieren, in: Deutscher Bundestag, WIB, Nr. 4 vom 5.3.1997, Bonn.

BT (Deutscher Bundestag) (1997c), Haushalt: Bundes-Subventionen steigen um acht Prozent, in: Deutscher Bundestag, WIB, Nr. 14 vom 16.9.1997, Bonn.

Busch, R. (1975), Steuerentlastungen oder Transferzahlungen, Köln.

Buse, Michael J. (1974), Integrierte Systeme staatlicher Planung, Theoretische Grundlagen und praktische Erfahrungen im internationalen Vergleich, Baden-Baden.

BVerfG (1965), Bundesverfassungsgerichtsentscheidung, 17. Bd., Entscheidung Nr. 23 vom 12.2.1964, Tübingen.

BVerwG (Bundesverwaltungsgericht) (1969), in: Neue Jurisitische Wochenschrift 1969, S. 809.

BVerwG (Bundesverwaltungsgericht) (1980), in: Neue Jurisitische Wochenschrift 1980, S. 718.

Carnap, Rudolf (1963), Logical Foundations of Probability, 2nd. ed. 2nd impr. Chicago.

Chmielewicz, Klaus (1994), Forschungskonzeptionen der Wirtschaftswissenschaft, 3. Aufl., Stuttgart.

Deckers, Daniel (1997), Wenn Menschen einander wie Wölfe im Rudel jagen, in: FAZ, Nr. 72 vom 26.3.1997, S. 18.

Deininger, W. (1975), Die Subventionen als Instrument der Wirtschaftspolitik. Ihre Stellung in den Wachstumszyklen und Wahlperioden der Bundesrepublik Deutschland 1951-1972, Augsburg.

Dellmann, Klaus/ Pedell, Karl Ludwig (Hrsg.) (1994), Controlling von Produktivität, Wirtschaftlichkeit und Ergebnis, Stuttgart.

Deutsche Bank (1997), Devisenkurse 1991-1996, Frankfurt.

Deutsche Bundesbank (1997), Monatsbericht Oktober 1997, Nr. 10, 49. Jg., Frankfurt.

Der Betrieb (1994), Verfassungswidrigkeit der Ausgleichsabgabe nach § 8. Drittes Verstromungsgesetz, 51/52 vom 23.12.1994, S. 2619-2620.

Dickertmann, Dietrich (1980), Mehr Transparenz im Subventionsbericht, in: Wirtschaftsdienst, 60. Jg., S. 143-151.

Dickertmann, Dietrich (1995), Gewährleistungen und Hermes-Bürgschaften des Bundes - eine Kennzeichnung aus subventionstheoretischer und subventionspolitischer Sicht, in: Dokumentation Nr. 8, Universität Trier, Fachbereich IV, Trier.

Diederich, Helmut (1989), Ziele öffentlicher Unternehmen, in: Chmielewicz, Klaus et al. (Hrsg.), HWÖ, Bd. 11, S. 1856-1867.

Diller, Klaus Dieter (1995), Subventionsberichterstattung der Bundesländer: Bayern, Dokumentation Nr. 9 der Universität Trier, Fachbereich IV, Trier.

Diller, Klaus Dieter (1996), Subventionsberichterstattung der Bundesländer: Hessen, Dokumentation Nr. 10 der Universität Trier, Fachbereich IV, Trier.

DIW (Deutsches Institut für Wirtschaftsforschung) (1996a), Sozialprodukt und Einkommenskreislauf I/1989 bis IV/1994. Vierteljährliche volkswirtschaftliche Gesamtrechnung für Ostdeutschland, November 1996, Berlin.

DIW (Deutsches Institut für Wirtschaftsforschung) (1996b), Sozialprodukt und Einkommenskreislauf I/1960 bis IV/1994. Vierteljährliche volkswirtschaftliche Gesamtrechnung für Westdeutschland, November 1996, Berlin.

DIW (Deutsches Institut für Wirtschaftsforschung) (1996c), Sozialprodukt und Einkommenskreislauf. Vierteljährliche volkswirtschaftliche Gesamtrechnung für Deutschland, Juli 1997, Berlin.

DIW (Deutsches Institut für Wirtschaftsforschung) (1997a), Gesamtwirtschaftliche und unternehmerische Anpassungsfortschritte in Ostdeutschland, in: Wochenbericht 3/97 vom 16. Januar 1997, 64. Jg., Berlin, S. 45-64.

DIW (Deutsches Institut für Wirtschaftsforschung) (1997b), Bauvolumensrechnung 1992-1997, Berlin.

DIW (Deutsches Institut für Wirtschaftsforschung) (1997c), Sozialprodukt und Einkommenskreislauf. Vierteljährliche volkswirtschaftliche Gesamtrechnung für Deutschland, Juli 1997, Berlin.

DIW (Deutsches Institut für Wirtschaftsforschung) (1997d), Sozialprodukt und Einkommenskreislauf I/1989 bis IV/1994. Vierteljährliche volkswirtschaftliche Gesamtrechnung für Westdeutschland, 6. Folge, 8. Ergänzungslieferung,

DIW (Deutsches Institut für Wirtschaftsforschung) (1997e), Sozialprodukt und Einkommenskreislauf I/1989 bis IV/1994. Vierteljährliche volkswirtschaftliche Gesamtrechnung für Ostdeutschland, Berlin im November 1997.

DIW/IfW/IWH (1997), Gesamtwirtschaftliche und unternehmerische Anpassungsfortschritte in Ostdeutschland, 15. Bericht, Kieler Diskussionsbeiträge 286/287, Januar 1997.

DIW/IfW/IWH (1997b), Gesamtwirtschaftliche und unternehmerische Anpassungsfortschritte in Ostdeutschland, 16. Bericht, Juni 1997.

Donges, Jürgen B./ Schatz, Klaus-Werner (1986), Staatliche Interventionen in der Bundesrepublik Deutschland, Umfang, Strukturen, Wirkungen, in: Kieler Diskussionsbeiträge Nr. 119/120, Kiel.

Downs, Anthony (1968), Ökonomische Theorie der Demokratie, Tübingen.

Downs, Anthony (1969), Eine ökonomische Theorie des politischen Handelns in einer Demokratie, in: Recktenwald, Horst C. (Hrsg.), Finanzpolitik, Köln.

Dreßler, Sören (1995), Reorganisation und Krise: Die ostdeutschen Unternehmen und ihre Probleme auf dem Weg in die Marktwirtschaft aus unternehmens- und organisationstheoretischer Sicht, Stuttgart.

DtA (Deutsche Ausgleichsbank) (1997), Förderprogramme in den ABL und NBL nach Wirtschaftsbereichen 1991-1. Hj., 1997, Bonn.

Duden Deutsches Universalwörterbuch (1989), Hrsg. u. bearb. vom Wiss. Rat u. d. Mitarb. d Dudenred. unter Leitung von Günther Drosdowski, 2. völlig bearb. u. stark erw. Aufl., Mannheim.

Eckstein, Kerstin (1996), Wachstumsknoten und Armut, in: Sächsische Zeitung vom 24.8.1996, S. 25.

Eheberg, K.T. (1922), Finanzwissenschaften, 18. und 19. Aufl., Leipzig, Erlangen.

Eisenhardt, Kathleen M. (1989), Building Theories from Case Study 989, S. 532-550, Research, in: Academy of Management Review, Vol. 14, No.4, 1, Mass.

Engels, Wolfram (1991), Produktionsgesellschaften statt Beschäftigungsgesellschaften, unveröffentliches Manuskript, Frankfurt a. M.

English, J. M. (1968), Cost-Effectiveness. The Economic Evaluation of Engineered Systems, New York.

EU (Europäische Union) (1996a), Europa fördert die regionale Entwicklung, 2. Ausgabe, Luxemburg.

EU (Europäische Union) (1996b), Fünfter Bericht überstaatlicher Beihilfen in der EU, Luxemburg.

Eucken, Walter (1965), Die Grundlagen der Nationalökonomie, 8. Aufl., Berlin.

Eucken, Walter (1975), Grundsätze der Wirtschaftspolitik, 5. unver. Aufl., Tübingen.

Europa-Blätter (1996a), Aktueller EG-Förderbrief für Betriebe, Berater und Behörden, Nr. 4/96, Bonn.

Europa-Blätter (1996b), Aktueller EG-Förderbrief für Betriebe, Berater und Behörden, Nr. 5/96, Bonn.

Ewringmann, Dieter/ Hansmeyer, Karl-Heinrich (1975), Zur Beurteilung von Subventionen, Köln.

Fastenraht, Ulrich (1996), Direkte und versteckte Hilfen für Unternehmen in Europa, in: FAZ, Nr. 137 vom 15. Juni 1996, S. 14.

Finz, Samual A. (1973), Productivity Analysis, Its Use in a Local Government, in: Governmental Finance, Vol. 2, Nr. 4, S. 29-33.

Fischer-Winkelmann, Wolf F. (1971), Methodologie der Betriebswirtschaftslehre, München.

Folkers, C. (1986), Die Konsequenz des Staatsversagens, in: Wirtschaftsdienst, 66. Jg., Nr. 4, S. 208-212.

Folz, Hans-Ernst (1994), Die Soziale Marktwirtschaft als Staatsziel?, Lansberg am Lech.

Forsthoff, Ernst (1953), Begriff und Wesen des sozialen Rechtsstaates, Bericht, VVDStRL 12, S. 8-16.

Forsyth, Richard (1986), The Anatomy of Expert Systems, in: Yazdani, Masoud (Hrsg.), Artificial Intelligence: Principles and Applications, London, New York, S. 186-199.

Fox, Klaus-Peter/ Zeitel, Gerhard (1984), Subventionsabbau - Bermerkungen zum sinnvollen Kern einer populären Forderung - in: Die öffentliche Verwaltung November 1998, Nr. 21, 37. Jg., S. 865-872.

Frank, Ulrich (1989), Expertensysteme: Ein erfolgversprechender Ansatz zur Automatisierung dispositiver Tätigkeiten, in: DBW, Nr. 1, S. 19-36.

Frese, Erich (1971), Heuristische Entscheidungsstrategien der Unternehmungsführung, in: Zeitschrift für betriebswirtschaftliche Forschung, 23. Jg., S. 283-307.

Frese, Erich (1993), Grundlagen der Organisation: Konzept-Prinzipien-Strukturen, 5. vollst. überarb. Aufl., Wiesbaden.

Freudenberg, Hans Erich (1934), Die Subventionen als Kreislaufproblem in Marktwirtschaft und Staatswirtschaft, in: Beiträge zur Finanzwissenschaft, N.F., Nr. 2, Tübingen.

Fritzsche, B./ Hummel, M. et al. (1988), Subventionen - Probleme der Abgrenzung und Erfassung, in: ifo Studien zur Strukturforschung Nr. 11, München.

Gantner, Manfred/ Rinderer, Claus (Hrsg.), (1988), Staatliche Wirtschaftsförderung: Ökonomische Effizienz und politische Rationalität, Frankfurt.

Geigant, Friedrich/ Sobotka, Dieter/ Westphal, Horst M. (1983), Subventionen, in: Lexikon der Volkswirtschaft, 5. unveränd. Aufl., Lansberg/ Lech.

Geiß, Wilfried (1986), Betriebswirtschaftliche Kennzahlen. Theoretische Grundlagen einer problemorientierten Kennzahlenanwendung, Frankfurt a. M., New York.

Gerken, Egbert/ Jüttmeier, Karl Heinz et al. (1985), Mehr Arbeitsplätze durch Subventionsabbau, in: Kieler Diskussionsbeiträge Nr. 113/114 vom Oktober 1985, Kiel.

Gerstenberger, Wolfgang et al. (1990), Grenzen fallen - Märkte öffnen sich, Strukturberichterstattung 1990, Schriftenreihe des ifo-Istituts für Wirtschaftsforschung, Nr. 127, München.

Giersch, Herbert (1977), Konjunktur und Wachstumspolitik, 2. Bd., II. und III. Kapitel.

Gless, Sven-Erik (1996), Unternehmenssanierung. Grundlagen - Strategien - Maßnahmen, Wiesbaden.

Götz, Volkmar (1966), Recht der Wirtschaftssubventionen, München.

Götz, Volkmar (1974), Bekämpfung der Subventionserschleichung, Köln.

Götz, Volkmar (1984), Rückforderung von Subventionen, in: Neue Zeitschrift für Verwaltungsrecht, von: Breuer, Rüdiger (Hrsg.), Nr. 8, 3. Jg., München, S. 480-485.

Gröbner, Bruno F. (1983), Subventionen, in: Abhandlungen zu den Wirtschaftlichen Staatswissenschaften, Bd. 23, Göttingen.

Grochla, Erwin (1969), Erkenntnisstand und Entwicklungstendenzen der Organisationstheorie, in: Zeitschrift für Betriebswirtschaft, Nr. 39, S. 1-22.

Grochla, Erwin (1976), Praxeologische Organisationstheorie durch sachliche und methodische Integration. Eine pragmatische Konzeption, in ZfB, 28. Jg., 1976, S. 617 - 637.

Grossekettler, Heinz (1991), Zur theoretischen Integration der Wettbewerbs- und Finanzpolitik in die Konzeption des ökonomischen Liberalismus, in: Jahrbuch für Neue Politische Ökonomie, Bd. 42, Tübingen, S. 103-143.

Grosser, Hans-Dieter (1983), Die Spannungslage zwischen Verfassungsrecht und Verfassungswirklichkeit bei Vergabe von staatlichen Wirtschaftssubventionen durch die öffentliche Hand, in: Schriften zum öffentlichen Recht, Bd. 453, Berlin.

Gündisch, Jürgen (1984), Die Entwicklung des Subventionsrechts 1980 bis 1983, in: Neue Zeitschrift für Verwaltungsrecht, von: Breuer, Rüdiger (Hrsg.), Nr. 8, 3. Jg., München, S. 489-495.

Härtel, Hans-Hagen (1988), Analyse der strukturellen Entwicklung der deutschen Wirtschaft (Strukturbericht 1987), Hamburg.

Härtel, Hans-Hagen (1996), Ostdeutschland: Abschied von Illusionen, in: Wirtschaftsdienst Nr. 6/ Juni 1996, 76. Jg., S. 270-272.

Hahn, D./ Klausmann, W. (1989), Entwicklung der betriebswirtschaftlichen Planung, in: Handwörterbuch der Planung, von: Szyperski, N./ Winand, U. (Hrsg.), Stuttgart, S. 406-420.

Hansmeyer, Karl-Heinrich (1963a), Finanzielle Staatshilfen für die Landwirtschaft. Zur Theorie der sektoralen Finanzpolitik, Tübingen.

Hansmeyer, Karl-Heinrich (1963b), Subventionen in der Bundesrepublik Deutschland, in: Finanzwissenschaftliche Forschungsarbeiten, N.F. Nr. 25, Berlin.

Hansmeyer, Karl-Heinrich (1971), Bemerkungen zum Subventionsbericht, in: Finanzarchiv, N. F., Bd. 30, Tübingen, S. 103-117.

Hansmeyer, Karl-Heinrich (1973a), Nicht-marktwirtschaftliche Allokationsmechanismen und die Rolle politischer und wirtschaftlicher Macht, in: H. K. Schneider, Ch. Watrin (Hrsg.), Macht des ökonomischen Gesetzes, Schr Ver Socpol, N.F. Bd. LXXIV/II, Berlin, S. 1287 ff.

Hansmeyer, Karl-Heinrich (1973b), Abbau von Subventionen. Ein finanzpolitischer Evergreen, in: Wirtschaftsdienst III, S. 125-130.

Hansmeyer, Karl-Heinrich (1977), Transferzahlungen an Unternehmen (Subventionen), in: Handwörterbuch der Finanzwissenschaften, Fritz Neumark (Hrsg.), Tübingen, S. 960-994.

Hansmeyer, Karl-Heinrich (1993) (Hrsg.), Finanzierungsproblem der deutschen Einheit, in: Schriften des Vereins für Socialpolitik, Gesellschaft für Wirtschafts- und Sozialwissenschaften, Bd. 229, Berlin.

Hansmeyer, Karl-Heinrich/ Rürup, B. (1975), Staatswirtschaftliche Planungsinstrumente, 2. Aufl., Düsseldorf.

Hanusch, Horst/ Schlumberger, Manfred (1989), Nutzen-Kosten-Analyse, in: Handwörterbuch der öffentlichen Betriebswirtschaft, in: Chmielewicz, Klaus/ Eichhorn, Peter (Hrsg.), S. 993-1002, Stuttgart.

Hanusch, Horst (1994), Nutzen-Kosten-Analyse, 2. Aufl., München.

Harmon, Paul/ King, David (1989), Expertensysteme in der Praxis: Perspektiven, Werkzeuge, Erfahrungen, 3. Aufl., München/ Wien.

Harzem, Kerstin (1987), Subventionen aus der Sicht der neuen politischen Ökonomie, Würzburg.

Hasitschka, Werner (1988), Betriebswirtschaftliche Krisenprophylaxe: theoretische Grundlagen einer Modellierung der flexiblen Schockabsorption, Stuttgart.

Hausschildt, Jürgen (1977), Entscheidungsziele. Zielbildung in innovativen Entscheidungsprozessen: Theoretische Ansätze und empirische Prüfung, Tübingen.

Hayek von, F. A. (1954), Marktwirtschaft und Wirtschaftspolitik, in: Ordo-Jahrbuch, Bd. 6.

Hayek von, F. A. (1968), Der Wettbewerb als Entdeckungsverfahren; wiederabgedruckt in: Freiburger Studien - Gesammelte Aufsätze von F. A. Hayek, Tübingen 1969, S. 249-265.

Haverkate, G. (1983), Rechtsfragen des Leistungsstaates, Tübingen.

Head, J. G. (1966), On Merit Goods, in: Finanzarchiv, N.F. Bd. 25, Tübingen, S. 1-29.

Heinen, Edmund (1966), Betriebswirtschaftslehre heute, Die Bedeutung der Entscheidungstheorie für Forschung und Praxis, Wiesbaden.

Heinen, Edmund (1967/1976), Grundlagen betriebswirtschaftlicher Entscheidungen: Das Zielsystem der Unternehmung, 3. Aufl., Wiesbaden.

Heinen, Edmund (1969), Zum Wissenschaftsprogramm der entscheidungsorientierten Betriebswirtschaftslehre, in: ZfB, 1969, S. 207-220.

Hellmich, R. (1970), Entwicklung eines Planungssystems für Unternehmungen - Versuch einer allgemeinen Grundlegung, Winterthur.

Hempel, Cart G. (1974), Grundzüge der Begriffsbildung in der empirischen Wissenschaft, Düsseldorf.

Henrichsmeyer, Wilhelm/ Gans, Oskar/ Evers, Ingo (1991), Einführung in die Volkswirtschaftslehre, 9., verb. Aufl., Stuttgart.

Herr, Joachim (1997), Notwendige Hilfen auf Zeit, in: FAZ, Nr. 121 vom 28.5.1997, S. 17.

Hessen (1978), 2. Subventionsbericht des Landes Hessen 1974-1977, Bericht der Landesregierung über die Entwicklung der Finanzhilfen und der Steuervergünstigungen des Landes Hessen 1974-1977 v. 14.4.1978.

Hessen (1981), 3. Subventionsbericht des Landes Hessen 1977-1980, Bericht der Landesregierung über die Entwicklung der Finanzhilfen und der Steuervergünstigungen des Landes Hessen 1977-1980 v. 22.6.1981.

Hessen (1985), 4. Subventionsbericht des Landes Hessen 1980-1983, Bericht der Landesregierung über die Entwicklung der Finanzhilfen und der Steuervergünstigungen des Landes Hessen 1980-1983 v. 25.2.1985.

Hessen (1987), 5. Subventionsbericht des Landes Hessen 1982-1985, Bericht der Landesregierung über die Entwicklung der Finanzhilfen und der Steuervergünstigungen des Landes Hessen 1982-1985 v. 7.1.1987.

Hessen (1988), 6. Subventionsbericht des Landes Hessen 1984-1987, Bericht der Landesregierung über die Entwicklung der Finanzhilfen und der Steuervergünstigungen des Landes Hessen 1984-1987 v. 13.12.1988.

Hessen (1991), 7. Subventionsbericht des Landes Hessen 1986-1989, Bericht der Landesregierung über die Entwicklung der Finanzhilfen und der Steuervergünstigungen des Landes Hessen 1986-1989 v. 18.1.1991.

Hessen (1995), 9. Subventionsbericht des Landes Hessen 1993-1994, Bericht der Landesregierung über die Entwicklung der Finanzhilfen und der Steuervergünstigungen des Landes Hessen 1993-1994 v. 16.10.1995.

Hill, Wilhelm (1971), Unternehmungsplanung, 2. Aufl., Stuttgart.

Horváth, Peter (1994), Controlling, 5., überarb. Aufl., München

Horváth, Peter (1996), Controlling, 6., vollst. überarb. Aufl., München.

Hüttiger, Klaus (1984), Unternehmensgröße und Wirtschaftsdynamik, in: ifo Studien zur Strukturforschung Nr. 5, München.

Hummel, Marlies et al. (1995), Stärken und Schwächen Deutschlands im internationalen Wettbewerb um Einkommen und Arbeitsplätze, Strukturberichterstattung 1995, in: Schriftenreihe des ifo Instituts für Wirtschaftsforschung, Nr. 143, München.

ifo (Institut für Wirtschaftsforschung) (1997), Auswirkungen des bayerischen Mittelstandskreditprogramms, in: ifo Schnelldienst Nr. 12/1997, 50. Jg. vom 7. Mai 1997, S. 8-17.

ifo (Institut für Wirtschaftsforschung) (1997b), Kapazitätsauslastung im verarbeitenden Gewerbe 1994-1997, München.

ifo (Institut für Wirtschaftsforschung) (1997c), Kapazitätsauslastung im Bauhauptgewerbe 1992-1997 (Monatsdaten) in den ABL und NBL, München.

ifo (Institut für Wirtschaftsforschung) (1997d), Bauvorausschätzung, Regionen in Westdeutschland, 1997, Datenband, Passion von Seiten (Bayern, Gesamtdeutschland), München.

ifo (Institut für Wirtschaftsforschung) (1997e), Bauvorausschätzung Westdeutschland, Texband 1996-2000, Passion Seiten, München.

ifo (Institut für Wirtschaftsforschung) (1997f), Die Europäischen Strukturfonds in den neuen Bundesländern: Zwischenbewertung des Mitteleinsatzes von 1994 bis 1996; Gutachten im Auftrag des BMWi, von: J. Riedel et al., in: ifo dresden studien Nr. 12, Dresden.

ifo Institut für Wirtschaftsforschung/ IWH Halle (1994), Die Effizienz der finanzpolitischen Fördermaßnahmen in den neuen Bundesländern, in: ifo studien zur finanzpolitik, München.

Institut der Deutschen Wirtschaft Köln (1996), Zahlen zur wirtschaftlichen Entwicklung der Bundesrepublik Deutschland, Köln.

Ipsen, H.-P. (1956), Öffentliche Subventionierung Privater, Berlin.

Issing, Ottmar (1984), Subventionen - Gefahr für die Soziale Marktwirtschaft?, in: Symposium X, Mehr Soziale Marktwirtschaft - Weniger Subventionswirtschaft, Ludwig-Erhard-Stiftung e.V., Stuttgart, S. 3-16.

IWH (1997), Wirtschaft im Wandel, 9/1997, Halle a. d. Saale.

Jäkli, Z. (1990), Vom Marshallplan zum Kohlepfennig: Grundrisse der Subventionspolitik in der Bundesrepublik Deutschland 1948-1982, in: Schriften des Zentralinstituts für Sozialwissenschaftliche Forschung der Freien Universität Berlin, Bd. 58, Opladen.

Jarass, Hans D. (1984), Der Vorbehalt des Gesetzes bei Subventionen, in: Neue Zeitschrift des Verwaltungsrechts, München, S. 473-480.

Jenner, Thomas (1994), Internationale Marktbearbeitung: Erfolgreiche Strategien für Konsumgüterhersteller, Wiesbaden.

Johnson, Bryan T./ Holmes, Kim R. et al. (1998), 1998 Index of Economic Freedom, The Wall Street Journal, New Jork, N.Y.,USA.

Jöhr, W. A./ Singer, H. W. (1964), Die Nationalökonomie im Dienste der Wirtschaftspolitik, 2. erw. Aufl., Göttingen.

Kalm, W. T. v. (1975), Die subjektiven öffentlichen Rechte Privater bei der Wirtschaftssubventionierung in der Bundesrepublik Deutschland, Freiburg.

Kantzenbach, Erhard (1966), Die Funktionsfähigkeit des Wettbewerbs, Göttingen.

Kaplan, Abraham (1964), The Contruct of Inquiry, San Francisco.

Karl-Bräuer-Institut des Bundes der Steuerzahler (1990), Zur Finanzierung von DDR-Hilfen, Nr. 70, Wiesbaden.

KfW (1991-96), ausgewählte Seiten zu Förderprogrammen aus den Geschäftsberichten (1991-1996), Gliederung der Förderzusagen nach Wirtschaftsbereichen, Bonn.

Kieler Arbeitspapiere (1997), Subventionen in der Bundesrepublik Deutschland - Bestandsaufnahme und Bewertung, von: Boss, Alfred/ Rosenschon, Astrid, Institut für Weltwirtschaft, Kiel.

Kieser, Alfred (1993), Situativer Ansatz, in: Kieser, Alfred (Hrsg.), Organisationstheorien, Stuttgart, S. 161-191.

Kirchhoff, Gerd (1973), Subventionen als Instrument der Lenkung und Koordinierung, in: Reihe: Beiträge zur politischen Wissenschaft, Bd. 16, Berlin.

Kirsch, Guy (1971), Die Cost-Benefit-Analyse: Ein Katalog von Fragen, in: Hansmeyer, K.-H. (Hrsg.), Das rationale Budget, Köln., S. 63 ff.

Kirsch, Guy (1980), Effizienz und Effektivität: Zielbestimmung in der Sozialpolitik, in: Pfaff, M. (Hrsg.), Effizienz und Effektivität staatlicher Transferpolitik in der Wirtschaftskrise, Berlin, S. 9-26.

Kirsch, Werner (1971), Entscheidungsprozesse, 3 Bände, Wiesbaden.

Kirschen, E. S. (1964), Economic policy in Our Time, Vol. I, Neudruck, Amsterdam.

Kitterer, W. (1976), Zur Problematik der Abgrenzungen von Subventionen in den Subventionsberichten der Bundesregierung, Discussion papers, departement of economics, university of saarland, Saarbrücken.

Klodt, Henning/ Stehn, Jürgen et al. (1994), Standort Deutschland: Strukturelle Herausforderungen im neuen Europa, in: Kieler Studien Nr. 265 von Siebert, H. (Hrsg.), Tübingen.

Klodt, Henning (1996), West-Ost-Transfer und Strukturprobleme in den Neuen Bundesländern, in: Die Weltwirtschaft (2), S. 158-170.

Knust, Cornelia (1997), Über bayerische Industriepolitik, in: FAZ, Nr. 209 v. 9.9.1997, S. 17.

Koch, Helmut (1976), Die Betriebswirtschaft als Wissenschaft vom Handeln, Tübingen.

Koch, M. (1992), Die wissenschaftliche Betätigung der Gemeinden, Schriften zur wirtschaftswissenschaftlichen Analyse des Rechts, Bd. 11, Berlin.

König, René (1974), Grundlegende Methoden und Techniken der empirischen Sozialforschung, dritter Teil, 3. umgearbeitete und erw. Aufl., Stuttgart.

Kosiol, Erich (1968), Einführung in die Betriebswirtschaftslehre, Wiesbaden.

Kötzle, Alfred (1980), Die Eignung von Subventionen für die Umweltpolitik, in: Volkswirtschaftliche Schriften, Nr. 296, Berlin.

Kromphardt, J. (1987), Arbeitslosigkeit und Inflation, Göttingen.

Kubicek, Herbert (1977), Heuristische Bezugsrahmen und heuristisch angelegte Forschungsdesigns als Elemente einer Konstruktionsstrategie empirischer Forschung, in: Köhler, Richard (Hrsg.), Empirische und handlungstheoretische Forschungskonzeptionen in der Betriebswirtschaftslehre, Stuttgart, S. 3-36.

Kuhlmann, Stefan/ Holland, Doris (1995), Evaluation von Technologiepolitik in Deutschland. Konzepte, Anwendung, Perspektiven, Heidelberg.

Kuhlmann, Stefan (1997), Wie bewertet man forschungs- und technologiepolitische Programme?, in: Spektrum der Wissenschaft, Januar 1997, S. 110-112.

Kuhn, A. (1972), Staatliche Finanzhilfen an die gewerbliche Wirtschaft. Eine rechtssystematische Untersuchung, Wiesbaden.

Küpper, Hans-Ulrich (1994), Industrielles Controlling, in: Industriebetriebslehre, 2. völlig überarb. und erw. Aufl. von: Schweitzer, Marcell (Hrsg.), München.

Küpper, Hans-Ulrich (1995), Controlling - Konzeption, Aufgaben und Instrumente, Stuttgart.

Lachnit, Laurenz (1976), Zur Weiterentwicklung betriebswirtschaftlicher Kennzahlensysteme, in: Zeitschrift für betriebswirtschaftliche Forschung, Nr. 28, S. 216-230.

Latz, Heinz-Ludwig (1989), Subventionen in einer offenen Volkswirtschaft, Reihe Wirtschaftswissenschaften, Bd. 55, Pfaffenweiler.

Leibfritz, Willi (1988), Maßnahmen, Möglichkeiten und Grenzen des Subventionsabbaus in der Bundesrepublik Deutschland, in: Staatliche Wirtschaftsförderung: Ökonomische Effizienz und politische Rationalität, von: Gantner, Manfred/ Rinderer, Claus (Hrsg.), Frankfurt, S. 133-147.

Lerner, A. P. (1955), The Economics of Control, 7. Aufl., New York.

Lorenzen, Paul (1974), Konstruktive Wissenschaftstheorie, Frankfurt a. M.

Mäding, H. (1987), Öffentlicher Haushalt und Verwaltungswissenschaft: Ein Überblick, in: Mäding, H. (Hrsg.), Haushaltsplanung - Haushaltsvollzug - Haushaltskontrolle, XI. Konstanzer Verwaltungsseminar 1986, Schriften zur öffentlichen Verwaltung und öffentlichen Wirtschaft, Bd. 109, Baden-Baden, S. 29-49.

March, James G. / Simon, Herbert A. (1976), Deutsche Übersetzung: Organisation und Individuum. Meschliches Verhalten in Organisationen. Wiesbaden.

Marshall, Alfred (1920), Principles of Economics, 8. Aufl. London.

Martens, Joachim (1981), Fehlentwicklung einer Subvention im Steuerrecht, in: Zeitschrift für Rechtspraxis 1981, S. 104 ff..

Maurer, Hartmut (1995), Allgemeines Verwaltungsrecht, 10., überarbeitete und ergänzte Aufl., München.

McKinsey (1997), Removing Barriers to Growth and Employment in France and Germany, McKinsey Global Institute, Frankfurt, Paris, Washington.

Mertens, Peter (1989), Expertensysteme, in: Szyperski, Norbert (Hrsg.), Handbuch der Planung, Stuttgart, Sp. 476-485.

Metha, N. T. (1978), Policy Formulation in a Declining Industry: The Case of the Canadian Dissolving Plump Industry, DBA Dissertation, Harvard Graduate School of Business Administration, Cambridge, Mass.

Michael, Lothar (1971), Allgemeine Grundlagen psychometrischer Tests, in: Psychologische Diagnostik, von: Heiss, R. et al. (Hrsg.), Handbuch der Psychologie, 6. Bd. 3. Aufl., Göttingen, S. 19-70.

Mishan, E. J. (1975), Elemente der Kosten-Nutzen-Analyse, Frankfurt am Main.

Mockler, R. J. (1972), The Management Controll Process, New York.

Molitor, Bruno (1984), Subventionen - Ärgernis in der Marktwirtschaft, in: Wirtschaftdienst III, S. 117 - 121.

Mulkey, D./ Dillman, B. L. (1976), Location Effects of State and Local Industrial Development Subsidies, in: Growth and Change, Bd. 7, No. 2, April 1976, S. 37 ff.

Müller, Walter (1995), Branchenspezifische Unterschiede in der Steuerbelastung von Unternehmen und ihre wachstumspolitische Beurteilung, in: Europäische Hochschulschriften: Reihe 5, Bd. 1767, Frankfurt.

Müller-Armack, Alfred (1956), Soziale Marktwirtschaft, in: Handwörterbuch der Sozialwissenschaft, Bd. 9, Stuttgart, S. 390-392.

Müller-Armack, Alfred (1966), Wirtschaftsordnung und Wirtschaftspolitik. Studien und Konzepte zur Sozialen Marktwirtschaft und zur Europäischen Integration, Freiburg i. Brsg.

Müller-Armack, Alfred (1976), Wirtschaftsordnung und Wirtschaftspolitik, Studien und Konzepte zur Sozialen Marktwirtschaft und zur Europäischen Integration, zweite, unverä. Aufl., Freiburg i. Brsg.

Musgrave, Richard A. (1959), The Theory of Public Finance, New York.

Musgrave, Richard A. (1969a), The Theory of Public Finance, New York.

Musgrave, Richard A. (1969b), Finanztheorie, 2. Aufl. , Tübingen.

Musgrave, Richard A./ Musgrave, Peggy B./ Kullmer, Lore (1994), Die öffentlichen Finanzen in Theorie und Praxis, 1. Bd., 6., aktualisierte Aufl., Tübingen.

Neuhaus, Karl Herbert (1987), Möglichkeiten und Grenzen einer zentralen Erfassung von Subventionen der Länder, in: Arbeitspapier der Universität Trier, Fachbereich IV, Trier.

Neumark, Fritz (1970), Grundsätze gerechter und ökonomisch rationaler Steuerpolitik, Tübingen.

Nicolaysen, Gert/ Hrbek, Rudolf et al. (1996), Die Kontroverse um die VW-Beihilfen, in: Wirtschaftsdienst Nr. 10, 76. Jg., S. 503-512.

Nieder-Eichholz, Markus (1995), Die Subventionsordnung, in: Schriften zur wirtschaftswissenschaftlichen Analyse des Rechts, Bd. 21, Berlin.

Nilsson, Nils J. (1971), Problem-Solving Methods in Artificial Intelligence, New York u. a., 1971.

Nilsson, Nils J. (1980), Principles of Artificial Intelligence, Palo Alto, 1980.

o. V. (1996a), Fehler im System, in: manager Magazin, Nr. 6/1996, S. 248-255

o. V. (1996b), Null Mark, in: Der Spiegel, Nr 45/1996, S. 133.

o. V. (1996c), Bonn und Brüssel wollen den Streit um die VW-Subventionen beilegen, in: FAZ, Nr. 206 vom 4.9.1996, S. 15.

o. V. (1996d), Bekleidungsindustrie droht mit Produktionsverlagerung, in: Süddeutsche Zeitung Nr. 132 vom 11.6.1996, S. 22.

o. V. (1996e), Bayern drängt auf Subventionskürzungen, in: FAZ, Nr. 105 vom 6.5.1996, S. 13.

o. V. (1996f), Die SPD will Kohle-Subventionen erhalten, in: FAZ, Nr. 141 vom 20.6.1996, S. 13.

o. V. (1996g), Regierung will Wind-Subventionen senken, in: FAZ, Nr. 65 vom 18.3.1997, S. 13.

o. V. (1996h), Die Konzentrations-Statistik hat große Defizite, in: FAZ, Nr. 154 vom 5.7. 1996, S. 13.

o. V. (1996i), Beihilfe-Bescheide für Vulkan und Sket, in: FAZ, Nr. 176 vom 31.7.1996, S. 11.

o. V. (1996j), Subventionskompromiß zwischen Bonn und der EU, in NZZ, Nr. 266 vom 14.11.1996, S. 21.

o. V. (1996k), Die Einheit hat bisher eine Billion DM an Transfer gekostet, in: FAZ, Nr. 264 vom 12.11.1996, S. 18.

o. V. (1996l), „Vulkane sind überall“, in: Der Spiegel Nr. 25/1996, S. 94-118.

o. V. (1996m), Zwei Drittel für Subventionen, in: FAZ, Nr. 48 vom 26.2.1996, S. 12.

o. V. (1996n), Die Leuna Werke hören auf zu existieren, in: FAZ, Nr. 56 vom 6.3.1996, S. 25.

o. V. (1996o), „Wir lassen uns nicht erpressen“, in: Focus Nr. 34 vom 19.8.1996, S. 182-183.

o. V. (1996p), Brüssel und Bonn weiter uneins über die Subventionen in Sachsen, in: FAZ, Nr. 197 vom 24.8.1997, S. 13.

o. V. (1996q), Bonn und Brüssel wollen den Streit um die VW-Subventionen beilegen, in: FAZ, Nr. 206 vom 4.9.1996, S. 15.

o. V. (1996r), Wieder Beschäftigung für Vulkan-Werften, in: FAZ, Nr. 154 vom 5.7.1997, S. 18.

o. V. (1997a), EU reagiert auf Renault, in: WW, Nr. 12/13.3.1997, S. 8.

o. V. (1997b), Kredite beschäftigen Brüssel, in: Handelsblatt Nr. 60 vom 26.3.1997, S. 1 u. 12.

o. V. (1997c), Subventionen - Falsche Sicherheit, in: Der Spiegel Nr. 12/1997 vom 17.3.1997, Seite 28-29.

o. V. (1997d), Sonderförderung Ost soll auf den Prüfstand, in: FAZ, Nr. 13 vom 16.1.1997, S. 13.

o. V. (1997e), Keine Sonderabschreibung mehr im Osten, in: FAZ, Nr. 60 vom 12.3.1997, S. 17.

o. V. (1997f), Ost-Industrie erhält die meisten Subventionen, in: Die Welt vom 24.1.1997, S. 13.

o. V. (1997g), Neue Länder fordern 13,5 Milliarden DM, in: FAZ, Nr. 109 vom 13.5.1997, S. 19.

o. V. (1997h), Stellenabbau in Ostdeutschland setzt sich fort, in: FAZ, Nr. 109 vom 13.5.1997, S. 19.

o. V. (1997i), „Kapitalsubventionen stärken den Standort Ost nur vorübergehend", in: FAZ, Nr. 91 vom 19.4.1997, S. 16.

o. V. (1997j), Kommission plant strengere Beihilfenkontrollen, in: FAZ, Nr. 89 vom 17.4.1997, S. 15.

o. V. (1997k), EU-Kommission sagt Betrügern den Kampf an, in: FAZ, Nr. 105 vom 7.5.1997, S. 17.

o. V. (1997l), EU-Haushalt büßt Milliarden durch Betrug ein, in: FAZ, Nr. 103 vom 5.5.97, S. 15.

o. V. (1997m), Milliarden für Ost-Werften, in: WW, Nr. 18 vom 24.4.1997, S. 9.

o. V. (1997n), Ostförderung wird erst ab dem Jahr 2002 abgebaut, in: Handesblatt Nr. 96/21 vom 22.5.1997, S. 4.

o. V. (1997o), Kabinett beschließt neues Förderkonzept, in: FAZ, Nr. 116 vom 22.5.1997, S. 17.

o. V. (1997p), Brüssel gibt letzte Mittel für Vulkan frei, in: FAZ, Nr. 115 vom 21.5.97, S. 25.

o. V. (1997q), Spitzentechnologien spielen im Osten eine zu geringe Rolle, in: Handelsblatt Nr. 96/12 vom 22.5.1997, S. 12.

o. V. (1997r), Deutschland fällt zurück, in: FAZ, Nr. 119 vom 26.5.1997, S. 17.

o. V. (1997s), Am großen Tropf, in: FAZ, Nr. 200 vom 29.8.97, S. 13.

o. V. (1997t), Die Subventionen steigen auf 115 Milliarden DM, in: FAZ, Nr. 200 vom 29.8.97, S. 13.

o. V. (1997u), Für Leuna 2000 sind die meisten Kundenverträge unterschrieben, in: FAZ, Nr. 123 vom 31.5.1997, S. 18.

o. V. (1997v), Die Machtfrage stellen, in: Der Spiegel Nr. 12 /1997, S. 22-26.

o. V. (1997w), Einigung im Konflikt um die Ost-Förderung, in: FAZ, Nr. 203 vom 2.9.1997, S. 17.

o.V. (1997x), Subvention an BMW genehmigt, in: FAZ, Nr. 139 vom 19.6.1997, S. 22.

o.V. (1997y), Fonds der LFA in Bayern steigt bei Grundig ein, in FAZ, Nr. 208 vom 8.9.1997, S. 17.

o.V. (1997z), Einige zahlen nur noch den halben Tariflohn, in: FAZ, Nr. 220 vom 22.9.1997, S. 23.

o. V. (1997za), Die Bauwirtschaft sieht gute Chancen auf den Auslandsmärkten, in: FAZ, Nr. 241 vom 17.10.1997, S. 20.

o. V. (1997zb), Förderung oft ohne jede Kontrolle, in: Handelsblatt Nr. 212, vom 4.11.97, S. 6.

o. V. (1997zc), Streit um VW-Subventionen beigelegt, in: Süddeutsche Zeitung, Nr. 264 vom 17.11.1997, S. 22.

o.V. (1997ze), Überkapazitäten im ostdeutschen Baugewerbe, in: FAZ, Nr. 244 vom 21.10.1997, S. 26.

o.V. (1998a), Bürgschaftsprogramm verlängern, in: FAZ, Nr. 71, vom 25.3.1998, S. 18.

OECD (1997a), National Accounts, Volume 1, 1997, S.4-266.

OECD (1997b), Quarterly National Accounts, Nummer 1, 1997, ausgewählte Seiten der G7-Länder.

Oeser, E. (1983), Die Evolution der wissenschaftlichen Methode, in: Lorenz, K./ Wuketits, F. (Hrsg.), Die Evolution des Denkens, München, S. 263-299.

Offerhaus, K. (1995), Ausnahmen bei der Einkommensteuer streichen, in Handelsblatt vom 20.1.1995, S. 3.

Osterloh, Margit (1992), Der Einfluß neuer Informationstechnologien auf den Managementprozeß, in: Die Unternehmung Nr. 2, 1992, S. 79-88.

Osterloh, Margit/ Forst, Jetta (1996), Prozeßmanagement als Kernkompetenz, Wiesbaden.

Ott, Alfred E. (1967), Magische Vielecke, in: Ott, Alfred E. (Hrsg.), in: Fragen der wirtschaftlichen Stabilisierung, Tübingen.

Paqué, Karl-Heinz (1997), Neue Wege der neuen Länder, in: FAZ, Nr. 171 vom 26.7.1997, S. 13.

Peters, Hans Rudolf (1988), Sektorale Strukturpolitik, München, Wien, Oldenburg.

Peters, Hans-Rudolf (1995), Wirtschaftspolitik, 2., überarb. und erw. Aufl., München.

Pfaff, Martin (1980), Effizienz und Effektivität staatlicher Transferpolitik in der Wirtschaftskrise, Berlin.

Pfohl, H. C. (1981), Planung und Kontrolle, Stuttgart.

Picot, Arnold/ Bürr, Wofgang (1997), Zur Leistungsfähigkeit von Regulierungsinstrumenten und Regulierungsinstanzen, in: Zeitschrift für betriebswirtschaftliche Forschung, Nr. 49, S. 264-271.

Pigou, A. C. (1962), A Study in Public Finance, 3. Aufl., New York.

Pohl, Rüdiger (1995) (Hrsg.), Herausforderung Ostdeutschland: Fünf Jahre Währungs-, Wirtschafts- und Sozialunion, Berlin.

Pohmer, Dieter (1977), Wirkungen finanzpolitischer Insturmente, in: HdF, 3. Aufl., Bd. 1, Tübingen, S. 193-346.

Popitz, J. (1927), Der Finanzausgleich, in: Handwörterbuch der Finanzwissenschaften, 1. Aufl., Bd. II, Tübingen, S. 338-375.

Popper, Karl R. (1965), Conjectures and Refutations, 2. nd. ed., London.

Popper, Karl R. (1969), Das Elend des Historizismus, 2. Aufl., Tübingen.

Popper, Karl R. (1976), Conjectures and Refutations - The Growth of Scientific Knowledge, 4. Aufl., London u. a.

Porter, Michael E. (1992b), Wettbewerbsstrategie: Methoden zur Analyse von Branchen und Konkurrenten, 7. Aufl., Frankfurt, New York.

Porter, Michael E. (1992a), Wettbewerbsvorteile, 3. Aufl., Frankfurt, New York.

Postlep, Rolf-Dieter (1979), Räumliche Analyse der Kommunalverschuldung in der Bundesrepublik Deutschland, 1. Aufl., Baden-Baden.

Prognos World Report 1997, Industrial Countries 1995-2000-2005, Analyses and Forecasts, Basel 1996, S. 384-406.

Pümpin, Cuno (1992), Strategische Erfolgspositionen, Bern.

Puppe, Frank (1988), Einführung in Expertensysteme, Berlin.

Radke, M. (1982), Die große betriebswirtschaftliche Formelsammlung, 6. Aufl., München.

Rechnungshof des Landes Sachsen-Anhalt (1994), Jahresbericht zur Gewährung von Zuwendungen 1994, Teil I.

Recktenwald, Horst C. (1971), Die Kosten-Nutzen-Analyse und Programmbuget, Tübingen.

Redeker, Konrad/ v. Oertzen, Hans-Joachim/ Redeker, Martin (1997), Verwaltungsgerichtsordnung: Kommentar, 12., überarb. Aufl., Stuttgart.

Reding, Kurt (1981), Die Effizienz staatlicher Aktivitäten: Probleme ihrer Messung und Kontrolle, 1. Aufl., Schriften zur öffentlichen Verwaltung und öffentlichen Wirtschaft, Bd. 40, Baden-Baden.

Reding, Kurt (1987), Einige kritische Überlegungen zur Subventionsberichterstattung des Bundes unter besonderer Berücksichtigung von Möglichkeiten eines Subventionsabbaus, in: Diskussionsschriften der GHK Universität Kassel, Nr. 30, Kassel.

Reding, Kurt (1989), Effizienz, in: Handwörterbuch der öffentlichen Betriebswirtschaft, von: Chmielewicz, Klaus/ Eichhorn, Peter (Hrsg.), Stuttgart, S. 277-282.

Reding, Kurt/ Postlep, Rolf-Dieter (1978a), Finanzwissenschaft I, 2. Aufl., in: Fachbuchreihe für Studium, Fortbildung, Praxis, Bd. 33, München.

Reding, Kurt/ Postlep, Rolf-Dieter (1978b), Finanzwissenschaft III, 1. Aufl., in: Fachbuchreihe für Studium, Fortbildung, Praxis, Bd. 35, München.

Reding, Kurt/ Postlep, Rolf-Dieter (1979), Finanzwissenschaft II, 2. Aufl., in: Fachbuchreihe für Studium, Fortbildung, Praxis, Bd. 34, München.

Reichmann, Thomas (1993), Controlling mit Kennzahlen und Managementberichten, 3. erw. Aufl., München.

Reichmann, Thomas (1997), Controlling mit Kennzahlen und Managementberichten, 5. erw. Aufl., München.

Reidweg, W. G. (1971), Das Planungs-Programmierungs- und Budgetierungssystem (PPBS), als Instrument der Verwaltungsführung, Bern.

Rich, Elaniane (1983), Artificial Intelligence, New York.

Robinson, E. A. G. (1941), Monopoly, Cambrige, Mass.

Rosenschon, Astrid (1991), Subventionen in den alten Bundesländern, in: Die Weltwirtschaft, Nr. 1, Tübingen, S. 76-90.

Rosenschon, Astrid (1997), Finanzhilfen der Bundesländer, in: Kieler Diskussionsbeiträge Nr. 293, März 1997 Institut für Weltwirtschaft, Kiel.

Rosenthal, F. (1993), Die nationale Luft- und Raumfahrtindustrie, München.

Rühli, Edwin (1993), Unternehmungsführung und Unternehmungspolitik, Bd. 3, Bern.

Rürup, Bert (1996), Die Marktwirtschaft des Sozialen nicht berauben, in: FAZ, Nr. 149 vom 29.6.1996, S. 15.

Rutz, K. (1948), Staatliche Subventionen an private Unternehmungen, Trubenthal.

RWI (Rheinisch Westf. Institut für Wirtschaftsforschung) (1993), Strukturberichterstattung 1993, Strukturwandel in der Krise, Bd. I u. Bd. II, Essen.

Sachverständigenrat zur Begutachtung der gesamtwirtschaftlichen Entwicklung (1990/1991), Jahresgutachten 1990-1991, Bonn.

Sachverständigenrat zur Begutachtung der gesamtwirtschaftlichen Entwicklung (1991), marktwirtschaftlichen Kurs halten. Zur Wirtschaftspolitik in den neuen Bundesländern, Sondergutachten, Stuttgart.

Sachverständigenrat zur Begutachtung der gesamtwirtschaftlichen Entwicklung (1992), Jahresgutachten 1992/1993, BT-Drs. 12/3774, Bonn.

Samuelson, Paul (1954), The Pure Theory of Public Expenditure, in: Review of Economics and Statistics, Bd. 36, p. 387-389.

Samuelson, Paul (1955), Diagrammatic Exposition of Collected Scientific Papers, in: Review of Economics and Statistics, Bd. 37, p. 350-356.

Sartorius, Carl (1997), Verfassungs- und Verwaltungsgesetze der Bundesrepublik Deutschland, Bd. I, in: C. H. Beck´sche Gesetzestexte, vom 1. Januar 1997.

Schaerer, Barbara (1992), Subventionen des Bundes, Chur.

Schäfer, Claus (1987), Subventionen - Rohrkrepierer oder Wunderwaffe der Wirtschaftspolitik?, in: WSI-Mitteilungen Nr. 3/87, S. 150-162.

Schäfer, H. (1977), Kontrolle der öffentlichen Finanzwirtschaft, in: Handbuch der Finanzwissenschaft, von: Neumark, Fritz et al. (Hrsg.), 3., gänzl. überarb. Aufl., Bd. 1, Tübingen, S. 519-550.

Schetting, G. (1975), Rechtspraxis der Subventionierung. Eine Untersuchung zur normativen Subventionspraxis in der Bundesrepublik Deutschland, in: Schriften zum öffentlichen Recht, Bd. 206, Berlin.

Scheuch, Erwin K. (1974), Auswahlverfahren in der Sozialforschung, in: Grundlegende Methoden und Techniken der empirischen Sozialforschung, Dritter Teil, 3., umgearbeitete und erw. Aufl., König, René (Hrsg.), Stuttgart.

Schmidt, A. (1986), Das Controlling als Instrument zur Koordination der Unternehmensführung, Frankfurt.

Schmidt, Rudi/ Lutz, Burkart (Hrsg.) (1995), Chancen und Risiken der industriellen Restrukturierung in Ostdeutschland, Berlin.

Schmidt, Albercht (1996), Eine Kulturrevolution für den modernen Staat, in: FAZ, Nr.. 101, vom 13.6.1996, S. 13.

Schmidtchen, Dieter (1978), Wettbewerbspolitik als Aufgabe. Methodologische und systemtheoretische Grundlagen für eine Neuorientierung, Baden-Baden.

Schmitz, Paul/ Lenz, Andreas (1986), Abgrenzung von Expertensystemen und konventioneller ADV, in: Betriebswirtschaftliche Forschung und Praxis, Nr. 6, S. 499-516.

Schmölders, Günther (1970), Finanzpolitik, 3. Aufl., Berlin u. a.

Schögel, Marcus (1992), Ablauf und Methodik von Fallstudien; unveröffentlichtes Manuskript, St. Gallen.

Schürmann, Heinz Jürgen (1996), Neues Subventionskonzept bleibt umstritten, in: Handelsblatt Nr.195 vom 9.10.1996, S. 22.

Schumpeter, Joseph A. (1972), Kapitalismus, Sozialismus und Demokratie, 3. deutsche Aufl., München.

Schweitzer, Marcell (1994), Industriebetriebslehre, 2., völlig überarb. und erw. Aufl., München.

Schwerdtfeger, Gunther (1984), Die lenkende Veröffentlichung von Subventionenrichtlinien - Auslobung und Vertrauensschutz, in: Neue Zeitschrift für Verwaltungsrecht, Nr. 8, 3. Jg., München, S. 486-489.

Senf, P. (1977), Kurzfristige Haushaltsplanung, in: Handwörterbuch der Finanzwissenschaft, 3. Aufl., Bd. 1, Tübingen, S. 371-417.

Seraphim, H.-J. (1955), Theorie der Volkswirtschaftspolitik, Göttingen.

Shoup, Carl Sumner (1972), The Economic theory of subsidy payments, in: United States Congress, Joint Economic Committee (ed.), The Economics of Federal Subsidy Programs, General Study Papers. Washington, D.C.

Siebert, Horst (1992a), Einführung in die Volkswirtschaftslehre, 11. überarb. u. erw. Aufl., Stuttgart.

Siebert, Horst (1992b), Das Wagnis der Einheit: Eine wirtschaftspolitische Therapie, Stuttgart.

Siebert, Horst (1996), Einführung in die Volkswirtschaftslehre, 12. überarb. u. erw. Aufl., Stuttgart.

Siebert, Horst (1997), Die nächste Rezession kommt bestimmt, in: FAZ, Nr. 200 vom 29.8.1997, S. 15.

Sieber, L. (1971), Subventionen, Subventionen, Subventionen, in: Schriftenreihe der Aktionsgemeinschaft Soziale Marktwirtschaft in Verbindung mit der Alexander-Rüstow-Stiftung, Nr. 9, Ludwigsburg.

Sinn, Gerlinde/ Sinn, Hans-Werner (1991), Kaltstart, Volkswirtschaftliche Aspekte der deutschen Vereinigung, Tübingen.

Sohmen, Egon (1992), Allokationstheorie und Wirtschaftspolitik, 2. Aufl., Tübingen.

Sozialpolitische Umschau (1997), Thema: Bauwirtschaft, Ausgabe Nr. 32/1997.

Spinner, Helmut F. (1974), Pluralismus als Erkenntnismodell, Frankfurt a. M.

Staehle, Wolfgang H. (1991), Management, 6. überar. Aufl., München.

Steahle, Wolfgang H. (1973), Plädoyer für die Einbeziehung normativer Aussagen in die Betriebswirtschaftslehre, in: Zeitschrift für betriebswirtschaftliche Forschung (ZfbF), NF 25, S. 184-197.

Stählin, Wigand (1973), Theoretische und technologische Forschung in der Betriebswirtschaftslehre, Stuttgart.

Starbatty, J. (1984), Subventionen in der Sozialen Marktwirtschaft: Systembestandteil, Eliminierung oder Reduktion?, in: Volkswirtschaftliche Korrespondenz der Adolf-Weber-Stiftung, 23 Jg., Nr. 8, München, S. 1.

Statistisches Bundesamt (1980), Systematische Verzeichnisse, Systematik der Wirtschaftszweige mit Erläuterungen, Ausgabe 1979, Stuttgart, Mainz.

Statistisches Bundesamt (1988), Volkswirtschaftliche Gesamtrechnungen, Fachserie 18, Reihe 1.3., Konten und Standardtabellen 1987, Hauptbericht, Stuttgart, Mainz.

Statistisches Bundesamt (1992), Statistisches Jahrbuch für die Bundesrepublik Deutschland 1992, Wiesbaden.

Statistisches Bundesamt (1993a), Statistisches Jahrbuch für die Bundesrepublik Deutschland 1993, Wiesbaden.

Statistisches Bundesamt (1993b), Der Staat in den Volkswirtschaftlichen Gesamtrechnungen 1950-1992, Arbeitsunterlage, Wiesbaden.

Statistisches Bundesamt (1995), Fachserie 18, Reihe 1.3 Konten und Standardtabellen, Hauptbericht 1995, Tabellen 3.1.3, 3.1.6, 3.1.7, 3.1.8, 3.1.9., Wiesbaden.

Statistisches Bundesamt (1996), Fachserie 18 VGR, Reihe 1.1, Konten und Standardtabellen, Erste Ergebnisse der Inlandsproduktsberechnung, 1996, Wiesbaden.

Statistisches Bundesamt (1997a), Fachserie 18 VGR, Reihe 1.2, Konten und Tabellen, 1996 Vorbericht, Wiesbaden.

Statistisches Bundesamt (1997b), Fachserie 18 VGR, Reihe 3, Vierteljahresergebnisse der Inlandsproduktsberechnung, 1. Vierteljahr 1997, Wiesbaden.

Statistisches Bundesamt (1997c), Tabellensammlung zur wirtschaftlichen und sozialen Lage in den neuen Bundesländern, 3/97, S. 12 - 188, ausgewählte Seiten, Wiesbaden.

Statistisches Bundesamt (1997d), Statistisches Jahrbuch 1997, Wiebaden.

Statistisches Bundesamt (1998), Mitteilung für die Presse: 34 Mio. Erwerbstätige im Jahresdurchschnitt 1997, vom 13.Januar 1998, S. 1-3.

Stede, Manfred (1987), Einführung in die künstliche Intelligenz: Methodische Grundlagen und Anwendungsgebiete, Hannover.

Steffens, Max (1936), Die Volkswirtschaftliche Problematik der Subventionen mit besonderer Rücksicht auf ihre Bedeutung in der Staatswirtschaft des Deutschen Reiches , 1928-1935, Bonn.

Steffik, Mark/ Aikins, Janice/ Blazer, Robert/ Benoit, John/ Birnbaum, Lawrence/ Hayes-Roth, Frederick/ Sacerdoti, Earl (1983), Basic Concepts for Building Expert Systems, in: Hayes-Roth, Ferderick u. a. (Hrsg.), Building Expert Systems, Reading u. a., S. 59-86.

Steinmann, Horst/ Hasselberg, F. (1988), Der strategische Managementprozeß - Vorüberlegungen für eine Neuorientierung, in: Zeitschrift für Betriebswirtschaft, Jg. 58, Nr. 12, S. 1308-1322.

Stern,Volker/ Werner, Georg (1987), Subventionsabbau, Notwendigkeit und Möglichkeiten, Nr. 61, Wiesbaden.

Stille, Frank et al. (1992), Strukturwandel im Prozeß der deutschen Vereinigung, in: Deutsches Institut für Wirtschaftsforschung (1992) (Hrsg.), Sonderheft Nr. 136, Berlin.

Stille, Frank/ Teichmann, Dieter (1997), Subventionspolitik: Umschichtungen nur ansatzweise gelungen, in: DIW-Wochenbericht, Nr. 50, Berlin, S. 1-14.

Stobbe, Alfred (1975), Gesamtwirtschaftliche Theorie, Berlin.

Stobbe, Alfred (1984), Volkswirtschaftslehre I, Volkswirtschaftliches Rechnungswesen, 6. Aufl., Berlin.

Stobbe, Alfred (1987), Volkswirtschaftslehre III, Makroökonomie, 2., völlig überarbeitete Aufl., Berlin.

Stobbe, Alfred (1991), Mikroökonomie, 2., rev. Aufl., Berlin.

Stowasser, Josef M. (1980), Der kleine Stowasser, Lat.-dt. Wörterbuch, München.

Streit, Manfred E. (1979), Theorie der Wirtschaftspolitik, 1. Aufl., Düsseldorf.

Streit, Manfred E. (1991a), Theorie der Wirtschaftspolitik, 4., neubearbeitete und erw. Aufl., Düsseldorf.

Streit, Manfred E. (1991b), Economic Order, Private Law and Puplic Policy - The Freiburg School of Law and Economics in Perspective, Discussion Paper No. 91-05, Oktober 1991, Reihe des Instituts für Allgemeine Wirtschaftsforschung, Abteilung für Wirschaftspolitik, Freiburg.

Streit, Manfred E. (1995), Freiburger Beiträge zur Ordnungsökonomik, Tübingen.

Swedish Government Committee (1995), A General Survey of Benefits an Sanctions, in: Report SOU, 1995: 36, S. 1-12.

Thiel, E. (1984), Der Konsolidierungsbedarf von Bund und Ländern, in: Littmann, K./ v. Arnim, H. H. (Hrsg.), Finanzpolitik im Umbruch: Zur Konsolidierung öffentlicher Haushalte, Vorträge und Diskussionsbeiträge der 51. Staatswissenschaftlichen Fortbildungstagung 1983 der Hochschule für Verwaltungswissenschaften Speyer, Berlin, S. 51-66.

Toepel, Kathleen (1996), Zwischenbilanz der Strukturfondsinterventionen und anderer EU-Programme in den neuen Bundesländern, in: Deutsches Institut für Wirtschaftsforschung (1996) (Hrsg.), Sonderheft Nr 159, Berlin.

Tomczak, Torsten (1992), Forschungsmethoden in der Marketingwissenschaft. Ein Plädoyer für den qualitativen Forschungsansatz, in: Marketing Zeitschrift für Forschung und Praxis, 14. Jg., Nr. 2, 2. Quartal 1992, S. 77 - 87.

Treuhandanstalt (1994), Finanzbericht 1993, Berlin.

Trojanus, Kersten (1995a), Konzeption, Formen und Wirkungen der Subventionen zur Förderung der Transformation in Ostdeutschland, in: ifo Studien zur Strukturforschung 20, München.

Trojanus, Kersten (1995b), Subventionen als Instrument der Strukturpolitik in Ostdeutschland, in: ifo Schnelldienst Nr. 29/95, München, S. 1-3.

Tuchfeld, Egon (1982), Artikel: Wirtschaftspolitik, in: Handwörterbuch der Wirtschaftswissenschaften, Bd. 9., Stuttgart, S. 178-206.

Varian , R. Hal (1995), Grundzüge der Mikroökonomie, München.

Varian, R. Hal (1989), Grundzüge der Mirkroökonomie, München.

Vaubel, Roland/ Neumann, Manfred J. M./ Kösters, Wim et al. (1998), Der Euro kommt zu früh, veröffentlichtes Manuskript an der Universität Mannheim, Lehrstuhl für Volkswirtschaftslehre, S. 1-4, Mannheim.

VDK (Verein Deutscher Kohlenimporteure), Jahreswirtschaftsberichte, lfd. Jgg., Hamburg.

Wagner, A. (1890), Finanzwissenschaften, zweiter Teil: Theorie der Besteuerung, Gebührenlehre und allgemeine Steuerlehre, 2. Aufl., Leipzig.

Waniek, Roland W. (1996), Die EU-Beihilfenaufsicht und der Fall Volkswagen Nr. 9, 76 Jg., S. 464-471.

Weber, Jürgen (1995), Einführung in das Controlling, 6., durchgesehene und erw. Aufl., Stuttgart.

Weilepp, Manfred (1993), Subventionen wieder verschont, in: Wirtschaftsdienst Nr. 7, S. 334-335.

Weinmann, Joachim (1996), Wirtschaftspolitik: Allokation und kollektive Entscheidung, Berlin.

Welge, Martin K./ Fessmann, Klaus- D. (1980), Effizienz, in: Handwörterbuch der Organisation, von: Grochla, Erwin (Hrsg.), 2., völlig neu gestaltete Aufl., Stuttgart, S. 577-592.

Werner, Georg (1995), Subventionsabbau - gesetzliche Zwänge schaffen, in: Karl-Bräuer-Institut des Bundes der Steuerzahler, Nr. 81, Wiesbaden.

Werner, Josua (1971), Über wirtschaftspolitische Ziele, in: Schweizerische Zeitschrift für Volkswirtschaft und Statisitik, 107. Jg.

Wessels, Theodor (1960), Subventionen, in: Handwörterbuch der Betriebswirtschaftslehre, Bd. 3, 3., neu bearb. Aufl., Stuttgart, Sp. 5321-5329.

Wholey, Joseph S./ Scanlon, John W. et al. (1973), Federal Evaluation Policy, Analysing the Effects of puplic Programs, Washington D. C.

Wieandt, Axel/ Wiese, Harald (1993), Die Theorie der „contestable markets“ - ein Leitbild für die Wettbewerbspolitik?, in: ORDO, Bd. 44, Stuttgart.

Witte, Eberhard/ Thimm, Alfred L. (1971), Entscheidungstheorie, Wiesbaden.

Wohlers, Eckhardt (1996), Entwicklung in Ostdeutschland belastet die Kojunktur, in: Wirtschaftsdienst Nr. 5/ Mai 1996, 76. Jg., S. 218-220.

Wohlers, Eckhardt (1998), Stillstand in der Finanzpolitik, in: Wirtschaftsdienst Nr. 1, Januar 1998, 78. Jg., S. 2-3.

Woll, Artur (1992), Wirtschaftspolitik, 2., überarbeitete und ergänzte Aufl., München.

Woll, Artur (1996), Allgemeine Volkswirtschaftslehre, 12., überarb. u. erg. Aufl., München.

Yin, Robert K. (1990): Case Study Research, Revised Edition, Newbury Park.

Zachau-Mengers, G. (1930), Subventionen als Mittel moderner Wirtschaftspolitik, Jena, Dessau.

Zangemeister, C. (1973), Nutzenwertanalyse in der Systemtechnik, 3. Aufl., München.

Zavlaris, D. (1970), Die Subventionen in der Bundesrepublik Deutschland seit 1951. Eine Untersuchung ihres Umfangs, ihrer Struktur und ihrer Stellung in der Finanz- und Volkswirschaft, in: Beiträge zur Strukturforschung, Nr. 14, Berlin.

Zeitel, Gerhard/ Fox, Klaus-Peter (1984), Subventionsabbau, in: Die Öffentliche Verwaltung, 37. Jg., Nr. 21, Speyer, S. 865-872.

Zimmermann, Horst (1976a), Die Informationsfunktion des Subventionsberichts, in: Finanzarchiv, N. F., Bd. 35, Nr. 3, S. 451-468.

Zimmermann, Horst (1976b), Subventionen und Verteilung, Zur empirischen Erfaßbarkeit von Subventionswirkungen auf die personale Einkommensverteilung, in: Dreißig, W. (Hrsg.), Öffentliche Finanzwirtschaft und Verteilung IV, Berlin, S. 9-57.

Zimmermann; Horst (1979), Vergleichbarkeit der Subventionsberichterstattung des Bundes, in: Finanzarchiv, N.F. Bd. 37, Tübingen, S. 459-475.

Zimmermann; Horst (1985), Subventionsberichterstattung und Erfolgskontrolle, in: Finanzarchiv, N.F. Bd. 43, Tübingen, S. 86-105.

Zimmermann, Horst/ Henke, Klaus-Dirk (1987), Finanzwissenschaft, 5., überarbeitete und ergänzte Aufl., München.

Zimmermann, Horst/ Henke, Klaus-Dirk (1994), Finanzwissenschaft, 7., überarbeitete und ergänzte Aufl., München.

GPSR Compliance

The European Union's (EU) General Product Safety Regulation (GPSR) is a set of rules that requires consumer products to be safe and our obligations to ensure this.

If you have any concerns about our products, you can contact us on ProductSafety@springernature.com

In case Publisher is established outside the EU, the EU authorized representative is:

Springer Nature Customer Service Center GmbH
Europaplatz 3
69115 Heidelberg, Germany

Batch number: 10815964

Printed by Printforce, the Netherlands